"十三五"国家重点图书出版规划项目

国家自然科学基金项目"双向开放对边疆经济地理的作用机制研究"（批准号：71763002）阶段研究成果

国家出版基金项目
NATIONAL PUBLICATION FOUNDATION

《中国经济地理》丛书

孙久文　总主编

广西经济地理

李　红　韦永贵 等◎著

GUANGXI

经济管理出版社
ECONOMY & MANAGEMENT PUBLISHING HOUSE

图书在版编目（CIP）数据

广西经济地理/李红等著．—北京：经济管理出版社，2022.7
ISBN 978 - 7 - 5096 - 8644 - 7

Ⅰ.①广…　Ⅱ.①李…②韦　Ⅲ.①区域经济地理—广西　Ⅳ.①F129.967

中国版本图书馆 CIP 数据核字（2022）第 133155 号

组稿编辑：申桂萍
责任编辑：申桂萍　杨　娜
责任印制：任爱清
责任校对：陈　颖

出版发行：经济管理出版社
　　　　　（北京市海淀区北蜂窝 8 号中雅大厦 A 座 11 层　100038）
网　　　址：www.E - mp.com.cn
电　　　话：（010）51915602
印　　　刷：唐山昊达印刷有限公司
经　　　销：新华书店
开　　　本：720mm×1000mm/16
印　　　张：31
字　　　数：506 千字
版　　　次：2022 年 9 月第 1 版　　2022 年 9 月第 1 次印刷
书　　　号：ISBN 978 - 7 - 5096 - 8644 - 7
定　　　价：128.00 元

总 序

今天，我们正处在一个继往开来的伟大时代。受现代科技飞速发展的影响，人们的时空观念已经发生了巨大的变化：从深邃的远古到缥缈的未来，从极地的冰寒到赤道的骄阳，从地心游记到外太空的探索，人类正疾步从必然王国向自由王国迈进。

世界在变，人类在变，但我们脚下的土地没有变，土地是留在心里不变的根。我们是这块土地的子孙，我们祖祖辈辈生活在这里。我们的国土有960万平方千米之大，有种类繁多的地貌类型，地上和地下蕴藏了丰富多样的自然资源，14亿中国人民有五千年延绵不绝的文明历史，经过近40年的改革开放，中国经济实现了腾飞，中国社会发展日新月异。

早在抗日战争时期，毛泽东主席就明确指出："中国革命斗争的胜利，要靠中国同志了解中国的国情。"又说："认清中国的国情，乃是认清一切革命问题的基本根据。"习近平总书记在给地理测绘队员的信中指出："测绘队员不畏困苦、不怕牺牲，用汗水乃至生命默默丈量着祖国的壮美山河，为祖国发展、人民幸福作出了突出贡献。"李克强总理更具体地提出："地理国情是重要的基本国情，要围绕服务国计民生，推出更好的地理信息产品和服务。"

我们认识中国基本国情，离不开认识中国的经济地理。中国经济地理的基本条件，为国家发展开辟了广阔的前景，是经济腾飞的本底要素。当前，中国经济地理大势的变化呈现出区别于以往的新特点。第一，中国东部地区面向太平洋和西部地区深入欧亚大陆内陆深处的陆海分布的自然地理空间格局，迎合东亚区域发展和国际产业大尺度空间转移的趋势，使我们面向沿海、融入国际的改革开放战略得以顺利实施。第二，我国各区域自然资源丰裕程度和区域经济发达程度的相向分布，使经济地理主要标识的区内同一性和区际差异性异常突出，为发挥区域优势、实施开发战略、促进协调发展奠定了客观基础。第三，以经济地理格局为依据调整生产力布局，以改革开放促进区域经济发展，以经济发达程度和市场发育程度为导向制定区域经济政策和区域规划，使区域经济发展战略上升为国家重大战略。

因此，中国经济地理在我国人民的生产和生活中具有坚实的存在感，日益发挥出重要的基石性作用。正因为这样，编撰一套真实反映当前中国经济地理现实情况的丛书，就比以往任何时候都更加迫切。

在西方，自从亚历山大·洪堡和李特尔之后，编撰经济地理书籍的努力就一直没有停止过。在中国，《淮南子》可能是最早的经济地理书籍。近代以来，西方思潮激荡下的地理学，成为中国人"睁开眼睛看世界"所看到的最初的东西。然而对中国经济地理的研究却鲜有鸿篇巨制。中华人民共和国成立特别是改革开放之后，中国经济地理的书籍进入大爆发时期，各种力作如雨后春笋。1982年，在中国现代经济地理学的奠基人孙敬之教授和著名区域经济学家刘再兴教授的带领和推动下，全国经济地理研究会启动编撰《中国经济地理》丛书。然而，人事有代谢，往来成古今。自两位教授谢世之后，编撰工作也就停了下来。

《中国经济地理》丛书再次启动编撰工作是在2013年。全国经济地理研究会经过常务理事会的讨论，决定成立《中国经济地理》丛书编委会，重新开始编撰新时期的《中国经济地理》丛书。在全体同人的努力和经济管理出版社的大力协助下，一套全新的《中国经济地理》丛书计划在2018年全部完成。

《中国经济地理》丛书是一套大型系列丛书。该丛书共计40册：概论1册，思想史1册，"四大板块"共4册，34个省区市及特别行政区共34册。我们编撰这套丛书的目的，是为读者全面呈现中国分省区市的经济地理和产业布局的状况。当前，中国经济发展伴随着人口资源环境的一系列重大问题，复杂而严峻。资源开发问题、国土整治问题、城镇化问题、产业转移问题等，无一不是与中国经济地理密切相连的；京津冀协同发展、长江经济带战略和"一带一路"倡议，都是以中国经济地理为基础依据而展开的。我们相信，《中国经济地理》丛书可以为一般读者了解中国各地区的情况提供手札，为从事经济工作和规划工作的读者提供参考资料。

我们深感丛书的编撰困难巨大，任重道远。正如宋朝张载所言"为往圣继绝学，为万世开太平"，我想这代表了全体编撰者的心声。

我们组织编撰这套丛书，提出一句口号：让读者认识中国，了解中国，从中国经济地理开始。

让我们共同努力奋斗。

孙久文

全国经济地理研究会会长

中国人民大学教授

2016 年 12 月 1 日于北京

序　言

一、广西区情与发展概况

广西壮族自治区，简称"桂"，地处中国南部边疆，北回归线横贯中部；面向北部湾，背靠云贵高原，处在全国第二阶梯向第一阶梯过渡地带，地势由西北向东南倾斜；居珠江水系西江流域中游。广西集沿线（北回归线）、沿边（中越边境）、沿海（南中国海）、沿江（西江）"四沿"位置与"八山一水一分田"的地形于一体，地缘、山水及江海互动的经济地理特征鲜明，被《中国国家地理》誉为"大桂林"、"北回归线上最丰盛的果篮"、"最甜"（中国第一产糖省区）、"最长寿"（长寿之乡最多）的省份及"中国最大的'冬菜篮子'"①。

历史上，广西因居江湖之远和少数民族聚居，曾长期被称为"蛮夷之地"。宋人周去非在《岭外代答》中直言："广西地带蛮夷，山川旷远，人物稀少，事力微薄，一郡不当浙郡一县。"中华人民共和国成立后，根据国家的民族区域自治政策，1952年，建立桂西僮族自治区，1958年正式建立以原广西省行政区域为基础的广西僮族自治区，1965年更名为广西壮族自治区。自治区成立60年特别是改革开放40年来，在经济全球化和区域一体化进程中，随着地缘经济环境的改善及内外部市场空间开放，广西经济地理格局发生了极大的变化，逐步由贫困落后的边陲转变为海内外商贾纷至沓来的中国—东盟合作的纽带和桥梁。至2018年，辖14个设区市、40个市辖区、8个县级市、63个县（含12个民族自治县）、799个镇、319个乡（其中民族乡59个）、133个街道，国土面积23.76万平方千米，常住人口4926万人，地区生产总值（GDP）2.035万亿元，

---

① 参见2018年第1期和第2期《中国国家地理》（广西专辑）封面及各篇专论文章。

人均 GDP 4.1 万元，分别相当于全国的 2.46%、3.53%、2.26% 和 64.18%，在各省区市中分别列第 9、第 11、第 18 位（2018 年上升 1 位）和第 28 位。与 1958 年自治区成立之初相比，到 2017 年，60 年间广西人口增长 2.23 倍，略快于全国同期 2.11 倍的增速；GDP 增长 755 倍，高于全国同期 630 倍的增幅；三次产业结构从 51.8∶27.7∶20.5 优化为 14.2∶45.6∶40.2（2018 年公报数据调整为 14.8∶39.7∶45.5）（见图 0 - 1）。汽车制造业、黑色金属冶炼及压延加工业、农副食品加工业等行业主营业务收入超过 2000 亿元。对东盟贸易特别是边境贸易分别占全国的近 6% 和 1/3。

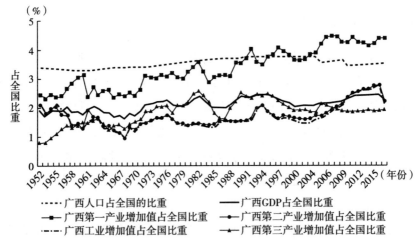

图 0 - 1　广西人口、地区生产总值及三次产业占全国的比重（1952～2017）

资料来源：根据中经网统计数据整理绘制。

改革开放 40 年间，广西经济地理重心大致是向南迁移（见图 0 - 2）。期间广西人口总量和经济总量的重心一直在几何中心的东南方向，反映出广西南北及东西部分长期发展较为均衡，而近期桂南沿海和桂东南人口与经济规模及比重稳步增长，集聚增强，且人口与经济重心由 2010 年之前保持在北回归线以北，至 2010 年后越过北回归线向南偏移，即 2010 年后北回归线南部的广西经济空间集聚快于北部。

21 世纪初以来，随着中国—东盟博览会与中国—东盟区域经济合作推进，以及《广西北部湾经济区发展规划》《珠江—西江经济带发展规划》《左右江革命老区振兴规划》以及《桂林国际旅游胜地建设规划》等战略的实施，广西已初步形成以湘桂高铁和桂林—北海高速沟通衔接"一带一路"的一大南北联动

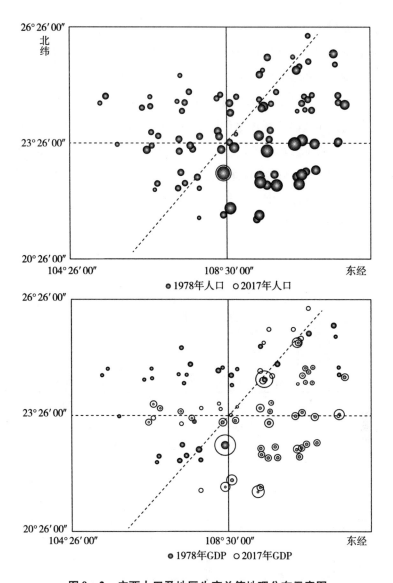

图 0 - 2　广西人口及地区生产总值地理分布示意图

资料来源：根据《广西统计年鉴》数据整理绘制。

轴，以北部湾经济区与珠江—西江经济带为双核，北部湾经济区、珠西经济带、左右江革命老区以及桂林国际旅游胜地等统筹，以北部湾城市群以及桂中、桂东南、桂北城镇群，右江河谷走廊、黔桂走廊、桂西南和桂东北城镇带等为支撑，以南向——用好中国—东盟博览会等平台深化国际经济合作、北联——渝新欧及西部陆海新通道、东融——粤港澳大湾区及国内发达地区、西合——云南等西部地区及国际市场等为全方位开放，以传统优势产业、先进制造业、信息技术、互联网经济、高性能新材料、生态环保产业、优势特色农业、海洋资源开发利用保护和大健康产业为创新重点的，一轴连通、双核驱动、三区统筹、城市与产业集群领头和支撑的多组团、多层级空间格局。

但是，无论是在区内市场还是国际市场，产业及空间的开放、集聚与效率等方面，广西在全国的位置都还比较靠后（见图0-3与图0-4）。2018年人均地区生产总值虽突破4万元，城镇和农村居民人均可支配收入分别突破3.2万元和1.2万元，但这3个人均指标分别只相当于全国均值的64.2%、82.6%和85.1%。

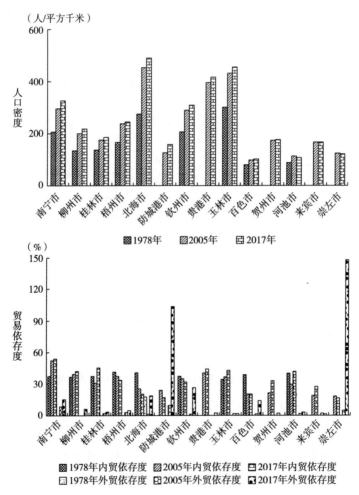

图0-3　广西市域人口密度与内外向开放度的时空差异

资料来源：根据历年《广西统计年鉴》数据整理绘制。

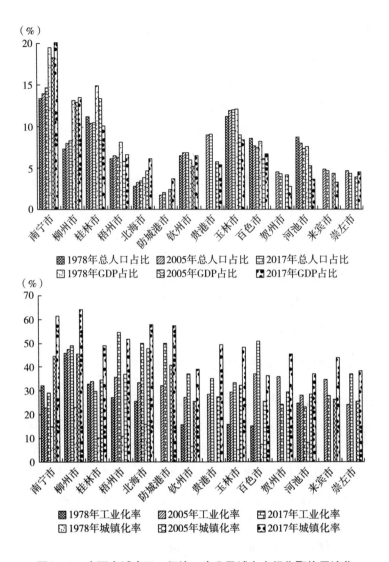

图0-4　广西市域人口、经济、产业及城市空间集聚格局演化

资料来源：根据历年《广西统计年鉴》数据整理绘制。

　　2015年初，中央赋予广西三大定位——面向东盟的国际大通道、西南中南地区开放发展新的战略支点、21世纪海上丝绸之路与丝绸之路经济带有机衔接的重要门户，以实施更加积极主动的开放带动战略，深度参与"一带一路"建设；2018年中以来，广西加快构建"南向、北联、东融、西合"全方位开放发展格局；2018年底，经国务院同意，中国人民银行等13部委联合印发《广西壮族自治区建设面向东盟的金融开放门户总体方案》，广西建设面向东盟的金融开放门户上升为国家战略；2019年8月，国务院先后批复西部陆海新通道总体规划以及同意新设广西等六个自由贸易试验区。加上中国—东盟博览会和中国—东盟商务与投资峰会升级发展，以及沿海、沿边开放经济带建设等务实推进，广西在"一带一路"和中国—东盟命运共同体建设中的战略地位和独特作用进一步凸显。

当前，广西重点围绕国家赋予的三大定位，通过实施"创新驱动、开放带动、双核驱动、绿色发展"四大战略，以实现与全国同步全面建成小康社会、基本建成"国际通道、战略支点、重要门户"的总体目标，打造北部湾经济区开放发展升级版，形成珠江—西江经济带开放发展新优势，构筑边疆民族地区开放发展新高地，释放高速铁路、高速公路沿线开放发展新活力，打造"四维支撑（向南—向东—向西向北和向发达国家开放）、四沿联动（沿海—沿江—沿边和沿线开放）"开放发展新格局。

二、在全国经济地理格局中的独特地位

作为中国南部沿线、沿边、沿海、沿江，山海壮美、瓜果飘香、民风淳厚的民族自治区，广西以全国2.5%的国土承载和养育全国3.5%人口，贡献全国2.2%的GDP，特别是超过4%的多种农业及生态产品。特殊的地理与区情决定着广西作为面积与热区大省（区）、沿边开放大省、生态特别是农林大省、水资源与有色金属大省的发展格局，在"一带一路"和中国与东盟命运共同体建设以及沿边开放开发等国家发展方略中有特殊的地位和贡献。

仅就经济地理指标而言，如图0-5和表0-1所示，广西占全国的比重大多介于2.5%~3.5%。其中，广西国土面积占全国的2.46%（在各省区市排第9位），1949年以来人口占全国3.3%~4.0%（2017年占全国总人口的3.51%，列各省份第11位，户籍人口占全国总人口的4.0%），GDP占全国的比重在2.2%~2.5%（2017年占全国的比重为2.2%，列各省市区第19位，2018年列第18位），等等。

据此2.5%~4.0%的占比区间，可判断广西产业在全国的优劣势。例如：①农林牧渔业总产值和农业总产值均占全国4.0%强，第一产业增加值位居全国前10位。其中，甘蔗、蚕茧、松脂、木材及油桐籽等农林产品产量居全国首

位；多种亚热带水果以及蔬菜和水产等优势农副产品产量在全国位居前列，是全国最大的砂糖橘、沃柑、金橘、沙田柚产区。②第二产业增加值在全国居中等水平。其中，成品糖产量2002年以来一直占全国一半以上，处于绝对优势；原煤、布、化肥农药、机床等产量在波动中逐步减少，占全国比重不及20世纪七八十年代的一半，目前降到不足1%；发电量、水力发电量、机制纸等产量维持着一定的优势，其中水力发电量自1978年以来占全国比重基本保持在5%之上；卷烟等传统产品20世纪80年代以来占全国产量的3%左右，但提升空间不大；汽车、轿车、钢材等产量成为新增长点，其中汽车自1970年投产以来，产量在全国的比重逐步从前20年的3%，至2010年升至近8%，目前接近9%；等等。③第三产业增加值在全国居中下水平；进出口特别是对东盟贸易、边境贸易发展突出。

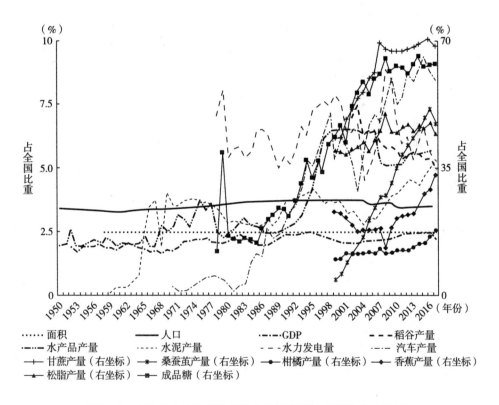

图0-5 广西在全国的经济优势比较依据及部分优势产品的发展

表 0-1 广西主要经济指标在全国的位置及变化一览

指标	1980 年			2000 年			2018 年		
	数值	省份排名	占全国%	数值	省份排名	占全国%	数值	省份排名	占全国%
面积（万平方千米）	23.76	9	2.5	23.76	9	2.5	23.76	9	2.5
森林覆盖率（%）	23	—	191.7	41.3	—	249.5	60.2	3	262.1
水资源总量（亿立方米）	—	—	—	2373	3	8.4	1831	5	6.7
户籍人口（万人）	3538	—	3.6	4751	—	3.7	5659	—	4.1
常住/年末总人口（万人/2000 年）	—	—	—	4489	11	3.5	4926	11	3.5
城镇化比率（%）	11.3	—	58.0	28.2	22	77.7	50.2	27	84.3
地区生产总值（亿元）	97	19	2.1	2050	16	2.0	20353	18	2.3
第一产业增加值	44	11	3.2	539	12	3.7	3019	9	4.7
第一产业占 GDP 比重（%）	45.3	4	152.8	26.3	4	179.0	14.8	3	205.6
第二产业增加值	31	24	1.4	748	20	1.6	8073	17	2.2
第二产业占 GDP 比重（%）	28.5	27	65.0	30.2	27	75.3	30.9	—	91.1
第三产业增加值	22	17	2.2	764	17	1.9	9260	20	1.9
第三产业占 GDP 比重（%）	23.1	8	103.5	37.2	18	85.2	45.5	27	87.2
人均 GDP（元）	278	27	59.4	4652	28	58.6	41489	28	64.2
财政收入（亿元）	12	—	1.4	147	17	2.3	1681	23	1.7
社会固定资产投资（亿元）	13	—	—	583	21	1.8	22590		3.5
粮食产量（万吨）	1190	—	3.7	1529	13	3.3	1373	17	2.1
肉类产量（万吨）	40	—	3.3	276	9	4.5	427	10	4.9
水果（万吨）	21	—	3.1	360	6	5.8	2117	3	8.2
水产品（万吨）	11	—	2.5	240	7	5.6	332	8	5.1
水力发电量（亿千瓦时）	32	8	5.4	168	7	7.6	701	4	5.7
成品糖（万吨）	42	—	16.2	326	1	46.5	1017	1	66.7
钢材（万吨）	22	—	0.8	103	25	0.8	2891	14	2.6

指标	1980 年			2000 年			2018 年		
	数值	省份排名	占全国%	数值	省份排名	占全国%	数值	省份排名	占全国%
汽车（万辆）	0	—	0.4	13	7	6.2	215	5	7.7
全社会消费品零售总额（亿元）	46	16	2.1	859	16	2.5	8292	17	2.2
内贸依存度（%）	47.0	7	100.7	41.9	5	107.5	40.7	14	96.3
进出口总额（亿美元）	3.8	—	1.0	20	21	0.4	623	14	1.3
出口总额（亿美元）	3.7	—	2.0	15	15	0.6	328	17	1.3
外贸依存度（%）	5.9	—	47.2	8.2	—	21.0	20.2	11	59.5
对东盟贸易额（亿美元）	—	—	—	4		1.1	312		5.3
外商直接投资额（亿美元）	—	—	—	5		1.3	5		0.4
技术市场成交额（亿元）	—	—	—	2	25	0.3	61	26	0.3
专利申请授权数（万件）	—	—	—	0.1	20	1.3	2.1	19	0.9
接待入境旅游者人数（万人次）	—	—	—	123	6	1.5	562	4	4.0

注：①所有指标均按《中国统计年鉴》口径；②省份排名为 31 个省份从高到低的排序；③2000 年水资源总量数据为 2002 年数据；④"－"表示数据缺失或无数据可用。

资料来源：根据中经网统计数据库、2019 年《中国统计年鉴》及 2019 年《广西统计年鉴》数据整理。

三、广西经济地理发展演化的十大主题

关于广西经济地理发展方面相关专题论述，早期主要有 1947 年张先丞著《广西经济地理》，1958 年孙敬之、梁仁彩等编写的《华南地区经济地理》，近 30 年来则相继有廖正城等 1988 年的《广西壮族自治区地理》，谢之雄等 1989 年的《广西壮族自治区经济地理》，向民等 1989 年的《广西经济地理》，胡宝清等 2011 年的《广西地理》等充满时代气息和广西乡土特色的成果。已有研究主要

集中于农业时代、前工业化时代以及工业化初期的广西经济地理，对于经济结构由传统的产品生产经济转向以城市经济为主的服务型经济，基础设施网络化、信息化、科技创新在生产与生活质量和品质提升中的作用，全球化时代开放型区域经济的产业与空间集聚等新问题的系统研究尚少。同时，在生态经济与生态文明建设进程中，像GDP这样"一俊遮百丑"的指标，应结合生态及人文等指标来综合分析。对广西这样山清水秀生态美，以保护环境和提供生态产品为重的地区尤其应该如此。

（一）十大主题

有鉴于此，本书旨在回答广西经济地理在农业现代化、工业化、信息化、城镇化及生态化特别是城市经济时代，集聚格局的时空演化、特征、问题与动因，重点探讨广西经济地理的如下主题：

（1）地理区位特征与自然资源时空分布和在全国的位置（优劣势），以及对经济的基本影响。

（2）历史与人文资源结构与时空分布。

（3）在利用交通网络与信息化降低运输成本的进程中，广西软硬基础设施的类型、时空分布特征、相关行业发展及在全国的位置。

（4）国民经济集聚的基本特征、时空格局及在全国的位置。

（5）农业与乡村经济发展的时空过程、特色化集聚与效率，以及在全国的位置。

（6）产业结构高级化升级、工业化与服务业等产业集聚的格局。

（7）经济发展中要素、产业、空间的集聚与生态环境的关系——资源开发的效率、效应、保障与约束，生态产业化与产业生态化的关系，以及相应的时空分布。

（8）新型城镇化与城市经济的发展、市域空间的集聚效率及格局。

（9）经济产业空间的区块集聚和分异的时空格局演化。

（10）为何沿海开放不足？如何构建开放型区域经济，即广西开放、创新与集聚关系发展的机遇与挑战及策略？

以上主题对应于本书第一至第十章。

（二）地缘及边疆空间经济视角

广西经济空间不仅受山岭地形分割，还受国界、省界及海岸线三种边界并存的影响。由于地缘环境的变化，这三种地理边界在封闭时成为市场经济与产业空间集聚的分割，在开放时则成为经济发展的中介。因此，对广西经济地理的分析势必要考虑到边界及其地缘经济效应，特别是影响要素与商品流动的运输距离与成本、贸易开放程度以及产业集聚等方面的比较优劣势和相互作用。这样的研究可以通过如综合分析经济空间密度集聚、运输距离与市场分割的新经济地理学（New Economic Geography，NEG）以及地缘经济和边疆经济等学科来进行。

　　具体而言，良好的区位条件、独特的地缘环境以及空间邻近效应（"第一性"），为广西区域经济地理的演化发展提供了差异性的自然地理基础，是沿海、沿边、沿江、沿线等区域成为增长极的必要非充分条件。如果再与针对性区域发展战略的实施、连接性基础设施的构建以及集聚经济效应（"第二性"）的发挥相融合，两方面循环累积、相互作用，那么区域空间格局就呈现出以若干或大或小"块状经济"为发展热点的多层级核心—边缘空间结构。

　　针对广西边疆地缘以及山水相间等特殊区情和经济地理发展的格局——集聚格局演化与动力等具体问题，本书尝试借鉴 NEG 以及边疆地缘经济的理论视角来进行剖析，分析框架如图0-6所示，主要包括：经济地理发展的基础——自然、历史与人文资源以及基础设施，产业集聚——农业、工业化及服务业发展，空间集聚——城镇化与城市经济等空间格局，以及开放条件下的创新、绿色与集聚发展。

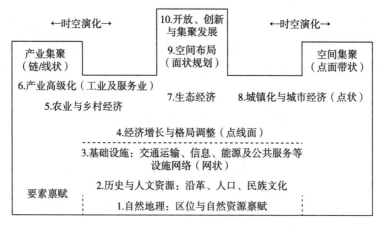

图0-6　"山""水"字型自下而上、人地互动的
区域经济地理分析框架（数字为对应专章）

（三）时空演化分析

本书将沿着时空两个维度对广西经济地理进行多层的演化分析具体如表0-2所示。

表0-2 本书的内容与方法

篇章		主要内容（经济地理演化时空格局与动力）	时间维分析	空间维分析
基础条件	1	自然地理：地理区位与自然资源分布特征	①追溯到20世纪50年代初；②重点聚焦1978年至2018年这40年间的演化；③近期（2020年前后）的发展前景与规划	①广西在全国层面的占比、省域的排序；②广西14个设区市层面的空间格局；③（县市区）县域层面的空间格局
	2	历史与人文资源：沿革、人口、民族及文化		
	3	基础设施：交通、能源、邮电及公共服务网络		
经济与产业	4	经济发展格局：增长、集聚及动力		
	5	农业与乡村经济：历程、不足与趋势		
	6	产业高级化：工业与服务业发展格局		
	7	生态经济：资源开发的绩效与问题		
空间格局	8	城镇化与城市经济：发展历程与城镇群		
	9	空间格局：演化历程、分异与区划		
策略	10	开放、创新与集聚发展		

（1）时间维度方面：①得益于历史数据库的公布，本书的研究得以追溯到20世纪50年代初；②鉴于已有专著分析大多截至1988年，所以本书的研究特别聚焦于1978年改革开放至2018年这40年的广西经济地理的演化；③近期（2020年前后）的发展前景与规划。

（2）空间维度方面，分三个层面考察广西经济地理的发展演化：①全国层面的广西所占比重、省域层面的排序等发现广西经济地理的优劣势；②广西14个设区市层面的空间集中与分异，包括跨市域、跨区域的产业群、城镇群及功能区划等；③县域（含县、市、区）层面的空间集中与分异。

具体指标如表0-1所示，这些指标主要包括反映省市县不同空间尺度的自然与人文地理特别是影响市场开放、产业与空间集聚的变量。

目　录

第一章　自然地理

从经济学、新经济地理学角度看，地理区位、与周边国家和地区的空间距离、自然资源及其可得性等，是经济活动的空间载体与基本条件，以及决定人地关系的"第一性"（或"第一自然"）因素，因此也是理解广西经济地理的第一环。

"沿线（北回归线）、沿海（南中国海）、沿江（西江）、沿边（中越边境）"、"八山一水一分田"、"青山绿水"、"北回归线上最丰盛的果篮"……是广西地理位置与区情的形象写照，但这些地理元素其实并非简单加总而是相互交融于一体。中国的一个面积与热区大省（区）、沿边开放大省、生态特别是农林大省、水资源与有色金属大省……这些都折射出广西自然地理的基底与魅力。

第一节　地理区位

一、基本概况

广西壮族自治区地处祖国南疆，位于东经 104°26′48″~112°03′24″，北纬 20°54′09″~26°23′19″。东西方向跨近 8 个经度，772.1 千米，南北方向跨近 6 个纬度，607.6 千米。东连广东省，南临北部湾并与海南省隔海相望，西与云南省毗邻，东北接湖南省，西北靠贵州省，西南与越南接壤。行政区域土地面积 23.76 万平方千米，占全国土地总面积的 2.46%，居全国各省区市第 9 位；管辖北部湾海域面积约 4 万平方千米。

二、区位特征

关于广西自然地理位置的特点，有如表1-1所示的诸多分析，主要有低纬及沿边、沿海、沿线、沿江。在此基础上，本书认为跟广西经济发展密切相关的地理区位特征主要有以下几点：

表1-1　分析广西地理位置的代表性著作观点

著作	关于广西的自然地理位置特点
廖正城等（1988）	地处祖国南疆，连接着我国东、中、西三个经济带及东南亚。背靠云贵高原，面向南海北部湾，是我国唯一沿海的自治区
谢之雄等（1989）	位于祖国南疆，中国沿海地区的最西南部。属我国纬度较低的省区。地处两个通道上：一是我国大西南到华南和往南出海的通道；二是我国东部通往东南亚最便捷的陆上通道
广西壮族自治区地方志编纂委员会（1994，2010）	低纬：广西最南、最北均位于北纬20°至30°内。太阳辐射强。沿海：桂南濒临中国南海的北部湾；大陆海岸线长1595千米，岛屿岸线600多千米。沿边：有8个县市区与越南接壤，有很大地缘优势，是和东南亚各国交往的陆路通道。沿江：居珠江水系西江流域的中游，流域内河网发达；西江水道是连接云、贵内河通向粤港澳以至东南亚的一条"黄金水道"
胡宝清等（2011）	我国沿海的西南端；云贵高原向东南沿海丘陵过渡地带；地处亚热带湿润季风气候区，干湿季节分明；分属珠江、长江和桂南独流入海、百都河四大水系；海岸曲折，多港湾滩涂

1. 沿边及沿海

广西是中国南部边疆及西南沿海省份。沿边又沿海的地缘特征，是广西特色之一。首府南宁距离北京约2400千米，距离广州约490千米，距离长沙约750千米，距离贵阳约450千米，距离昆明约600千米，距离海口约360千米，距离越南首都河内约340千米，边境城市到达河内的最短距离约180千米。桂西南与越南边界线长637千米，[①] 占大陆部分广西边界线长度的10%。如表1-2所示，自东往西，有防城港、崇左、百色3个设区市，东兴、防城、宁明、凭祥、龙州、大新、靖西、那坡8个县市区的103个乡镇与越南（广宁、谅山、

① 参见：http://www.gov.cn/guoqing/2013-04/16/content_5046164.htm。

高平及河江省）接壤。在中越边境上的山间与河口，大小便道不计其数，边民互市点及通商口岸众多，已有东兴、峒中、爱店、凭祥、友谊关、水口、龙邦、平孟 8 个国家一类陆路口岸。

表 1-2 中越边境省县对应情况

中国方			越南方	
边境省份	边境地市	边境县市	边境县	边境省份
广西壮族自治区	防城港市	东兴市	芒街市	广宁省
			广河县	
		防城区	平辽县	
	崇左市	宁明县	亭立县	谅山省
			禄平县	
		凭祥市	高禄县	
			文朗县	
		龙州县	长定县	
			石安县	高平省
		大新县	广和县	
			下琅县	
	百色市	靖西县	重庆县	
			茶岭县	
			河广县	
		那坡县	通农县	
			保乐县	
			苗划县	河江省

资料来源：李红 . 边境经济 [M] . 澳门学者同盟，2008：97.

广西南临北部湾，并与海南省隔海相望。大陆海岸线东起毗邻广东的合浦县洗米河口，西至中越交界的北仑河口，长 1595 千米，占大陆部分广西边界长度的 26% 即 1/4 强（见图 1-1），约占全国大陆海岸线 8.5%。已有北海、石头埠、钦州、防城、企沙、江山 6 个国家一类水运（海港）口岸。此外，广西沿海岛屿众多，岛屿岸线长 461 千米。

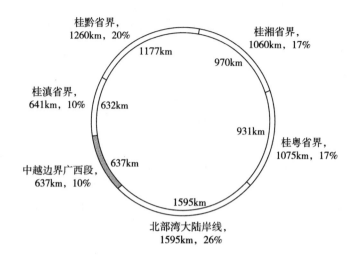

图1-1 广西的边界分布示意图

资料来源：①圈内数据来自 http://www.gov.cn/guoqing/2013-04/16/content_5046164.htm.②圈外数据来自：广西壮族自治区地方志编纂委员会，广西通志.总述[M].广西人民出版社，2010：3.

广西东与广东省的省界线长约1075千米，占广西边界长度的17%；东北接湖南省，省界线长约1060千米，占17%；西北靠贵州省，省界线长约1260千米，占20%；西与云南省的省界线长约641千米，占10%。①

2. 沿江

广西总面积85.2%的地区位于西江流域。珠江干流西江水系大抵以北回归线为"中轴"，从桂西北与桂西南等地呈鱼骨状向桂中汇聚，穿越广西后流入广东。目前，广西拥有柳州、贵港、梧州三个国家一级水运（河港）口岸。

3. 沿线

广西在我国属低纬度地区，北回归线横贯广西中部，自东向西，依次穿越广西梧州市的龙圩区、苍梧县、藤县，贵港市的平南县、桂平市，来宾市（武宣县及兴宾区）南端局部，南宁市上林县及马山县南端，百色市平果县、田东、德保县、靖西市北端及那坡县。加上全境位于北回归线以南的玉林市、钦州市、北海市、防城港市及崇左市全部，以及梧州市岑溪市，贵港市港北、港南及覃

---

① 除国界线和海岸线之外，中国政府网关于广西的数据略有不同：广西"东与广东省省界线长约931千米，东北接湖南省，省界线长约970千米，西北靠贵州省省界线长约1177千米，西与云南省省界线长约632千米"。

塘区，南宁市宾阳县、武鸣区、横县、隆安县、兴宁区、西乡塘区、江南区、良庆区、青秀区、邕宁区，以及百色市靖西市大部。广西位于北回归线以南的面积为11.4万平方千米[①]和53个县市区，占全区土地面积以及全区县市区总数（2018年为111个）的比重均为48%。有学者据此称广西是全国最大的热区省份[②]，即位于北回归线以南面积最大的省区（见表1-3）。

表1-3 广西及设区市的"四沿"地理位置

地域	北回归线	沿边/沿海/沿（西）江
广西	穿过中部	沿边/海/江
南宁市	穿过北部	沿江
柳州市	以北	沿江
桂林市	以北	沿江、毗邻湖南
梧州市	穿过中部	沿江、毗邻广东
北海市	以南	沿海、毗邻广东
防城港市	以南	沿海、毗邻越南
钦州市	以南	沿海
贵港市	穿过中北部	沿江
玉林市	以南	沿江、毗邻广东
百色市	穿过中部	沿江、毗邻越南及云南
贺州市	以北	沿江、毗邻广东及湖南
河池市	以北	沿江、毗邻贵州
来宾市	穿过南部	沿江
崇左市	以南	沿江、毗邻越南

① 王伟. 广西：北回归线上最丰盛的果篮 [J]. 中国国家地理（广西专辑），2018（1）：106.

② 根据农牧渔业部热带作物区划办公室编写的《中国热带作物种植业区划》（广州：广东科技出版社，1989）提供的数据，"在全国适于发展热带农业的29.6万平方公里（不含台湾）中，广西拥有11.4万平方公里，占全国热作区总面积的38.5%，列全国第1位，比列第二的云南省多12.1个百分点，比广东、海南、福建三省区热作区面积之和还多3.1个百分点。广西还有一片适于发展热带农业的海——北部湾。""广西是全国最大的热带省区"。详见：蒋升湧. 广西热带农业发展研究 [M]. 北京：中国物价出版社，2003；蒋升湧. 开发利用热带资源培育新的优势产业（广西发展热带农业研究之一）[J]. 改革与战略，2003（Z1）：49-54；蒋升湧. 准确认识广西热带资源优势培育全新优势特色产业 [J]. 当代广西，2016（4）：37-38；蒋升湧. 关于真正准确认识广西区情特色的几点建议 [J]. 市场论坛，2017（10）：37-39.

第二节 自然资源

地理位置和地势地貌等决定着广西自然资源的量与质，其基本特征如表1-4各文献所述。

表1-4 关于广西自然地理与资源的代表性观点

著作	关于广西的自然资源特征
范成大（1175）	风气清淑，岩岫奇绝……桂之千峰，皆旁无延缘，悉自平地崛然特立，玉笋瑶簪，森列无际，其怪且多如此，诚当为天下第一……山皆中空，故峰下多佳岩洞。多珍禽……异草瑰木
徐霞客（1642）	记述广西的"粤西游日记"等超过20万字，其中，谓石山与石群峰"攒作碧莲玉笋世界"：称一丛像盛开莲花一般的峰丛为"碧莲"，谓"千峰万岫，攒簇无余隙"；称像春笋从土里钻出来一般的山峰为"玉笋"，谓"离立献奇，联翩角胜"[1]
张先辰（1941）	①就大而言，全年气温颇高，唯因境内山岭纵横，地势高低不同，各部气候颇相殊异。②雨量甚丰，各地夏季多倾盆骤雨，冬季则往往干旱连月。③广西土壤之母岩为砂岩、页岩、石灰岩、花岗岩及少量冲积物质。大多有机质含量充足，酸度颇高。④气候温煦，雨量充足，极适于林木之生长，是以茂林乔木，几于无县无之，分布甚为普遍。而较大森林多分布于各主要山脉附近。⑤如西南各省一样，广西煤铁矿不及北部各省多但其他金属矿物却特别丰富
廖正城等（1988）	总体上属于我国东南丘陵的一部分，有时也与广东合称为两广丘陵，但有其独特性：周高中低，状若盆地；山地多，平原少；熔岩广布，山水独奇。地貌类型多种多样：山地、丘陵、台地、平原、岩溶峰丛洼地、岩溶峰林谷地和岩溶残峰等七大类并存。广西的山脉按其走向主要为北东向和北西向，大致以东经109°为界，东部受华夏式构造体系影响，山脉多为北东走向；西部受西域式构造体系影响，山脉多为北西走向。论其分布，则有两个特点：①山脉多分布于边缘地区；②形成著名的"广西弧"。边缘山脉把广西包绕成一个盆地，但中部的弧形山脉（即广西弧）却把盆地一分为二：弧内的桂中盆地与弧外的左右江谷地、郁江平原、浔江平原。这样的山文结构，对广西水系的发育以及水源、降雨、热量的分布有着直接的影响，同时也间接影响农业生产的布局

---

[1] 单之蔷. 广西处处是桂林 [J]. 中国国家地理，2018（2）：12-31，以此解释桂林山水的特征：这里的山是石山，表现为"碧莲"——峰丛处处，或"玉笋"——石峰林立；或是两者的组合，即"（群峰）攒作碧莲玉笋世界"。同时，山环水绕、植被青翠。

续表

著作	关于广西的自然资源特征
谢之雄等（1989）	按全国地形分类，广西呈云贵高原向东南沿海丘陵过渡地带的特点：①周高中低，状若盆地；②山地广阔，平原狭小；③岩溶广布，山水秀丽；④海岸曲折，多港湾滩涂
向民等（1989）	①土地资源：一是山区面积广大，占比高；二是耕地面积偏少；三是林牧用地较多。②地形方面：山地丘陵众多，平原少而狭小，素有"八山一水一分田"之称；岩溶广布，面积占全区51.8%，发育完备，山明水秀，岩洞甚多，适于发展旅游；海岸绵延曲折，海湾岛屿众多。③气候资源：气温高，热量丰富，雨季长，雨量充沛但分布不均，雨热同季；南北气候差异明显，温差为6℃～9℃；初秋寒与旱、台风、暴雨、冰雹等灾害性天气较多。④水资源：水量丰富，年径流量大；地区分布不平衡；河流含沙少，落差大，水能丰富。⑤生物资源：野生动植物资源丰富，种类多，分布广，储量大，形成了复杂多样的生态环境
广西壮族自治区地方志编纂委员会（1994，2010）	地处我国亚热带中南部，南濒热带海洋；西北侧紧靠云贵高原边缘，东中部则与两广丘陵连为一体，地势地形特征表现为：①西北高而东南（和南部）低，境内山多平原少，岩溶广布。这直接影响广西水热分布和交通运输业发展，间接影响工农业生产的布局。②海岸曲折、滩涂广布、岛屿众多。1595千米的岸线为起止点直线距离的8.6倍，形成众多海湾、港湾、港口；广阔的滩涂是各种藻类和许多动物栖息、繁殖的所在地，也是发展海水制盐的良好场所
胡宝清等（2011）	①气候资源丰富，潜力巨大：各地每年太阳总辐射量平均在 $90 \times 10^3 \sim 130 \times 10^3$ J/cm^2，光能资源丰富但分布不均；降水量在1000～2800mm，水、热资源丰富，雨热同步；沿海、山地风能资源丰富。②水资源丰富，但时空分布差异大：以西江水系为主，其集水面积占广西总面积的85.9%，且河网密度大；地表径流丰富，年径流总量占全国的7.2%；各河流汛期长达半年，季节变化显著，夏涨冬枯；地下水资源丰富，50%以上的地区分布着可溶性石灰岩，地下河多达200多条，河系发达；河流水能资源巨大，理论蕴藏量居全国第8位，可开发装机容量居全国第6位。③土地资源种类多，分布不平衡：2008年人口密度为203人/km^2，人均土地面积居全国第20位；林地占比大，人均林地0.25hm^2，宜林荒山多；山丘面积占全区六成，岩溶面积占1/3，滩涂辽阔，土地类型多样；耕地面积占全区不到二成，人均耕地低于全国均值，后备耕地资源不足。④矿产资源贫富差异明显，有色金属资源丰富。⑤旅游资源种类多，特色鲜明，绝大多数市县有分布，山水、滨海等品位高

一、土地资源

山多地少是广西土地资源的主要特点，山地、丘陵和石山面积占总面积的

69.7%，平原和台地占 27%，水域面积占 3.3%。耕地面积 442.54 万公顷（2013 年度土地利用变更调查数），人均耕地约 0.09 公顷，略低于全国的均值。

（一）山地丘陵性盆地特征的地形地貌

1. 山丘盆地

广西地处中国地势第二台阶中的云贵高原东南边缘，两广丘陵西部，南临北部湾海面。西北高、东南低，呈西北向东南倾斜状。四周多被山地、高原环绕，中部和南部多丘陵平地，呈盆地状，有"广西盆地"之称。

广西地貌总体是山地丘陵性盆地地貌。其特征是：山岭连绵、山体庞大、山系多呈弧形，岭谷相间、丘陵错综、大小盆地相杂，平原狭小，河流众多，喀斯特地貌显著。根据第一次全国地理国情普查数据，广西的海拔高差 2148.87 米，低于周边的云南（6646.54 米）、贵州（2746.64 米），高于周边的湖南（2142.52 米）、广东（1907.43 米）和海南（1861.86 米）。

具体而言，广西的山地以海拔 800 米以上的中山为主，海拔 400～800 米的低山次之，山地约占广西土地总面积的 39.7%；海拔 200～400 米的丘陵占 10.3%，在桂东南、桂南及桂西南连片集中；海拔 200 米以下地貌包括谷地、河谷平原、山前平原、三角洲及低平台地，占 26.9%；水面占 3.3%。盆地中部被两列弧形山脉分割，外弧形成以柳州为中心的桂中盆地，内弧形成右江、武鸣、南宁、玉林、荔浦等众多中小盆地。平原主要有河流冲积平原和溶蚀平原两类，河流冲积平原中较大的有浔江平原、郁江平原、宾阳平原、南流江三角洲等，面积最大的浔江平原达到 630 平方千米。广西境内喀斯特地貌广布，集中连片分布于桂西南、桂西北、桂中和桂东北，约占土地总面积的 37.8%，发育类型之多世界少见。

2. 山多水密

受太平洋板块和印度洋板块挤压，广西境内山系多呈弧形。山脉盘绕在盆地边缘或交错在盆地内，形成盆地边缘山脉和内部山脉。如图 1-2 所示，盆地边缘山脉从方位上分：桂北有凤凰山、九万大山、大苗山、大南山和天平山；桂东有猫儿山、越城岭、海洋山、都庞山和萌渚岭；桂东南有云开大山；桂南有大容山、六万大山、十万大山等；桂西为岩溶山地；桂西北为云贵高原边缘山地，有金钟山、岑王老山等。内部山脉有两列，分别是东北—西南走向的驾桥岭、大瑶山和西北—东南走向的都阳山、大明山，两列大山在会仙镇交会。

盆地边缘山脉中的猫儿山主峰海拔 2141 米，是华南第一高峰。

广西境内河流大多随地势从西北流向东南，形成以红水河—西江为主干流的横贯中部以及两侧支流的树枝状水系（见图 1-2）。集雨面积在 50 平方千米以上的河流接近 1000 条，总长 3.4 万千米，河网密度每平方千米 144 米。河流分属珠江、长江、桂南独流入海、百都河四大水系。珠江水系是最大水系，流域面积占广西土地总面积的 85.2%，集雨面积 50 平方千米以上的河流有 830 余条，主干流南盘江—红水河—黔江—浔江—西江自西北折东横贯全境，出梧州经广东入南海，在境内流长 1239 千米。长江水系分布在桂东北，流域面积占广西土地总面积的 3.5%，集雨面积 50 平方千米以上的河流有 30 条，主干流湘江、

图 1-2　山水广西：广西山脉与水系示意图

资料来源：笔者绘制。

资江属洞庭湖水系上游，经湖南汇入长江。秦代在湘江（今兴安县境内）筑建的灵渠，沟通长江和珠江两大水系。独流入海水系主要分布于桂南，流域面积占广西土地总面积的10.7%，较大河流有南流江、钦江和北仑河，均注入北部湾。自云南入广西再出越南的百都河，水系流域面积仅占广西土地总面积的0.6%。此外，广西还有喀斯特地下河430余条，其中长度在10千米以上的有近250条，坡心河、地苏河等均各自形成地下水系。

如表1-5所示，广西的山地比重高于全国及相邻的广东，但比相邻的云南、贵州低，显示广西处于云贵高原向珠三角平原的过渡地带。广西的平原、台地及丘陵的比例则高于云贵两省而低于广东，广西、云南、贵州、广东的山地的比重均高于全国均值，显示出区域性的山地与丘陵主导的地形特征（见表1-6）。

表1-5 广西与全国及部分周边省份地形地貌分类构成对比

地形分类		不同类型国土面积占陆地国土面积的比例（%）				
		全国	云南	贵州	广西	广东
海拔分级	1000米以下低海拔区域	43.36	8.67	45.89	94.18	99.02
	1000（含）~3500米中海拔区域	33.41	92.05	54.11	5.82	0.98
	3500~5000米高海拔区域	16.65	4.09	0	0	0
	5000米以上极高海拔区域	6.58	0.03	0	0	0
坡度分级	平坡地（0°~2°）	32.53	3.62	2.00	12.02	24.11
	较平坡地（2°~5°）	12.63	3.19	3.33	7.54	8.40
	缓坡地（5°~15°）	19.81	18.70	23.23	19.69	20.03
	较缓坡地（15°~25°）	15.25	30.95	31.78	25.26	24.88
	陡坡地（25°~35°）	12.15	27.57	24.54	20.59	17.39
	极陡坡地（≥35°）	7.63	15.97	15.12	14.90	5.19
地貌类型	平原	26.62	4.85	3.99	14.33	19.78
	台地	9.34	1.55	1.42	9.13	12.82
	丘陵	20.39	4.96	13.43	14.49	17.62
	山地	43.65	88.64	81.16	62.05	49.78

资料来源：根据《第一次全国地理国情普查公报》及《云南省第一次全国地理国情普查公报》《贵州省第一次全国地理国情普查公报》《广西第一次全国地理国情普查公报》《广东省第一次全国地理国情普查公报》整理。

表 1-6　广西地形地貌分类数据

地形分类		主要分布地区
按海拔分级	1000 米以下低海拔区域	桂东、桂南、桂西等，北海、钦州、梧州、崇左、贵港、玉林、南宁、防城港 8 市的 99% 以上陆地国土位于低海拔区
	1000～3500 米中海拔区域	桂西和桂北。其中，百色市 20% 以上陆地国土位于中海拔区域，桂林市 10% 以上陆地国土位于中海拔区域
	高和极高海拔区域	广西全域海拔不高于 2500 米，故没有高海拔区域和极高海拔区域。全国则分别为 16.65% 和 6.58%
按坡度分级	平坡地	桂南
	较平坡地	桂东、桂南和桂西
	缓坡地	桂南和桂西
	较缓坡地	桂东和桂西
	陡坡地	桂西
	极陡坡地	桂西
地貌类型	平原	其中，低海拔平原面积最大，连片集中分布在桂东、桂南、桂西等；中海拔平原面积次之，分布在桂西
	台地	桂东和桂南，占全区低海拔台地 79.54%，桂西低海拔台地不到 5%
	丘陵	其中，低海拔丘陵面积最大，超过 80% 的低海拔丘陵分布在桂东、桂南和桂西；中海拔丘陵面积最小，分布在桂西
	山地	其中，低海拔山地最大，主要分布在桂西、桂东、桂北和桂中等；中海拔山地主要分布在桂西和桂北

资料来源：根据《广西第一次全国地理国情普查公报》整理。

　　此外，广西沿海地带海岸线曲折，全长 1595 千米，且类型多样。其中南流江口、钦江口为三角洲型海岸，铁山港、大风江口、茅岭江口、防城河口为溺谷型海岸，钦州、防城港两市沿海为山地型海岸，北海、合浦为台地型海岸。沿海有岛屿 651 个，总面积 66.9 平方千米，岛屿岸线 461 千米。最大的涠洲岛面积 24.7 平方千米。

　　3. 凹凸不平

　　广西地势低，但地表凹凸度大，平坦度小，具体体现在：

　　（1）按高程带与坡度带分布的各类地貌差异。如图 1-3 所示，广西国土面积的 94.2% 分布在海拔 1000 米以下的低海拔地区，其中 500 米以下地带就占近七成。1000～3500 米中海拔区域仅占广西国土面积 5.8%，而占全国国土面积的 1/3 强。

但广西大部分地区坡度较大，35.5%为25°以上的陡坡地和极陡坡地，5°以下的平坡地和较平坡地所占比例不足二成，占比不足全国均值（45.2%）的一半。

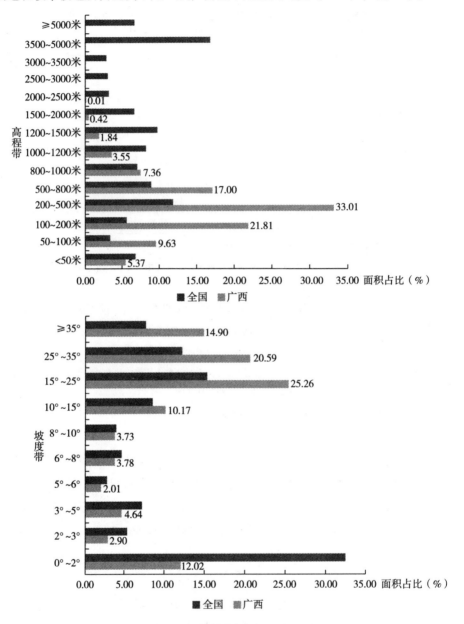

图1-3　广西各类高程带和坡度带面积构成比

注：条形图中标示的数据为广西相应地带所占广西国土面积的比例。

资料来源：根据全国及广西《第一次全国地理国情普查公报》数据整理。

（2）地表平整程度或地表相对平整系数——区域内地表陆地国土面积与表面面积比值的离差标准化值。广西的地表相对平整系数为 0.10，低于周边的海南（0.73）、广东（0.47）、湖南（0.36）以及全国的均值（0.50），高于周边的贵州（0.05）和云南（0.05）。广西在四川、陕西、重庆、云南、贵州之后，居于全国地表最不平整排行的第 6 位。[1]

此外，广西境内 0～20 米的浅海面积 6488 平方千米。滩涂面积 1000 多平方千米，软质沙滩约占滩涂面积的 90%。北部湾近海海底平坦，由东北向西南逐渐倾斜，倾斜度不到 2°，水深多在 20～50 米。

（二）地表资源禀赋在全国居中偏上水平

《广西壮族自治区土地利用总体规划（2006－2020 年）》的数据显示，根据广西土地利用变更调查，2005 年末，全区土地总面积为 2375.58 万公顷。其构成包括：①农用地。面积为 1789.14 万公顷（2017 年升至 1952.68 万公顷，排全国各省区市第 8 位），占土地总面积的 75.31%。其中：耕地面积为 424.71 万公顷，占土地总面积的 17.88%；园地面积为 50.88 万公顷；林地面积为 1161.47 万公顷；牧草地面积为 72.77 万公顷；其他农用地面积为 79.32 万公顷。②建设用地。面积为 90.97 万公顷，占土地总面积的 3.83%。其中：居民点及工矿用地面积为 67.87 万公顷；交通用地面积为 8.22 万公顷；水利设施用地面积为 14.88 万公顷。③未利用地。面积为 495.47 万公顷，占土地总面积的 20.86%。其中：裸岩石砾地面积为 229.82 万公顷（占土地总面积的 9.7%）；荒草地面积为 216.67 万公顷；盐碱地、沼泽地、沙地、裸土地及其他未利用地面积为 5.36 万公顷；河流水面、湖泊水面、苇地、滩涂等其他土地面积为 43.62 万公顷。可见，至 2015 年，第一次全国地理国情普查公报数据等显示，广西的自然地表资源中，种植土地占比（23.9%）高于全国平均，人均量（11.8 平方千米）略高于全国均值；林草覆盖率（70.0%）高于全国平均，但人均量（34.6 平方千米）低于全国均值；水域覆盖率（2.2%）和人均量均低于全国平均（见表 1－7～表 1－11、图 1－4）。总体上，广西的地表资源禀赋在全国居中偏上水平。山多平地少，喀斯特残峰裸岩比重高，林地面积大且宜林荒山多，耕作用地不多，是广西地表资源的特点。

---

① 程鹏飞等．中国地理国情蓝皮书［M］．北京：测绘出版社，2018：161－163．

表1-7 2015年广西与全国及部分周边省份地表资源禀赋对比

地理国情要素	全国		云南		贵州		广西		广东	
	占比（%）	人均（平方千米）	占比（%）	人均（平方千米）	占比（%）	人均（平方千米）	占比（%）	人均（平方千米）	占比（%）	人均（平方千米）
种植土地	16.9	11.6	24.4	19.7	28.8	14.4	23.9	11.8	19.9	3.26
林草覆盖	63.1	43.4	70.9	57.3	66.2	33.0	70.0	34.6	65.9	10.8
水域	2.7	1.9	1.1	0.9	0.9	0.4	2.2	1.1	5.5	0.9
荒漠与裸露地	14.0	—	0.7	—	0.2	—	0.1	—	0.3	—
铁路与道路	0.6	—	0.8	—	1.0	—	0.7	—	1.5	—
房屋建筑（区）	1.6	—	1.3	—	1.9	—	2.0	—	4.5	—
构筑物	0.1	—	0.4	—	1.0	—	0.5	—	1.4	—
人工堆掘地	0.9	—	0.4	—	—	—	0.5	—	1.2	—

资料来源：根据全国及云南、贵州、广西、广东《第一次全国地理国情普查公报》及《中国地理国情蓝皮书2017》资料整理。

表1-8 广西地表资源禀赋指标在全国的地位

指标	全国平均	最高省区市及数值	最低省区市及数值	广西	广西排位
种植土地空间分布指数	1	山东，3.18	西藏，0.03	1.42	19
林草覆盖空间分布指数	1	青海，1.26	江苏，0.24	1.11	8
种植土地人均拥有量（平方米/人）	1163	内蒙古，47.03	上海，112	1180	13
林草覆盖人均拥有量（平方米/人）	4341	西藏，289736	上海，45	3455	12
水域人均拥有量（平方米/人）	186	西藏，17590	北京，14	107	13
种植土地覆盖度（%）	16.90	山东，53.82	西藏，0.45	23.92	19
林草覆盖度（%）	63.10	青海，79.35	江苏，15.39	70.05	8
水域覆盖率（%）	2.70	江苏，17.94	甘肃，0.48	2.17	19

注：空间分布指数类似区位商，是一区域某地类占全国比重与该区域面积占全国陆地面积比重的比值。数值>1，表明该区域该类土地的分布或集聚程度较高。

资料来源：根据《中国地理国情蓝皮书2017》数据整理。

表1-9 广西及设区市地表资源禀赋比例 单位：%

地表类型	种植土地	林草覆盖	水域	荒漠与裸露地	道路	房屋建筑区	构筑物	人工堆掘地	人工地表
广西	23.9	70.0	2.2	0.1	0.7	2.0	0.5	0.5	3.8
南宁市	31.9	58.9	3.5	0.1	1.0	3.1	0.8	0.8	5.7

续表

地表类型	种植土地	林草覆盖	水域	荒漠与裸露地	道路	房屋建筑区	构筑物	人工堆掘地	人工地表
柳州市	23.6	70.7	1.9	0.2	0.8	1.9	0.5	0.6	3.6
桂林市	19.5	75.1	1.4	0.3	0.7	2.1	0.3	0.5	3.6
梧州市	15.8	78.2	2.3	0.1	0.6	2.0	0.4	0.6	3.5
北海市	35.4	43.1	10.9	0.1	1.4	4.5	3.3	1.3	10.5
防城港市	17.0	75.2	3.7	0.2	0.7	1.2	0.8	1.1	3.9
钦州市	27.9	63.4	3.2	0.1	0.8	2.7	0.8	1.0	5.4
贵港市	33.5	55.5	4.1	0.0	1.0	4.3	1.0	0.6	6.9
玉林市	26.5	64.1	2.5	0.1	0.8	4.6	0.9	0.6	6.9
百色市	22.6	74.0	1.2	0.0	0.7	0.9	0.2	0.3	2.1
贺州市	17.8	76.8	1.9	0.2	0.5	2.0	0.4	0.4	3.4
河池市	16.3	80.3	1.4	0.0	0.6	1.0	0.2	0.2	1.9
来宾市	29.4	64.9	2.0	0.2	0.8	1.8	0.5	0.5	3.6
崇左市	34.2	61.6	1.6	0.1	0.6	1.3	0.3	0.3	2.5

资料来源：广西第一次全国地理国情普查资料。

表1－10　按特征分类的广西土地

指标＼年份	1995 年		2010 年		2020 年（规划）	
	万公顷	占比（%）	万公顷	占比（%）	万公顷	占比（%）
林地面积	1144.35	48.2	1334.90	56.2	1339.78	56.4
牧草地面积	80.67	3.4	112.50	4.7	0.47	0.0
水域及水利设施用地面积	79.79	3.4	86.50	3.6	85	3.6
耕地	440.79	18.6	443.10	18.6	436.4	18.4
#基本农田	—	—	365.20	15.4	365.4	15.4
园地	38.69	1.6	110.30	4.6	101.86	4.3
居民点/城镇村及工矿用地	62.12	2.6	82.50	3.5	92.25	3.9
交通运输用地	13.33	0.6	26.30	1.1	36.88	1.6
其他（未利用土地、设施农用地、盐碱地、沼泽地、沙地和裸地等）	516.26	21.7	179.90	7.6	283.36	11.9

资料来源：1995 年广西壮族自治区土地利用现状调查；2010 年广西壮族自治区第二次土地调查主要数据成果公报；国土资源部关于广西壮族自治区土地利用总体规划（2006－2020 年）有关指标调整的函[EB/OL]．http：//www.mlr.gov.cn/zwgk/zytz/201706/t20170630_1523245.htm.2017－06－30．

表 1-11　广西国土资源"十二五"及"十三五"规划主要指标

序号	指标	2010 年	2015 年	2020 年规划目标	指标属性
1	耕地保有量（万公顷）	443.05	440.23	436.40	约束性
2	基本农田面积（万公顷）	361.83	366.49	365.40	约束性
3	新增建设用地总量（万公顷）	—	10.58	10	预期性
4	建设占用耕地面积（万公顷）	—	4.57	5	预期性

资料来源：广西壮族自治区发展与改革委员会. 广西及各市县国民经济和社会发展"十三五"规划纲要和重点专项规划汇编［G］. 桂林：广西师范大学出版社，2017.

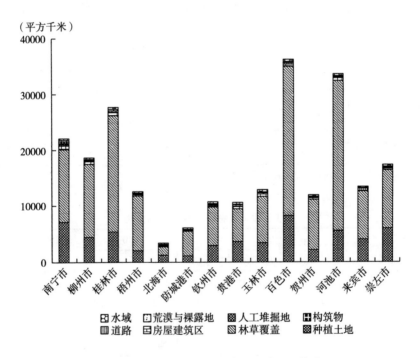

图 1-4　广西设区市不同类型土地面积构成

资料来源：根据广西第一次全国地理国情普查资料绘制。

二、气候资源

如表 1-12 所示，广西地处中、南亚热带季风气候区，在太阳辐射、大气环流和地理环境的共同作用下，在气温、降水、日照、风能等方面形成了如下气候特点：

表 1-12　广西自然地理分区

自然带	自然区	地理范围	地域分异：自然副区
广西中亚热带	桂东北自然区	西界起自龙胜西缘，往南沿驾桥岭、大瑶山西麓至武宣县 1.5 千米；南界起自武宣县 1.5 千米，往东偏北沿大瑶山南坡直至梧州市北部；东及北抵广西边界	1. 全兴海洋山自然副区 2. 贺昭大桂山自然副区 3. 资龙越城岭自然副区 4. 桂朔驾桥岭自然副区 5. 金蒙大瑶山自然副区
	桂西北自然区	南界大致以西林—田林—巴马北—都安之北经上林北部至武宣县三里；东界以桂东北区西界为界，即自龙胜县西界往南沿驾桥岭、大瑶山西麓至武宣县三里；北部与西部则与湘、黔、滇三省交界	6. 三罗元宝山自然副区 7. 柳来桂中盆地自然副区 8. 环南凤凰山自然副区 9. 东凤都阳山自然副区 10. 隆乐金钟山自然带区
广西南亚热带	桂东自然区	从武宣县三里往南经贵港西、横县东至钦州市贵台为其西界；北界与桂东北区相接；南界为边缘热带北界，经陆川乌石、博白雅山、浦北、小董至贵台。桂东自然区为广西南亚热带的东部地域	11. 容岑云开山地自然副区 12. 平贵郁浔平原丘陵自然副区
	桂西自然区	北与桂西北相邻，东以武宣县三里往南，经贵港西、横县东至钦州市贵台为界，与南亚热带东部的桂东区相接，南为边缘热带的北界。即从钦州市贵台经上思县拿琴、崇左至大新县的硕龙，西至广西边界。桂西自然区为广西南亚热带的西部地域	13. 宾邕盆地丘陵自然副区 14. 马武大明山自然副区 15. 百东右江谷地自然副区 16. 德靖石灰岩峰丛自然副区
广西边缘热带	桂南沿海自然区	以边缘热带北界为其界线，东段经陆川乌石、博白雅山、浦北，往西经小董、贵台，沿十万大山北麓那当、南屏、桐棉之南抵中越边境。桂南沿海自然区是广西的边缘热带东部地域	17. 北合沿海丘陵自然副区 18. 钦防沿海丘陵自然副区 19. 涠斜海域岛屿自然副区
	桂南西部自然区	即广西左江、明江谷地及其附近的边缘热带西部地域。东南部沿十万大山北麓贵台、那当、南屏、桐棉之南至中越边境与桂南沿海自然区为邻，东北以边缘热带北界为界，即经钦州市贵台、上思县那琴、扶绥县东门、崇左县至大新县硕龙	20. 龙宁左江谷地自然副区

资料来源：根据《广西通志·自然地理志》资料整理。

（1）气候温暖、热量丰富，各地年平均气温在 16.5℃ ~ 23.1℃，极端最高气温为 33.7℃ ~ 42.5℃，极端最低气温为 - 8.4℃ ~ 2.9℃。

（2）降水丰沛、干湿分明，是全国降水量最丰富的省区之一，各地年降水量为 1080 ~ 2760mm，大部分地区在 1300 ~ 2000mm。

（3）日照适中、冬少夏多，各地年日照时数 1169 ~ 2219 小时，比湘、黔、川等省偏多，比云南大部地区偏少，与广东相当。

（4）灾害频繁、旱涝突出，经常受到干旱、洪涝、低温冷害、霜冻、大风、冰雹、雷暴和热带气旋的危害，其中以旱涝最突出。

（5）沿海、山地风能资源丰富的气候，冬季盛行偏北风，夏季盛行偏南风，风能资源丰富区主要集中于沿海地区和海拔较高的开阔山地，其中北部湾沿海一带离海岸 2000 米以内的近海区域和岛屿以及大容山等山体相对孤立的中、高山区，年平均风功率密度超过 200W/m²，年平均风速在 5.5m/s 以上，年有效风速时数在 5500 小时以上。

同时，广西是我国气象灾害最严重的省区之一，气象灾害种类多、分布广、活动频繁、危害严重。广西常见的气象灾害有干旱、洪涝、热带气旋、冰雹、大风、雷暴、低温冷害、霜冻等。20 世纪 90 年代以来，气象灾害给广西造成的损失平均每年有近 100 亿元，它已成为制约广西经济社会可持续发展的重要因素。

如果以全国公布的省会城市年平均气温、平均相对湿度、年降水量、年日照时数代表各省区市的气候，如表 1 - 13 所示，2010 年、2011 ~ 2015 年、2017 年广西首府南宁市平均气温分别为 21.8℃、21.5℃、21.9℃，位居海口与广州之后，列全国省会城市第 3 高。年中月平均气温在 8℃ ~ 28℃，每年有七八个月平均气温高于 20℃。跟广州市气温相近，少有华东及全国"三大火炉"那样月均高过 30℃的高温。

表 1 - 13　广西（南宁）气候资源及在全国的位置

		年平均气温（℃）	平均相对湿度（%）	年降水量（ml）	年日照时数（h）
2010 年	广西/南宁	21.8	77	1376.9	1601.5
	全国平均	14.1	65	978.9	1991.5
	广西排名	第 3 高	第 4 高	第 7 高	第 25 高

续表

		年平均气温（℃）	平均相对湿度（%）	年降水量（ml）	年日照时数（h）
2011～2015 年	广西/南宁	21.5	80	1273.2	1485.3
	全国平均	14.2	65	906.5	2018.5
	广西排名	第3高	第3高	第8高	第26高
2016 年	广西/南宁	22.3	80	1596.1	1582.9
	全国平均	14.6	67	1128.9	2049.6
	广西排名	第2高	第5高	第10高	第24高
2017 年	广西/南宁	21.9	80	1548.7	1632.2
	全国平均	14.7	65	936.5	2110.7
	广西排名	第3高	第4高	第5高	第27高

资料来源：根据历年《中国统计年鉴》数据整理。

三、水资源

1. 水资源总量居全国前列但多集中于桂南

广西河流众多，河川以雨水补给类型为主，集雨面积在50平方千米以上的河流有1350条。受降水时空分布不均影响，径流深与径流量在地域分布上呈自桂东南向桂西北逐渐减少之势。河川径流量70%～80%集中在汛期（桂东北河川汛期在3～8月，桂西南河川汛期在5～10月，桂中诸河汛期在4～9月）。

就2017年而言，①广西平均降水量1806毫米，折合降水总量为4273亿立方米，比多年平均值偏多17.5%；地表水资源量2386亿立方米，折合年径流深1008毫米，比多年平均值多26.1%；地下水资源量为447亿立方米，比多年平均值少2.2%，其中山丘区浅层地下水资源量为445亿立方米，北海平原区地下水资源非重复计算量为2亿立方米；水资源总量2388亿立方米，比多年平均值偏多26.2%，属丰水年份。②从水资源总量的市域分布看，桂林市、河池市、百色市为水资源最丰富的地区，地表水和地下水资源之和超过300亿立方米；从人均水资源的市域分布看，桂林市、防城港市和河池市人均水资源量均超过7500立方米，南宁市、北海市、贵港市和玉林市人均水资源量在2100～2300立方米（均高于全国同年的人均值2075立方米），其余各市在3500～6000立方米

（见图 1 - 5）。③广西入境总水量 696 亿立方米，出境总水量 2920 亿立方米。④大型水库 58 座，中型水库 230 座，年末蓄水总量 273 亿立方米。⑤参与水质评价的河流共 84 条，325 个河段，全年期Ⅰ～Ⅲ类水河段比例 93.8%；评价大中小型水库 29 座，除武思江水库为Ⅳ类水质外，其余水库均为Ⅰ～Ⅲ类水质，对其中 24 座水库营养状况评价，其中 4 个为轻度富营养状态，其余均为中营养状态；评价 14 个设区市的 26 个重要饮用水水源地，合格率为 92.3%；全年评价 319 个主要水功能区，按最严格水资源管理制度考核的高锰酸盐指数和氨氮双因子评价，全年水质达标的水功能区有 313 个，达标率为 98.1%；评价广西市界河流交接断面 42 个，水质达标率为 98.0%[①]。

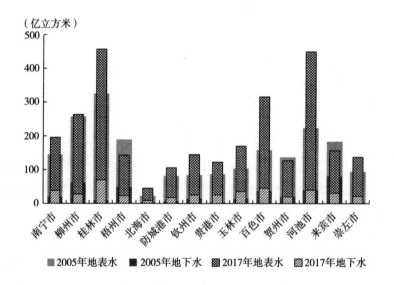

图 1 - 5　2005/2017 年设区市水资源分布对比

资料来源：根据 2006 年和 2018 年《广西统计年鉴》数据绘制。

从全国范围看，广西是我国水资源较为丰富的地区。如表 1 - 14 所示，2010 年广西水资源总量为 1823.6 亿立方米，约占全国水资源量的 6.0%，位列全国第 7；人均水资源量为 3852.9 立方米，相当于全国人均水资源量的 1.7 倍，位

①　广西壮族自治区水利厅. 2017 年广西壮族自治区水资源公报［EB/OL］. http：//www. gxwater. gov. cn/zwgk/jbgb/szygb/201810/t20181024_ 44478. html，2018 - 10 - 24.

列全国第 8。2011~2015 年，广西年均水资源总量为 1983.9 亿立方米，约占全国水资源量的 7.0%，在西藏、四川之后，位列全国第 3；广西人均水资源量为 4214.0 立方米，相当于全国人均水资源量的 2.1 倍，在西藏、青海、海南之后，位列全国第 4。2017 年，广西水资源总量为 2388.0 亿立方米，位列全国第 3 位，占全国水资源总量的 8.3%；人均水资源量为 4912.1 立方米，位居全国第 3。

表 1-14　广西水资源量及在全国的位置

年份		2010	2011	2012	2013	2014	2015	2016	2017
水资源总量（亿立方米）	全国（亿立方米）	30906.4	23256.7	29526.9	27957.9	27266.9	27962.6	32466.4	28761.2
	广西（亿立方米）	1823.6	1350.0	2087.4	2057.3	1990.9	2433.6	2178.6	2388.0
	占比（%）	5.9	5.8	7.1	7.4	7.3	8.7	6.7	8.3
1. 地表水资源量	全国（亿立方米）	29797.6	22213.6	28371.4	26839.5	26263.9	26900.8	31273.9	27746.3
	广西（亿立方米）	1823.6	1350.0	2086.4	2056.3	1989.6	2432.2	2176.8	2386.0
	占比（%）	6.1	6.1	7.4	7.7	7.6	9.0	7.0	8.6
2. 地下水资源量	全国（亿立方米）	8417.0	7214.5	8416.1	8081.1	7745.0	7797.0	8854.8	8309.6
	广西（亿立方米）	355.8	271.2	587.3	478.1	403.0	467.3	529.2	446.6
	占比（%）	4.2	3.8	7.0	5.9	5.2	6.0	6.0	5.4
1 与 2 重复量	全国（亿立方米）	7308.2	6171.4	7260.6	6962.7	6742.0	6735.2	7662.3	7294.7
	广西（亿立方米）	355.8	271.2	586.3	477.1	401.7	465.9	527.4	444.6
	占比（%）	4.9	4.4	8.1	6.9	6.0	6.9	6.9	6.1
水资源总量在全国排名		第7	第5	第4	第4	第3	第2	第6	第3
人均水资源（立方米/人）	全国（立方米/人）	2310.4	1730.2	2186.1	2059.7	1998.6	2039.2	2354.9	2074.5
	广西（立方米/人）	3852.9	2917.4	4476.0	4376.8	4203.3	5096.5	4522.7	4912.1
	占比（%）	166.8	168.6	204.7	212.5	210.3	249.9	192.1	236.8
人均水资源在全国排名		第8	第5	第4	第4	第3	第2	第7	第3

资料来源：根据历年《中国统计年鉴》数据整理。

尽管广西水资源总量大，但按面积平均的水网密度和按人口平均的人均水域拥有量均低于全国均值，显示出广西山区的缺水状况（见表1-15）。

表1-15 2015年广西设区市与全国水域及水网密度对照

地域	水域面积比例（%）	水网密度（米/平方千米）	人均水域拥有量（平方米/人）
南宁市	3.5	846	110
柳州市	1.9	825	90
桂林市	1.4	987	77
梧州市	2.3	1016	98
北海市	10.9	1119	229
防城港市	3.7	850	241
钦州市	3.2	878	108
贵港市	4.1	1123	102
玉林市	2.5	1075	56
百色市	1.2	742	119
贺州市	1.9	957	109
河池市	1.4	622	132
来宾市	2.0	798	120
崇左市	1.6	502	132
广西	2.2	830	107
全国	2.7	852	186

资料来源：根据第一次全国地理国情普查资料、2016年《广西统计年鉴》及《中国地理国情蓝皮书2017》等数据整理。

根据2012年的《广西壮族自治区主体功能区规划》，从可利用水资源分布看，广西多数地区较为丰富，人均可利用水资源潜力超过3000立方米的县（市、区）30个，占全区的比重为32.2%；1500~3000立方米的26个，占28%；1000~1500立方米的12个，占12.9%；500~1000立方米的10个，占10.8%；500立方米以下的缺水县（市、区）15个，占16.1%，主要分布在没有大江大河通过或江河源头地区。全区季节性干旱问题比较突出。南宁、柳州、桂林、北海等中心城市供水水源单一，缺少备用水源；北海市地下水超采比较严重；桂西山区土层薄，保水性差，地下水埋藏深，开采成本高，水资源利用率低；南流江部分河道水质长期欠佳。

2. 水力资源蕴藏量大但多集中于桂西

广西河流众多，水力资源丰富。常年径流量约 2000 亿立方米，水力资源蕴藏量 2133 万千瓦。境内河流分属珠江水系、长江水系、桂南独流入海水系、百都河水系四大水系，其中以珠江水系为主。珠江水系在广西的流域面积为 20.24 万平方千米，占广西总面积的 85.2%，其干流西江在广西境内总长 1239 千米，其中红水河段 658 千米，滩多水急，水能资源丰富，被誉为中国水电资源的"富矿"。

广西面向北部湾，背靠云贵高原，地势由西北向东南倾斜，处在全国第二阶梯向第一阶梯过渡地带。北回归线横贯中部，受强烈的太阳辐射和海陆季风环流影响，属湿润多雨的亚热带气候，大部分地区的降雨量在 1300～2000 毫米。境内河流众多，水量充沛，落差大。全自治区集雨面积 50 平方千米以上的河流有 937 条，水力资源理论蕴藏量达 1751.83 万千瓦（不含集雨面积 50 平方千米以下的河流），居全国第 8 位。可开发的水力资源，单站 500 千瓦及以上的电站总数为 856 座，装机容量 1418.31 万千瓦，年发电量 639.47 亿千瓦时，居全国第 6 位。其中，红水河被誉为全国水力资源的"富矿"，已列为国家重点开发河流。广西水力资源情况见表 1-16。

表 1-16 广西水力资源情况

河流名称		理论蕴藏量（万千瓦）	可能开发水力资源			占全区比重（%）
			电站数（座）	装机容量（万千瓦）	年发电量（亿千瓦时）	
西江水系	红水河	854.54	222	981.3	434.76	68
	柳江	341.82	200	158.65	75.08	11.8
	郁江	297.63	209	192.43	89.63	14
	桂江	131.23	61	52.87	25.20	3.9
长江水系	湘江	45.81	38	12.74	6.08	0.9
	资水	22.97	5	1.30	0.71	0.1
桂南入海诸河水系	沿海诸河	49.06	102	16.63	6.79	1.1
西南国际诸河水系	百都河	8.77	19	2.39	1.22	0.2
总计		1751.83	856	1418.31	639.47	100

注：①红水河包括南盘江下游、黔江和浔江；②边境界河按 1/2 统计。

资料来源：根据广西水利学会 2010 年资料整理。

广西的水力资源分布不均匀,径流量的年内分配,对于一般年景而言,总来水量中 4~8 月占 72%,1~3 月占 7%,9~12 月占 21%,因此易造成年内丰、枯水期水力发电出力悬殊。水力资源在地区之间的分布也不平衡:按流域分,主要分布在西江流域,其中又以红水河最多;按地域分,主要集中在广西的西部和西北部山区,中部次之,东北部和西南部较少,南部和东南部最少;按开发方式分,高坝大库只宜在红水河上游的天生桥、龙滩及郁江上游的瓦村、百色修建,其余多适宜建径流式中低水头电站。

四、海洋资源

根据 2018 年 4 月公布的《广西壮族自治区海洋主体功能区规划》,北部湾广西方海域面积 6.34 万平方千米,具有丰富的海洋资源和优良的海洋生态环境,是广西经济社会发展的重要战略空间。

1. 广西海岸线迂回曲折,港湾资源众多

海岸线东起两广交界的英罗港,西至中越交界的北仑河口,总长 1628.59 千米(习惯称 1595 千米),在全国各省市中列第 6 位,占全国大陆海岸线的 8.5% 左右。大体上以钦州犀牛脚为界,东部以侵蚀堆积的砂质海岸为主,西部以溺谷湾海岸为主。岛礁资源丰富,无居民海岛就有 629 个。天然深水港址资源众多,除已建成的码头泊位外,可供发展万吨级以上深水码头的岸段 10 多处,现有岸线资源可建成 100 个 3 万吨级以上深水泊位,优化利用岸线可建成 200 个以上深水泊位。港湾水道众多,英罗港、铁山港、廉州湾、大风江口、钦州湾(含茅尾海)、防城港(东湾和西湾)、珍珠湾、北仑河口等港湾是广西沿海经济社会发展和生态环境保护的主要载体。

2. 海洋生物及能矿资源丰富

北部湾是我国著名的四大渔场之一,有鱼类 500 余种、虾蟹类 220 余种,其中浅海经济鱼类 50 多种、经济虾蟹类 10 多种,马氏珍珠贝、近江牡蛎资源优势明显。滩涂面积 1005 平方千米,海水养殖的开发前景广阔。旅游资源丰富,水体沙滩旅游资源有北海银滩、金滩、三娘湾、天堂滩—蝴蝶岛沙滩、大东沙、白浪滩、涠洲岛沙滩、月亮湾、麻蓝岛沙滩、玉石滩,生态旅游类资源有涠洲岛—斜阳岛、北仑河口和山口红树林国家级自然保护区、茅尾海湿地公园、钦州龙门—七十二泾等。北部湾石油资源量 16.7 亿吨,天然气(伴生气)资源量

1457 亿立方米，石英砂矿远景储量超过 10 亿吨，钛铁矿地质储量近 2500 万吨。潮汐能和波浪能等海洋能源开发潜力较大。

3. 海洋生态系统优良

广西近海海域是我国大陆沿岸最洁净的海区，2015 年近岸海域全年平均一、二类水质比例达到 83.4%。2016 年近岸海域春、夏、秋、冬四个季度平均一、二类水质比例分别达到 86.0%、72.0%、86.0%、92.8%。海洋生态系统类型多样，红树林、珊瑚礁和海草床等典型海洋生态系统均有分布。其中，红树林面积 8375 公顷，约占全国红树林总面积的 40%，居全国第 2 位；珊瑚礁面积 300 公顷，主要分布于涠洲岛周围浅海；海草床生态系统面积 640 公顷，主要分布于铁山港、英罗港及珍珠港沿岸。目前已相继建立了合浦儒艮国家级自然保护区、山口红树林国家级自然保护区、北仑河口国家级海洋自然保护区 3 个国家级自然保护区，以及钦州茅尾海国家海洋公园、涠洲岛珊瑚礁国家海洋公园、广西北海滨海国家湿地公园、茅尾海红树林自治区级自然保护区等，对海洋生态系统和珍稀濒危物种进行保护。

五、地质与矿产资源

广西地处濒太平洋构造带与古地中海—喜马拉雅构造带的复合部位，南岭构造带的中西段。在漫长的地质时代中，历经沧海桑田的变迁，形成沉积地齐全、岩浆活动频繁、地质构造复杂、矿产资源比较丰富的地质总特点。这一独特的地质格局，备受世人瞩目。至 2018 年，广西共设地质遗迹保护区 8 处，其中"金钉子"地层剖面 2 处、国际副层型剖面 1 处、华南泥盆系剖面 4 处、古生物化石集中产地 1 处，总面积约 7.25 平方千米。全区有地质公园 23 个，其中世界级地质公园 1 个，国家级地质公园 10 个，自治区级地质公园 12 个；地质公园总面积约合 2731.72 平方千米，其中世界级地质公园面积 930 平方千米，国家级地质公园面积 1072.86 平方千米，自治区级地质公园面积 728.86 平方千米。另有国家级矿山公园两处，总面积 21.9 平方千米，具体如表 1－17 所示。

表 1－17　广西主要地质公园和地质遗址分布表

地质公园与地质遗址	分布地区
世界地质公园	百色市与河池市之间的乐业——凤山地质公园

地质公园与地质遗址	分布地区
国家级地质公园	桂林市资源，柳州市鹿寨香桥岩溶，北海市涠洲岛，钦州市浦北五皇山，贵港市桂平，百色市乐业大石围天坑群，河池市的大化七百弄、凤山、罗城、都安地下河
国家级矿山公园	桂林市雷公岭，来宾市合山
全球界线层型剖面	柳州市北岸乡碰冲下石炭系"金钉子"剖面，桂林市灵川南边村国际泥盆—石炭系界线副层型剖面，来宾市蓬莱滩二叠系"金钉子"剖面
华南泥盆系标准剖面	南宁市横县六景，玉林市北流大风门，河池市南丹县罗富，来宾市象州大乐
恐龙化石地质遗址	崇左市扶绥国家级重点保护古生物化石集中产地

根据《中国统计年鉴》公布的数据，2016 年各省区市主要能源、黑色金属矿产基础储量之中，广西的石油、天然气、煤炭等能源及铁矿等占全国的比重均不到 0.1%；锰矿储量 17388.6 万吨，占全国的 56.0%，列各省区市之首；钒矿 171.5 万吨，占全国的 18.0%，在四川省之后，列各省区市第 2 位。

广西矿产资源种类多、储量大，尤以铝、锡等有色金属为最，是全国 10 个重点有色金属产区之一。全自治区发现矿种 145 种（含亚矿种），占全国探明资源储量矿种的 45.8%；探明储量的矿藏有 97 种，其中 64 种储量居全国前 10 位，有 12 种居全国第 1 位。在 45 种国民经济发展支柱性矿藏中，广西探明资源储量的有 35 种。

2017 年 6 月公布的《广西壮族自治区矿产资源总体规划（2016—2020 年)》认为，广西矿产资源有四个特点：

1. 矿产资源种类较齐全，找矿潜力较大

广西位于华南板块的南端，大地构造分属扬子陆块和南华活动带，成矿条件有利。截至 2015 年底，广西共发现矿产 168 种，其中已查明资源储量的矿产 125 种，约占全国已查明资源储量矿种的 72%。在 45 种主要矿产中，广西拥有 32 种，矿产资源相对丰富，基本能够满足国民经济发展需要。

2. 有色金属等矿产优势突出，能源矿产相对紧缺

截至 2015 年底，广西资源储量居全国前五位的矿产主要有锡、锑、铝土矿、锰、钛（钛铁矿砂矿）、稀土、镓、铟、高岭土、膨润土、饰面花岗岩、重晶石、钨、铌、钽、滑石、饰面用大理岩、饰面用灰岩等。煤炭、石油、天然

气、铜、铁、磷等矿产的查明资源储量相对较少。

3. 矿产资源分布集中度高，有利于集约化、规模化开发

区内矿产资源分布具有明显的地域差异，14 个地市均有分布，但主要集中于河池市、百色市、崇左市等。锰矿资源储量的 82% 集中于崇左市和百色市，铝土矿资源储量的 96% 集中于百色市，锡矿资源储量的 67% 集中于河池市，稀土矿资源储量的 85% 以上集中于玉林市、贺州市和贵港市，重晶石资源储量的 79% 集中于柳州市和来宾市，高岭土资源储量的 88% 集中于北海市，煤炭资源储量的 88% 集中于百色市、来宾市。

4. 矿产地规模普遍较小，资源品质复杂

矿产地规模以中小型为主，大型、特大型较少，全区能源及固体矿产地共 2040 处（含共伴生矿产），其中大型矿产地 202 处，占 9.9%；中小型矿产地 1838 处，占 90.1%。有色金属多为共伴生矿，低品位碳酸锰矿、三水型铝土矿、高硫高砷金矿等难选冶矿较多，资源利用难度相对较大。

六、生物资源

广西发现陆栖脊椎野生动物 1149 种（含亚种），约占全国总数的 43%。其中：国家重点保护的珍稀物种 149 种，约占全国的 45%；国家一级保护动物 24 种，占全国的 27%。发现野生植物 288 科、1717 属、8562 种，数量在各省（自治区、直辖市）中居第 3 位，有国家一级重点保护植物 37 种，珍贵植物主要有金花茶、银杉、桫椤、擎天树等。1985 年统计的中草药有 1000 种以上，其中田七产量仅次于云南居全国第 2 位，罗汉果为广西特有；土特产品有 800 种，当时产量占全国第 1 位的有八角、茴油、桂皮，产量占全国第 2 位的有松脂、香蕉、菠萝、龙眼、烤胶、紫胶，产量占全国第 3 位的有荔枝、油茶等。

《中国统计年鉴 2018》公布的第八次全国森林资源清查（2009~2013 年）的资料表明，广西森林面积 1342.7 万公顷，占全国森林面积的 6.5%，在各省区市排第 5 位，其中人工林面积 634.5 万公顷，占全国的 9.2%，排全国第 1 位。森林覆盖率达 56.5%，是全国均值的 2.6 倍，排全国第 3 位；活立木蓄积量达 5.6 亿立方米，森林蓄积量 5.1 亿立方米，均占全国的 3.4% 及全国第 8 位。2015 年全国地理国情普查数据显示广西森林面积 15.74 平方千米，占全区面积的 66.6%，覆盖率位居全国各省区市前列（见表 1-18）。

表 1 - 18　广西设区市部分自然资源指标

地域	平均气温（℃）			平均降雨量（毫米）			森林覆盖率（%）			人均水资源量（立方米/人）		
	2005 年	2015 年	2017 年	2005 年	2015 年	2017 年	2005 年	2015 年	2017 年	2005 年	2015 年	2017 年
广西	20.8	21.5	21.1	1446.4	1937.0	1810.0	52.7	62.2	62.3	3494	5074.1	4888.5
南宁市	21.5	22.2	21.9	1119.2	1222.3	1548.7	40.2	47.7	48.3	1884	2114.1	2142.8
柳州市	21.0	21.5	21.8	1681.1	1997.9	1633.4	59.7	65.0	66.4	5499	7417.3	5862.3
桂林市	19.2	19.9	20.3	1877.4	3012.0	2183.0	68.0	70.9	71.2	6343	10234.8	7674.6
梧州市	21.4	21.9	21.7	1508.5	1507.6	1474.3	73.6	75.9	75.0	4630	4560.2	3999.1
北海市	23.0	24.1	23.5	1462.6	2093.2	2213.6	28.6	36.3	31.8	1242	2242.1	2144.5
防城港市	22.7	23.6	23.2	2792.6	2200.3	3205.6	60.9	58.5	60.2	9362	8855.6	9398.0
钦州市	22.8	23.8	22.3	2055.8	2611.1	2461.8	53.0	54.2	57.1	2057	2815.6	3581.1
贵港市	22.0	22.8	22.6	1253.5	2019.7	1791.5	42.0	46.3	46.4	1759	2278.2	2212.2
玉林市	22.6	22.7	22.4	998.8	1957.6	1601.8	54.2	61.0	61.9	1471	2172.9	2299.0
百色市	22.1	22.7	22.4	1329.5	1534.0	1415.3	58.6	67.4	68.5	3198	5373.3	7368.2
贺州市	20.4	20.3	20.6	1394.5	1946.6	1481.7	54.0	72.9	72.5	5595	7530.5	5197.5
河池市	21.0	20.9	20.8	1200.5	2022.7	1789.9	55.5	68.7	69.7	4772	9664.9	11555.2
来宾市	21.2	22.1	21.3	1211.0	1951.1	1543.8	46.2	51.4	52.2	4164	6268.6	5623.8
崇左市	22.7	24.0	22.2	1123.5	1095.1	1218.9	45.9	54.7	54.9	3858	4950.6	5333.0

资料来源：根据历年《广西统计年鉴》数据整理。

大体上，热量从南到北递减，雨量自西向东递增，广西植被分布因此而有明显的空间变化。由于境内地貌复杂，对水热条件的重新分配起着巨大的作用，水热的等值线并不和经纬线的递变相吻合，从而导致广西植被地理分布错综复杂[①]。在带状气候特别是热量条件基础上，复杂的地质地貌造成局部环境的明显差异，加深了广西森林植被类型的分化规律及水平与垂直地理分布的复杂性[②]。

除传统的稻谷、玉米等大宗粮食作物，花生、油茶籽等油料作物，甘蔗、黄红麻等大宗经济作物外，还出产众多著名地方特产。地方名优蔬菜品种有荔浦芋、玉林大蒜、横县大头菜、博白雍菜、扶绥黑皮冬瓜、田林八渡笋、覃塘莲藕、长洲慈姑等。药用植物有田七、肉桂、罗汉果、绞股蓝、血竭、安息香

---

① 李治基，王献溥，何妙光. 从植被地理分布的规律略谈划分广西热带和亚热带的依据及其特征 [J]. 植物生态学与地植物学丛刊，1964（2）：253.

② 梁士楚. 广西森林植被的地理分布规律 [J]. 贵州科学，1989（2）：24-33.

等。著名热带及亚热带水果有荔枝、龙眼、木瓜、香蕉、凤梨（菠萝）、芒果、沙田柚、柑、橙、波罗蜜等。优良畜禽品种有香猪、都安山羊、德保矮马、三黄鸡、右江鹅等。林产品有松脂、桐油、紫胶等。海产品有珍珠、对虾及红鳍笛鲷等名贵鱼类。

七、旅游资源

广西岩溶地貌发育，山秀洞奇，加上地处亚热带南部和沿江沿海，生态优美，气候宜人，清新生境，青山绿水，引人入胜。神奇壮美的山水地貌和丰富奇特的生态景观，蕴藏着十分丰富的旅游资源。用《中国国家地理》的话说：整个广西是个"大桂林"——"不仅广西的西部是桂林，广西中部的景观也是桂林""广西是喀斯特地貌的自然博物馆，处处都有'小桂林'""像漓江成就了桂林山水一样，广西一条条江河成就了一个个'桂林'"。① 主要表现为以桂林山水为代表的喀斯特自然风光旅游资源，以北海涠洲岛和海上丝绸之路古遗迹为代表的北部湾滨海旅游资源，以德天跨国瀑布及左江花山壁画为代表的中越边关旅游资源，以"世界长寿之乡"巴马为代表的长寿养生旅游资源，以壮、瑶、苗、侗为代表的少数民族风情旅游资源（详见第二章相关阐述），以及古朴的历史文化、神秘的原始森林和乡村旅游、红色旅游等各具特色的旅游资源。至2018年，广西共有国家5A级风景区5个，国家4A级风景区173个，14个地级市均有分布。列为国家级风景名胜区的有桂林漓江、桂平西山和宁明花山。2019年底，作为重要的红色旅游资源，百色起义纪念园景区增列为国家5A级景区。

第三节 自然地理对广西经济的影响机制

Krugman指出，区域经济的发展及集聚演化过程往往是"第一性"与"第二性"因素循环累积、相互作用的结果。② 其中"第一性"主要指生产要素禀赋的空间差异，即某地区所具有的先天的资源禀赋，如自然环境、地理区位条

---

① 单之蔷. 广西处处是桂林［J］. 中国国家地理，2018（2）：12 – 31.

② Krugman P. First nature, second nature and metropolitan location［J］. Journal of Regional Science, 1993, 33（2）：129 – 144.

件等;"第二性"则主要指经济空间集聚系统的内生力量,即为了发展需要在先天基础上进行后天改造而形成的条件,如区域发展战略的实施、连接性基础设施的投资政策等。

从新经济地理学的角度看,独特的地理位置与自然资源对广西经济、产业及空间格局产生的影响是多方面、多层级或有区域性的,整体主要体现为图1-6所示的机理,具体体现为以下几个方面:

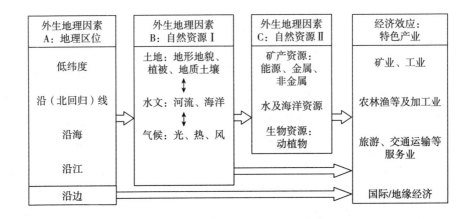

图1-6 自然地理因素对广西经济的影响

(一) 地理区位与资源条件的影响

地理区位和资源条件关系到区域开发的次序、机遇、规模及区域经济的发展水平与速度。广西的沿江、沿海地区,气候适宜,有着便捷的交通条件,运输成本较低,因此成为广西开发较早和经贸与产业发展较快的地区。而桂西大部分地区地形相对封闭,生态环境脆弱,虽拥有一定的自然资源,但囿于资源的可开发程度及运输距离与成本,因而开发相对滞后。

在自然资源的影响方面,不同的资源导致不同的开发方式与产业及经济类型。在常人的眼里,山地河谷、山水相间、亦山亦水,是广西地形地貌的元素或基本轮廓。山——地理分割与运输距离。尽管山区可以提供大量的农林矿产资源和产业经济,但山地毕竟(事实)是而且长期是市场空间的分割,影响工业化与城镇化的发展,所以山地面积比例可视为工业化与城镇化发展的一个制约因素。水——市场空间的联系与产业集聚。尽管江河阻隔影响到市场一体化,但蒸汽机动力的推广使沿江、沿海、沿岸流域成为工业化影响最为直接的区域，江畔、河谷、海滨等城镇快速发育。因此，江海面积比例或岸线长度可视为工业化与城镇化发展的一个促进因素。综合而论，广西经济某种意义上就是山水经济之间的互动。

多年来，是发展山区经济还是江海经济，抑或两者并重，成为广西经济发展战略的方向性争议。如果从"八山一水一分田"看，广西山多地少水也少。事实上，如果加上海域面积或海岸线，广西的面积应该是"五山四水一分田"！如果再将"田"理解为"水田"的话，那么广西的山水区域大致各占一半。中国西部地区崎岖干旱，多山、少人、少产业；东部地区沿海，多水、多人、多产业。广西内部也基本是如此缩影，中轴东部及东南部江海河谷面积大于桂西与西北山区。广西是西部内陆山区，还是东南沿海地区？尽管广西在自然地理上处于中国的东南沿海，但被列入2000年西部大开发的12个西部省区之中——应该理解为广西是西部大开发政策的覆盖区。这也造成广西既是东部又是西部的双重定位，体现出广西的山与水两种类型经济的互动与交融。

（二）边界与地缘效应

长期以来，边境效应（border effect）问题成为边境地区经济发展过程中绕不开的问题。国内外学者对此也展开了大量研究，并形成了两类不同的观点。[①]第一类观点即传统意义上的"边境效应"，把边境效应理解为边境对贸易的负面影响，即边境对贸易的障碍，使本地区内部贸易通常是其对外贸易的10~20倍。这一效应可称为狭义的边境效应，它是德国地理学者Christaller和Lösch等关于边境乃市场障碍观点与理论模型的延伸，认为边境对经贸活动的作用是消极、被动的壁垒。第二类观点则认为边境效应除了第一类观点的意思——所谓阻碍空间相互作用的"屏障效应"或负效应之外，还有另外一层意思，就是边境对经济活动的接触、交流甚至集聚等中介作用，即"中介效应"或正效应，认为边境对经济活动不仅具有劣势还有优势，而且，通过赋予一定的条件，如国际开放、一体化合作政策等，可动态促进屏障效应向中介效应转化。事实上，边境的正负效应都客观存在，问题的关键在于如何管理和调控。

---

① 李红，方冬莉. 中国—东盟自贸区边境效应实证分析——以滇桂对越进出口为例［J］. 世界地理研究，2011（4）：27－33.

从兼有国界、海岸和省界三种类型边界的广西来看，与邻国接壤的边境口岸和城市的开放发展，跟沿边开放、国际合作的地缘环境以及毗邻地区的发展程度等密切相关。例如，与发达省份交界的省界和海岸对其邻近地区的人口迁移、城镇化的发展和集聚都产生明显的"吸引力"，故桂东南地区及北部湾地区经济活动持续活跃。而比之于较为自由、活跃迁移的省际边界线和海岸线而言，国界边界目前对人口流动具有一定的阻碍作用，城镇化的发展也相对缓慢，但其中也有得益于国际地缘经济与沿海、沿边对外开放等政策的叠加作用。[①] 广西的开放发展，一度受制于东南亚的地缘因素。其中 1965～1973 年的抗美援越，1979 年的中越边境自卫还击作战，广西长期处于战争前线，直到 1991 年中越关系正常化和 2000 年前后中越陆地和北部湾边界划定，广西沿边及北部湾区域才开始大开放开发和进入比较持续的高增长阶段，比全国 1978 年开始的开放晚了10 余年。而真正的大开放则在 2004 年中国—东盟博览会落户南宁之后。可见，边界与地缘对于广西外向型经济发展的效应也是双重的，既可能制约又可能促进其与相邻国家或地区的开放合作。

近年来，关于广西应该是靠近广东，向东融入粤港澳大湾区，接受其产业辐射带动，还是成为大西南地区等西部的出海口、龙头，或向南与东盟开放合作，相关争论常常是"宁为鸡首，不为牛后"的观点占优。事实上，正负面的边界与地缘效应是广西经济发展中无法回避的问题，很难将广西的各类地理要素割裂开来，故而需要综合而有差异化的区域开放合作策略。

（三）空间邻近性与距离

根据地理学第一定律，任何地理事物之间由于空间相互作用均具有相关性，且距离越近这种相互作用就越强。区域经济的发展不仅与自身条件有关，还深受邻近地区的经济发展环境影响。区域经济增长普遍存在"空间俱乐部趋同现象"：本地区经济的发展与邻近地区经济的发展通过空间相互作用、空间外部性及空间溢出效应，互相影响。这其中地理距离扮演着重要角色。

四周多山丘陵，中部狭小盆地，南部面临海洋，是广西自然地理的一大特征。山川分割了广西区内市场，增加了区域间经济联系成本，制约着区域市场

---

① 李红，张珺，欧晓静. 边境省区县域城镇化与人口迁移的时空演变及机制分析——以广西为例 [J]. 热带地理，2017 (2)：163 – 171.

规模与经济发展，而盆地和河谷地带则为产业与城市的集聚发展提供了相互辐射与扩散的溢出效应的空间，进而形成不同的经济区块——"块状经济"。

具体而言，①桂西部属于广西的资源富集区，但由于地处山区且交通建设滞后，形成了较为封闭的经济单元，致使资源优势没能很好地转化为经济发展的优势，同时，欠发达的经济状况又导致人才流失，因此，桂西部基本处于广西经济发展的"凹陷区"，城际经济联系不足，处于被边缘化状态。②桂东部虽与广东省毗邻，邻近的却是经济较为落后的粤西，因而受珠三角辐射较弱，但作为地势较为平坦、河网密布以及广西与广东往来的通道地带，其交通通达度总体较好，城际经济联系强度也较桂西强。不过，对高新技术及人才的吸引力仍显不足。③地处中部盆地和中轴线的南宁、柳州及桂林三市，拥有较为齐全的产业体系，产业间联系较强，同时，这三座城市也是广西人才资源的主要集聚地，培养和吸纳了大量人才。相对发达的经济也对人才及高新技术形成一定的吸收效应，较好的城际可达性也促进了要素的城际流动，因而城际经济联系较强。南部的北海、钦州及防城港作为广西对外开放的重要窗口，拥有较完善的交通运输体系，城市可达性较好，对外经济联系也较强。可见，地理位置的空间邻近性是广西城际经济联系紧密程度的重要因素，即空间距离越近，经济联系越密切。

总之，自然资源、地理区位、地缘环境、空间邻近效应等构成的"第一性"因素，与区域发展战略、连接性基础设施、集聚经济效应构成的"第二性"因素循环累积、相互作用，对经济活动和空间布局产生深远影响，以致形成"核心—边缘"的空间结构与区块经济。利用自然地理这"第一性"因素对人类经济活动带来的便利与优势，克服其中的低密度、远距离和深分隔后形成集聚，发展广西经济，就会如世界银行《2009 年世界发展报告——重塑世界经济地理》所言：地区促进在密度（density）、距离（distance）和分隔（division）经济地理的三方面实现转换，就能走向繁荣[①]。

① 世界银行. 2009 年世界发展报告——重塑世界经济地理［M］. 北京：清华大学出版社，2009.

第二章 历史与人文资源

　　广西作为我国南疆的少数民族自治区，具有悠久的人文历史。《广西通志·人口志》（1993）就指出，广西是我国古人类最早的发源地之一。考古查明，距今约 5 万年，广西已有古人类活动，并在随后的人口发展和人口迁移中形成了一个多民族的地域。① 随着氏族社会向国家机构转变，并在历代王朝变迁转承以及中华人民共和国成立后行政区划的不断调整中，广西的行政区划也经历了漫长的调整过程才最终稳定下来。20 世纪以来广西人文地理演化进程加快，当前常住人口规模居全国第 11 位，占全国 3.5%，人力资源较为丰富。与人口发展相伴而生的是文化的积淀与发展。在漫长的历史发展过程中，广西各族人民和谐相处，并创造了丰富多彩的文化，有些文化资源伴随着经济增长而被开发利用形成产业，有力地带动了地方经济的发展，而有些传统文化则在工业化和城镇化的冲击下逐渐失传和消逝。

第一节 历史沿革与行政区划

一、历史沿革

　　《广西通志·行政区划志》对广西行政区划的历史沿革进行了相关追溯，详细叙述了 21 世纪前 2200 多年广西地区的行政区划演变过程，并将其分为 10 个

---

　　① 广西壮族自治区地方志编纂委员会. 广西通志·人口志［M］. 南宁：广西人民出版社，1993.

重要沿革阶段①，即①秦汉，郡（国、州）、县制阶段（公元前221年~公元220年，共441年）；②三国至南朝宋代泰始六年，郡、县阶段（公元220~471年，251年）；③南朝宋代泰始七年至陈代，州、郡、县阶段（公元471~589年，118年）；④隋朝至唐朝至德三年，州（郡）、县阶段（公元589~758年，169年）；⑤唐朝乾元元年至五代，道（军）、州、县阶段（公元758~994年，236年）；⑥宋朝，路、州、县（军、监）阶段（公元994~1276年，282年）；⑦元朝至元十三年到至正二十二年，路（府、州、司）、县阶段（公元1276~1363年，87年）；⑧元朝至正二十三年至中华民国时期，省、路（府、州、司、厅）、县阶段（公元1363~1949年，586年）；⑨中华人民共和国1949~1957年，省、自治州（专区）、县阶段，共8年；⑩中华人民共和国1958年至今，自治区、市（地区）、县（区）阶段，共60年。目前，广西的行政区划除了对部分县市稍作调整外，基本与最后一个阶段一致。

（一）先秦至元朝时期

广西历史悠久，早在80万年前就有原始人类在此繁衍生息，四五万年前的旧石器时代，"柳江人"和"麒麟山人"在此劳作生息。先秦时期，广西为百越之地。广西最早纳入中国统一政区始于秦始皇三十三年（公元前214年），秦攻取岭南，设置桂林、象、南海3个郡。今广西地区大部分属于桂林郡、象郡。广西称"桂"由此而来。

秦末汉初，代行南海郡尉击并桂林郡、象郡，建立南越国。汉元鼎六年（公元前111年），汉武帝平定南越，在今广西区域设苍梧、郁林、合浦3郡。三国两晋南北朝时期，今广西区域隶属不断更替，先属吴，后归于晋及南朝的宋、齐、梁、陈等政权。隋灭陈后，先后在广西境内设置宁越、永平、合浦、郁林、始安5郡共85县。唐初，广西归属岭南道的桂、容、邕三管节制。唐咸通三年（862年），岭南道分东、西两道，并以邕管经略使为岭南两道节度使，广西开始成为一级独立政区，并形成了桂、邕、柳、容等重要市镇。五代十国时期，楚与南汉长期争夺广西。宋代分广南路为广南东路和广南西路，广南西路简称为"广西"，"广西"之名由此而成。当时，邕州横山寨（今田东县平马

① 广西壮族自治区地方志编纂委员会. 广西通志·行政区划志［M］. 南宁：广西人民出版社，2001.

镇)、永平寨(在今宁明县)及钦州三大博易场成为西南民族集市或与交趾(今越南)等地贸易的国际市镇,梧州元丰鉴成为江南六大铸钱鉴之一。元朝时,广西属湖广行中书省,至正二十三年(1363 年)置广西行省,是广西设省的开端。

(二)明清时期

明朝时期,撤销元朝的行省之名,改设司、府(州)、县(土州)三级区域制。明洪武二年六月(1369 年),将原属广西所辖的廉州、钦州划归广东统辖。洪武九年(1376 年),设广西承宣布政使司,成为当时 13 个布政使司之一,"广西"名称由此固定下来。当时的广西布政使司内划分为 11 个府和 3 个直隶州统辖各县,11 个府分别是桂林府、柳州府、庆远府、思恩府、思明府、平乐府、梧州府、浔州府、南宁府、太平府和镇安府,3 个直隶州分别是归顺州、田州、泗城州,现在的全州在当时称湖广永州府,属湖南地。洪武二十七年(1394 年),全州改属广西,至此,今广西地域大抵形成。清朝时期,推行省、道、府(直隶厅)或州(直隶州)、县四级,复设广西省,省会驻地为桂林府(今桂林市)。当时广西全省被划分为 11 个府、2 个直隶厅、2 个直隶州,分别统辖各州市县。其中,11 个府为桂林府、柳州府、庆远府、思恩府、泗城府、平乐府、梧州府、浔州府、南宁府、太平府、镇安府,2 个直隶厅为上思直隶厅、百色直隶厅,2 个直隶州是郁林直隶州、归顺直隶州。而当时的廉州府(今合浦)、钦州直隶州(今钦州)属广州管辖,原广西下辖的荔波县在雍正十年(1732 年)划归贵州省统辖。清末改在广西境内设 13 府、4 州、44 县、34 土州、6 土县、10 土司和 3 长官司。

(三)民国时期

民国时期,广西沿袭清朝称省,地域与清朝大致相同。1912 年,改直隶州、厅为府,广西省被划分为 10 个府,分别统辖各县。1913 年,撤销府制,改由省直接统辖各县。1917 年,将广西改划分为 6 道,分别为桂林道、柳江道、南宁道、苍梧道、镇南道和田南道,分别统辖各县。1926 年,根据军政合一的原则,废除道制,把全省划分为若干个区。1929 年,又将广西省内的全部土州、土县改设新县。1930 年,将全省划分为 12 个民团区,但此后的 1934 年又改民团区为行政监督区。1949 年至中华人民共和国建立前夕,全省划分为 1 市、15 区、99 县。时钦州、合浦、灵山、防城仍属广东省统辖。而自广西设省至民国时期,广西的省会绝大部分时间为桂林，仅 1912～1936 年迁至南宁。

（四）新中国成立后至今

1949 年 11 月，人民解放军二、四野战军发起解放广西战役。12 月 11 日，人民解放军将红旗插上中越边境要塞镇南关（今友谊关），宣告广西全境解放，设广西省，省会为南宁市。1957 年 7 月 15 日，第一届全国人民代表大会第四次会议决定，撤销广西省，设立广西僮族自治区，沿袭原广西省行政区域。1958年 3 月 5 日，广西僮族自治区正式成立，标志着广西各民族平等、团结、互助的关系进入新阶段。1965 年 10 月 12 日，国务院批准广西僮族自治区更名为广西壮族自治区。此后，广西境内的行政区划虽时有变动，但自治区一级的建制未改变。从 1978 年起，广西壮族自治区成立纪念日改为 12 月 11 日，与百色起义和广西全境解放的日子相一致。

表 2-1 1950 年以来广西行政区划调整一览表

主要年份	主要事件	自治区	专区/地区	直辖市/地级市/设区市	市辖区	县级市	县	自治县/区	区/公社	镇	乡	民族乡	街道	备注
1950	2 月 8 日，广西省人民政府成立，驻南宁市	—	10	4	3		99		463		1718			
1952	3 月，广东省北海市与钦州专区划入广西，广西怀集划入广东	1	7	5	21		69	5	800		10673			桂西僮族自治区为行政公署级，辖 5 专区
1955	钦州专区划归广东，设桂西僮族自治区	1	5	4	3		63	7	708	120	8764			桂西僮族自治区辖 1 市 2 专区
1958	3 月 5 日，撤广西省，设广西僮族自治区	—	6	1	10	3	59	7	829					

续表

主要年份	主要事件	自治区	专区/地区	直辖市/地级市/设区市	市辖区	县级市	县	自治县/区	区/公社	镇	乡	民族乡	街道	备注
1965	6月,广东省部分县市划归广西,设钦州专区;10月,广西僮族自治区更名为广西壮族自治区	—	8	4	7	2	72	8						
1978	1971—1978年,各专区先后更名为地区	—	8	4	4	2	72	8						
2008	20世纪90年代后,撤多个地区和县级市,设地级市	—	—	14	34	7	56	12	—	702	366	58	105	
2017/2018	2009年后,撤多个县和县级市,设市辖区	—	—	14	40	8	51	12	—	799	260	59	133	

资料来源:根据行政区划网站及《庆祝改革开放40周年暨广西壮族自治区成立60周年成就地图集》相关内容整理。

二、行政区划

当代广西行政区划经历了由普通省建制到民族区域自治建制两个重要发展阶段。

第一个阶段是1949年底至1957年6月,广西省县市大调整和民族区域自治的初步形成。新中国成立初期,广西省划辖桂林市和南宁、梧州、柳州等10个专区的99个旧县。在此阶段行政区划大致循着五个方面进行调整:①增置省辖市。1950年置梧州市于苍梧县,置南宁市于邕宁县,置柳州市于柳江县,置桂林市于临桂县。1952年3月,广西省又划辖原属广东省的北海市。②设撤或更改专区、地区。1952 年 3 月，原由广东省委托广西省代管的钦州专区划归广西省管辖。1955 年 5 月，复析出钦州专区划归广东省管辖，并更名为合浦专区。其他多个专区也有合并、撤销更名的变动。③设立省级以下自治区（州、县）。1951 年 8 月，撤销龙胜县设立龙胜各族自治区（县级），首开当代广西县级以上民族区域自治之先例。至 1956 年，广西省辖 1 个自治州、7 个民族自治县。④设撤或合并县。广西省大规模调整县级行政区划始于 1952 年。首先是原广东省钦州专区所属的合浦、钦县、灵山、防城 4 个县，于 1952 年 3 月正式划归广西省管辖，而广西省怀集县亦正式划归广东省管辖。同年 8 月，广西省裁撤万岗、西林、修仁、义宁 4 个县，还将 31 个县合并为 13 个县，并从合浦县析出浦北县。1955 年 6 ~ 7 月，广西省复析出钦县、灵山、防城、合浦及浦北等县，划归广东省管辖。经这几次调整，加上 7 个民族自治县的设置，全省从中华人民共和国成立初期的 99 个县减少到 70 个县。⑤调整划拨省际及市县行政区划。除市、县设撤时所属行政区划区域互有划拨变更外，这个时期还重点整理析划广西省与湖南省之间及省内市县之间的茶花飞地、共管属地及权属不清之地，使省、市、县行政区划与界限更加清晰。

第二个阶段是 1957 年 7 月以后，随着广西僮族自治区（1965 年 10 月改为广西壮族自治区）的设立，广西进入全面实行民族区域自治时期。与此同时，行政区划的调整也日益朝着城镇化方向发展。此阶段广西市县行政区划的重大变化有：①专（地）区的废改。1957 年 12 月开始，广西经过"地区—专区—地区"的调整，至 1998 年底，全自治区仅存 6 个地区。②自治州、县的设撤。1965 年 6 月，广西增划辖原属广东省的钦州僮族自治县和东兴各族自治县。至 1990 年，全自治区辖 13 个民族自治县。③撤地、县改市。为推动城市化进程，继 1981 年 6 月设立合山市（县级）后，广西在 80 年代先后撤销多个县，设立县级市，90 年代后又撤销多个地区和县级市，设立地级市。至 2002 年，地级市达 14 个。布局合理、规模适中的中小城市群逐步形成。④实行市辖县、市辖区管理体制。广西 1979 年开始设立市辖区，1981 年 6 月开始实行市管县，桂林市划辖原由桂林地区管辖的阳朔县。

截至 2018 年，广西辖 14 个设区市、40 个市辖区、8 个县级市、63 个县（含 12 个民族自治县）、799 个镇、319 个乡（其中民族乡 59 个）、133 个街道，如表 2 - 2 所示。

表2-2 2018年广西市县一览表

地域	镇	乡	街道	地域	镇	乡	街道
广西	799	319	133	全州县	15	3	
南宁市	86	16	25	兴安县	6	4	
兴宁区	3		3	永福县	6	3	
青秀区	4		5	灌阳县	6	3	
江南区	4		5	龙胜各族自治县	5	5	
西乡塘区	3		10	资源县	3	4	
良庆区	5		2	平乐县	6	4	
邕宁区	4	1		荔浦市	10	3	
武鸣区	13			恭城瑶族自治县	5	4	
隆安县	6	4		梧州市	53	5	9
马山县	7	4		万秀区	3		7
上林县	7	4		长洲区	2		2
宾阳县	16			龙圩区	4		
横县	14	3		苍梧县	9		
柳州市	53	33	31	藤县	15	2	
城中区			7	蒙山县	6	3	
鱼峰区	4		8	岑溪市	14		
柳南区	1		8	北海市	22	1	7
柳北区	3		8	海城区	1		7
柳江县	10			银海区	4		
柳城县	10	2		铁山港区	3		
鹿寨县	6	3		合浦县	14	1	
融安县	7	13		防城港市	17	6	7
融水苗族自治县	6	6		港口区	2		4
三江侗族自治县	6	9		防城区	8	2	3
桂林市	86	48	13	上思县	4	4	
秀峰区			3	东兴市	3		
叠彩区		1	2	钦州市	54	0	12
象山区		1	3	钦南区	11		5
七星区		1	4	钦北区	11		3
雁山区	2	2	1	灵山县	17		2
临桂区	9	2		浦北县	15		2
阳朔县	6	3		贵港市	55	12	7
灵川县	7	5		港北区	4	2	2

续表

地域	镇	乡	街道	地域	镇	乡	街道
港南区	7		2	钟山县	10	2	
覃塘区	7	2	1	富川瑶族自治县	9	3	
平南县	16	3	2	河池市	65	73	1
桂平市	21	5		金城江区	7	4	1
玉林市	102	0	8	宜州区	9	7	
玉州区	4		5	南丹县	8	3	
福绵区	6			天峨县	2	7	
容县	15			凤山县	3	6	
陆川县	14			东兰县	6	8	
博白县	28			罗城仫佬自治县	7	4	
兴业县	13			环江毛南族自治县	6	6	
北流市	22		3	巴马瑶族自治县	3	7	
百色市	75	58	2	都安瑶族自治县	10	9	
右江区	4	3	2	大化瑶族自治县	4	12	
田阳县	9	1		来宾市	43	23	4
田东县	9	1		兴宾区	14	6	4
平果县	9	3		忻城县	6	6	
德保县	7	5		象州县	8	3	
那坡县	3	6		武宣县	9	1	
凌云县	4	4		金秀瑶族自治县	3	7	
乐业县	4	4		合山市	3		
田林县	5	9		崇左市	41	34	3
西林县	4	4		江州区	6	2	3
隆林各族自治县	6	10		扶绥县	8	3	
靖西市	11	8		宁明县	7	6	
贺州市	47	10	4	龙州县	5	7	
八步区	12	1	3	大新县	5	9	
平桂区	7	1	1	天等县	6	7	
昭平县	9	3		凭祥市	4		

第二节 人口与人力资源

历史上广西人口增长历经沉浮，并在不同的历史阶段呈现出不同的特点。向民等（1989）认为，20世纪90年代之前广西的人口发展具有以下几大特点：①人口增长先慢后快。从汉平帝元始二年（公元2年）到清道光十九年（1839年），广西人口增长十分缓慢，年均增长0.19%；从1912年到1949年人口增长速度逐渐加快；从1949年到1984年，人口增长速度进入快车道，年人口增长率高于全国总人口增长率。②人口分布不均，在人口空间分布上呈现出由东南向西北分布逐步减少的显著特征，与全国人口分布趋势一致，也与经济发展水平相对应。③人口年龄构成轻，育龄妇女比重大。④人口的文化程度低。[1]

《广西通志·人口志》（1993）对新中国成立后广西人口的发展变化进行了总结分析，认为这一阶段广西的人口变化呈现的主要特点为：①人口总量增大，增长速度加快。②少数民族人口众多，人口自然增长率高于全国、全自治区的人口平均增长率。③人口城镇化水平低，农村人口比重大。④人口密度增大，人口分布不平衡。⑤人口素质有较大提高，但总体文化素质仍偏低。⑥人口年龄结构较年轻，育龄妇女人数众多。

此外，谢之雄等（1989）认为，20世纪50~80年代广西劳动力资源数量丰富，但质量需要提高，表现为：①人口增长速度快，与经济发展不相适应。②年龄构成轻，再生产潜力强。③文化素质低，文盲、半文盲数量大。④以农村人口为主，城镇化程度低。⑤少数民族人口比重大，1985年时全区人口39.0%为少数民族。⑥人口密度大，地区分布不平衡。⑦华侨众多，分布全球数十个国家和地区，尤以东南亚各国为主。[2] 进入21世纪，广西的人口增长逐渐放缓，人口红利逐渐弱化，老龄化带来的社会压力开始显现，尽管国家放开了二孩政策，但长期实行的计划生育政策引致的后遗症依然存在，人口老龄化趋势不可逆转。

---

① 向民，刘荣汉，梁有海. 广西经济地理［M］. 南宁：广西教育出版社，1989.
② 谢之雄，杨中华，莫大同. 广西壮族自治区经济地理［M］. 北京：新华出版社，1989.

一、人口规模

广西的人口增长总体上经历了先慢后快的过程。汉平帝元始二年（公元2年）广西的总人口仅为26.77万人，清道光十九年（1839年）广西人口增长至907.23万人，在这1800多年间，广西人口年平均增长仅为0.19%；1912年广西人口规模为1161.7万人，到1949年达到1845.2万人，年平均增加18万人，人口增长开始加快；而从1949年到1978年这29年间，广西人口由1845.2万人增加至3402万人，29年增长84.37%，高于全国总人口增长率77.68%，年平均增加54万人，是民国时期年平均增加量的2.9倍（见图2-1）。

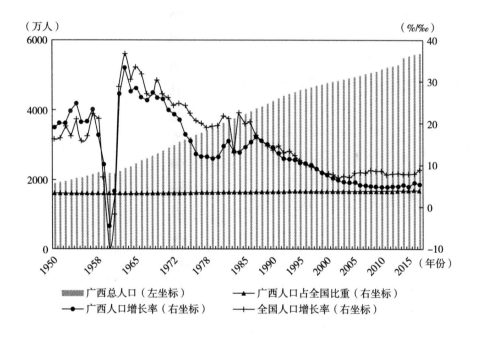

图2-1 70年来广西人口：总量、增幅及在全国的比重

资料来源：根据《新中国60年统计资料汇编》、2018年《中国统计年鉴》及2018年《广西统计年鉴》数据整理。

改革开放后，广西的人口规模进一步扩大，如表2-3所示，总人口由1978年的3402万人增长至2017年的5600万人，增长0.65倍。从人口增长率来看，整体上呈现出不断下降的趋势，其中，1978~1991年人口增长率呈上下波动型，

1991年后人口增长率呈持续下降型，与全国相比，广西人口增长的变化趋势与总体上全国人口增长的变化趋势一致，但人口增长率要高于全国平均水平，而广西人口占全国人口的比重比较稳定。从各时期的变化情况来看，"七五"时期年均人口增长率为1.83%，"八五"时期年均人口增长率有小幅度上升，为1.84%，"九五"时期年均人口增长率降至0.9%，"十五"时期进一步降至0.72%，"十一五"时期和"十二五"时期年均人口增长率有所回升，分别为0.93%和0.83%。其中，1978~1991年广西人口增长率保持在较高水平的原因在于，这段时期虽然国家把控制人口增长纳入国民经济发展计划并在党的十二大把计划生育确定为基本国策且写入宪法，但直到1991年中共中央、国务院才作出《关于加强计划生育工作严格控制人口增长的决定》。在不受计划生育严格规制的情况下，这段时期广西人口增长率保持在较高的水平。1991~2013年，由于《中华人民共和国人口与计划生育法》的施行，严格控制人口增长成为这一时期生育政策的主旋律，因此这一时期广西的人口增长率出现了持续的下滑。而在经历了高生育率到低生育率的迅速转变之后，我国人口的主要矛盾已经不再是增长过快，而是人口红利消失、临近超低生育率水平、人口老龄化、出生性别比例失调等问题（见图2-2）。对此，国家开始对生育政策进行调整，由逐步放开"二孩"政策到全面放开"二孩"政策。受生育政策放开的影响，2013年后广西的人口增长率有小幅度的提高。

表2-3　主要年份广西总人口及人口自然变动情况

年份	1978	1985	1990	1995	2000	2005	2010	2015	2017
总人口（万人）	3402	3873	4242	4543	4751	4925	5159	5518	5600
人口自然生长数（万人）	73	67	92	50	38	36	67	43	21
出生人口（万人）	83	98	85	79	64	70	72	72	82
出生率（%）	24.69	25.51	20.20	17.54	13.60	14.26	14.13	14.05	15.14
死亡人口（万人）	19	22	28	29	26	30	25	30	32
死亡率（%）	5.79	5.60	6.60	6.53	5.70	6.09	5.48	6.15	6.22
自然增长率（%）	18.90	19.91	13.60	11.01	7.90	8.17	8.65	7.90	8.92

资料来源：根据历年《广西统计年鉴》数据整理。

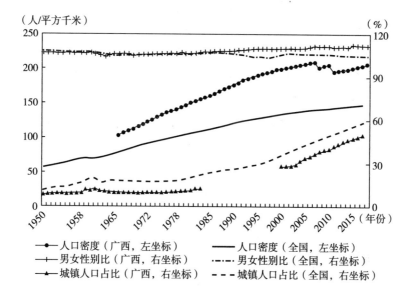

图 2 - 2 广西人口：密度、性别比及城镇人口比重

资料来源：根据《新中国 60 年统计资料汇编》、2018 年《中国统计年鉴》及 2018 年《广西统计年鉴》相关数据整理。

广西总人口规模持续增长主要来源于两个方面：一是人口自然增长，即出生人口减去死亡人口的差值；二是人口的机械增长，即流动人口推动的人口总规模的增加。从表 2 - 3 中可以看出，从 1985 年至 2015 年，广西的总人口规模不断扩大，人口自然增长数总体而言不断下降，基本维持在 30 万~60 万人之间。人口自然增长率持续下降，由 1985 年的 19.91‰ 跌落至 2015 年的 7.90‰，近几年基本维持在 7‰~9‰，说明虽然国家逐渐放开了"二孩"政策，但人们的生育意愿并不强烈。同时，近几年人口死亡人数有小幅度提高，反映了广西人口老龄化越来越明显。

二、空间分布

广西西部和北部为云贵高原边缘，东北为南岭山地，地形比较闭塞，交通基础设施落后，人口较为稀少，而中部为盆地、南部又临海，更适宜人口居住和生活；同时，广西经济高值区主要集中在"桂林—柳州—南宁—钦州"为主线呈斜"L"形的纵向中轴线上，处于这一中轴线上的城市及邻近城市经济发展比较好，进而吸引大量人口流入，是广西人口较为集中的地区，这些自然和经济社会因素导致全区人口空间分布极为不均衡。

从人口规模空间分布来看，广西的人口主要分布在由东北向西南45°斜线的右侧（见图2-3），这一区域分布着广西近70%的人口。同时，从时间维度上看，与1978年相比，2017年斜线左、右两侧人口分布的失衡性越来越严重，表现为斜线右侧的人口占比和集聚程度不断提高，而斜线左侧人口占比越来越小，

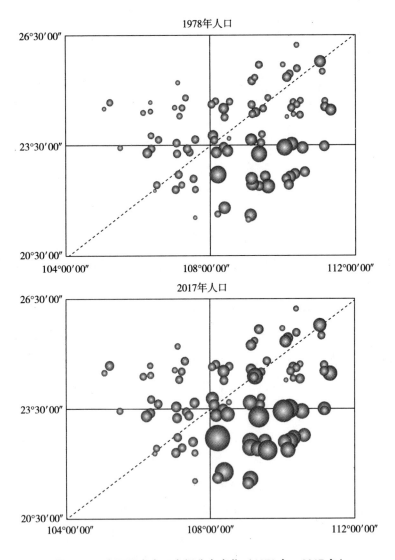

图2-3 广西县市人口空间分布变化（1978年，2017年）

这也反映了桂西部和桂西北部人口向桂东和桂东南部流动的规模不断扩大的现实情况。具体从各市的人口规模来看，广西14个地市的人口规模可分为三个层级（见表2-4），其中南宁市、玉林市为第一层级，人口规模在500万人以上；桂林市、贵港市、柳州市、河池市、百色市、钦州市为第二层级，人口规模在300万~500万人；余下的梧州市、来宾市、崇左市、贺州市、北海市、防城港市为第三层级，人口规模在300万人以下。总体上人口主要集中分布在"桂林—柳州—贵港—玉林—钦州—南宁"呈"J"形的轴线上。

表2-4 2005年、2017年广西人口空间分布情况

城市	2005年			2017年		
	常住人口（万人）	人口占比（%）	人口密度（人/平方千米）	常住人口（万人）	人口占比（%）	人口密度（人/平方千米）
全区	4660.0	100.0	201	4885.0	100.0	206
南宁市	646.3	13.9	292	715.3	14.6	324
柳州市	367.2	7.9	197	400.0	8.2	215
桂林市	480.1	10.3	173	505.8	10.4	183
梧州市	297.3	6.4	236	303.7	6.2	242
北海市	150.2	3.2	450	166.3	3.4	487
防城港市	78.3	1.7	126	94.0	1.9	151
钦州市	313.2	6.7	287	328.0	6.7	301
贵港市	415.8	8.9	392	437.5	9.0	413
玉林市	550.4	11.8	429	581.1	11.9	453
百色市	352.5	7.6	97	364.7	7.5	101
贺州市	204.4	4.4	174	205.7	4.2	175
河池市	369.9	7.9	111	352.4	7.2	105
来宾市	222.7	4.8	166	221.9	4.5	166
崇左市	211.7	4.5	122	208.7	4.3	120

资料来源：根据2006年、2018年《广西统计年鉴》数据整理。

从人口密度空间分布来看，广西人口高密度区总体上集中于东南部地区，具体而言主要分布于以南宁为中心的邻近城市（包括南宁、贵港）、桂东地区城市（包括玉林、梧州）及沿海城市（包括北海、钦州），桂北和桂西地区城市人口密度相对比较稀疏。

从区域人口空间分布来看，2017 年北部湾经济区 6 市①总人口规模为2093.4 万人，占全区总人口的 42.85%，人口密度是 286.3 人/平方千米，远高于全区人口密度，说明北部湾经济区是广西人口空间分布密集区；珠江—西江经济带 7 市②总人口规模为 2651.8 万人，占全区总人口的 54.28%，人口密度为225 人/平方千米，稍高于全区人口密度；桂西资源富集区 3 市③总人口规模为925.8 万人，占全区总人口的 18.95%，人口密度仅为 108 人/平方千米，远低于全区人口密度，是广西人口空间分布的稀疏区。

三、人口结构

（一）男女性别结构严重失衡

长期以来，广西存在着较为严重的男女性别比例失调问题，特别是近十年来这一问题更加凸显。如表 2-5 所示，1978 年，男性人口比女性人口的净差额为 104 万人，1995 年为 211 万人，2010 年增长至 257 万人，2017 年更是达到302 万人，男、女性人口数额差值不断增大。从性别比例来看，1978 年的男、女性别比为 106.31，处于 104~107 的男女性别比正常值，但到了 2017 年，广西男女性别比例增加到 111.40，意味着每 100 位女性所对应的男性高达 111 位，这一比例远高于同年中国的男女性别比（为 105）。另外，2017 年，广西 110 个县级行政区划单位中，有 93 个县级行政区划单位的男女性别比例超过国家平均水平，有 55 个县级行政单位男女性别比超过 110，有 4 个县级行政单位男女性别比例超过 120，分别是上思县、钦北区、福绵区以及博白县，其中钦北区的男女性别比例达到 128.58。从地理分布来看，男女性别比例超过 110 的县级行政的单位多分布与桂西、桂西北以及桂东部的玉林市。

---

① 北部湾经济区 6 市指南宁市、北海市、钦州市、防城港市、玉林市、崇左市。
② 珠江—西江经济带 7 市指南宁市、柳州市、梧州市、贵港市、百色市、来宾市、崇左市。
③ 桂西资源富集区 3 市指河池市、百色市、崇左市。

表 2-5 主要年份广西人口性别结构

年份	1978	1985	1990	1995	2000	2005	2010	2015	2017
总人口（万人）	3402	3873	4242	4543	4751	4925	5159	5518	5600
男性（万人）	1753	2005	2205	2377	2484	2587	2708	2913	2951
女性（万人）	1649	1868	2037	2166	2267	2338	2451	2605	2649
男女性人口差额（万人）	104	137	168	211	217	249	257	308	302
性别比（女性为100）	106.3	107.3	108.3	109.7	109.6	110.7	110.5	111.79	111.4

资料来源：根据历年《广西统计年鉴》数据整理。

导致广西出现男女性别比例严重失调的原因主要有以下几个方面：其一，广西总体上民众文化水平仍然较低，文化相对而言还比较传统和保守，加上农村人口占比仍然比较大，"重男轻女""养儿防老"等传统观念还比较严重；其二，广西农业在经济中占比仍然较大，在传统思想中男性是农业经济的主要创造者，"男耕女织"思想根深蒂固，男性更能得到重视；其三，男女社会地位的差异也是造成出生婴儿性别比例失调的重要原因；其四，人为对出生人口的干预，如通过对婴儿性别的鉴定、药物干预婴儿性别等。男女性别比例失调会给社会经济发展和社会治安造成十分不利的影响，因此，缓解男女性别比例失调问题已经成为当前及今后广西政府亟须解决的重要问题。

（二）城乡人口结构逐渐收敛

从城乡人口构成来看，广西的城乡人口结构总体上呈现出市镇人口规模和占比逐年上升，乡村人口规模和占比逐年下降的趋势，城乡人口结构逐渐收敛（见表 2-6）。具体而言，1978 年广西市镇人口仅为 360 万人，2017 年达到 2404 万人，40 年间增长了 5.68 倍，市镇人口占比也由 1978 年的 10.58% 上升至 2017 年的 49.21%。相反，乡村人口占比则从 1978 年的 89.42% 下降至 2017 年的 50.79%。全区人口逐渐由乡村向市镇收敛，说明这 40 年来，随着广西经济和城镇化的快速发展，大量的农村人口向城镇转移，人口城镇化率不断提高。但从表中可以看出，当前广西乡村人口占比仍然较大，人口城镇化水平仍远低于 56.1% 的全国平均水平，而且无论是从城镇化的数量还是质量来看，仍然远远落后于中、东部大部分省份。因此，广西的城镇化发展之路仍然任重道远。

表 2-6   主要年份广西城乡人口结构

年份	1978	1985	1990	1995	2000	2005	2010	2015	2017
总人口（万人）	3402	3873	4242	4543	4751	4925	5159	5518	5600
市镇人口（万人）	360	471	641	838	1337	1567	1849	2257	2404
市镇人口占比（%）	10.58	12.16	15.10	18.45	28.15	33.62	40.11	47.06	49.21
乡村人口（万人）	3042	3402	3601	3705	3414	3093	2761	2539	2481
乡村人口占比（%）	89.42	87.84	84.90	81.55	71.85	66.38	59.89	52.94	50.79

资料来源：根据历年《广西统计年鉴》数据整理。

（三）人口红利逐渐下降

从人口年龄构成来看，15~64 岁的中青年人口仍然占有绝对的比重，0~14 岁少年儿童比例呈现明显的下降趋势，而 65 岁以上老年人口占比不断提升（见表 2-7）。具体而言，0~14 岁少年儿童比例由 1990 年的 33.38% 下降至 2017 年的 22.11%，这与广西的人口出生率具有共同的发展趋势。事实上，广西 0~14 岁人口占比的不断下降正是由于逐年降低的人口出生率所导致。15~64 岁中青年人口比重平稳上升，由 1990 年的 61.20% 提高至 2010 年的 69.05%，此后有小幅度的回落趋势，到 2017 年下降至 67.94%。这反映了广西仍处于人口红利期，但也出现了中青年劳动力开始缓慢萎缩的迹象。65 岁以上老年人口占比逐年上升，已由 1990 年的 5.42% 提高至 2017 年的 9.95%，表明广西进入了人口老龄化阶段[①]，且人口老龄化越来越严重。

表 2-7   主要年份广西人口年龄构成   单位：%

年份	1990	1995	2000	2005	2010	2015	2017
0~14 岁人口占比	33.38	31.38	26.20	23.76	21.71	22.09	22.11
15~64 岁人口占比	61.20	62.01	66.49	66.67	69.05	67.94	67.94
65 岁以上人口占比	5.42	6.61	7.31	9.57	9.24	9.97	9.95

资料来源：根据历年《广西统计年鉴》数据整理。

---

① 根据 1956 年联合国《人口老龄化及其社会经济后果》确定的划分标准，当一个国家或地区 65 岁及以上老年人口数量占总人口比例超过 7% 时，意味着这个国家或地区进入老龄化。1982 年维也纳老龄问题世界大会确定 60 岁及以上老年人口占总人口的百分比超过 10%，意味着这个国家或地区进入严重人口老龄化。

此外，从人口抚养比来看（见表2-8），2002~2017年间，总抚养比和少儿抚养比基本上没有太大的波动，而老年抚养比有小幅度的波动上升趋势，但若从2013~2015年的数据来看，无论是总抚养比还是少儿抚养比和老年抚养比都有十分明显的上升，2016年有微小回落后2017年又开始回升。其中总抚养比上涨的原因主要是少儿抚养比和老年抚养比的上涨，而少儿抚养比的提升一方面可能与广西经济发展水平提升、人们生活水平提高有关，另一方面也可能与国家逐步放开"二孩"政策有关。可以预见的是，随着国家全面放开"二孩"政策，未来广西的少儿抚养比仍会有微幅上涨，老年抚养比也将持续微涨。此外，与全国平均水平相比，广西无论是总抚养比还是少儿抚养比和老年抚养比，均高于全国平均水平。以2017年为例，广西总抚养比为47.06%，高于全国平均水平（39.25%）7.81个百分点，在全国中位列第2；少儿抚养比为33.46%，高于全国平均水平（23.39%）10.07个百分点，位列全国第3；老年抚养比是14.33%，低于全国平均水平（15.86%）1.53个百分点，在全国位列第19，由此说明广西年轻劳动力一代，特别是中青年一代的生活压力较大，他们既要养育孩子，还要照顾老人。

表2-8　2002~2015年广西人口抚养比情况

年份	总抚养比	少儿抚养比	老年抚养比	年份	总抚养比	少儿抚养比	老年抚养比
2002	44.33	31.87	12.46	2010	44.32	30.52	13.80
2003	44.26	31.13	13.13	2011	45.99	32.07	13.93
2004	41.62	29.68	11.94	2012	46.87	33.17	13.70
2005	49.92	35.60	14.32	2013	44.43	31.01	13.42
2006	45.39	32.32	13.07	2014	45.84	31.93	13.91
2007	45.12	31.79	13.13	2015	47.90	33.46	14.44
2008	45.37	31.77	13.60	2016	45.03	30.97	14.06
2009	44.05	30.63	13.41	2017	47.06	32.73	14.33

资料来源：根据2003~2018年《中国统计年鉴》数据整理。

（四）受教育程度不断提高

一直以来，广西十分注重科教事业的发展，特别是在扫除文盲和提高人民文化教育水平上采取了一系列积极措施，并取得了一定的成效，一个重要的体现是人民的受教育程度不断提高（见图2-4）。其中，小学文化程度人口占比不断下降，由2000年的45.60%下降至2017年的30.75%，17年间下降了14.85个百分点；初中文化程度人口占比先升后降，从2000年的35.20%提升至2014年的44.17%，随后逐步下降至2017年的41.07%；高中（含中职）文化程度人口占比和大专及以上文化程度人口占比均不断提升，分别由2000年的10.40%和2.6%提高至2017年的14.5%和9.22%。反映了广西文盲人口占比和低文化程度人口占比不断下降，中高文化程度人口占比不断提高的趋势，表明广西的人力资本得到不断改善。

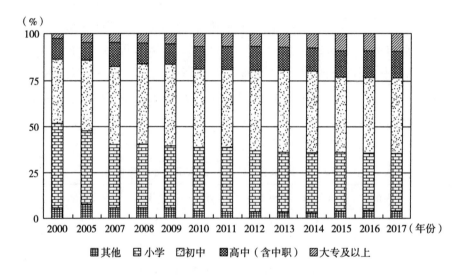

图2-4　主要年份广西人口受教育程度构成

资料来源：根据2001~2018年《广西统计年鉴》数据整理。

虽然广西整体教育水平得到了较快提升，但与全国多数省份相比仍然处于落后地位。具体从2017年的数据来看，广西文盲人口占15岁及以上人口的比例为3.3%，位列全国第11，低于同期全国平均水平1.55个百分点（全国文盲率为4.85%）。2017年全区小学文化程度人口占比28.65%，初中文化程度人口占比43.99%，普通高中和中职文化程度人口占比15.46%，大专及以上文化程度人口占比7.65%。在这四项指标中，广西小学和初中文化程度占比高于同期全国平均水平（分别为25.23%和34.06%），但高等教育水平，即高中（含中职）和大专及以上文化程度占比均远低于同期全国平均水平（分别为17.55%和13.87%），说明广西的整体教育水平依然十分落后，与发达地区甚至与全国平均水平相比仍然存在较大差距。另外，值得指出的是，就受教育的性别比而言，全区在文盲人口占比和低文化程度（小学文化程度）人口占比中，女性比例明显高于男性，而在初中及以上文化程度人口占比中，男性则要高于女性，说明当前广西仍然存在着较为严重的男、女性受教育不均等问题。

四、人口流动

大规模的人口流动是经济发展和社会进步的重要标识，分析研究流动人口的流向、流向动因等方面的情况，对于消除人口流动的体制、机制障碍，促进人口有序流动，推进城镇化发展具有一定的现实意义。在我国，人口统计一般分为户籍人口和常住人口两个口径，在不同地区，两个口径的人口数往往不一致。一般而言，常住人口系数大于1的地区，代表人口净流入地区；常住人口系数小于1的地区，代表人口净流出地区。从表2-9来看，2005年全区的常住人口系数为0.95，2017年为0.87，十多年间广西人口净流出规模不断加大。具体到各地级市，2005年全区除柳州市和北海市的常住人口系数大于1，为人口净流入地以外，其他地区均为人口净流出地。而2017年全区人口流出进一步加剧，除柳州为人口净流入地外，其他地级市均为人口净流出地，其中又以钦州、贵港的人口流出最为严重。近年来，随着广西经济的发展以及交通基础设施的改善，区内外人口流动更加剧烈，具体体现为区内流动人口持续上升，区外流入人口也有所提升，而流出区外人口有所回落，但总体上广西流出区外人口仍远大于区外流入人口，属于典型的人口净流出省（区）。[1]

---

① 2015年广西人口流动报告显示，2015年11月1日0时登记的自治区内流动人口（不含市区内人户分离人口）占调查登记常住人口的14.4%；自治区外流入人口占调查登记常住人口的2.3%；流出自治区外人口占调查登记户籍人口的10.4%。与2010年第六次人口普查相比，自治区内流动人口上升0.7个百分点，自治区外流入人口上升0.4个百分点，流出自治区外人口降低2个百分点。从全区范围看，流出广西的人口比区外流入的人口多，属于净流出省，流出人口比流入人口多78.3%。而2010年第六次全国人口普查时，广西流出人口比流入人口多86.9%，两者相比回落了8.6个百分点。

表 2 – 9 2005 年及 2017 年广西设区市户籍人口及常住人口比较

地域	2005 年			2017 年		
	户籍人口（万人）	常住人口（万人）	常住人口系数	户籍人口（万人）	常住人口（万人）	常住人口系数
全区	4894.2	4660.0	0.95	5600.0	4885.0	0.87
南宁市	659.5	646.3	0.98	756.9	715.3	0.95
柳州市	356.7	367.2	1.03	386.6	400.0	1.03
桂林市	495.1	480.1	0.97	534.1	505.8	0.95
梧州市	305.4	297.3	0.97	349.1	303.7	0.87
北海市	149.2	150.2	1.01	175.4	166.3	0.95
防城港市	79.8	78.3	0.98	97.8	94.0	0.96
钦州市	341.1	313.2	0.92	410.9	328.0	0.80
贵港市	470.4	415.8	0.88	555.7	437.5	0.79
玉林市	592.4	550.4	0.93	724.2	581.1	0.80
百色市	373.8	352.5	0.94	417.6	364.7	0.87
贺州市	210.5	204.4	0.97	243.5	205.7	0.84
河池市	382.8	369.9	0.97	429.9	352.4	0.82
来宾市	246.8	222.7	0.90	268.1	221.9	0.83
崇左市	230.7	211.7	0.92	249.9	208.7	0.83

资料来源：根据 2006 年、2018 年《广西统计年鉴数据》整理。

另外，通过对 2015 年 1% 人口抽样调查基础数据分析，发现广西流动人口具有以下明显特征：

1. 人口流动区域特征明显

主要表现为：①传统城市及人口大市流动人口集聚明显。南宁市、柳州市、桂林市等传统城市和贵港市、玉林市及河池市等人口大市的流动人口占全区流动人口的 62.9%。传统城市的人口流动主要以区内流动为主，而贵港市、玉林市及河池市等人口大市的人口流动主要以区外流动为主。另外，梧州市虽为传统城市，但毗邻广东，流出广西的人口占全市流动人口的比重高达 76.9%，是全区人口流出区外比例最高的市。②广东成为广西流动人口的主要聚集地。由广西流出到广东的人口占全区流出人口的 89.1%。③广东和湖南两省是广西主要流入人口来源地。2015 年，广东和湖南两省流入广西的流动人口占全国各省份流入广西人口的 41.4%，其中广东占 23.1%，湖南占 18.3%，且流向城市主要为南宁市、柳州市和桂林市。

2. 流动人口性别特征明显

主要表现为：①跨省流动以男性为主。2015 年由广西流到区外的流动人口中，男性占 63.3%，女性占 36.7%，性别比例为 172，高于 2010 年第六次人口普查 15.6 个百分点；而由区外流入广西的流动人口中，男性占 55%，女性占 45%，性别比为 122，虽然性别比比 2010 年降低了 16.5 个百分点，但男性占比依然很大。②区内流动以女性为主。2015 年区内女性流动人口占区内总流动人口的 52.4%，男女性别比为 90.8，比 2010 年第六次人口普查时降低了 6.2 个百分点。

3. 人口流动以青壮年为主

据 2015 年抽样调查数据显示，在区内流动人口中，20 ~ 44 岁人口占全部流动人口的 61.5%，而区外流入广西的流动人口中，20 ~ 44 岁人口占比为 67%，比区内流动人口高 5.5 个百分点。

4. 流动人员从事的行业职业以及地域相对集中

从劳动年龄流动人口从事的职业来看，社会生产服务和生活服务人员、生产制造及有关人员、专业技术人员占据前三位，占比分别为 46.8%、26.9% 和 12.2%，共占全部劳动年龄流动人口从事职业的 85.9%。从流动人员从事的行业看，批发零售业、制造业和建筑业位列前三位，占比分别为 27.9%、25.4%、14.4%，共占全部行业的 67.7%。从地域集中度看，劳动年龄流动人口主要集中在南宁市、柳州市和桂林市，共占全区劳动年龄流动人口的 50.7%。

5. 流动人口前期流动性和后期相对稳定性突出

从流动人口离开户口登记地时间来看，离开户口登记地时间在半年至一年的人口占流动人口的比重为 12.7%，一年至二年的占 16.2%，二年至三年的占 14.2%，三年至四年的占 9%，四年至五年的占 11.6%，五年至十年的占 18.2%，十年以上的占 18.1%，体现了流动人口前期流动性和后期相对稳定性的特征。

6. 区内流动以乡村人口为主，区外流动以城镇人口为主

从流动人口城乡划分看，区内流动的乡村户口人口占 53.4%，城镇户口人口占 46.6%。区外流入广西的流动人口中，乡村户口流动人口占 40%，而城镇户口人口占 60%。

此外，从流动人口的流动动因来看，2015 年因工作就业而流动的人口占区内流动和区外流入人口总和的 41.3%，因学习培训而流动的占 13.1%，因随同迁移的占 20%，因房屋拆迁的占 0.7%，因改善住房的占 6.9%，因寄挂户口的占 0.3%，因婚姻嫁娶的占 9.12%，因子女就学的占 1.1%，因其他原因的占 7.6%。

虽然广西的人口流动规模不断扩大，但由于受教育程度偏低，并且主要以乡村人口为主，以及体制、机制等方面的原因，使广西的流动人口还存在一些不容忽视的问题。例如受教育程度普遍偏低、社会保障程度较低等，这些问题的存在将会给流动人口的生存和发展带来极大的挑战和风险。

第三节　民族与文化资源

广西聚居着壮、汉、瑶、苗、侗、仫佬、毛南、回、京、彝、水、仡佬 12 个世居民族，另有满、黎、藏、白、土家、朝鲜、蒙古等 44 个民族居住。2017 年全区少数民族 2171.5 万人，占总人口的 38.8%，主要聚居在西部、中部及西南部和西北部。广西各民族的人口分布呈相互交错杂居的状况。人口较多的民族，如壮、汉、瑶等民族呈小集中、大分散的分布特点，在全区的东南西北都有分布；苗、回等民族虽然也有小聚居、大分散的分布特点，但是由于人口总量不多而并未散布各地；人口较少的民族，如仫佬、毛南、侗、京、仡佬、水、彝等民族则呈大集中、小分散的分布特点，聚居区域很小，大到一个县，小到一个乡，甚至一个或几个村。至 2017 年底，全区共有 12 个民族自治县，3 个县享受自治县待遇，59 个民族乡。分布在南宁、柳州、桂林、梧州、防城港、贵港、百色、贺州、河池 9 个设区市的 33 个县（市、区），绝大多数处于北回归线以北的桂北、桂西北山谷地带（见图 2-5）。其中，瑶族乡 47 个，苗族乡 8 个，侗族乡 1 个，回族乡 1 个，瑶族苗族乡 1 个，仫佬族乡 1 个。2015 年底，59 个民族乡土地总面积为 1.87 万平方千米，总人口 112.88 万人，其中少数民族人口 87.04 万人，占民族乡总人口的 77.11%。

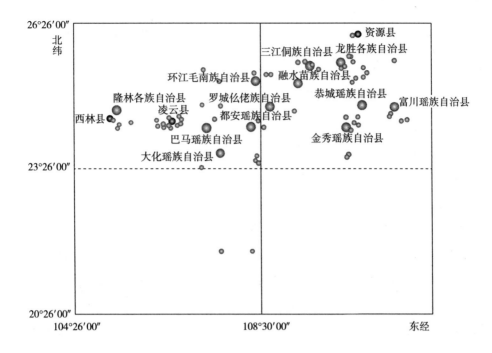

图 2-5 广西民族自治县及民族乡分布示意图（含享受自治县待遇的 3 个县）

注：大圈为民族自治县，小圈为民族自治乡。

一、世居民族聚居分布

　　壮族是广西也是中国人口最多的少数民族，主要聚居在南宁、柳州、崇左、百色、河池、来宾六市。靖西市是壮族人口比重最高的县级行政区，达到99.7%。汉族在各地均有分布，主要集中在南部沿海及桂东地区。瑶族主要居住在金秀、都安、巴马、大化、富川、恭城六个瑶族自治县。苗族主要分布在融水苗族自治县和隆林、龙胜、三江、南丹、环江、资源等县（自治县），其中融水苗族自治县苗族人口最多，约占全自治区苗族人口的40%。侗族主要居住在三江、龙胜、融水三个自治县，其中三江侗族自治县侗族人口最多。仫佬族主要居住在罗城仫佬族自治县，散居于宜州、忻城、环江、融水等县（自治县、市）。毛南族主要聚居在环江毛南族自治县。回族主要居住在桂林、柳州、南宁、百色等市及临桂、灵川、鹿寨、永福等县。京族主要居住在东兴市江平镇。彝族主要居住在隆林各族自治县和西林、田林、那坡等县（区）。水族主要散居在南丹、宜州、融水、环江、都安、兴安、河池市金城江区等县（自治县、市）。仡佬族主要居住在隆林各族自治县及田林、西林等县。

二、民族多样性程度高

广西的民族多样性①程度较大，在全国中位列第5。从纵向的全国和广西民族多样性指数比较来看，广西"五普"和"六普"时期不同区域空间尺度的民族多样性指数均高于全国平均水平（见表2-10），以总体民族多样性指数为例，广西"六普"时期的总体民族多样性指数为0.9040，比全国平均水平高出0.3743。从时间维度来看，"六普"时期广西的总体民族多样性比"五普"时下降了0.0142，镇域尺度民族多样性降低了0.0479，城市尺度民族多样性指数提升了0.0877，乡村尺度民族多样性指数提高了0.0064，城镇尺度民族多样性指数也由0.7630上升至0.7741，提高了0.0111。从"六普"时期广西内部不同区域空间尺度民族多样性的比较来看，广西总体、镇、城市、乡村、城镇民族多样性指数分别为0.9040、0.8005、0.7364、0.9692、0.7741，表现为 $H_{乡村}$ > $H_{总体}$ > $H_{镇}$ > $H_{城镇}$ > $H_{城市}$。

表2-10　广西不同区域空间尺度民族多样性程度

		$H_{总体}$	$H_{镇}$	$H_{城市}$	$H_{乡村}$	$H_{城镇}$
"五普"	全国	0.5331	0.4654	0.2807	0.6281	0.3518
	广西	0.9182	0.8484	0.6487	0.9628	0.7630
"六普"	全国	0.5297	0.4597	0.2944	0.6807	0.3636
	广西	0.9040	0.8005	0.7364	0.9692	0.7741

三、世居民族关系密切

遗传基因是群体内部和群体之间血缘与亲缘关系的传承，而群体间的遗传

---

① 借鉴渠如雪等（2015）的研究，在 Shannon 信息熵基础上，本书构建民族多样性指数（H）的公式：$H = -\sum_{i=1}^{n} p_i \ln p_i$。式中，$p_i$ 为区域中 i 民族人口在总人口中出现的频率，用该民族人口占总人口的比重来衡量，n 为区域民族类型总数。H 的高低反映人口组成的均衡程度。数据来源于2000年全国第五次人口普查和2010年第六次人口普查数据。

基因距离往往能够反映不同群体间的血缘与亲缘关系以及文化相似性。表2－11记录了广西11个主要世居民族之间的遗传基因距离。总体来看，广西各少数民族之间的基因距离都比较小，这些民族地处广西地区，基本属于南方民族，各民族之间存在基因交流，亲缘关系较近，文化相似度较高。相对而言，广西同一民族亚群之间的关系要比不同民族之间的关系近，而在不同民族之间，仡佬族、仫佬族、瑶族与其他民族之间的遗传基因距离较大，亲缘关系较远，这与仡佬族、仫佬族和瑶族长期居住在偏僻的山区，地形相对比较闭塞而与其他民族缺乏基因交流有关。其他民族之间的遗传基因距离相对较小，反映了族群之间的亲缘关系较近，文化相似度较高，这与民族之间长期的基因交流有关。随着交通基础设施和经济不断改善以及民族间文化开放度的不断提高，不同族群之间的文化越来越开化，以跨族群通婚为体现的基因交流越来越频繁，这在一定程度上拉近了不同民族之间的亲缘关系，对于广西民族文化多样性的形成与传承，社会经济的稳定发展具有重要意义。

表2－11 广西主要11个世居民族间的遗传基因距离

	汉族	瑶族	回族	京族	壮族	侗族	苗族	仡佬族	仫佬族	毛南族	水族
汉族	0										
瑶族	0.1377	0									
回族	0.0205	0.1253	0								
京族	0.0237	0.1470	0.0359	0							
壮族	0.0165	0.1369	0.0179	0.0267	0						
侗族	0.0145	0.1328	0.0315	0.0277	0.0164	0					
苗族	0.0242	0.1579	0.0397	0.0313	0.0203	0.0282	0				
仡佬族	0.1571	0.0689	0.1656	0.1897	0.1817	0.1792	0.2006	0			
仫佬族	0.1162	0.0185	0.1131	0.1376	0.1227	0.1235	0.1468	0.0654	0		
毛南族	0.0602	0.1458	0.0644	0.0521	0.0705	0.0539	0.0778	0.1963	0.1297	0	
水族	0.0464	0.1617	0.0680	0.0526	0.0582	0.0530	0.0672	0.1757	0.1529	0.0744	0

资料来源：金天博，高雅，阎春霞，等．应用STR研究广西地区少数民族的群体遗传学关系［J］．中南大学学报（医学版），2004（6）：619－622．

四、语言种类丰富多元

世居广西的12个民族除回族专用汉语外，其他民族均有自己的语言，分别是汉语、壮语、瑶语、苗语、侗语、仫佬语、毛南语、京语、彝语、水语、仡佬语。其中，汉语、壮语、瑶语、苗语、彝语还各有自己的方言土语。广西各种语言（包括方言）分布与民族分布基本一致，成片分布，使用人数多的语种呈现出大分散、小集中的格局，使用人数少的语种呈现大集中、小分散的格局，个别地方存在汉语方言（或民族语言）岛（点）。由于民族杂居和文化融合，各语言使用区域参差交错，语言之间出现相互渗透和影响现象。

广西的绝大多数人（包括少数民族中的许多人）和地区讲汉语方言，其中西南官话在桂西北少数民族地区广泛使用。而广西少数民族中以讲壮语居多，壮语属于汉藏语系壮侗语族壮泰语支，内部分南部和北部两大方言。两大方言区大致以邕江、右江为界，其中江南地区属南部方言区，江北地区属北部方言区。壮语南部方言有邕南、左江、德靖等土语，北部方言有桂北、柳江、红水河、邕北、右江、桂边等土语，南、北两大方言基本可以通话，使用北部方言的人口约占壮族总人口的2/3。瑶语是瑶族使用的勉语、布努语、拉珈语三种语言的统称，瑶语的方言土语之间差别明显，与外族沟通一般使用当地壮语或汉语方言（主要是西南官话），部分地方的瑶族只会说壮语。苗语分黔东方言、湘西方言和川黔滇方言，属汉藏语系苗瑶语族苗语支。侗语、仫佬语、毛南语、水语属汉藏语系壮侗语族侗水语支。彝语属汉藏语系藏缅语族彝语支。京语、仡佬语语属尚未定论。

随着广西大力推广国家通用语言文字，即普通话（汉语）和规范汉字，广西原来使用人口较少的民族语言及其方言土语面临着衰退、弱化并逐步走向濒危，甚至消失的状况。广西仡佬族的多罗方言、哈给方言、俫话，瑶族的拉珈语、炯奈话、巴哼话，京族的京语，水族的水语，彝族的彝语，毛南族的毛南语，仫佬族的仫佬语以及学术界仍有争议的布央语、五色话、茶洞话等都处于不同程度濒危状况。另外，随着互联网的兴起和发展，一些地方的年轻人尝试使用壮语翻唱一些流行歌曲，这在一定程度上拓展了壮语的使用功能，促进了民族语言的传承与发展。

五、历史文化缤纷多彩

悠久的历史成就了广西绚丽多彩、独具特色的民族文化。① 秦始皇统一岭南

---

① 彭匈. 微观广西（汉英版）［M］. 北京：商务印书馆，2019.

后开凿灵渠，把长江与珠江两条水系连接起来，促进了广西与中原地区技术经济和民族文化的交流。春秋战国时期，广西先民在左江沿岸创作的崖壁画；汉代前创造的大铜鼓以及古朴典雅、可避湿热、防蛇兽侵害的干栏建筑等，成为广西当时的文化代表；明代的真武阁及三江侗族程阳风雨桥均具有很高的科学、艺术价值。广西素有"歌海"之称，农历三月三是壮族的传统歌节，最为隆重。

此外，广西还是我国近现代一些重大历史事件如金田起义、黑旗军抗法、镇南关战役等的策源地和发生地，涌现了洪秀全、刘永福、冯子材等一批杰出历史人物。一代伟人邓小平在广西领导了著名的百色起义，创建了红七军和右江革命根据地。

如今，广西的刘三姐文化已走向世界，"壮族三月三"成为民族文化节庆品牌，左江花山岩画文化景观成功列入世界文化遗产名录，灵渠列入世界灌溉工程遗产名录。另外，还成功申报了40个国家级非物质文化遗产、66个国家重点文物保护单位。伴随着文化产业化发展趋势，广西逐步打造出一批地域文化品牌，直接和间接带动了地方经济和产业的发展（见表2-12）。

表2-12　广西文化资源及开发案例

文化资源类别	代表案例
民族工艺品及传统技能	靖西旧州绣球，壮锦，临桂五通农民三皮画，阳朔画扇，钦州坭兴，靖西壮族的原始制陶，水族的马尾绣，侗族的绣片，苗族的银饰以及各少数民族的服饰、生产生活用具等
节庆文化	结合传统与现代的南宁国际民歌艺术节、柳州国际奇石节、桂林山水文化节、河池山歌艺术节、崇左花山文化节、北海海滩文化节等节庆，以及各地结合壮族歌圩、侗族过年、苗族芦笙坡会的各类民间传统节庆活动（见表2-13）
饮食文化	见图2-6
民居建筑文化	南宁扬美古镇、龙胜龙脊壮族和瑶族村寨、兴安灵渠水街、灵川江头村汉族古民居、三江程阳侗族村寨、贺州客家围屋、昭平黄姚古镇、玉林高山村汉族古民居、靖西旧州街（壮族）、那坡吞力屯（黑衣壮）等古民居、古建筑、传统生产生活用具、服饰、习俗都得到较好保护和传承，带动旅游业发展，呈现民族文化保护和开发利用互相促进的互动双赢效果 广西目前已经建成开放3个生态博物馆，第二批的4个生态博物馆也正在筹建中，2008年已有10个民族生态博物馆开放，成为我国拥有生态博物馆最多的省区，并将产生可观效益

文化资源类别	代表案例
戏剧歌舞（舞台艺术）文化	民族音画《八桂大歌》、壮族舞剧《妈勒访天边》、桂剧《大儒还乡》、彩调《埋伏》、音乐剧《阳朔西街》、民间歌舞剧《刘三姐》、剧场实景艺术《龙脊》等相继获得国家级奖项 壮民族歌舞《大地飞歌》、那坡黑衣壮民歌、平果壮族嘹歌、侗族大歌等走向世界，饮誉中外
地域文化	南宁民歌资源，办国际民歌艺术等节会，带动市县会展业 桂林山水文化与历史遗迹，建"两江四湖""新八景"，推出一系列优秀舞台作品 柳州奇石文化，所产奇石占全国1/3强 北海海洋文化，提高城市的文化品位 百色布洛陀文化及红色文化，带动文化名城建设 崇左花山文化，以原生态音舞史诗建设文化博览园 河池山歌文化，山歌铜鼓艺术节及各类歌会融入新的时代内涵 贺州客家文化，借客家风情艺术走向海外 梧州龙母文化，成为西江流域有影响的民俗活动 来宾盘古文化，提升新城市的精神内涵

注：各民族共有的节日，在广西则表现出浓郁的地方特色和民族特色。如春节，侗族过春节，除了有许多与其他地方相同的内容之外，还融进了本民族特有的民俗活动，如新娘回门、抢花炮、芦笙踩堂、多耶、月也、演侗戏等。

资料来源：笔者归纳整理。

（一）民族工艺品及传统技能

民族工艺品和传统技能是广西各族人民在长期的生活实践中总结创造出来的宝贵财富和智慧结晶，反映着一方土地的文化历史和生活特点。广西是多民族省区，多民族创造了多样而丰富的民族工艺品和技能，其中比较具有代表性的是靖西旧州绣球、壮锦，临桂五通农民三皮画，阳朔画扇，钦州坭兴陶，靖西壮族的原始制陶，水族的马尾绣，侗族的绣片，苗族的银饰以及各少数民族的服饰、生产生活用具等，其中有些还被列入了国家非物质文化遗产名录（见表2-13和表2-14）。目前，一些地方的民族工艺品及传统技能得到了很好的保护和传承，并逐渐被开发成为独具地方特色的文化产业，推动着地方经济的发展。然而，也有很多地方的民族工艺品和传统技能在工业化、城镇化浪潮的冲击下逐渐萎缩和消失，一些传统工艺技能由于缺乏传承人而伴随着老一代工匠的离开而失传与绝迹。因此，如何在时代发展浪潮冲击下保护和传承民族传统工艺及技能成为广西亟须解决的重要问题。

表 2 – 13 广西世界级遗产

类型/类别	名称	所在地	获批时间/批次/编号
世界自然遗产	中国南方喀斯特	云南石林、贵州荔波、重庆武隆、广西桂林、贵州施秉、重庆金佛山和广西环江7地	2014年6月23日第38届世界遗产大会，广西桂林、环江及贵州施秉、重庆金佛山等"中国南方喀斯特二期"入选，作为2007年6月27日"中国南方喀斯特"的拓展
世界文化遗产	左江花山岩画文化景观	崇左市境内左江及其支流明江两岸200多千米，以宁明花山为典型	2016年7月15日第40届世界遗产大会批准列入《世界遗产名录》，成为中国第49处世界遗产
世界灌溉工程遗产	灵渠	桂林市兴安县	2018年8月13日入选第五批世界灌溉工程遗产名录，含中国都江堰、灵渠、姜席堰和长渠等

表 2 – 14 广西国家级非物质文化遗产

国家级非物质文化遗产		申报地区或单位	批次	编号
民间文学	布洛陀	广西	第一批	2
民间文学	刘三姐歌谣	广西	第一批	23
传统音乐	侗族大歌	广西、贵州	第一批	59
传统音乐	那坡壮族民歌	广西	第一批	63
传统戏剧	桂剧	广西	第一批	181
传统戏剧	采茶戏（赣南、桂南）	江西、广西	第一批	209
传统戏剧	彩调	广西	第一批	220
传统戏剧	壮剧	广西	第一批	226
传统技艺	壮族织锦技艺	广西	第一批	370
传统技艺	侗族木构建筑营造技艺	广西	第一批	380
民俗	京族哈节	广西	第一批	455
民俗	瑶族盘王节	广东、广西	第一批	462
民俗	壮族蚂蚁节	广西	第一批	463
民俗	仫佬族依饭节	广西	第一批	464
民俗	毛南族肥套	广西	第一批	465
民俗	壮族歌圩	广西	第一批	494
民俗	苗族系列坡会群	广西	第一批	495
民俗	壮族铜鼓习俗	广西	第一批	509

续表

国家级非物质文化遗产		申报地区或单位	批次	编号
民俗	瑶族服饰	广西	第一批	515
民间文学	壮族嘹歌	广西	第二批	569
传统舞蹈	瑶族长鼓舞	广东、广西、湖南	第二批	657
传统戏剧	邕剧	广西	第二批	739
曲艺	广西文场	广西	第二批	780
传统技艺	陶器烧制技艺（钦州坭兴陶烧制等）	云南、四川、广西、贵州、青海	第二批	881
民俗	宾阳炮龙节	云南、四川、广西、贵州、青海	第二批	981
民间文学	密洛陀	云南、四川、广西、贵州、青海	第三批	1061
传统音乐	京族独弦琴艺术	云南、四川、广西、贵州、青海	第三批	1084
传统医药	壮医药（药线点灸疗法）	云南、四川、广西、贵州、青海	第三批	1193
民间文学	壮族百鸟衣故事	广西横县	第四批	1241/Ⅰ-147
传统音乐	凌云壮族七十二巫调音乐	广西凌云县	第四批	1256/Ⅱ-162
传统舞蹈	瑶族金锣舞	广西田东县	第四批	1273/Ⅲ-120
曲艺	桂林渔鼓	广西桂林市	第四批	1299/Ⅴ-125
传统舞蹈	南丹勤泽格拉铜鼓舞	广西南丹县	第四批扩展	129/Ⅲ-26
传统戏剧	粤剧	广东吴川市、广西南宁市	第四批扩展	180/Ⅳ-36
传统技艺	黑茶制作技艺（六堡茶等）	湖北赤壁市、广西苍梧县	第四批扩展	935/Ⅷ-152
民俗	三月三（壮族三月三、报京三月三）	广西武鸣县、贵州镇远县	第四批扩展	60/Ⅹ-12
民俗	瑶族服饰	广西龙胜各族自治县	第四批扩展	515/Ⅹ-67
民俗	农历二十四节气（壮族霜降节等）	广西天等县等4地	第四批扩展	516/Ⅹ-68
民俗	民间信俗（钦州跳岭头等16种）	广西钦州市等19地	第四批扩展	992/Ⅹ-85
民俗	中元节（资源河灯节）	广西资源县	第四批扩展	1197/Ⅹ-122

资料来源：根据中国非物质文化遗产网（http：//www.ihchina.cn/5/5_1.html）及广西非物质文化遗产网（http：//www.gxfybhw.cn/directory.php？jb=1&page=1）等相关资料整理。

近年来，广西政府积极采取措施推动民间传统工艺和技能的保护工作，如出台了《广西壮族自治区民族民间传统文化保护名录》《广西壮族自治区民族民间传统文化保护条例》等政策法规，并积极推进民族工艺及技能培训活动以及民族工艺和技能资料整理收编等行动，在一定程度上避免了民族民间工艺品及传统技能的失传。

（二）节庆文化

广西境内聚居的少数民族，在长期的历史发展过程中都形成了自己独特的传统节日和地域文化（见表2－15），如壮族有歌圩、霜降节、开耕节、尝新节、牛魂节等30多个民族传统节日，其中以歌圩最为普遍和著名，一般在每年农历三月初三举行；瑶族的传统节日有盘王节、祝著节、三月节等，其中以盘王节最为普遍和著名，于每年农历十月十六举行。这些民族在传统节日期间举行各种文化活动，活动内容丰富多彩，如壮族的抛绣球、扁担舞、高台舞狮；瑶族的长鼓舞、铜鼓舞、上刀山、下火海、跳云台；苗族的拉鼓、赛芦笙、斗马、赛马；侗族的抢花炮、芦笙踩堂；仫佬族的"独角秀"（舞狮）；毛南族的"条套"（师公舞）；回族的摔跤比赛等。小节庆往往蕴含着大经济，节庆往往是传统文化的缩影，是展示优秀民族文化的大舞台，具有非常可观的开发效益。近年来，为顺应文化经济化的发展趋势，广西民族节庆的经济潜能逐渐被挖掘和开发利用，如壮族的歌圩、侗族的过年、苗族的芦笙坡会、宾阳的火龙节、田阳敢壮山的布洛陀祭奠和歌圩活动等都得到了较好的宣传打造，并产生了良好的经济效应。

表2－15 广西民族主要传统节日一览表

民族	人口（万）	主要节庆	日期	主要活动内容
壮族	1821.1	三月三	三月初三	"三月三"是壮族地区最大的歌圩日，又称"歌仙节"，相传为纪念刘三姐而形成的民间纪念性节日。农历三月三这天，壮族人民除蒸五色糯米饭和做红鸡蛋以纪念祖先和招待亲友外，主要举行盛大的"歌圩"活动。各地壮族青年男女身着盛装聚集在一起，对唱壮族山歌
		霜降节	九月霜降期间	壮族霜降节在每年农历九月，晚稻收割结束之后的霜降期间举行。"壮族霜降节"已被列入联合国教科文组织《人类非物质文化遗产代表作名录》

续表

民族	人口（万）	主要节庆	日期	主要活动内容
汉族	3420.2	春节	农历正月初一	春节是指汉字文化圈传统上的农历新年，俗称"年节"。春节期间，汉族人民都要举行祭祀祖神、除旧迎新、祈求丰年等各种庆祝活动
瑶族	204.5	盘王节	农历十月十六	盘王节，瑶族人民纪念先祖的盛大传统节日。每年农历十月十六举行，一般持续三天三夜，有的也长达七天七夜
		祝著节	农历五月廿九	祝著节（亦称达努节），一般每三至五年举行一次，时间在农历五月二十九
苗族	62.7	苗年	农历九月至次年正月之间	苗年，是苗族人民最隆重的传统节日。苗族各地区过的苗年时间并不相同，一般在农历九月到次年正月之间，历时9天左右
		坡会	农历正月十六，八月十六	坡会是苗族人民的传统节日，每年正月十六和八月十六各举行一次
侗族	41.0	冬节	农历十月底或十一月初	冬节，又名侗年，一般在农历十月底或十一月初。侗族人民称侗年为小年，春节为大年
		花炮节	农历正月初三，二月初二，十月廿六	花炮节也是侗族的盛大节日，各地举行的日期不同，有农历正月初三的，有农历二月初二的，也有农历十月廿六的
仫佬族	22.2	依饭节	立冬吉日	依饭节也叫"喜乐愿"，是仫佬族人民最具特色的节日，一般每三年举行一次，于立冬后择吉日举行
毛南族	9.2	分龙节	农历五月二十	分龙节又叫"五月庙节"，是毛南族的盛大传统节日，举办时间为农历五月二十
回族	3.9	开斋节	伊斯兰教历十月一日	开斋节是回族隆重的节日，伊斯兰教历九月为斋月。斋月里，每个身体健康的成年男女穆斯林都应在每日黎明前进食，至日落后禁食（包括茶水），日落后开斋进食，直到教历十月一日即斋戒期满，这一天就是开斋节
京族	3.0	哈节	农历六月初十，八月初十，农历正月廿五	哈节，又称"唱哈节"，是京族的传统歌节，其节日期各地不同。万尾、巫头二岛为农历六月初十，山心岛为农历八月初十，海边的一些村落则在正月廿五
彝族	1.4	火把节	农历六月廿四至廿六	火把节一般在农历六月廿四至廿六晚上举行

续表

民族	人口（万）	主要节庆	日期	主要活动内容
水族	2.0	端节	水历十二月至次年二月之间	端节水语叫"借端"，是水族最大的节日，相当于汉族的春节。端节一般在水历十二月至次年二月之间，逢亥、午或末日，都可选为过端节的日子
仡佬族	0.5	吃新节	农历七月辰日或八月巳日	吃新节是仡佬族最隆重的节日。吃新节庆祝活动多在农历第一个"辰"（龙）日或"戌"（狗）日举行，也有选择八月的"巳"（蛇）日举行

注：人口为 2017 年户籍人口。

资料来源：根据《广西通志·民族志》等资料整理。

即便如此，广西节庆经济的开发还处于初步阶段，民间的节日仍有待挖掘、整合和开发，同时，政府组织的重大节庆活动还要加大包装和推介力度，并在注意时代气息的同时还要注意原有的民族特色，不要变味走样。

（三）饮食文化

广西是多民族省区，在长期的历史发展过程中，各民族、各地区相互融合、相互影响，形成了具有地方特色的饮食文化（见图 2-6）。各地居民十分擅长结合和利用本地的特色食材资源，形成各具特色的地方美食，如北海、钦州、防城港利用靠海临海优势，形成了以海洋水产为食材的地方美食，北海的沙虫、沙蟹汁焖豆角，钦州的青蟹生地汤、旺充官桐鱼，防城港的盐水对虾、京族二宝等都很有名。此外，南宁的老友粉、柠檬鸭，柳州的螺蛳粉，桂林的米粉、恭城油茶，贺州的田螺煲、客家煎酿三宝，梧州的龟苓膏、纸包鸡、龙虎凤烩，贵港的浔江鱼，玉林的牛巴，河池的巴马香猪、环江香猪，百色的炸蜂蛹、八渡笋干甑鸭，崇左的驮卢沙糕、那隆腊鸭等均是地方特产，这些富有地方特色的美食吸引着众多游客、食客慕名而来，成为游客到当地旅游时的必尝美食。

（四）民居建筑文化

随着民族民间文化保护工作的不断深入，加上舆论宣传和旅游开发的拉动，目前广西已涌现出一批保护与开发较为成功的古民居、古村、古镇。如南宁扬美古镇、龙胜龙脊壮族和瑶族村寨、灵川江头村汉族古民居、三江程阳侗族村寨、贺州客家围屋、昭平黄姚古镇、玉林高山村汉族古民居、靖西旧州街（壮族）、

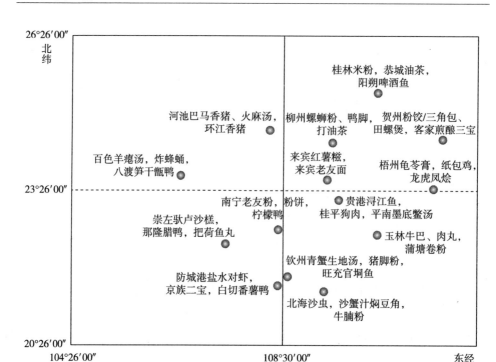

图 2 - 6　广西各市部分特色美食分布示意图

那坡吞力屯（黑衣壮）等。这些地方不仅古民居、古建筑、传统生产生活用具、传统服饰以及传统文化习俗等都得到了较好的保护和传承，而且开展各种传统礼仪、传统娱乐、传统工艺和民族歌舞展演活动以及开发民族旅游产品，不断吸引外地游客前往旅游观光，也吸引不少专家学者前往考察研究，为当地居民带来了显著的经济效益，使当地的居民认识到自己民族文化的重要价值，进而增强了保护民族文化的自觉性和积极性，达到了民族文化保护和利用互相促进的双赢效果。另外，生态博物馆作为民族文化资源的展示平台，在民居保护和开发利用方面具有独特的贡献。

（五）戏剧、歌舞方面

广西素有"歌海"之称，各民族有着丰富多彩的民间戏曲与歌舞文化，多年来的挖掘整理，使一批批民间戏曲、歌舞节目登上了舞台，经过改编、创作，有不少节目成为闻名遐迩的杰作，有力地促进了文化交流，提高了广西的知名度。如那坡黑衣壮民歌、平果壮族嘹歌、侗族大歌等，都已饮誉中外。《大地飞歌》带着壮乡民族歌舞飞向了奥地利，让世界欣赏了壮乡文化。这几年来，艺术工作者成功地推出了一批批精彩的作品，如民族音画《八桂大歌》、壮族舞剧《妈勒访天边》相继入选国家舞台艺术精品工程"十大精品剧目"，桂剧《大儒还乡》入选 2005～2006 年度国家舞台艺术精品工程 30 台初选剧目行列，彩调《埋伏》获第二届中国舞蹈节暨第五届中国舞蹈"荷花奖"。广西对音乐剧《阳朔西街》、民间歌舞剧《刘三姐》、剧场实景艺术《龙脊》开展"剧团＋公司"的运营模式和资源整合也取得了较好成绩。同时，广西先后举办了多届戏剧展览会、戏曲青年演员大奖赛、民族器乐演奏比赛等展览和赛事活动，积极推动广西戏曲、歌舞文化的发展。此外，还召开了全区艺术创作座谈会，组织民族音画《八桂大歌》参加文化部在北京、成都、广州举办的精品展演活动和歌舞剧《刘三姐》在北京举行礼宾专场演出及商演推广工作等。总之，近年来广西在民族戏剧歌舞资源的开发方面获得了丰硕成果。

（六）地域文化品牌

广西地方文化十分明显，这几年各地都注意打造地方文化品牌，带动旅游经济发展。"一市一品牌，一地一亮点"的文化格局已初见端倪。例如：南宁依托国际民歌艺术节以及武鸣三月三歌节、横县茉莉花节、宾阳县炮龙节等市区周边节庆活动，打造节庆文化品牌；桂林充分利用山水资源、刘三姐文化等优势打造特色山水文化；柳州根据独具特色的奇石资源打造奇石文化；北海利用海洋资源优势打造海洋文化。此外，还有百色的布洛陀文化、崇左的花山文化、河池的山歌文化、贺州的客家文化、梧州的龙母文化、来宾的盘古文化等。这些地域文化品牌的打造，直接带动了地方旅游经济的发展，并间接带动了相关上下游产业的发展，初步形成了产业链。

近年来，广西地域文化的产业化发展虽然取得了一些成就，但品牌的培育并非一朝一夕之事，目前，有些地区的文化品牌尚在培育当中，其影响力还比较有限，还有待专家、艺术家加强研究，挖掘整理和提炼升华。同时，地域文化的产业化发展和品牌培育需要政府进行正确引导，并鼓励社会企业、民间团体积极参与开发利用，也需要媒体进行宣传推介，扩大影响。另外，在开发的过程中要注意保持文化的独特性和完整性，不要片面追求经济效益而随意扭曲、肢解文化的完整性，避免传统文化的丢失和文化价值的丧失。

第三章　基础设施

　　基础设施是经济运行所必需的、决定一地生产能力的服务和设施,① 是促进空间上相互联系的政策和投资,如促进货物、服务、人员和思想在本地、国内和国际流动的公路、铁路、机场、港口和通信系统等,② 是区域经济发展的载体与投资环境。更广意义的基础设施不仅包括各种类型的运输,以及提供通信、用水、工业建筑、能源和社区设施,还包括与社区教育和培训投资有关的社会基础设施③。有时也按其物理性质分为硬(或物理)设施,如交通、能源、水务、通信等,以及软(或制度)设施,如社会经济管理与文化、卫生、体育及其他生活服务设施等。基础设施被称为"外部经济的一大源泉"和"经济增长的发动机"。④⑤⑥⑦ 此外,我国《"十三五"推进基本公共服务均等化规划》将基本公共服务界定为:"由政府主导、保障全体公民生存和发展基本需要、与经济社会发展水平相适应的公共服务",包括公共教育、劳动就业创业、社会保

　　① O' Sullivan A. , Sheffrin S. Economics: Principles in Action [M] . Massachusetts: Pearson Education, 2007: 474.

　　② World Bank. World Development Report 2009: Reshaping Economic Geography [M] . Washington DC: World Bank, 2008: 23, 38.

　　③ Diamond D. , Spence N. Infrastructure and Regional Development: Theories [J] . Built Environment, 1984 (4): 262 – 269.

　　④ Barro R. J. Government spending in a simple model of endogenous growth [J] . Journal of Political Economy, 1990, 98 (5): 103 – 125.

　　⑤ Barro R. J, Sala – i – Martin X. Public finance in models of economic growth [J] . Review of Economic Studies, 1992, 59 (4): 645 – 661.

　　⑥ Rietveld, P. Infrastructure and regional development: A survey of multiregional economic models [J] . The Annals of Regional Science, 1989, 23 (4): 255 – 274.

　　⑦ Batten D. F. Infrastructure and the Complexity of Economic Development [M] . Heidelberg: Springer, 1996: 9, 62.

险、医疗卫生、社会服务、住房保障、公共文化体育、残疾人服务八个领域的基本公共服务，作为维护公民的基本权利、以均等化推进全面建成小康社会的重要一环。在学术上，交通等基础设施改进带来的运输距离与成本变化，则被新经济地理学认为是改变自然地理"第一性"的重要的"第二性"变量。

第一节　交通基础设施及运输业

交通运输是国民经济的重要组成部分，是联系社会生产、流通、分配和消费的纽带，是沟通城乡、联系国内外的重要环节，包括公路、铁路、水路及航空等。所谓"要想富，先修路"，交通基础设施与地区经济增长存在循环累积的因果关系。

地处边远地带，多山地、少平地的自然地理特征，使广西的交通基础设施建设难度大，成本高，而交通上的闭塞曾在很长一段时间制约其经济发展。

中华人民共和国成立初期，广西有内河航道里程 8659 千米，水运较为便利；有铁路 794.6 千米，其中湘桂、黔桂两条干线铁路能通车路段仅 539 千米，且只能通行小型机动车，运输能力差；有土公路 5000 多千米，因路况差，实际公路通车里程仅 500 多千米。虽早期交通网分布颇为均匀，除西部极少数山区外，都有航道、公路或铁路相通，但交通基础薄弱。①

至 20 世纪 80 年代末，广西初步形成以首府南宁市为中心，铁路为主干，铁路、公路、水路及航空运输互相衔接，内联全国、外通国际的交通运输网，且布局比较均衡，铁路、公路、水运里程的总长度和密度在各省区中居前列。交通运输业门类也比较齐全。不过，广西交通运输虽局部起步早但整体发展缓慢，质量不高。② 交通运输能力的增长不能适应客货运量增长的要求，这在铁路运输上表现得尤为突出。公路则密度小、路面差。虽河网较多，但由于许多河段修筑坝，通航里程减少很多。③

经过近几十年的发展，广西城乡基础设施建设均有质的提升，目前已基本形

① 孙敬之，梁仁彩，黄勉，等. 华南地区经济地理［M］. 北京：科学出版社，1959.

② 廖正城，谢文昭，宁业祺. 广西壮族自治区地理［M］. 南宁：广西人民出版社，1988.

③ 谢之雄，杨中华，莫大同. 广西壮族自治区经济地理［M］. 北京：新华出版社，1989.

成以铁路、公路、民航运输为骨干，水运畅通的广西内外交通网络（见表3-1），成为中国—东盟往来的重要门户和便捷的海陆通道以及"一带一路"有机衔接的重要门户，强化了广西在国际和区域合作中的地位与作用。

表3-1　广西交通设施覆盖及服务能力指标在全国的地位

指标	全国平均	最高省区市及数值	最低省区市及数值	广西 数值	广西 排位
交通网络覆盖					
铁路网络密度（千米/万平方千米）	130.01	天津，876.14	西藏，6.99	201.21	22
道路网络密度（千米/万平方千米）	2390.99	上海，13255.58	西藏，468.02	2961.51	20
一级公路网络密度（米/平方千米）	7.98	江苏，97.72	西藏，0	4.31	22
二级公路网络密度（米/平方千米）	32.45	上海，482.05	西藏，0.74	40.83	19
三级公路网络密度（米/平方千米）	13.33	上海，124.42	西藏，0.03	17.48	22
城市道路网密度（千米/万平方千米）	389.34	上海，10077.34	西藏，8.73	297.72	23
乡村道路网密度（千米/万平方千米）	5211.34	天津，21909.39	青海，814.42	8068.59	16
路面人均占有量（平方米/人）	41.7	西藏，287.96	上海，14.44	34.4	18
交通发展水平					
交通干线影响度		北京/上海/江苏/广东，4	西藏，1	2	
交通优势度	0.53	天津，0.77	西藏，0.05	0.45	23
交通设施服务能力					
省会城市距最近国际机场的交通距离指数	45	甘肃，100	内蒙古，14	48	17
省会城市距最近港口的交通距离指数	1340	新疆，10000	重庆，16	551	17
高速公路服务覆盖率（%）	12.15	北京，56.88	内蒙古，4.12	6.97	26
1千米半径长途汽车站服务覆盖率（%）	5.03	黑龙江，11.53	西藏，1.91	5.73	11
5千米长途汽车站服务覆盖率（%）	31.14	广东，45.65	西藏，10.73	27.85	21
1千米半径火车站服务覆盖率（%）	1.01	黑龙江，3.03	西藏，0.05	0.98	14
5千米火车站服务覆盖率（%）	14.11	北京，35.27	西藏，0.31	10.89	26

资料来源：根据《中国地理国情蓝皮书2017》数据整理。

根据《广西壮族自治区国民经济和社会发展第十三个五年规划纲要》，"十三五"期间，广西加快铁路、公路、水运、航空、油气管网"五张网络"建设，建成覆盖面广、相互衔接的区内综合交通运输与基础设施网络，重点推进"高铁市市通、高速公路县县通、民航片片通、内河条条通"。至 2018 年已实现村村通硬化路、通电、通水、通广播电视、通网络信号。高铁建成运营 1771 千米，里程排全国各省区市前列，通达区内 12 个市和周边所有省份。高速公路总里程突破 5000 千米，89% 的县通高速公路。全区境内铁路营业里程由 1958 年自治区成立之初的 1358 千米增加到 2017 年的 5140 千米，增长 2.78 倍；公路里程由 1.36 万千米增至 12.33 万千米，增长 8.07 倍。建成 7 个民航机场，机场旅客吞吐量超过 2400 万人次。沿海和内河港口年吞吐能力分别达 2.5 亿吨和 1.1 亿吨。14 个设区市和 35 个县实现天然气利用。西部地区首座核电站防城港红沙核电站一期投产运营。建成国内最大、通过能力超亿吨的长洲水利枢纽三线四线船闸。14 个市成为光网城市，所有行政村开通网络信号。①

一、公路网络

（一）公路建设历程

1. 源于清代后期，滞于抗战

据《广西通志·交通志》记载，广西的公路交通发展可追溯至清代后期。清光绪十年（1884 年），越南沦为法国殖民地。为巩固边防，广西提督兼边防督办苏元春组织力量，开展大规模的边防工程建设。其中，1896 年修建的龙州至镇南关（今友谊关）的军路全长 39 千米。该路虽不是真正意义上的公路，但略具公路规模，质量高于原有驿道，可行汽车，常有法国汽车从越南驶入，是广西最早通行汽车的道路，也是中国第一条具有国防、经济、贸易和旅游等现代意义的路，称"中国第一路"。

民国时期，广西当局注重对公路事业的发展。1915 年，广西修建第一条公路——邕武路，由南宁经武鸣至宁武庄，全长 52 千米，至 1919 年建成。而后相继修成龙州至水口、龙州至镇南关等多条公路。这些公路多为临时式结构，泥土路面，难以维持正常通车。至抗日战争爆发前，共修建公路 4409 千

① 陈武. 砥砺奋进谱华章 不忘初心再起航——庆祝广西壮族自治区成立六十周年［N］. 经济日报，2018 - 11 - 26（10）.

米，居全国领先地位，部分公路在抗战期间发挥了重要作用。特别是为适应大后方军运和国际援华物资运输需要，赶筑了连通邻省和越南的公路969千米。

至中华人民共和国成立前夕，广西共修建公路5539千米。但是，公路质量标准低，路况差。受水灾和国民党军队溃退时破坏影响，当时整个公路交通基本处于瘫痪状态。

2. 重振于中华人民共和国成立，飞跃于改革开放

中华人民共和国成立后，广西公路建设得到较快发展。在1949年至1952年的国民经济恢复时期，基本完成了对原有公路的修复工作，并新建梧州至信都、武鸣至马山等公路。1949年，广西拥有公路里程为215千米，至1952年达到5068千米，提高了近25倍。"一五"期间，除平南、藤县、永福和来宾外，全区其余66个县区可直通汽车。至1957年，公路里程达到9634千米，实现了县县通路。而后，在"大跃进"和"文化大革命"时期，广西虽然依旧新建大量公路，但大多数公路的质量不高。

改革开放至"七五"期间，为服务自身发展和展现大西南出海通道作用，广西的交通基础设施建设迈上新台阶。一方面，公路技术等级得到提升，至1990年，广西境内共有等级公路里程20098千米，占全部公路里程的一半以上，其中，一级公路里程为8千米，突破广西一级公路为零的历史纪录，二级、三级和四级公路里程分别为358千米[①]、2031千米和17701千米；另一方面，公路路面得到改善，主导干线公路的路面由泥结碎石路面逐步改为级配、沥青、沥青混凝土和水泥混凝土等路面。整体上，广西形成以南宁、柳州、桂林、梧州等交通枢纽城市为中心，向四周辐射的连通港口、矿山、林区的公路网。"八五"期间，广西乡镇公路建设得到快速发展，近98%的乡镇和74%的行政村通公路。1995年，基本完成连通百色至贵州的跨省区的二级公路广西段的建设，等级公路比1990年提高了21%。

3. "九五"后实现多个第一，地缘通道功能得到强化

"九五"后，为深化改革，扩大开放，发挥区位优势，顺应经济发展，重点

---

① 不含当时已经通车的南宁—北海段公路。该公路始于南宁江南，经邕宁、钦州和合浦，迄于北海高德镇，是广西第一条投资最多、规模最大、里程最长的高等级公路。

实施出海、出省、出边的通道工程建设，广西的公路建设实现了跨越式发展，完成多个"第一"。1997 年，广西第一条高速公路桂柳高速建成通车，全程 138.425 千米，连接旅游城市桂林和工业城市柳州。同年，钦州至防城港高速建成通车。1998 年，始于南宁那马镇，终于钦州市南间村的高速公路建成通车。1999 年，起于钦州磨刀水村，终于北海合浦县星岛湖的高速公路建成通车。至此，以钦州为中心的广西出海高速通道网络基本形成。2005 年，被称为"南疆国门第一路"的南宁—友谊关高速公路全线贯通。南友高速起于南宁吴圩机场附近，至中越边界友谊关，和越南 1 号公路对接，全长 180.063 千米，是我国第一条通向东盟的高速公路，也是广西第一条使用改性沥青混凝土路面的高速公路。"十一五"期间是广西公路建设高速发展期，增加公路 39779 千米，其中，等级公路增量为 30193 千米。

4. "十二五"以来的发展

"一带一路"倡议提出后，为有效发挥"21 世纪海上丝绸之路与丝绸之路经济带有机衔接的重要门户"作用，广西积极推动"6 横 7 纵 8 支线"[①] 高速公路网络形成。至 2015 年，广西等级公路里程达 105019 千米，比"九五"期末增加 59589 千米，增长 131.17%。其中，高速公路里程 4288 千米，是 2000 年的 5.28 倍，增长 428.08%（见表 3-2）。

表 3-2　改革开放后主要年份广西公路里程　　　　　　单位：千米

年份	公路里程	等级公路里程	一级公路里程	二级公路里程	三级公路里程	四级公路里程	高速公路里程	等外公路里程
1980	31624	14703	—	83	1348	13272	—	16921

---

① 横 1 灌阳（永安关）至三江（唐朝）高速公路，全长 234 千米；横 2 贺州（灵峰）至隆林（板坝）高速公路，全长 886 千米（支线桂林—河池 216 千米）；横 3 贺州至巴马高速公路，全长 463 千米；横 4 苍梧（龙眼咀）至硕龙高速公路，全长 558 千米（支线梧州—柳州 219 千米）；横 5 岑溪（筋竹）至百色（罗村口）高速公路，全长 721 千米（支线武宣—平果 254 千米）；横 6 合浦（山口）至那坡（弄内）高速公路，全长 516 千米（支线崇左—水口 96 千米）；纵 1 龙胜（思陇）至岑溪（水汶）高速公路，全长 524 千米（支线钟山—富川及贺州联线 133 千米）；纵 2 资源（梅溪）至铁山港高速公路，全长 715 千米（支线松旺—铁山港东岸 32 千米）；纵 3 三江至北海高速公路，全长 542 千米；纵 4 全州（黄沙河）至友谊关高速公路，全长 711 千米（支线六景—钦州港 144 千米、支线北流清湾—南宁苏圩 307 千米）；纵 5 桂林经柳州至南宁高速公路第二通道，全长 366 千米；纵 6 南丹（六寨）至东兴高速公路，全长 548 千米；纵 7 天峨（黔桂界）至龙邦高速公路，全长 307 千米。

续表

年份	公路里程	等级公路里程	一级公路里程	二级公路里程	三级公路里程	四级公路里程	高速公路里程	等外公路里程
1985	32972	16329	—	104	1633	14592	—	16643
1990	36214	20098	8	358	2031	17701	—	16116
1995	40904	25509	66	1330	2163	21950	—	15395
2000	52910	45430	442	2628	16620	24928	812	7480
2005	62003	51046	546	6299	5813	36977	1411	10957
2010	101782	81239	876	8646	7942	61200	2574	20543
2015	117993	105019	1079	11147	8269	80236	4288	12974
2017	123259	112619	1443	12714	8296	84907	5259	10640

资料来源：根据中国经济与社会发展统计数据库资料整理。

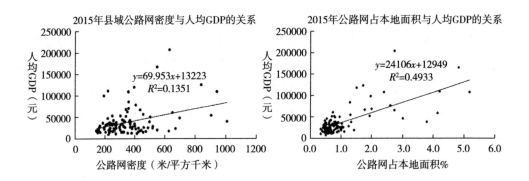

图3-1 2015年广西县域公路密度与经济发展的关系

资料来源：根据广西第一次全国地理国情普查资料及2016年《广西统计年鉴》相关数据绘制。

"十二五"期间，新增梧州至贵港等18条高速公路，高速公路通县率达到80%以上，全区14个设区市高速公路网基本形成。2016年，崇左至靖西高速公路建成通车，形成从云南出发，经那坡、靖西、崇左等至北钦防的西南出海大通道，结束大新县、天等县不通高速的历史，对推动当地旅游业发展具有重要意义。2017年，岑溪至水汶（桂粤界）的高速公路（属包茂高速G65）建成通车，新增一条除兰海高速（G75）、汕昆高速（G78）、广昆高速（G80）外的连接两广的高速公路。迄今，广西与广东、湖南、贵州和云南的高速公路均在两条以上，从首府南宁出发至越南河内的公路有三条。

至 2018 年初，广西公路通车总里程 12.3 万千米，比 1958 年末增加 11.0 万千米，增长 8.1 倍，年均增长 3.8%；比 1978 年末增加 9.4 万千米，增长 3.1 倍，年均增长 3.7%；其中高速公路 5259 千米，以南宁为中心连接各地市，"通江达海、出省出边、衔接重要枢纽节点"的高速公路通道骨架基本形成。建成出省、出边、出海通道 22 个，对外辐射滇、贵、湘、粤等周边省份和东盟国家以及北部湾沿海港口，对内通达所有 14 个设区市和 89% 的县级节点；以南宁为中心，2 小时可通达北部湾经济区城市与港口，一日可通达邻省省会和邻国首都。

（二）公路网络规模与等级

1. 公路里程规模增长快，等级不断提升

改革开放以来，广西公路建设实现质量上的提升与数量上的扩增，形成出边、出海、出省与国道、省道、县道对接的快速通道网络格局。1979 年，突破区内二级公路为零纪录；1990 年，开放通车运营一级公路；1997 年，进入高速公路发展初期。在中华人民共和国成立至今 70 年的发展中，广西公路里程提高 500 余倍。如表 3-2 所示，等级公路在公路里程中的占比由 1980 年的不足 50% 提升到 2015 年的近 90%，增加 90316 千米。在等级公路构成中，四级公路增加里程最多，为 66964 千米；其次，二级公路里程增加 11064 千米，提高约 133.30 倍；再次，三级公路里程增加 6921 千米，且高速公路和一级公路里程增量紧随其后，分别增加 4288 千米和 1079 千米，各提高 21.22 倍和 133.88 倍。等外公路历经扩建、缩减、再扩建和缩减，较 1980 年整体减少了 3947 千米。

至 2018 年初，普通国省干线总里程接近 2 万千米，其中普通国道 10943 千米、省道 8757 千米，二级及以上公路比重达到 63.11%，实现全区所有 111 个县（市、区）通二级及以上公路。农村公路建设成效显著，县、乡、村公路通车里程 98299 千米。县乡道路中，二级及以上公路 1654 千米，实现乡乡通硬化路，乡乡通三级及以上公路比重达 69.6%，基本实现所有建制村通硬化路。

2. 公路建设铺面率高于全国平均水平

广西虽属经济欠发达地区，但公路铺面覆盖率却高于全国平均水平，整体等级公路网络密度也略高出全国平均水平。如图 3-2 所示，1978~2015 年，广西公路密度由 12.58 千米/百平方千米提高至 49.85 千米/百平方千米。其中，等级公路密度由 5.82 千米/百平方千米发展至 44.38 千米/百平方千米。2001 年后，等级公路以外的公路密度基本呈现不断缩小趋势。

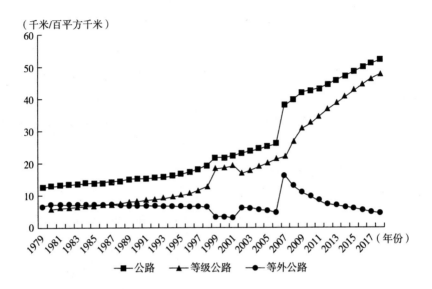

图 3-2　改革开放以来的广西公路路网密度

3. 等级公路构成的相对优势差异明显

广西高速公路自 1997 年通车以来，密度由 0.08 千米/百平方千米提高至 2015 年的 1.81 千米/百平方千米，且各年均高于全国平均值；一级公路密度由 0.08 千米/百平方千米提高至 0.46 千米/百平方千米，处于低速发展状态，低于全国平均值；二级公路密度逐渐高于全国平均值，由 0.71 千米/百平方千米提高至 4.71 千米/百平方千米；三级和四级较低等级公路的路网密度分别由 0.93 千米/百平方千米和 10.99 千米/百平方千米提高至 3.49 千米/百平方千米和 33.89 千米/百平方千米，分别低于和高于全国平均水平。可见，广西公路主要是由四级公路构成，高速公路建设正快速追赶。

（三）公路运输业的发展

广西公路运输业始于 20 世纪 20 年代末。民国时期，广西公路运输业主要以私营运输为主，粤西汽车公司是广西第一家开办营业的汽车运输企业，经营南宁至武鸣的运输业务。随后，在政府激励下，出现官方和民间运输公司并存的局面。由于技术不足，很长一段时间内，广西公路运输所用汽车均是进口车辆，直至 1957 年后开始使用国产解放牌汽车，后自产客车和柳江牌货车。广西公路运输业的发展也是一波三折。中华人民共和国成立初期，公路运输业的重点是整顿、恢复汽车运输业，营运的客货车数量和客货运输量均得到较快发展。但是，随后受"大跃进"和"文革"影响，运输汽车超负荷运作，完好率低，公路运输业也难以避免受损。改革开放后，市场逐步开放，广西公路运输业呈现国有、集体与私营等联营的局面。

1. 营运客货车数量整体保持增长趋势

改革开放初期，广西公路运输业打破"独家经营"局面，出现国营、集体和个体共存格局。同时，中央和广西出台一系列改革和开放措施，包括集体和个体客车均纳入车站管理，新增跨省共营班线，等等，推动广西公路运输业发展。1980 年，全区营运汽车为 0.5 万辆，而在 1950 年，全省区拥有的全部公私汽车仅有 950 辆。不过，如表 3-3 所示，在改革开放后的 20 余年中，广西公路运输业发展依旧较为缓慢，营运的客货汽车总数尚未达到五位数。2000 年后，随着国家经济体制改革的深化发展，受基础设施强劲的投资建设以及市场需求的影响，广西的公路运输业得到快速发展，公路营运客货汽车数也都超过万辆，并且载货汽车的增幅远超载客汽车数量的增幅。2017 年末，广西道路运输营业性客车共 2.7 万辆，运力达 82.3 万客位。客车比 1993 年的 1.6 万辆增长 66.9%，运力比 1993 年的 39.3 万客位增长 1.1 倍。营运性货车 46.8 万辆，运力 321.2 万吨位。货车比 1993 年的 7.8 万辆增长 5.0 倍，运力比 1978 年的 31.9 万吨位增长 9.1 倍。全区私人汽车保有量 452.7 万辆，占全部民用汽车保有量的 89.8%，其中私人载客汽车 402.7 万辆，占全部载客汽车的 93.4%；私人载货汽车 46.8 万辆，占全部载货汽车的 68.4%；私人轿车 238.29 万辆，占全部轿车的 94.9%，占私人载客汽车的 59.2%。

表 3-3　改革开放后的广西公路营运汽车　　　　单位：万辆

年份	1980	1985	1990	1995	2000	2005	2010	2015	2017
载货汽车	0.40	0.33	0.25	0.35	10.74	11.97	27.64	42.06	42.57
载客汽车	0.14	0.33	0.35	0.62	2.74	3.69	3.27	3.43	2.66

注：1980~1995 年数据仅有公路部门营运汽车，2000 年数据含营运和非营运汽车，2000 年之后的数据为营运汽车。

资料来源：根据中国经济与社会发展统计数据库资料整理。

2. 公路客运网络完善但增速趋缓，货运更显优势

广西客运枢纽现代化程度不断提升，至 2017 年末，已形成以南宁市为中心、以各地级市为节点，市至县、县至乡镇、乡镇至村的公路客运网络。全区共有道路运输站场 1010 个，所有县城有二级以上客运站，69.6% 的乡镇有等级客运站，54% 的建制村有便民候车亭，88% 的建制村通客车。

随着市场经济体制改革，人口流动加快，资源在市场中的配置也趋于合理化。如表 3-4 所示，1980 年，广西公路客运量为 7054 万人，货运量是 1772 万吨，分别是 1950 年的 335 倍和 57 倍。2000 年，广西公路的客货运输事业保持较快的速度发展，但在全国层面上公路客运量和客运周转量的相对优势却逐渐下降。特别是自驾车出行增加以及高铁时代的到来，给广西公路客运运输造成较大冲击，客运量的运输人次比重有所下降。相比而言，货运对公路的依赖程度更高，占全部运输方式的 70%～80%。所以，随着对外开放程度提高，广西公路货运量不仅保持增长，而且在全国的占比也逐渐提升（见表 3-5）。

表 3-4　改革开放后的广西公路客运与货运发展

年份	1980	1985	1990	1995	2000	2005	2010	2015	2017
客运量（万人）	7054	16993	22826	30024	39321	48740	72208	41522	38083
客运周转量（亿人千米）	25.05	66.50	101.21	66.79	347.94	438.77	695.32	410.82	370.38
货运量（万吨）	1772	9898	14711	20686	23514	27861	93552	119194	139602
货运周转量（亿吨千米）	5.77	47.30	116.95	143.39	209.44	258.43	1173.45	2122.60	2456.69

注：2015 年数据来源于 2016 年《广西统计年鉴》，是交通部小样本调查推算数。

资料来源：根据中国经济与社会发展统计数据库资料整理。

表 3-5　2011～2017 年广西公路运输在全国的位置

年份	2011	2012	2013	2014	2015	2016	2017
广西公路线路里程（千米）	104889	107906	111384	114900	117993	120547	123259
全国公路线路里程（千米）	4106387	4237508	4356218	4463913	4577296	4696263	4773469
广西占全国比重（%）	2.6	2.5	2.6	2.6	2.6	2.6	2.6
广西公路客运量（万人）	79300	86449	45606	46623	41522	39750	38083
全国公路客运量（万人）	3286220	3557010	1853463	1736270	1619097	1542759	1456784

续表

年份	2011	2012	2013	2014	2015	2016	2017
广西占全国比重（％）	2.4	2.4	2.5	2.7	2.6	2.6	2.6
广西公路旅客周转量（亿人千米）	777	858	416	413	411	390	370
全国公路旅客周转量（亿人千米）	16760	18468	11251	10997	10743	10229	9765
广西占全国比重（％）	4.6	4.6	3.7	3.8	3.8	3.8	3.8
广西公路货运量（万吨）	113549	135112	124677	134330	119194	128247	139602
全国公路货运量（万吨）	2820100	3188475	3076648	3113334	3150019	3341259	3686858
广西占全国比重（％）	4.0	4.2	4.1	4.3	3.8	3.8	3.8
广西公路货物周转量（亿吨千米）	1494	1878	1857	2069	2123	2248	2457
全国公路货物周转量（亿吨千米）	51375	59535	55738	56847	57956	61080	66771
广西占全国比重（％）	2.9	3.2	3.3	3.6	3.7	3.7	3.7

资料来源：根据历年《广西统计年鉴》和《中国统计年鉴》数据整理。

2017 年全区公路货运量为 14.0 亿吨，是 1958 年的 123.7 倍，1978 年的 51.8 倍，货物周转量为 2456.69 亿吨千米，是 1978 年的 325.8 倍，1979~2017 年公路货运量和货物周转量年均分别增长 10.6% 和 16.0%；旅客运输方面，2017 年全区公路客运量为 3.8 亿人，分别是 1958 年的 69.4 倍和 1978 年的 8.2 倍，旅客周转量为 370.4 亿人千米，是 1978 年的 21.9 倍，1979~2017 年公路客运量和旅客周转量年均分别增长 5.6% 和 8.2%。

（四）存在的问题

广西的公路建设在中华人民共和国成立后取得的成就是有目共睹的。但是，目前广西的公路建设也还存在诸多问题：①广西的公路等级结构有待升级。从表 3-6 中可见，四级公路里程占广西等级公路里程的一半左右，且比值一度上升；一级、二级和高速公路的比重虽逐步提升，但仍较低。②连通边境口岸的沿边高速公路尚少。根据《广西高速公路网规划修编（2010~2020）》，除防城港、东兴、友谊关、龙邦口岸有高速公路对接外，其余沿边口岸尚未建成和规划高速公路，并且口岸之间也没有形成沿边高速公路网络（见图 3-3），在一定程度上影响着沿边开放与口岸经济的发展。③尚未形成高速的出入境通道。一些跨境公路是"断头路"，与越南公路尚未互联互通。

表 3-6 广西各类等级公路里程构成　　　　　单位:%

等级　　　　年份	2000	2005	2010	2015	2017
一级	0.84	0.88	0.86	0.91	1.17
二级	4.97	10.16	8.49	9.45	10.31
三级	31.41	9.38	7.80	7.01	6.73
四级	47.11	59.64	60.13	68.00	68.89
高速	1.53	2.28	2.53	3.63	4.27

资料来源：根据中国经济与社会发展统计数据库资料整理。

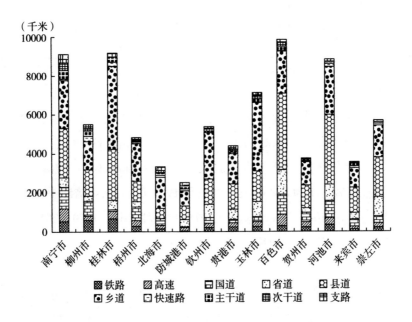

图 3-3　2015 年广西设区市不同类型道路长度构成

资料来源：根据广西第一次全国地理国情普查资料绘制。

二、铁路网络

(一) 铁路建设历程

1. 清末至中华人民共和国成立前，一横一纵铁路网建设

广西的铁路建设可追溯至 1896 年。当时，清政府在法国的要挟下，筹建龙州至镇南关外接口的龙州铁路，后因八国联军入侵北京致经费中断而停建。

1935年，官商合资修建合山至来宾的运煤专用铁路，全长64.2千米，于1941年通车，是广西第一条窄轨铁路。1943年，建成凤凰至来宾县大湾乡的大湾支线，是广西最早建成的铁路支线，该铁路于1950年拆除。至中华人民共和国成立前，广西境内的铁路主要有纵向的湘桂线和横向的黔桂线。其中，1938年9月，湘桂铁路衡阳至桂林段通车，是广西最早建成的国家铁路，桂林至柳州以及柳州至南宁段也陆续通车。同年，开始修建黔桂铁路，主要通车地段为柳州至都匀。早期的湘桂线和黔桂线的设备标准低、质量差、行车速度低，加之人为破坏，至中华人民共和国成立前夕两线可通车地段仅有539千米。

2. 中华人民共和国成立初期至改革开放前，国际铁路干线与资源型铁路建设

中华人民共和国成立后，成立柳州铁路分局（2007年迁移至南宁，改称南宁分局，2014年改称中国铁路南宁局集团有限公司），抢修铁路和恢复通车。"一五"期间，广西铁路建设的投资占全社会固定资产投资总额的29.8%，铁路建设逐步发展，包括湘桂线全线贯通，是广西第一条与越南铁路接轨的南北向国际铁路干线；建成黎湛铁路，广西境内长231.3千米，是对桂东南经济发展具有重要意义的一条横向铁路；修复改造黔桂铁路金城江至麻尾段以及麻尾至都匀段。随后，广西的铁路建设和运输业也受"大跃进"及"文化大革命"影响而停滞。

至改革开放前，除湘桂线与黔桂线两条国家铁路外，我国南北向的铁路焦作至柳州线动工。此外，广西还有六条地方铁路，包括中华人民共和国成立后的第一条地方铁路——渠黎—东罗铁路，以及桂林—海洋、三岔—罗城、金城江—上朝、普洛—更班等铁路和改建的来宾—合山窄轨铁路及准轨铁路。这些地方铁路均是从资源区出发，连接至湘桂和黔桂铁路线上，对广西煤炭、有色金属等矿产运输和经济发展具有重要作用。

3. 改革开放至"十一五"，实现市市通火车

①修建新线：1982年，完成焦柳线的洛满至柳州段；1987年，又建成纵向的南宁至防城港铁路，是西南省区的出海铁路通道；1990年开工建设南昆电气化铁路，并于1997年全线贯通；1991年，开工建设钦北铁路，于1995年投入运营，和南防铁路一起，将南宁、钦州、防城港和北海连通，形成北部湾铁路网和西南出海通道。②对黎湛、黔桂、钦北等铁路进行技术升级和扩能改造，新建和改建站场及集装箱货场，新增运输路线和运行对数，先后建成桂林北站、百色站、北海站，改造扩建柳州南站和南宁站，等等。2004年12月，洛湛铁路

动工，涵盖广西洪塘至玉林段。随着 2009 年玉林段的开通运营，广西 14 个地级市都已有火车通达。

4. "十二五"后，迈入高铁时代

"十二五"期间，广西的铁路建设取得突破性进展。2013 年 12 月 28 日，桂林至北京首趟高铁列车正式发车，广西迈入高铁时代，成为全国首个开通高铁的少数民族自治区。此后，广西高铁发展不断提速和扩展线路。2014 年底，由南宁出发，经贵港、梧州，至广州的南广高铁，和贵阳经广西柳州、桂林及贺州至广州的高铁正式通车运行；2015 年 12 月，南昆客运专线南宁—百色段通车；2016 年 12 月，南昆客运专线昆明—百色段开通；同期，玉林成为广西第 12 个开行动车的地级市。至 2017 年底，累计开通 7 条线路，高铁里程 1751 千米，居全国各省区市前列。广西主要城市间和往广州方向基本实现动车公交化开行，形成以南宁为中心，1 小时到广西北部湾各城市，2 小时到区内主要城市，3 小时到邻省省会城市的"123"快速铁路网，以及"北通、南达、东进、西联"的现代化路网新格局。

高铁交通进一步改善了广西城市的区位条件，促进人口的快速流动、集聚和扩散，并呈现出明显的"核心吸引—边缘离散"的特征：区际人口流互动失衡，高等级城市极化效应显著。高铁强化了广西城市特别是区域中心城市的枢纽功能，目前对区内的带动作用强于区外联通作用，同时强化着省际商务联系和短途游需求，以及城际社会联系。[①]

至 2018 年初，在中国铁路南宁局集团有限公司管辖国家铁路营业里程中，广西境内有 5140 千米，比 1958 年末增长 2.8 倍，比 1978 年末增长 2 倍，复线里程占比和电气化里程占比分别达到 51.4% 和 65.6%。营运的高速铁路（客专）有贵广高铁、南广高铁、衡柳高铁、柳南客专、南昆客专、邕北铁路、钦防铁路。高速铁路里程达 1812 千米，通达区内 12 个设区市和周边所有省份，与半数以上省会城市实现动车当日到达，形成"东进、西联、北通、南达"的高铁路网。普通铁路有湘桂、黎湛、益湛、黔桂、焦柳、南昆、黎钦、南防、钦北等。

---

① 李红，张珺，欧晓静. 中国高速铁路区际人口流的异质性初探——基于南广与贵广高铁的调研问卷调查 [J]. 广西大学学报（哲学社会科学版），2018（5）：80 – 87.

近年的网络化发展进程中，广西的铁路线路里程占全国比重提升到4%，客运量占全国比重也有不小提升，但客货运量占全国之比都在3%以下，铁路运输的潜力有待挖掘（见图3-4）。

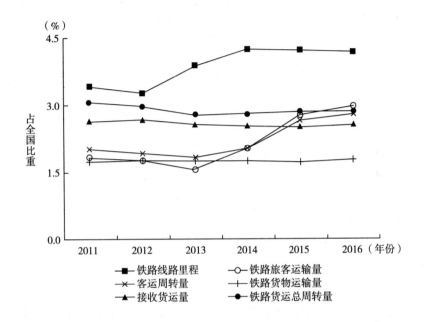

图3-4 广西铁路运输在全国中的比重

资料来源：根据历年《中国铁道年鉴》数据整理。

（二）铁路网络布局

广西铁路分为国家铁路、地方铁路和合资铁路。国家铁路是由中央政府主管部门管理的铁路，是广西铁路网的主干；地方铁路和合资铁路是以国家铁路为依托，服务地方和区域经济的铁路网的重要组成部分。改革开放前，广西的铁路网络构成主要是由国家投资建设，与少量地方铁路与国家铁路对接，主要服务于广西本地矿产资源运输。1978年，广西区内的国家铁路营运里程达到1603千米，是中华人民共和国成立之初的3倍，占同年广西全部铁路营运里程的93.5%。随后，广西地方以及国家和地方共同出资建设的铁路项目逐渐增多，特别近几年新建的高速铁路多数是以合资形式修建。如表3-7所示，1980年广西地方铁路和合资铁路的营运里程占比不足5%，至2014年，这一比值超过

35%。整体上，不同归属的铁路在广西的铁路空间网络中扮演不同角色，对经济社会发展亦发挥不同作用。

表3-7　主要年份广西铁路营业里程　　　　　单位：千米

年份	铁路	国家铁路	地方铁路	合资铁路
1980	1710	1637	—	—
1985	2114	1660	—	—
1990	2291	1665	293	—
1995	2473	1669	566	—
2000	3109	2012	713	—
2005	3097	2052	681	408
2010	3205	2684	420	521
2015	5117	3602	2148	—

注：2015年地方铁路包括合资铁路，数据来自2016年《广西统计年鉴》。

资料来源：根据历年《中国交通统计年鉴》相关数据整理。

1. 国家铁路

（1）湘桂铁路。北起湖南衡阳，南至广西凭祥，全长1043千米，1937年开始动工，1955年全线通车运营，是贯穿广西南北，对接越南及东盟的重要陆上通道。2007年12月，湘桂铁路衡阳至南宁段（广西段）进行扩能改造，其中，衡阳至柳州段的497.9千米为新建国家Ⅰ级双线电气化铁路，与既有单线形成三线格局；柳州至南宁段225.8千米为新建客运专线，与既有复线客货分线，形成四线格局。2013年12月，湘桂快线开通运营，和原湘桂铁路相比，湘桂快线不仅运行速度得到提高，而且铁路的客货运输能力也得到增强。2016年，湘桂铁路衡阳至柳州段电气化工程纳入《交通基础设施重大工程建设三年行动计划》中的2016年重点推进项目，投资80亿元。

（2）黔桂铁路。东起广西柳州，西至贵州贵阳，全长607.75千米，1939年开始修建，1959年正式全线通车运营，是西南第一条准轨铁路，也是贵州以及西南内陆地区通往广西及珠三角的重要通道。1965年，改造成国铁Ⅱ级干线。2004年，国家将黔桂铁路扩能改造工程纳入《中长期铁路网规划》，要求将国铁Ⅱ级升级为国铁Ⅰ级单线电气化铁路。2009年1月全线通车，是广西境内第二条电气化铁路。

（3）黎湛铁路。北起湘桂铁路黎塘站，东南至广东湛江港，全长318.3千米，1954年动工，1956年正式运营，是中部和西南地区的主要出海通道，也是内陆与南海海域之间的战略通道。1996年，国家批准黎塘至河唇段增建二线，并于1998年8月全部竣工投入运营。2005年，河唇至湛江段开始扩建改造复线，按国铁Ⅰ级标准建设复线，2009年完工。2012年，铁道部批复黎湛铁路电气化改造工程项目建议书，建设标准为国铁Ⅰ级复线。2016年，该项目纳入《广西综合交通"十三五"规划重大项目表》。

（4）焦柳铁路。北起河南焦作，南至广西柳州，全长1665千米，最初分为北段的焦枝铁路和南段的枝柳铁路，前段于1970年建成，后段于1985年正式运营。1988年，两线合并，改称焦柳铁路，是国家第三条南北向铁路干线。2012年2月，焦柳铁路怀化至柳州段的电气化工程纳入《西部大开发"十二五"规划》的重点铁路工程项目，2016年纳入《交通基础设施重大工程建设三年行动计划》中的2017年重点推进项目，预计投资43亿元。

（5）南昆铁路。东起广西南宁，西至云南昆明，北接贵州红果，全长899.68千米，按国铁Ⅰ级标准单线建设，1997年11月全线开通临管运营，次年通过国家验收，是广西第一条电气化铁路，也是西南地区连通华南沿海地区的重要通道。1999年后，柳州铁路局陆续对南昆铁路广西段进行扩能改造，包括在南宁至威舍段之间新建16个会让站、提速、更换轨道等。2014年，南宁至百色段开始增建二线工程。百色至威舍的增建二线项目纳入广西"十三五"新建项目。

（6）洛湛铁路。北起河南洛阳，南至广东湛江，全长1987千米，其中广西段长560.6千米，是我国"八纵八横"铁路干线之一，2011年7月全线通车，是中西部地区通往沿海港口的重要出海通道。洛湛铁路广西段于2004年开工，在岑溪市分两个走向，西至玉林与黎湛铁路相接，南经信宜、高州、茂名，与茂湛铁路相接。2016年，洛湛铁路南段扩能改造纳入《中长期铁路网规划》，以更好地发挥连接珠三角及北部湾城市群的纽带作用。永州至玉林段的电气化改造项目已纳入广西"十三五"新建项目。

2. 地方和合资铁路

历史上，广西先修建的地方和合资铁路主要承担矿产资源的运输作用，随着资源枯竭，大部分铁路已进入萧条期，或退出历史舞台。而改革开放后修建的铁路大多都保存下来，并且基本上都按国家 I 级铁路标准进行扩能改造，是广西出海、出边、出省快速通道网络的重要组成部分。

（1）来合铁路。东起来宾，西至合山，属湘桂铁路支线，正线全长 64.2 千米，1938 年 12 月建成通车，是广西最早的一条窄轨轻便铁路。自 1991 年开始，广西地方铁路有限公司对来合铁路进行扩能改造。该铁路初期是广西合山煤炭运输专线，后因煤炭量的缩减，逐渐形成以客运运输为主的铁路。

（2）三罗铁路。南起河池宜州区三岔镇，北至河池罗城县桥头镇附近，与黔桂铁路对接，正线全长 64.7 千米，1960 年 1 月开始修建，中途历经停工又复工，至 1973 年 8 月正式交付运营。主要为地区煤硫矿运输服务，是国内保留时间较短的由蒸汽机车牵引的线路。目前基本处于荒废状态。

（3）东罗铁路。由湘桂铁路渠黎车站南段出岔至东罗矿区，正线全长 23.9 千米，1958 年开始修建，是中华人民共和国成立后广西修建的第一条地方铁路，1959 年完工通车，主要为东罗煤矿运输服务。2000 年 1 月，东罗矿务局因煤炭资源枯竭而破产，东罗铁路也因此停运。

（4）桂海铁路。初设由湘桂铁路桂林站南端出发至海洋山铁矿，全长 46 千米，1958 年 9 月开始动工修建，1959 年 3 月完成桂林至涧沙段，同年 6 月停建。1970 年 11 月，桂海铁路复工，但因海洋山铁矿蕴藏量和品位偏低而最终停工。因此，桂海铁路实际通车路段从桂林南至大圩，正线全长 17.7 千米，1976 年 8 月正式运营。2014 年初，桂海铁路停止桂林东至桂林南的货运业务。2017 年 8 月，中国铁路部门在上海联合产权交易所推出 21 个土地综合开发项目，其中包括桂海线小火车观光旅游综合开发项目。

（5）金红与洛茂铁路。金红铁路从黔桂铁路金城江站出岔至环江县上朝站（红山煤矿旁），正线全长 82.9 千米，1970 年 2 月全面动工，1971 年建成通车；洛茂铁路从金红铁路普洛站出岔至贵州更班，正线全长 55.5 千米，1972 年初开工，1976 年 7 月建成通车。金红与洛茂铁路主要为红山及更班的煤炭运输服务。随着煤炭资源的枯竭以及红茂矿务局的破产，肯普、都川、温平和华江车站都相继关闭，在金红铁路与洛茂铁路运行的列车逐渐减少。

（6）南防铁路。北由南宁南站南段出岔，南至防城港，正线全长 172.22 千米，由国家铁道部和广西共同出资建设，1978 年 3 月开始修建，1986 年 12 月全线通车，对接湘桂、南昆两条铁路，是西南及中南各省重要的出海通道，对广西沿海地区对外开放有着重要意义。2004年9月，铁道部批准对南防铁路进行扩能改造，主要技术标准为国铁Ⅰ级单线，预留电气化条件，2005年10月完成扩能改造。2016年9月，南防铁路钦州至防城港北段完成电气化改造工程。

（7）钦北铁路。西北从钦州站出发，东南至北海市，正线全长98.4千米，由广西壮族自治区筹资修建。1991年11月动工，1995年4月全线通车，与南防铁路对接，形成南防钦北一体的广西沿海铁路路网，是大西南便捷的出海大通道，对北部湾经济发展具有重要作用。

（8）黎钦铁路。北从湘桂铁路黎塘站出发，南至钦州，正线全长154.49千米，由广西壮族自治区投资建设，1996年4月开工，1999年4月临时运营。2014年11月完成复线工程，正线长度为99千米，货物运输能力提高2~3倍，对广西北部湾的物流运输提供分流作用。2015年6月，黎钦复线完成提速工程，广西沿海城际铁路网得到进一步完善。

3. 新建快速铁路

（1）广西沿海城际铁路。包括南钦、钦防和钦北三条高速铁路，正线全长262千米，是由铁道部和广西壮族自治区共同合资建设的国家Ⅰ级双线电气化铁路。2009年动工，2013年12月正式通车，标志着以钦州为中心，北至南宁，南至防城港，东至北海的沿海高速铁路网络形成，与广西北部湾的南宁、钦州、防城港和北海进入"1小时经济圈"时代。广西沿海城际铁路有助于进一步提高西南地区出海大通道的便捷性，对中国—东盟经济合作、广西沿海城市的铁路客货运输能力提升和经济发展具有重要意义。2016年，该铁路既有线扩能改造项目纳入广西"十三五"新建项目。

（2）南广快速铁路。西起广西南宁，东至广东广州，全长577.1千米，2008年11月开工，2014年12月全线开通运营，由铁道部、广西、广东共同出资建设，与泛亚铁路对接，是粤港澳大湾区与北部湾湾区以及东盟国家联系的重要交通动脉。南广快速铁路建成后，南宁至广州的通车时间从13小时缩为3~4小时。

（3）贵南客运专线。北起贵州贵阳，南至广西南宁，全长482.6千米，2016年12月开工，由中国铁路总公司、贵州、广西共同出资建设，是川黔渝及西部地区与北部湾和粤港澳地区联系的快速通道。该铁路建成通车后，贵阳至南宁的旅行时间约为 2 小时，比经黔桂线缩短近 11 小时，比经贵广线缩短 3 小时。贵南客运专线将在贵广和南广高铁基础上进一步压缩粤桂黔的时空距离，推动粤桂黔高铁经济带合作，形成跨粤桂黔的一日游路线。

（4）黔桂铁路二线。初步设计北起贵阳，南至南宁，主要建设内容为沿既有黔桂铁路增建二线，形成双线电气化铁路，全长 482 千米，由中国铁路总公司、贵州和广西共同出资建设。目前，该项目广西段建设已纳入《广西综合交通运输发展"十三五"规划》。

（5）合湛客运专线。西起广西合浦，东至广东湛江，正线全长 141 千米，广西段于 2015 年 12 月开工，广东段于 2016 年 12 月动工。合湛线结束了南宁至湛江无动车高铁的局面，成为第三条连通广东与广西的快速铁路，对促进中国南海岸沿边的经济合作具有重要意义。

（6）南昆客运专线。东起广西南宁，西至云南昆明，全长 710 千米，2009年 12 月开工，2016 年 12 月全线通车运营，由铁道部、广西和云南合资建设，是连接西南与东南的快速通道和西南地区的出海通道。南昆客运专线将南宁至昆明的运行时间缩短至 4～5 小时，提高西南地区出海的运输能力，扩大广西出海通道作用的辐射范围。同时，南昆客运专线和南广高铁一起，有利于滇桂粤区域合作及泛珠三角区域合作。

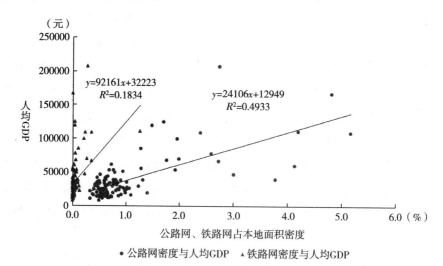

图 3-5　广西县域公路与铁路网络密度与人均 GDP 的关系

资料来源：根据广西第一次全国地理国情普查资料及 2016 年《广西统计年鉴》相关数据绘制。

（三）铁路运输业的发展

1949 年之前，广西境内仅湘桂线部分段开通运营，且行车速度低、运输能力差、运量少。中华人民共和国成立后，通过新建线路、改造设备、增加车站、增开列车、提高车速等，广西铁路运输能力得到较大提升，如表 3 - 8 所示。1950 年，广西铁路输送的客运量为 115 万人，货运量为 62 万吨。1985 年，客运量达到 2456 万人，货运量达到 2224 万吨，分别是 1950 年的 21 倍和 36 倍，客运周转量和货运周转量也较新中国成立之初分别提升了 25 倍和 100 倍。20 世纪90 年代以来，广西铁路运输业先后经历了货增客减和货减客增两个 15 年。

表 3 - 8　改革开放后的广西铁路客货运输发展

年份	1980	1985	1990	1995	2000	2005	2010	2015	2017
客运量（万人）	1869	2456	2391	2819	2508	2037	3163	7046	9838
客运周转量（亿人千米）	31.11	55.72	66.79	112.14	114.48	131.73	182.13	318.22	403.87
货运量（万吨）	1833	2224	3798	5072	5843	8517	7052	5779	6634
货运周转量（亿吨千米）	132.52	200.52	268.17	351.61	485.14	777.73	891.33	674.53	709.68

资料来源：根据历年《广西统计年鉴》数据整理。

1. 货增客减（1990 ~ 2005 年）

20 世纪 90 年代至 2005 年，是广西铁路运输从计划经济向市场经济转变的重要时期，铁路货物运输保持增长，而客运出现下降趋势。1990 ~ 1995 年，随着改革开放和经济发展，人们出行需求增大，期间铁路客运量扩大了 428 万人。1995 年后，受公路运输和民航事业发展的影响，客运市场竞争激烈，铁路客运量呈下降趋势。至 2005 年，铁路客运量减少了 782 万人，甚至低于 20 世纪 80年代的输送水平。由于实施"停慢开快、停短开长"的运行方案，客运周转量并没有随输送人数的下降而减少，反而保持缓慢增长趋势。相较而言，铁路货运量保持增长趋势，逐渐出现不能满足运输需求和货车运用车不足问题。其中，2005 年完成货物输送量 8517 万吨，比 1990 年增长了 124.25%。

2. 货减客增（2005 年之后）

2005 年后，广西铁路建设迈入新阶段，铁路运输呈现结构差异，客运量快速增长，货运持续下降。对客运而言，一方面，广西 14 个地级市已全通火车，铁路网络基本形成；另一方面，多轮铁路扩能改造工程，提高铁路标准，极大地缩短出行时间，高铁与动车的运行，标志以南宁为中心的"123"（小时）快速高铁网络形成。随着经济发展，人均收入水平提高，选用铁路出行的旅客与日俱增。2015 年，铁路客运量为 7046 万人次，是 2005 年的近 4 倍。在 2010 ~ 2015 年高速铁路快速发展期，客流量也翻了一番。对货运而言，2015 年广西铁路货运量为 5779 万吨，低于 2005 年水平，2010 ~ 2015 年期间下降了 18%。高速公路竞争与分流，是铁路货运量减少及波动徘徊的一大原因。

2017 年，广西铁路货运量为 6634 万吨，是 1958 年的 15 倍，1978 年的 8.1 倍，1979 ~ 2017 年铁路货运量年均增长 3.0%；铁路货物周转量 709.7 亿吨千米，是 1978 年的 4.6 倍，1979 ~ 2017 年年均增长 4.0%。客运方面，2017 年广西铁路旅客运输量达 9838 万人，是 1958 年的 20.2 倍、1978 年的 7.2 倍，1979 ~ 2017 年客运量年均增长 5.2%；铁路旅客运输周转量为 403.87 亿人千米，是 1978 年的 18.7 倍，1979 ~ 2017 年年均增长 7.8%[①]。具体如图 3 - 6 所示。

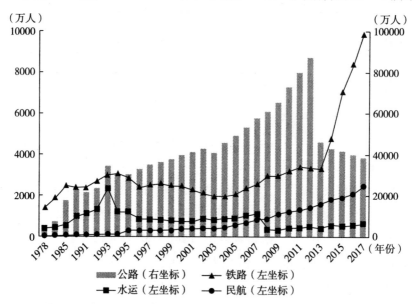

图 3 - 6　1978 ~ 2017 年广西铁路、公路、水运及民航客运量对比

资料来源：根据历年《广西统计年鉴》数据整理。

---

① 广西壮族自治区统计局. 交通运输长足发展　邮电服务日新月异——改革开放 40 周年和自治区成立 60 周年经济社会发展成就系列报告之八 ［EB/OL］. http：//www. gxtj. gov. cn/zwgk/zdgkml/sjfbjjda/yjbga/201812/t20181204_ 150136. html，2018 - 12 - 04.

（四）存在的问题

虽然广西是我国中西部地区动车通车率最高的省区，也是铁路网最发达的沿边省份之一，但在铁路规划建设中仍存在一些问题。①铁路网络规模不大。如表3-9所示，2015年，广西铁路路网密度达到214.6千米/万平方千米，比1950年提高了近10倍，但是，和沿海地区相比广西还有一定的差距，而且，区内崇左、河池尚没有动车通行。②出省、出边通道网络有待加强。在目前的西部陆海新通道之中，对内，广西至贵州方面的货运铁路通道运输能力不足；对外，通往东盟的铁路为单线非电气化铁路，技术标准低，通道能力弱，防城港至东兴、南宁至凭祥、靖西至龙邦等边境快速铁路通道尚未建成。③国家与地方间合作推进项目不易。例如，地方市县对柳肇铁路中柳州至梧州段建设的走向方案存在分歧，以致该项目延误工期，改为柳广铁路，但进展缓慢；国家推进贵南客运专线项目，以致黔桂铁路增建二线项目暂缓。

表3-9　2015年广西设区市与全国交通网络密度对照

地域	铁路 （米/平方千米）	公路 （米/平方千米）	城市道路 （米/平方千米）	乡村道路 （米/平方千米）	人均道路拥有量 （平方米/人）
南宁市	24	301	60	942	32.0
柳州市	30	205	48	776	36.1
桂林市	23	304	25	701	38.9
梧州市	22	314	23	624	24.2
北海市	43	733	158	870	29.2
防城港市	6	317	71	719	48.7
钦州市	17	437	29	921	27.4
贵港市	21	339	34	1219	23.7
玉林市	19	477	40	776	19.1
百色市	7	233	16	884	67.5
贺州市	20	264	16	640	30.3
河池市	10	232	11	778	53.3
来宾市	7	225	21	806	46.8
崇左市	11	294	15	697	48.0
广西	20	296	30	807	34.4
全国	13	239	39	521	41.7

资料来源：根据第一次全国地理国情普查资料、2016年《广西统计年鉴》及《中国地理国情蓝皮书2017》等数据整理。

三、水运与航运

（一）水运网络

广西南临北部湾，海运可直达东盟国家，区内水资源丰富，与珠江连通，可直达广州、深圳、港澳等地。因此，广西发展水运具有优越的条件，是内陆市场通过河海运输走向东盟与粤港澳的重要节点。

1. 水运建设历程

（1）航道建设。水运是广西发展最早的交通。历史上广西与航运相关的运河主要有灵渠运河、桂柳运河和潭蓬运河。其中：①最早的航运建设可追溯至2200年前秦始皇开凿的位于今桂林市兴安境内的灵渠运河。灵渠运河连通湘江和漓江，是古代湖广连接岭南的重要水上枢纽，对促进中原和岭南地区的经济文化交流具有重要作用。清人陈元龙在《重修灵渠石堤陡门记》中说："陡河虽小，实三楚两广之咽喉，行师馈粮，以及商贾货物之流通，唯此一水是赖。"郭沫若亦曾赞其"诚足与长城南相呼应，同为世界之奇观"。②桂柳运河，又称相思埭，位于临桂县与永福县交界处，曾是连通柳州至桂林的水上交通要道。③潭蓬运河，连通防城港湾和珍珠港湾，可直驶越南，对航运发展具有重要作用。随着公路、铁路等陆上交通基础设施的发展，大大弱化了水路运输的作用，以上3条运河渐成零碎古迹。

中华人民共和国成立之初，广西航运建设得到较快发展。如表3-6所示，1950年，内河航道里程达到8659千米。至1961年，全年可通航的河流在200条以上，内河航运里程拓展至9974千米，也是迄今为止广西内河航道里程的最高峰。但是，后来广西在原通航河段及其上游与支流上修建大量水电闸坝，这些闸坝大多没有建设过船设施，或设施不完善，严重影响了内河水运发展。至1966年，内河航道里程锐减至4466千米，断航里程达到50%以上。改革开放后，在"三主一支持"交通发展规划指导下，广西相继对西江、贺江等流域中的部分碍航、断航闸坝进行复航整治。"八五"后期，西江航运干线扩能、右江航电结合梯级渠化建设顺利发展，红河水复航工程也取得重要突破。经过近40年发展，复航工程得到显著成效，至2018年，内河通航里程提升了近四成。

表 3 – 10 主要年份广西内河航道里程

年份	1950	1961	1980	1990	2000	2005	2010	2015	2017
里程（千米）	8659	9974	4519	4521	5618	5413	5433	5707	5873
港口货物吞吐量（万吨）	—	—	571	781	1112	3208	6652	10939	12586

注："—"表示无公开数据可用。

资料来源：根据历年《广西统计年鉴》数据整理。

如今，西江黄金水道成为广西内河航道建设的主体工程，包括作为国家发展规划的珠江—西江经济带等的支撑。南宁至广州航道这一西江航运干线，和长江干线并列为我国高等级航道体系的"两横"，是珠江流域中流程最长和最具有航运价值的干线，成为连通两广及西南水运出海通道的重要大动脉。广西近年相继建成国内通过能力最大、总通过能力超亿吨的长洲水利枢纽船闸，以及桂平 3000吨级船闸、老口航运枢纽工程等一批重点枢纽船闸项目，西江航运干线南宁牛湾港以下全面升级为 2000 吨级航道，西江干流 3000 吨级船舶可直航粤港澳。逐步形成以西江为主干，涵盖左江、右江、红水河、柳黔江、绣江、桂江、贺江等支流的"一干七支"内河航道网络，辐射影响广西近 90% 以上的地区。

（2）港口建设。广西具有内河港和沿海港口，前者主要分布在梧州、柳州、南宁、贵港等地，后者主要分布在防城港、北海和钦州。1950 年前，广西的港口不仅港口码头数量少，而且港口作业条件差。1950 年后，广西开始开展港口扩建工作，包括新建码头，增加卸装机器，改善作业条件，港口作业的机械化逐步得到提高。改革开放以来，为适应对外贸易运输需求，广西的港口建设飞速发展。特别是 1992 年广西作为"大西南出海通道"的战略地位加快了港口建设的步伐，港口建设全年完成投资 7426 万元，广西各类港口发展到 128 个，其中，1 万～3 万吨级泊位共有 10 个。至 2017 年末，全区港口码头长 7.1 万米，建成生产性泊位787 个，其中万吨级以上泊位 86 个，比 1978 年增加 84 个（1958 年为 0）。

随着国家对外开放的进一步深化发展，由钦州港、防城港和北海港三大天然良港港口群组成的广西北部湾港，包括渔沥、企沙、金谷、大榄坪、三墩、石步岭、铁山港西、铁山港东等港区以及沿海分散布局的众多小港点，成为中国内陆通往东盟的便捷出海通道，也是 21 世纪海上丝绸之路的重要节点。至2017 年末，北部湾港港口码头长 3.8 万米，建成生产性泊位 263 个，其中万吨级以上泊位达到 86 个，比 1978 年增加 84 个（1958 年为 0）。广西北部湾港与世界 100 多个国家和地区的 200 多个港口通航，与东盟的文莱、印度尼西亚、马来西亚等 7 个国家建立了海上运输往来，海运网络覆盖全球，成为我国与东盟海上互联互通、开放合作的前沿。已开通内外贸集装箱航线 41 条，其中外贸集装箱航线 19 条，绝大多数面向东盟国家。

2017 年末，北部湾沿海港口综合通过能力达 2.4 亿吨，集装箱通过能力达 423 万标箱，港口货物吞吐量达 2.2 亿吨；西江港口吞吐能力达到 1.1 亿吨，生产性泊位 524 个，集装箱通过能力达 183 万标箱；水运主通道上的 10 座船闸等级均达到 1000 吨级以上，内河通航里程达 5873 千米，其中 II 级航道 593.5 千米，III 级航道 621 千米，IV 级航道 672 千米。

2. 水运业发展

广西河运和海运历史悠久，几经起落。春秋战国时期，广西是我国水运较为活跃的地区，灵渠运河的建成，使中原地区和西南地区的水运得以活络。明朝后期实行的闭关禁海政策使广西水运同样受到抑制。鸦片战争爆发后，外来技术的传入在一定程度上振兴了广西水运发展。抗日战争期间，广西船舶遭受巨大损失，航运业再次陷入萧条，至抗战胜利后，广西的航运业才逐步恢复。

中华人民共和国成立后的近 20 年间，广西通过水路运送的货物量上升百倍以上。水运是当时主要的货物运输方式之一，占总货运量的比重基本都在 20% 以上。水运输送旅客也由 1950 年的 13 万人次，增加至 1969 年的 167 万人次。"文革"初期，广西水运客货运输事业缓慢增长。1970 ~ 1980 年 10 年间，水运客运量增长 130.64%，货运量增长 44.19%。改革开放后，一方面，受对外开放影响，不断有新的口岸开放，进出口贸易需求推动水运事业发展；另一方面，陆上交通基础设施大幅扩建，既带旺又挤占水运市场，从而使客运与货运对水上交通的依赖出现分异。从表 3 - 11 中可见，2000 年后，广西水运客运量以及客运周转量出现下滑趋势，而货运量和货运周转量依旧保持上升趋势。

表 3 - 11　主要年份广西水路客货运输发展

年份	1950	1969	1980	1990	2000	2005	2010	2015	2017
客运量（万人）	13	167	429	984	766	883	395	533	657
客运周转量（亿人千米）	—	—	4.09	6.76	2.54	2.58	1.78	2.71	3.32

续表

年份	1950	1969	1980	1990	2000	2005	2010	2015	2017
货运量（万吨）	—	—	891	1338	1910	4642	12832	24741	28405
货运周转量（亿千米）	—	—	22.17	42.82	76.03	172.75	861.99	1264.69	1446.95

注："—"表示无公开数据可用。

资料来源：根据历年《广西统计年鉴》数据整理。

　　海运方面，借助邻海优势，广西陆续开通至省外和国外航线。钦州已开通至新加坡、曼谷的国际集装箱航线，以及至广州、厦门、宁波、连云港、青岛、大连等国内主要港口集装箱直航航线，并开通至台湾高雄集装箱直航。国际船公司新加坡太平船务、以星综合航运、东方海外、地中海航运公司等均在防城港开通集装箱外贸航线。2016年，"钦州—岘港—归仁—新加坡—关丹—胡志明—海防—钦州"集装箱班轮直航航线正式开通。至此，广西北部湾港已拥有30条外贸集装箱航线，基本实现对东南亚全覆盖。同时，防城港与北海开通了至越南下龙湾的海上旅游航线。北海直通香港和台湾的商贸航线也于2013年7月开通。总体上，北部湾港口的航线密集程度逐步上升，港口设施及港口现代化日渐提升，综合竞争力和国际影响力增强，煤炭、原油、铁矿和集装箱等货运系统逐步壮大。

　　2017年末，广西水路营运性运输客船2031艘，运力10.13万客位；营业性货船约5928艘，运力881.1万吨位。①全年水路旅客运输量657万人，比1958年增长7.2倍，比1978年增长71.5%，1979～2017年水路旅客运输量年平均增长1.4%；水路旅客运输周转量3.3亿人千米，比1978年增长24.4%，1979～2017年年均增长0.6%。②全年水路货物运输量28405万吨，是1958年的57.5倍，1978年的26.5倍，1979～2017年年均增长8.8%；水路货物运输周转量1447.0亿吨千米，是1978年的64.9倍，1979～2017年年平均增长11.3%。港口货物吞吐量3.4亿吨，分别是1958年的116.8倍和1978年的55.4倍，1979～2017年年均增长10.8%。其中，广西北部湾港与内河港口货物吞吐量分别为2.2亿吨、1.3亿吨。港口集装箱吞吐量318.4万标箱（TEU），其中沿海

227. 8 万 TEU（1986 年 0. 02 万），内河 90. 6 万 TEU（1986 年 0. 1 万）。①

3. 存在的问题

①西江航运干线的通过能力不足。随着梧州、贵港等沿江工业的发展，西江航运干线等通过能力已不能满足货运量增长需求，同时，部分航道通航标准仍偏低，不能保证大型船舶通过，不能满足区域经济特别是"双核驱动"战略所需。②广西内河支线建设滞后，通道拓展受阻，阻碍"一干七支"内河航运网络形成。这些支线航道不畅，无法发挥集散、延伸、拓展功能；断头航道使得通道整体优势得不到发挥和放大，影响广西自身统筹发展，制约与西南、中南的区域合作和联动。③港口通过能力不足，和邻近的珠三角相比，知名度低，竞争优势薄弱。一方面，内港泊位规模小，装卸设备简陋，专业化泊位偏少，而且，这些港口离城区较近，港城矛盾突出。另一方面，海港建设相对滞后，存在配套设施落后、作业能力和集疏运能力不足等问题，这些都不能满足国际物流中心所需。如湛江港与广西北部湾各港都有相同的经济腹地，但湛江港与东盟国家港口的运距不仅短于广西北部湾诸港，且早已形成航线多、港口功能及服务配套齐全的海运网络与规模经济。

（二）航空运输网络

1. 航空建设发展历程

（1）机场。广西民航建设始于 20 世纪 20 年代末，萌芽和发展都与邻省广东具有渊源。在广东政府提出试办民航并开航至广西的意向下，广西开始修建机场，并于 1929 年先后修建梧州高旺、柳州帽合、桂林二塘和邕宁等机场，其中，邕宁机场主要用于军事需要。20 世纪 30 年代初，两广紧密合作，开办民航，陆续修建及新建广西境内机场。

抗日战争爆发后，广西加大机场建设，以满足军方物资运输需求，诸如新建百色机场、扩建桂林二塘机场等。大部分机场在抗战胜利前遭受毁坏，而后再修复。至 1949 年，广西累计修建 13 个机场，均为土质或泥结碎石或石板、大砖道面。

中华人民共和国成立后，广西的机场建设纳入全国民航统一规划，修复和

————————

① 广西壮族自治区统计局. 交通运输长足发展　邮电服务日新月异——改革开放 40 周年和自治区成立 60 周年经济社会发展成就系列报告之八［EB/OL］. http：//www. gxtj. gov. cn/zwgk/zdgkml/sjfbjjda/yjbga/201812/t20181204_ 150136. html，2018 - 12 - 04.

新建不同的机场以实现不同的职能。例如，因航线所需修复南宁机场（原邕宁机场）、梧州高旺机场、桂林李家村机场和百色机场，新建南宁吴圩机场（1962年）、玉林机场。修复或新建用于防治灾害、飞播造林及探矿摄影等作业的武鸣、全州等通用航空机场。但是，"大跃进"期间，广西航空事业出现高投入低回报的局面，不仅盲目新建机场，而且大多机场建设标准不过关，造成资源的严重浪费。改革开放后，为推动广西旅游业发展和振兴广西经济，先后扩建桂林（1993～1996年及2018年）和南宁吴圩机场（1990年及2014年），新建北海福成机场（1987年及1994～1998年）、梧州长洲岛机场（1991～1995年，2019年改为西江机场）、柳州白莲机场（1992～1994年）和桂林两江国际机场等。

目前，广西已拥有南宁、桂林、北海、柳州、梧州、百色、河池共7个民用机场。初步形成以南宁、桂林两个国际机场为主干，北海、柳州机场为辅助，其他支线机场（梧州、百色和河池机场）为补充的发展格局。其中，南宁吴圩机场的定位为面向东盟的门户枢纽机场，桂林两江国际机场的定位为国家重要的旅游机场。

（2）航线网络。从航线方向而言，广西先后开通国内航线、国际航线以及通往香港和澳门的地区航线。从扩展站点空间而言，呈现明显的地缘特征。

广西最早的国内航线以打通西南区与邻省广东的空间通道为主，进一步再逐渐扩展至沿海省份以及其他重要城市。最早的国内航线源于1929年，两广计划开辟广东经广西柳州至湖北武汉的粤汉航线，但因两广不合而未能真正实现。1930年，广东国民革命军决定开辟广州—梧州航线试航，并于次年1月正式通航，是广西第一条航线。1934年，两广出资开办西南航空公司，相继开通广州至南宁、龙州、柳州、桂林航线。早期开通的航线主要集中在西南省区的昆明、重庆和成都。至中华人民共和国成立前夕，才逐渐开通至沿海、上海等地的航线。1952年开通的昆明—南宁—广州航线是全国已通航的7条航线之一；至1978年底，广西有8条航线，可通往北京、天津、上海、长沙等10个区外城市；1990年，航线增至20条，通航14个城市；2008年，形成以南宁、桂林为中心，连接国内26个城市的119条航线的国内民用航空网络。

广西最早开通的国际航线是飞往越南的航线。1936年，西南航空公司开通广州—梧州—南宁—龙州—河内航线，又称广河线，是中国第一条国际航线。

1938 年，又开通广州—湛江—北海—河内的广河南线。后因西南航空公司停办，这两条国际航线停航。至 1959 年，再重新开辟南宁至越南河内的航线，但其后互飞航线又停止。1984 年后，广西陆续开通至日本福冈、熊本和新加坡、韩国等地的航线。

值得一提的是桂林在广西航运各阶段中扮演不同的角色。抗日战争期间，桂林成为西南各省通往香港的空中通道，先后开辟重庆、昆明、成都至桂林或柳州的航线，开通的重庆—桂林—广州—香港航线是广西至香港的第一条航线，但随着桂林和柳州相继沦陷，这些航线被迫停航。改革开放后，广西逐步形成以桂林为中心的通往全国一些主要城市的航空网络。桂林作为国际旅游城市，吸引越来越多的游客流入。在 1979～1985 年广西新增的 14 条航线中，有 11 条为桂林服务，其中，有广州—桂林—杭州—广州、上海—桂林—西安—上海、广州—北京—西安—桂林—广州 3 条环行旅游航线。1981 年，开通桂林—香港直航包机。

为加快中南、西南战略支点的空中通道建设，广西加密至北京等发达城市的航线航班，并拓展与东盟国家的航线。至 2018 年初，广西拥有国际航线 31 条，比 1978 年增加 30 条，国内航线 267 条；通航点 121 个，比 1978 年增加 110 个，包括国内 97 个、地区 3 个、国际 21 个；民航飞机期末驻场运力 46 架，从无到有。随着广西"一带一路"建设的加快，广西东盟航线发展尤为迅速，南宁机场作为面向东盟的航空枢纽已初具规模。广西民航航线网络实现东盟 9 国航班通（除菲律宾外），通航东盟各国首都、中心城市共 18 个，航线条数达 25 条，每周班次 97 班，通航城市及航线条数按省排列位居全国前列。

2. 航空事业发展

1931 年开辟的广州—梧州航线，是广西最早的航空旅客运输航线。1934 年，广东和广西合资开办西南航空公司，主要承接客运服务。至 1949 年，广西机场简易，机型较小，乘机者多为军政商界上层少数人，开通的客货市场主要在广东、重庆和云南等局部地区。中华人民共和国成立初期，广西航空运输业一度走在其他省份前列。

1978 年改革开放后，随着国家市场经济的转型和沿边经济开发开放建设，广西航空旅客运输事业呈现繁荣景象，外国人、国外华裔、港澳台胞和侨胞的发运量基本占据旅客运送量的一半。1984～1988 年期间，桂林机场的旅客输送量稳居全国各机场的第 4 位；1990 年，广西民航发送旅客 69 万人次，是 1980 年的 4 倍，占全国民航客运量的 4.12%，仅次于北京、上海、广东等少数地区，但其后发展相对较慢。21 世纪以来，中国—东盟自贸区等国际及区域开放合作给广西民航发展带来新机遇，旅客输送量保持年均两位数的增速，旅客吞吐量在全国的省份中排名处于中偏下位置。

2015 年 2 月 13 日，一架喷有"GX"字样的巴西 ERJ190 飞机在南宁吴圩国际机场腾空而起，标志着广西北部湾航空公司正式投入运营，结束了广西没有航空公司的历史。

2017 年，广西民用航空旅客吞吐量为 2478 万人次，是 1978 年的 247.8 倍，1979~2017 年年均增长 15.2%。如表 3-12 所示，2018 年，广西民航输送旅客 2765.6 万人次，占全国的 2.2%，在全国各省区市中排名第 19 位，南宁、桂林国际机场在全国 235 个机场中分别列第 26 和第 39 位。

表 3-12 主要年份广西民航机场客货吞吐量及在全国的排名

	年份	2001	2005	2010	2015	2018
机场旅客吞吐量（万人次）	南宁/吴圩	92.2	187.8	563.3	1039.4	1509.2
	排名	31	32	27	26	26
	桂林/两江	243.7	338.5	525.9	636.1	873.2
	排名	18	21	29	36	39
	柳州/白莲	5.0	7.0	32.0	87.0	135.0
	排名	80	88	79	76	79
	北海/福成	31.7	20.0	69.4	107.8	228.2
	排名	48	68	59	68	59
	梧州/长洲岛（西江）	0.4	0.0	4.2	4.3	—
	排名	136	137	148	190	（改建）
	百色/田阳	—	—	6.0	8.3	18.1
	排名	—	—	139	177	182
	河池/金城江	—	—	—	2.6	2.2
	排名	—	—	—	194	225
	广西合计	372.8	553.7	1201.1	1885.5	2765.6
	占全国比重（%）	2.5	1.9	2.1	2.1	2.2

	年份	2001	2005	2010	2015	2018
机场货邮吞吐量（万吨）	南宁/吴圩	1.1	2.3	5.6	9.6	11.8
	排名	33	30	29	24	25
	桂林/两江	2.6	2.4	3.3	3.0	2.7
	排名	23	29	34	43	46
	柳州/白莲	0.0	0.0	0.4	0.4	0.6
	排名	82	73	55	67	70
	北海/福成	0.2	0.1	0.3	0.4	0.6
	排名	45	62	64	69	67
	梧州/长洲岛（西江）	0.0	0.0	0.0	0.0	—
	排名	115	137	149	183	—
	百色/田阳	—	—	0.0	0.0	0.0
	排名	—	—	169	198	200
	河池/金城江	—	—	—	0.0	0.0
	排名	—	—	—	198	228
	广西合计	3.9	4.8	9.5	13.4	15.7
	占全国比重（%）	1.2	0.8	0.8	0.9	0.9
飞机起降架次（万架次）	南宁/吴圩	1.6	2.4	5.2	8.7	11.3
	排名	32	34	30	29	28
	桂林/两江	3.2	3.4	4.8	5.4	7.1
	排名	19	26	34	44	49
	柳州/白莲	0.1	0.2	0.4	1.0	1.3
	排名	90	86	88	95	110
	北海/福成	0.6	0.4	1.1	1.2	1.8
	排名	50	62	60	86	92
	梧州/长洲岛（西江）	0.0	0.0	1.2	8.4	11.0
	排名	122	131	56	32	33
	百色/田阳	—	—	0.1	0.1	0.2
	排名	—	—	131	182	188
	河池/金城江	—	—	—	0.1	0.1
	排名	—	—	—	196	238
	广西合计	5.4	6.3	12.9	24.9	32.9
	占全国比重（%）	2.8	2.1	2.3	2.9	3.0

资料来源：根据中国民用航空局年报资料整理。

相比而言，与全国发达地区的经济差距，受货源面窄、量小、空运价高等影响，广西航空货运发展较慢。"西南航"经营时期，主要运送金银珠宝、中西药品、绸布等货物及邮件；抗战时期至新中国成立前夕，主要负责军用物资以及一些金银财宝的空运。20世纪50~70年代广西民航货运以货物为主，行李次之，邮件最少。其中，50年代，经南宁运往西南地区的货物以鱼苗和广播器材为主；空运至广州的货物主要是一些食品罐头、水果等外贸出口食品，常出现吨位空耗情况；中越通航后，由河内经南宁至北京的空货运以邮件居多。1978年广西民用航空尚没有货邮吞吐量，70年代末，随着桂林旅游业的发展，客运量增长推动旅客行李空运，超过货物和邮件运输。改革开放以来，随着生活水平的提高，海鲜、高档水果的运输量有所增加，同时，受对外开放影响，外贸的电子产品、精密仪器也有所增多。如表3-13所示，从1980~2015年，广西航空货运量增加了13.3万吨，其中，2000年后的增速加快。2013年后，广西航空货运量占全国的比重一度突破2%，2018年，该比重为1.3%。

表3-13　改革开放后的广西航空客货运输发展

年份	1980	1985	1990	1995	2000	2005	2010	2015	2018
客运量（万人次）	17	43	69	283	357	536	1201	1885	2766
货运量（万吨）	0.1	0.6	0.5	1.6	3.4	4.8	9.5	13.4	15.7

资料来源：根据2018年《广西统计年鉴》及中国民航局年报资料整理。

3. 存在的问题

①航班、班线较少。一方面，广西飞往广州、深圳、昆明、成都等热点城市的航班少，机场旅客吞吐量低。2015年，广州白云机场、昆明长水机场排名的旅客吞吐量分别达到5.52千万人次和3.75千万人次，位居全国各机场的第3和第5位，而南宁吴圩机场刚超1千万次的旅客吞吐量，列第27位。另一方面，国际航线少，密度低，不利于广西在"一带一路"中作用的发挥和面向东盟的国际竞争力的提升。2016年，广西虽已实现与东盟国家的航线全覆盖，但仅有16条东盟航线航班，周边的云南已开通国际航线57条，是中国飞往东南亚、南亚航线最多的省份之一。②军民合用机场，限制民航飞行区域与时间。广西较大的两个机场南宁和桂林都是军民两用机场，柳州和百色也是军民合用型机场，

民航受制军用训练，空域受限且航班时刻紧缺。③机场硬件设施不能满足发展需求。机场建设落后，限制了航空市场开发和航班营运。桂林、柳州、梧州停机坪小；北海机场缺乏对大型飞机的地面保障能力，只能停靠小型飞机。此外，保障安全生产的设备及配套设施老化，也使广西民航目前落后于全国行业的标准与发展。

第二节　信息基础设施

一、邮电通信网络

（一）发展历程

1. 早期的邮驿与民信

较早的邮政通信可见于邮驿或邮传等形式。广西邮驿始于汉代，分陆驿、水驿和水兼陆驿，通过在驿站附近设投运所，以船、马和牛为运输工具，主要为官府传递文书，直至清末被淘汰。咸丰元年（1851年），洪秀全在广西桂平起义，建立太平军。太平天国创造疏附衙，是军邮、官邮和民邮统一的通信机构，对军情传递起了重要作用，并为近代邮政发展提供了模式，后随太平天国运动的失败而结束。

由于邮驿主要为官方服务，而随着民间书信、物品等运输需求的增大，出现了能满足民间需求的书信局。1870年在北海开设的"森昌成民信局"，是广西最早的民信局。此后，广西的民信局得到较快发展，不仅在北海、梧州、桂林和南宁等地开设民信局，而且在广东、香港和澳门等地也开有分局。光绪二十二年（1896年），大清邮政在广西开办，民间的民信局不敌大清邮政挤压，于清末民初被勒令停止营业。20世纪初，略有现代意义的邮政和电信才开始传入广西。

2. 清末时的官电局房与邮政局所

广西略具近代意义的电信发展早于邮政。清时，广西官电设有总局、分局、子局、大报房、小报房及巡房，由清政府拨军饷及地方官款垫支开办，称官电局房。光绪十年（1884年），梧州府设立了广西第一个官电分局。随后，在龙州、南宁、北海设立子局等，为中法战争中传递官军电报发挥了重要作用。至光绪三十三年（1907 年），广西已经形成省内经梧州、南宁、桂林、横州、贵县分支点，可东至广州、北至湖南、西至云南、西南至镇南关（今友谊关），并与安南接线的电报线网络。同年，贵县振华矿务公司安装供公司内部使用的磁石电话机，是广西最早的电话通信。宣统元年（1909 年），按交通、业务、是否连接边关等情况，对局房等级进行重新调整，广西拥有大大小小官电局房62 处。

在电报发展的同时，1896 年大清邮政成立后，先在广西龙州、北海和梧州设立大清邮政分局，后向内陆扩展，分别在南宁、桂平、桂林等地设立邮政分局。但是清政府对内地邮政并没有设置专款经费，以致邮政发展缓慢，直至"代办邮政商铺"的出现。代办邮政商铺是一种代办邮政业务并由政府给予一定酬金的商铺，后又称为邮政代办所。这种形式大大节省了开支，并且扩展了邮政服务范围。1901 年，广西拥有代办邮政商铺 4 家，至 1908 年，达到 105 处。

总之，清代广西邮政与电信发展缓慢，到辛亥革命的 1911 年，全省邮政局所只有 226 处（其中原属广东省邮政局所 27 处），官电总局、分局、报房、巡房 61 处（含原属广东省的 14 处）。

3. 民国时的中华邮局与电报局

1912 年，大清邮政也更名为中华邮政，原官电局改称电报局。1914 年，中华邮政建立自上而下的管理结构，以省为邮区，在省城设邮务管理局，省城以下再依据人口、交通和业务等划分一、二、三等邮局及代办所，不够条件的地区再设村镇信柜或邮票代售处等。1923 年，广西有桂林邮务管理局 1 处，其他等级邮政局及支局 42 处。民国期间，广西邮政局所的增设经历过两次较快增长：其一，为满足政治和军事需要，以李宗仁为首的新桂系不仅扩大局所管理权限，同时扩展至未通邮的地方；其二，1939 年武汉沦陷后，流入广西铁路沿线人员增加，桂柳两地邮政业务需求倍增，以及抗战时期经广西的军事邮件增多，推动了城市邮政支局的扩建。

电话作为新的通信方式，虽在清末就已出现，但直到 1925 年，在广西才较为广泛地使用。该年，梧州出现市内电话公司；1928 年，国民党广西省政府成立长途电话局（后更名为广西电话管理局），接收南宁市内电话和柳州长途电话，并在多地设立长途电话筹备分处（后更名为电话局）和通讯处等通信机构

19 处。至 1949 年广西解放前夕，全省有电信局 25 处，电信营业处（或代办处）25 处，电话局、电话营业处 14 处。

4. 中华人民共和国成立后的邮电局所

1952 年，广西邮政和电信两个机关合并，成立邮电部广西邮电管理局，并按年收入划分为不同等级局。当时，广西拥有邮电局所（处）共 1487 处，其后又经历多次合并、调整与撤销。1969 年，根据国家《关于邮电体制改革的指示》，广西邮电机构实施邮政与电信分设，县以下的保留合署营业，分属领导。改革开放后，广西邮电又经历一轮大的整改，如不能自办机构的改为委托，业务量较少的撤销或合并，地方政府和邮电部门对没有设置机构的乡镇设置邮电流动服务机构等。至 1992 年，全区邮电局所 1443 处，平均每 1 处服务人口和服务面积分别为 3.06 万人和 164 平方千米，均高于全国平均水平。

5. 1990 年以后的邮电管理局与通信管理局

"八五"期初特别是 1992 年邓小平南方谈话以后，广西采取了一系列围绕"西南地区出海通道作用"建设的措施，包括对邮电和信息产业部门的改革，如加大邮电固定资产投资，新建邮政和通信生产用房，提高邮政科技含量，与全国其他营业网点和 ATM 联网使用，等等。从 1991～2002 年，广西建成以南宁为中心的邮政综合计算机网和邮政储蓄"绿卡网"，及连接全区和全国的邮政实物、信息、金融"三位一体"的运递服务网；建成以南宁为中心的"三纵三横"光缆传输网和基础电信网为平台的多媒体、多功能、多业务的广西信息化网络；全区移动通信的网络覆盖率达到 100%。2002 年底，全区邮政（电）局所达到 1645 处，每个局所平均服务人口和服务面积分别为 2.91 万人和 143 平方千米，而尚未通电话的行政村有 751 个。

至 2015 年底，广西完成 60 个空白乡镇邮政局（所）补建工作，全区邮政局（所）1485 个，其中农村营业网点 1148 个，城市营业网点 337 个，建设村邮站 5002 个，基本实现"乡乡设所、村村通邮"。快递服务网点达到 2700 处，覆盖了全区所有市县城区以及超过 50% 的乡镇，快递分拨中心面积超过 20 万平方米，最高日处理能力超过 230 万件。

6. 多元化、现代化的邮电服务网络

随着现代物流与信息流发展，广西不断优化完善邮电服务网络。邮政改善普遍服务网点布局，加强城乡接合部及县以下邮政局（所）邮路建设，加大物流基础设施建设力度，邮政基础设施持续完善。电信业方面，广西积极加快电信基础设施建设，大力推动互联网宽带的建设和普及，通信服务从固定电话、移动电话，扩展到宽带网络、移动互联网以及在线游戏、视频等各类增值服务，顺应"互联网＋"发展趋势，努力加快移动互联网、物联网、云计算、大数据等新一代信息技术建设步伐，使广西信息通信服务的水平持续提升，网络信息安全保障能力不断增强，通信行业保持平稳较快发展。

至 2017 年底，广西光缆线路长度达 109.35 万千米，比 2010 年增长 6.37 倍，年平均增长 30.3%；其中长途光缆线路长度为 3.92 万千米，比 2005 年增长 6.2 倍；固定长途电话交换机容量 25.34 万路端，局用电话交换机容量为 1034.2 万门，移动电话交换机容量 11809 万户，移动电话基站 17.79 万个，互联网宽带接入端口达 2216.39 万个。

表 3-14　21 世纪以来广西邮政通信业务发展

年份	2000	2005	2012	2015	2017
邮政行业各类营业网点数（个）	1674	1613	1469	4849	7631
电信业务总量（亿元）	92.1	311.2	342.3	608.1	712.0
邮政业务总量（亿元）	4.3	11.7	24.1	43.6	88.0
快递业务量（亿件）			0.4	1.3	3.2
固定电话用户（万户）	319	869	599	440	308
移动电话用户（万户）	167	1021	2884	3595	4385
电话普及率（部/万人）	1102	3853	7469	8572	9607
互联网用户（万户）	24	186	2722	3522	4772

资料来源：根据《庆祝改革开放 40 周年暨广西壮族自治区成立 60 周年成就地图集》相关内容整理。

（二）主要邮电业务发展

1. 邮政业务的演变

从早期邮驿传递公文，民信局承办民间书信、物品和汇款，到清末邮政分局代办函件（信函、明信片、新闻纸、印刷物、书籍、贸易契、货样）、包裹、汇票等业务，再到后来的函件、包裹及金融性业务，广西邮政业务受交通、文化及经济发展等影响，发展缓慢。

改革开放后，广西各类邮政业务均有较大幅度增长。所经营的邮政业务包含：①函件，如信函、明信片、印刷品等；②包件，如民用包裹、商品包裹（含大件商品包裹）、纸质品包裹；③邮政储蓄、邮政汇兑；④报刊发行业务；⑤集邮业务；⑥其他，如代发广告业务等。

2. 电信业务的演变

（1）电报。广西最早的通信机构是办理电报业务的官电局房。1907年，广西各官电局可以办理军务、洋务、学务、盗案、转运等交发的印电和译发警务印电等电报业务；1911年，清政府划分边防、军务、拿匪、交涉、灾账、查办事件电报六类官电业务。至清代末，广西经营的电报业务分官报和私报两种，且以前者为主。特别是在光绪十六年（1890年），广西开办了与越南之间的电报商报业务，虽然业务量极少，但却开辟了广西国际电报业务。

民国时期，交通部统一国内电报业务种类。初期，广西开办的业务种类有政务、寻常、新闻等电报。后来，随电报局的改革以及更多样化的需求，电报业务又得到进一步的细分、增加与调整。至1949年，广西电报业务种类分为：官军、局务公电（包括纳费业务公电）、私务、公益、特种五种电报。私务电报分寻常、加急、交际、新闻、加急新闻五类；公益电报分航行安全、气象、水位、账务四类；特种电报指邮转电报、铁路电线经转电报、国内船舶电报、特约减费业务电报等。

中华人民共和国成立后，广西电报业务又经历了一系列的调整。1990年，办理的国内电报种类为：天气、水情、公益、政务、新闻、普通、汇款、传真、礼仪电报和公电共10种。按用户需要的特别业务种类分为：特急、加急、邮送、分送、改发、专送、代译和电报挂号、预存报费等。同时，广西国际电报业务得到发展。至1990年，广西各地均可办理国际电报业务，开办的国际电报种类有：人命安全、线路公电、保证航空安全、国际公务（业务）、国际气象、观察卫星和宇宙天体运行情况、电离层观察、国际政务、国际新闻、国际普通、战时受日内瓦公约保护人员、国际电信联盟免费优待等。业务处理分普通和加急两类。

（2）电话。民国时期电话分为乡村、市内和长途三种。1912年，南宁和桂林首先拥有电话总机。1928年，柳州、南宁和桂林等地设电话局，开始创办省营市内电话，经营普通电话、同线电话、电话副机三种。1931年，长话业务种类分为普通、加急、公务、公务加急电话等。

中华人民共和国成立后，根据邮电部先后对市内电话和长话业务种类的调整规定，1950 年，广西电信管理局制定市内电话营业通则，规定办理的市内电话业务包括普通、合用、同线、公用、临时、码头、电话副机及其他附件、自用小交换机、互通机、专线、界外电话 11 项。其中，1955 年，广西开通南宁至越南河内的国际普通电话业务。

3. 改革开放后邮电业务量的发展

如表 3 - 15 所示，1980 ~ 2017 年，广西邮电在局（所）数量增加近 6500 个，即年均增长超过 100 个，邮电业务每年保持增长。其中，1991 ~ 2000 年这 10 年中的增幅最大，邮电业务总量增长了 68.6 倍，在此前 10 年和后 10 年中，分别增长 2.5 倍和 2 倍；2010 ~ 2015 年邮政业务总量约翻了一番。在邮政和电信两块业务中，后者是主体，产出占总量的 90% 以上。

表 3 - 15　改革开放后广西的邮电发展

年份	1980	1985	1990	1995	2000	2005	2010	2015	2017
邮电局/所数（个）	1374	1387	1416	1503	1674	1613	1518	4849	7631
邮电业务总量（亿元）	0.4	0.7	1.4	20.6	97.5	323.8	330.0	651.9	799.9

资料来源：根据历年《广西统计年鉴》数据整理。

（1）邮政快递。1990 年后，随着经济发展和人民生活水平提高，邮政业务有了新的发展。广西经营的邮政业务调整为 6 大类：函件、包件、邮政金融业务、报刊发行业务、集邮业务及其他业务。新网络技术的出现、金融业的发展以及交通基础设施的进一步完善，对不同邮政业务的发展造成了冲击。

邮政方面，2017 年广西设有邮政局（所）的乡镇比重以及已通邮的行政村比重均达 100%；全区共有邮政普遍服务营业网点 1501 个，平均服务人口 3.1 万人，服务半径 158 平方千米/网点；邮路及快递网路总长度（单程）为 78.70 万千米，比 1958 年增长 4.7 倍，比 1978 年增长 3.3 倍，1979 ~ 2017 年年均增长 3.8%。2017 年，广西邮政业务总量为 88.04 亿元，邮政业务收入为 84.99 亿元。

快递方面，2017 年末广西共有快递法人及分支机构 5057 个，其中法人企业 614 个，分支机构 4443 个。全区已有 1022 个乡镇设立快递网点，乡镇快递网点总数 2723 个, 乡镇网点覆盖率 90.9%; 2017 年全区快递业务量达 3.18 亿件, 2011~2017 年 7 年间, 快递业务量年均增长 45.7%; 快递服务用户逐年增加, 按常住人口计算, 2017 年人均快递业务量为 6.5 件; 快递业务收入逐年增加, 2017 年全区邮政快递企业实现业务收入 44.87 亿元, 占邮政全行业收入的比重达 52.8%, 快递业务对邮政业务收入增长的贡献率达 58.7%。

(2) 电信业务。①电话业务依旧是广西电信业务的主体, 并造成传统电报业务的市场份额的缩减; 数字及多媒体通讯, 成为电信业务新增长点。全区各地市、县市和全部乡镇, 主要交通要道和风景区以及商场、写字楼、酒店实现移动电话信号无缝覆盖。同时, 移动业务品牌由"大哥大"走向"全球通""八桂通""神州行"和"动感地带"等。②移动电话和互联网使用方面, 如表 3-16 所示, 广西移动电话用户数由 2001 年的 271 万户, 增长至 2015 年的 3595 万户, 至 2017 年的 4385.1 万户。2015 年, 互联网上网人数为 2033 万人, 是 2001 年的 23.1 倍。其中, 2005 年移动电话普及率仅为 20.9 部/百人, 而 2015 年达到每百人中近 75 人拥有移动电话。移动电话的普及使固定电话的使用率降低, 2005~2015 年, 固定电话普及率由 17.8 部/百人降至 9.17 部/百人。

表 3-16 21 世纪以来广西互联网和移动电话的使用量

年份	互联网上网人数 (万人)	移动电话用户数 (万户)	年份	互联网上网人数 (万人)	移动电话用户数 (万户)
2000		166.9	2009	1030	1960.1
2001	88	271.0	2010	1226	2214.5
2002	118	431.0	2011	1353	2532.7
2003	229	649.8	2012	1586	2884.1
2004	285	874.5	2013	1774	3285.6
2005	330	1021.0	2014	1848	3553.8
2006	374	1202.0	2015	2033	3595.0
2007	560	1370.9	2016	2213	3774.2
2008	734	1627.9	2017	2500	4385.1

资料来源: 根据历年《中国第三产业统计年鉴》数据整理。

至 2017 年末, 如表 3-17 所示, 广西有固定电话用户 307.7 万户, 移动电话用户 4385.1 万户, 其中 3G 移动电话用户 368.09 万户, 4G 移动电话用户

3131.72 万户（占移动电话用户的 71.4%）；电话普及率达 96.1%，移动电话普及率为 89.8%；已通固定电话的行政村比重达 100%；互联网宽带接入用户 1050.97 万户，移动互联网用户 3713.35 万户，互联网宽带接入通达的行政村比重为 99.4%。全区移动互联网接入流量达 63282.72 万 GB，互联网流量呈爆发式增长。全年全区电信业务总量为 711.88 亿元。

表 3-17　2017 年设区市邮政通信业务和能力一览表

地域	邮政局/所总数（个）	快递机构总数（个）	固定电话用户（万户）	移动电话用户（万户）	互联网用户（万户）	移动电话基站数（万个）
南宁市	197	974	66.1	912.2	234.7	3.3
柳州市	123	468	28.0	426.6	106.0	1.8
桂林市	185	498	34.3	469.0	106.5	2.0
梧州市	71	222	13.2	226.1	47.7	0.9
北海市	34	228	17.1	200.4	46.7	0.8
防城港市	33	209	9.9	104.5	22.3	0.6
钦州市	70	280	23.3	248.8	48.9	0.9
贵港市	83	297	23.0	313.6	58.9	1.1
玉林市	115	704	37.3	426.7	87.4	1.4
百色市	173	271	16.6	292.3	54.4	1.4
贺州市	71	243	7.2	151.6	30.8	0.7
河池市	174	216	15.5	277.4	56.3	1.3
来宾市	80	267	6.8	165.3	34.8	0.7
崇左市	87	162	9.3	170.6	32.8	0.8
广西	1496	5039	307.7	4385.1	967.9	17.7

资料来源：根据《庆祝改革开放 40 周年暨广西壮族自治区成立 60 周年成就地图集》相关资料整理。

　　总之，经过多年的发展，广西邮政行业形成了以邮政企业承担邮政普遍服务义务和由多种所有制企业构成的邮政、快递经营实体提供寄递服务的格局，行业服务生产生活的领域不断拓展。经过体制改革、邮电分营、电信重组、政企分开，广西信息通信业步入持续与快速的发展轨道。通信网络规模容量、技术层次和服务水平都发生了巨大变化，为引领经济社会转型发展、提升政府治理能力和公共服务方面做出了显著贡献。到 2018 年初，广西电话用户数达 4996

万户，固定宽带用户规模达 1127 万户。

（三）存在的问题

①"最后一公里"问题。目前，广西部分经济欠发达地区虽有邮政代办所，但是交通不便以及人口密度低，以致运输时间长。解决好公路与物流问题才能有助于地方实现"互联网＋"产业的升级。②邮政企业的国际竞争力不足，不能满足人民消费水平提高以及海外代购所需。③冷链物流技术不高，企业规模较小。广西不仅自身农业资源丰富，盛产蔬果等农产品，而且毗邻东盟，是与东盟农林水产品贸易往来的重要省份，这些商品需求对冷链物流的需要极高。目前，广西农产品的冷链物流设施较为老化，冷库建设滞后，且分布不均衡，以致效率较低。同时，广西虽有上百家冷链物流企业，但是企业规模小。

二、广播电视网络

1958 年广西僮族自治区成立初期，全区只有 1 座自治区电台和 5 座地市电台。到 1978 年，广播、电视综合人口覆盖率分别仅有 32.5% 和 20%。1980 年以后，各级无线电台相继成立，有线电视迅速发展。①通过推进广播电视惠民工程，统筹无线、有线、卫星三种技术覆盖方式，广西逐步实现数字广播电视户户通，形成覆盖城乡、便捷高效、功能完备、服务到户的新型广播电视覆盖服务体系。2017 年，全区有 732 座广播转播发射台、128 座电视转播台、788 座广播电视有线发射台站，广播、电视综合人口覆盖率分别达到 97.2% 和 98.6%，广电公共服务能力增强。同时，建立了边境海上广播应急系统。民族语节目译制播出工作不断推进。通过"互联网＋"行动，广电媒体和新兴媒体的融合发展，初步形成"两微一端一站"（微博、微信、客户端、网站）及多屏（电视屏、电脑屏、手机屏）互动的发展格局。②电视节目创优创新，获多项国家级奖项，打造了一批广播电视和网络视听节目精品。③推动中国—东盟网络视听产业基地（广西新媒体中心）建设等重大产业项目，持续与东盟国家主流媒体合办《中国动漫》《中国电视剧》《多彩中国》等优秀"走出去"项目和作品；推动广西广电新媒体公司打造以东盟国家为主要落地对象的"华丽播"网络视听节目专区，由自治区人民政府主办的中国—东盟网络人文发展论坛，促进中国—东盟相关媒体、平台企业多方互动和人文交流平台建设。

2018 年，广西卫视高清频道实现上星传输，成为全国 5 个少数民族自治区中第一个实现上星传输落地覆盖的自治区卫视高清频道（见表 3 – 18）。全区广播电视实际创收收入 39.5 亿元。其中，自治区级 36.8 亿元，地市级 2.5 亿元，县级 0.2 亿元；广播电视广告收入 7.8 亿元（当中广播广告收入 1.6 亿元，电视广告收入 5.7 亿元），有线电视网络收入 24.9 亿元，新媒体业务收入 2.2 亿元（其中交互式网络电视收入 1.98 亿元）。

表 3 – 18　广西 2017 ~ 2018 年度直播卫星"户户通"工程分布

地域	覆盖人口数（人）	任务数（套）	发放数（套）
南宁市	25555	5111	4999
柳州市	99930	19986	19968
桂林市	194730	38946	32259
梧州市	11615	2323	2306
北海市	12750	2550	2550
防城港市	36370	7274	7078
钦州市	68665	13733	12872
贵港市	19910	3982	3957
玉林市	1240	248	248
百色市	217140	43428	42779
贺州市	38250	7650	6234
河池市	159540	31908	26760
来宾市	73375	14675	14293
崇左市	40930	8186	8056
广西合计	1000000	200000	184359

资料来源：根据《庆祝改革开放 40 周年暨广西壮族自治区成立 60 周年成就地图集》资料整理。

2018 年公布的《数字广西"广电云"村村通户户用工程三年攻坚会战实施方案（2018—2020 年）》提出：2019 年，实现数字广西"广电云"村村通。2020 年，新增数字广西"广电云"用户 320 万户，形成覆盖城乡、便捷高效、功能完备、服务到户的新型广播电视覆盖服务体系，广电网络的覆盖率和智慧应用跨入全国前列，成为服务全区数字经济、数字政府、数字社会和民生建设的重要平台。

第三节　能源、水利及市镇管网设施

一、能源设施与服务

除水能颇为丰富之外，广西煤炭、石油等能源矿产相对紧缺，因而多年来能源生产与消费之间存在较大缺口，且不断扩大，如图 3－7 所示。其中，2017年全区能源生产量 3255 万吨标准煤，消费量 10458 万吨标准煤，缺口 7203 万吨标准煤。

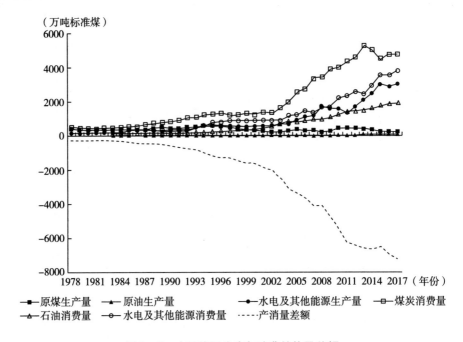

图 3－7　广西能源生产与消费结构及差额

资料来源：根据 2018 年《广西统计年鉴》数据绘制。

1. "十三五" 时期之前的发展①

（1）能源供应能力以及普遍服务增强，但自主供应保障能力比较脆弱。

---

① 本部分观点根据《广西能源发展 "十三五" 规划》等文献综合整理。

①电力供应能力方面，2015 年全区发电装机总容量 3455 万千瓦，较 1978 年装机容量 158.9 万千瓦增长近 21 倍；发电量 1318 亿千瓦时，较 1978 年发电量 49.5 亿千瓦时增长近 26 倍。主电网实现 14 个市及所辖的 100 多个县（市、区）全覆盖，拥有 500 千伏变电站 20 座，线路总长度 8699 千米；220 千伏变电站 136 座，线路总长度约 15544 千米。②能源储运能力方面，全区储油能力 1000 万立方米，加工能力 1700 万吨，输油能力 850 万吨；天然气供应能力 50 亿立方米；煤炭储运能力 6500 万吨。③能源普遍服务方面，"十二五"期末全区人均用能、人均用电分别提高了 27% 和 29%，城镇居民用气人口达 1450 万人左右；城乡配电网络逐步完善，供电"最后一公里"问题明显改善；新建改造农网 35 千伏线路 2221 千米、10 千伏线路 5247 千米、低压线路 19555 千米，已有 14 个市、29 个县实现天然气稳定供应，已建成天然气上中游管道近 2500 千米，管道天然气利用范围逐步扩大；建成农村户用沼气池 393 万座，年产总气量 15.7 亿立方米。

但是，广西属于"缺煤、少油、乏气"的能源资源匮乏地区，2015 年能源生产总量一次仅为 3300 万吨左右标准煤，90% 的煤炭和几乎全部的石油天然气依靠外省或者进口，能源对外依存度长期保持在 70% 左右。广西自有的煤炭、水电资源新开发潜力有限，新能源和可再生能源规模依然不大，发挥替代效应尚需时日，能源保障供需平衡的难度较大，应急能力不强，极易受到外部和自然环境影响。电源布局与负荷分布不匹配矛盾依然存在，部分经济发达、负荷较重的电网区缺乏主力电源支撑，仍需远距离输送电力，电网抗风险能力较差。

（2）能源结构进一步优化，但供需结构矛盾依然突出。电源结构逐步由传统水火电结构向水、火、核、风、太阳能等多元结构转变，2015 年全区水电、火电、核电、风电、太阳能发电装机规模分别达 1640.2 万千瓦、1655.4 万千瓦、108.6 万千瓦、40.85 万千瓦、9.65 万千瓦，占比分别为 47.5%、47.9%、3.1%、1.2%、0.3%。火电装机比重比 2010 年提高 6.9 个百分点，清洁能源装机比 2010 年增加 355 万千瓦。2015 年全区煤炭消费比重为 46%，比 2010 年下降 7.8 个百分点；石油消费比重为 17.7%，比 2010 年提高 1.1 个百分点；天然气消费比重为 1.1%，比 2010 年提高 1 个百分点左右；非化石能源占一次能源消费比重达 25%。

近年来，随着广西经济增速从高速向中高速转变，能源消费需求明显放缓，能源供需矛盾已从供给不足转向需求不足。广西化石能源消费比重仍超过70%，煤炭消费依然保持较高比重，向清洁低碳高效转型发展的压力较大。电力结构有待升级，水电装机容量占总装机容量比重接近50%，受丰枯期季节性因素影响较大。新能源利用规模偏低，核电、太阳能发电仍处于起步阶段，风电、太阳能发电并网问题没有得到根本解决。

（3）能源利用效率稳步提高，但综合利用水平尚待提高。2015年能源消费总量9760.7万吨标准煤，"十二五"时期年均增长5.8%，比"十一五"时期降低4.4个百分点；全社会用电量1334亿千瓦时，年均增长6%，比"十一五"时期降低8.1个百分点（见图3-8~图3-10）；能源消费弹性系数为0.57，电力消费弹性系数为0.59，分别比2010年下降32%和48%。单位生产总值能耗0.631吨标准煤（2010年价），累计下降18.1%，全面完成国家下达的目标任务。全区6000千瓦以上的火电机组每千瓦时供电煤耗由2010年的329克下降到2015年的319克。电力行业二氧化硫、氮氧化物排放量累计分别削减68.8%和57.9%。

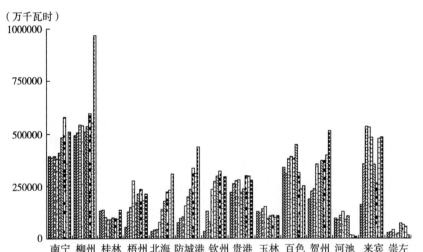

图3-8　2008~2016年广西设区市市区工业用电量变动

资料来源：根据历年《中国城市统计年鉴》数据整理绘制。

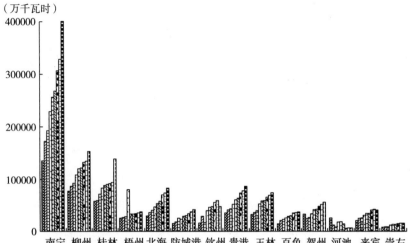

图3-9 2008~2016年广西设区市城乡居民生活用电量变动

资料来源：根据历年《中国城市统计年鉴》数据整理绘制。

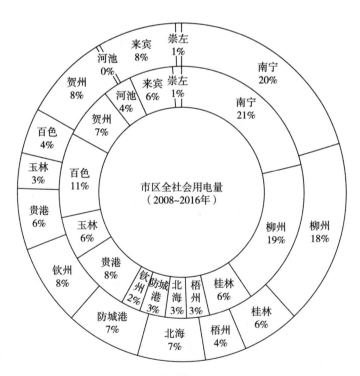

图3-10 广西设区市全社会用电量及工业用电量比例

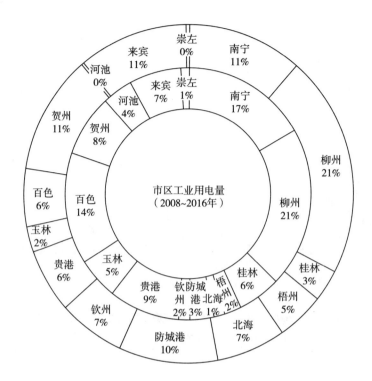

图 3-10 广西设区市全社会用电量及工业用电量比例（续图）

注：内圈，2008 年；外圈，2016 年。

资料来源：根据历年《中国城市统计年鉴》数据整理绘制。

　　广西仍处于工业化中期阶段，产业结构偏重的特征短期内难以根本改变，2015 年八大高耗能行业能源消费量占规模以上工业的比重达 92% 左右，但增加值仅占 50% 左右，经济增长贡献与能源消费不匹配的矛盾突出。煤炭资源清洁高效利用水平不高，集中供热、分布式能源利用、能源互联网等高效能源利用方式尚未大规模推广。单位生产总值能耗、规模以上工业增加值能耗均高于全国平均水平，能源利用方式较为粗放，综合利用效率不高。

　　（4）能源区域合作拓展，一批能源重大项目建成投产。与中广核、中石油、中石化、华能、大唐、华电、国家电投、国电、南方电网等大型企业合作，布局建成一批重大能源项目。深化与云南、贵州、广东等周边省份合作，区外调入电力 136.08 亿千瓦时，向外调出电力 120.75 亿千瓦时。加强与东盟、非洲和"一带一路"沿线国家合作，扩大国外能源资源利用规模，2015 年全区煤炭进口量 3050 万吨，"十二五"期间年均增长 15% 以上。广西水利电力建设集团等区内能源企业"走出去"步伐加快。

"十二五"时期，防城港红沙核电一期工程 1 号机组、中石油钦州 1000 万吨炼油、"西气东输"二线广州—南宁支线、中缅天然气干线管道、岩滩水电站扩建工程等一批重大项目建成投产。建成资源金紫山风电工程、容县大容山风电工程、华电南宁江南分布式能源站等一批清洁能源项目。防城港红沙核电二期工程、神华北海电厂一期工程、钦州电厂二期工程、天然气"县县通"工程等一批在建工程加快推进。能源装备产业发展初具规模，一批产业集聚能力强、辐射带动作用大的能源装备产业园区正在加快培育壮大。

（5）能源体制改革持续深入，但有待健全完善。电力体制改革综合试点加快，能源领域行政审批制度改革力度加大，但电价传导机制不顺，电力直接交易机制尚未有效建立；部分用电企业"用不起电"与发电企业"没有发电容量"的矛盾突出；规范能源发展的地方性法规和政策体系有待完善；管理效能有待提高。

2. "十三五"以来的发展

2016 年以来，广西以提高能源供应保障能力为核心，走能源发展多元化道路，加快构建清洁能源和可再生能源体系，推动深化能源合作，形成了电力、煤炭、油气、可再生能源多元化发展的格局，能源保障和供应能力增强，为国民经济和社会发展提供了有力支撑。

电源方面，我国西部地区和少数民族地区首座核电站——防城港红沙核电站一期工程建成投产。全区首个单机超 100 万的贺州电厂两台 100 万千瓦超超临界燃煤火电建成投产。风电、光伏、生物质能利用等新能源取得较大发展。2018 年，广西发电装机总容量 4659 万千瓦，较 1978 年增长近 30 倍；发电量 1671 亿千瓦时，较 1978 年发电量 49.5 亿千瓦时增长近 33 倍。新能源发电规模大幅度增加，风电装机容量达 208 万千瓦，光伏发电容量达 124 万千瓦。

电网方面，区内电网 500 千伏系统呈现"四横两纵"类"井"字形网架格局，实现了 14 个设区市的全覆盖，电网实现由交流向交直流混合转变（见表 3-19）。农村电网基本实现"户户通电""村村通动力电"。主电网更加安全高效，城乡配电网更加灵活可靠。电网供电能力、抵御自然灾害能力和系统调节能力显著提高。电能质量和供电可靠性均大幅提升。

表 3－19　2018 年广西设区市能源供应项目个数　　　　　　　单位：个

能源供应项目	南宁	柳州	桂林	梧州	北海	防城港	钦州	贵港	玉林	百色	贺州	河池	来宾	崇左
水电厂	1	1		1				1				4	2	
燃煤火电厂	1	2	1		1	1	1	1		2	1		2	
燃气电厂	1		1			1								
核电站						1								
已投产生活垃圾焚烧发电项目	1						1	1		5			1	
已核准在建生活垃圾焚烧发电项目		1	1	1	1	1	1	1	3		1	1		
已投产农林生物质直燃发电项目		1			1	1		1	1					3
在建产农林生物质直燃发电项目	2		1	1	1		2			2	1	2	2	3
已投产光伏发电站	4			2	5	2		3		3			1	3
备案在建光伏发电站	1		1			1	2	3		1	1		2	
已投产风电项目	4		16							8	6			
核准在建风电项目	12	1	21	4	2	2	11	7	14	3	8	3	7	1

资料来源：根据《庆祝改革开放 40 周年暨广西壮族自治区成立 60 周年成就地图集》等相关内容整理。

油气管道方面，中石油钦州—南宁—柳州成品油管道及油库工程，中缅天然气等"两干七支"天然气管道工程竣工。2016 年 4 月，西南地区首个大型 LNG 接收站项目在北海建成投产，配套的天然气外输管道工程基本完成。至 2018 年初，全区天然气长输管道长度约 2600 千米，14 个设区市城区和 40 个县（市）已实现利用天然气，基本形成"全区一网、海陆并举"的安全稳定供气格局。

根据相应的规划纲要，"十三五"期间，广西加快实施西气东输二线、中缅油气管线、液化天然气上岸等重大工程，推进天然气支线管网及县域管网同步配套建设（见表 3－20）。布局完善城市管网和城市加油站、沿江加气站，加快公交车、出租车、内河运输船等行业"油改气""煤改气"步伐，推进冷热电联产分布式气电厂建设，扩大天然气消费，天然气消费占能源消费总量比重达到

7%以上。

表3-20 广西能源发展指标

类别及指标	2015 年		2020 年（计划）		"十三五"年均增长（%）
	总量	比重	总量	比重	
能源消费总量（万吨标准煤）	9760.7	100.0	12200	100	4.5
#煤炭	4490	46.0	5720	47	5.0
石油	1728	17.7	2450	20	7.1
天然气	107	1.1	880	7	51.7
非化石能源	2928	30.0	2650	21	-2.0
其他能源	508	5.2	500	5	-0.3
全社会用电量（亿千瓦时）	1334	—	1800	—	6.2
非化石能源消费比重（%）	—	25.0	—	21	—
煤炭消费比重（%）	—	46.0	—	47	—
石油消费比重（%）	—	17.7	—	20	—
天然气消费比重（%）	—	1.1	—	7	—
非水可再生能源电力消纳量比重（%）	—	—	—	5	—
单位国内生产总值能耗下降	—	—	15%	—	—
单位国内生产总值二氧化碳排放下降	—	—	18%	—	—
供电煤耗（克标准煤/千瓦时）	—	319		310	—

资料来源：广西壮族自治区发展与改革委员会. 广西及各市县国民经济和社会发展"十三五"规划纲要和重点专项规划汇编［M］. 桂林：广西师范大学出版社，2017.

二、水利设施

水利，即对水力资源的开发利用和防止水灾等水利工程，是国民经济的基础产业，主要包括防洪、灌溉、水力、水道、给水、排水、港工、水土保持、水资源保护等。秦代开通的灵渠（今兴安县境内）是广西早期水利的代表。1934年思乐县（今属宁明县）海渊灌溉工程拦河坝，是广西第一座钢筋混凝土结构水坝。位于贺县（今贺州市八步区），建于1943年的光明水电站，是广西第一座水力发电站。

自广西僮族自治区1958年成立60年来，特别是2012年中共十八大以来，广西水利进入投资规模最大、安排项目最多、建设速度最快、惠及民生最广的时期①。目前已初步构建防洪、供水、灌排、发电、航运等综合利用的水利工程体系。水利服务的领域逐步由农村拓展到城市，民生水利大范围覆盖，有力支撑着广西经济社会的可持续发展。据《广西水利发展"十三五"规划》及近10年的《广西水利统计公报》显示，"九五"至"十二五"规划时期，广西全区水利工程分别完成138.0亿元、253.0亿元、454.8亿元和797亿元的投资；"十三五"规划投资1364亿元；已建成一大批重大水利工程，其中大中型水库数量与库容以及地方水电站数量和装机容量，在全国的比重都在5%以上（见表3-21）；初步形成防洪、供水、灌排、发电、航运等综合利用的水利工程体系，对保障防洪安全、抗御水旱灾害、合理配置水资源和维护良好生态环境发挥着支撑作用。

表3-21　广西水利发展主要指标及与全国对比

指标	1990年	2000年	2010年	2017年广西	2017年全国	广西为全国%
灌溉面积（千公顷）	1515	1484	1523	1670	73946	2.26
农村自来水普及率（%）	—	—	—	79.9	80	99.88
除涝面积（千公顷）	184	204	210	235	23824	0.99
水土流失治理面积（千公顷）	880	1412	1870	2464	125800	1.96
水库（座）	4532	4381	4366	4537	98795	4.59
#大型	—	21	37	58	732	7.92
中型	—	178	186	230	3934	5.85
库容（亿立方米）	177	184	322	708	9035	7.84
#大型	—	88	223	593	7210	8.22
中型	—	51	54	67	1117	6.01
已建成防洪堤长（千米）	2157	2476	2867	4251	306000	1.39
水闸（座）	0.23	0.22	0.24	0.43	10.39	4.10
地方水电装机容量（万千瓦）	100	—	2510	1669	34168	4.88
农村水电站（座）	1809	2579	2281	2440	47498	5.14
农村水电装机容量（万千瓦）	100	248	368	459	7927	5.79

注："—"表示无公开数据可用。

资料来源：根据《广西通志·水利志》、历年《广西水利统计公报》与《广西年鉴》以及《2017年全国水利发展统计公报》等数据整理。

———————

① 陈立生. 广西壮族自治区60年［M］. 南宁：广西人民出版社，2018.

1. 防洪除涝及减灾工程

至2015年，全区建成江河堤防3739千米，达标堤防1432千米；建成海堤721千米，达标长度295千米。至2017年底，全区已建成防洪堤总长度4251千米，有防洪任务河段12068千米，除涝面积2349平方千米。"十二五"以来，全区成功抵御43次台风袭击和洪涝灾害，累计减少经济损失90.4亿元。但是防洪减灾体系尚未完善，南宁、柳州、梧州、桂林、贵港5个重点防洪城市及其他重点防洪市县堤防工程有待加强。

2. 农村水利及灌溉工程

1950年，广西耕地的有效灌溉面积占耕地面积3691万亩的10.85%，旱涝保收面积占7.93%。[1] 到2015年，建成万亩大中型灌区354处，其中大型灌区11处、中型灌区343处；全区灌溉面积2540万亩，其中耕地有效灌溉面积2428万亩。全区工程节水灌溉面积1427万亩，节水灌溉率达到59%。如表3-22所示，2017年底，全区农田有效灌溉面积1670千公顷，占全区灌溉面积的95.5%，占全区耕地面积的38.1%；工程节水灌溉面积1068千公顷，占全区农田有效灌溉面积的64.0%。南宁、桂林两市是全区有效灌溉面积最大的地区，面积均超过200千公顷，同时也是灌区数量最多的地区。南宁、玉林2市是全区农田渠道修建最长的地区，长度均超过6000千米。

表3-22 2017年末广西设区市防洪、蓄水及灌溉设施分布

地域	堤防长度（千米）	#达标堤防（千米）	大型水库（座）	中型水库（座）	灌区数量	有效灌溉面积（千公顷）	占常用耕地比重（%）
南宁市	272.6	158.1	9	27	147	231.6	34.0
柳州市	75.7	64.4	5	20	47	112.4	32.3
桂林市	1325.3	207.6	4	35	140	219.8	66.8
梧州市	297.6	125.7	4	7	75	61.0	48.2
北海市	618.0	134.7	1	4	20	45.7	37.1
防城港市	219.8	99.6	2	5	11	29.9	32.8
钦州市	391.6	199.1	2	9	38	79.4	38.2

---

[1] 广西壮族自治区地方志编纂委员会. 广西通志·水利志［M］. 南宁：广西人民出版社，1998.

续表

地域	堤防长度（千米）	#达标堤防（千米）	大型水库（座）	中型水库（座）	灌区数量	有效灌溉面积（千公顷）	占常用耕地比重（%）
贵港市	551.4	227.0	6	16	84	151.5	50.6
玉林市	271.6	104.7	2	28	95	143.1	59.9
百色市	470.0	236.0	8	24	60	109.3	24.4
贺州市	287.0	64.9	3	8	47	81.0	56.4
河池市	253.4	189.4	6	15	57	82.4	22.6
来宾市	126.3	52.8	2	13	101	105.6	26.0
崇左市	20.8	20.8	4	19	84	74.5	14.3
市域合计	5181.1	1884.8	58	230	1006	1527.1	35.3

资料来源：根据《庆祝改革开放40周年暨广西壮族自治区成立60周年成就地图集》及2018年《广西统计年鉴》数据整理。

然而，广西的民生水利任务仍繁重：已建的大型灌区骨干干渠整体效益尚未能充分发挥作用；中、小型灌区的续建配套和节水改造实施较少，渠道衬砌率仅31.85%；早期建设的农村饮水工程建设标准偏低；水源保护和供水应急能力建设还薄弱。

3. 蓄水工程、水资源配置及城乡供水保障工程

1958年自治区成立之前，广西没有总库容1亿立方米以上的大型水库，到1978年有22座；总库容100万至1亿立方米的水库，1949年以前没有，1957年有152座，1978年有1109座。至2015年，建成水库4545座，总库容679亿立方米，其中大型57座、中型228座、小型4260座。至2017年底，全区已建成大中型水库288座。桂林、南宁、百色、玉林4市是大中型以上水库较多的地区，均超过30座；河池市为全区大中型水库总库容量最高的地区，水库总库容超过100亿立方米；南宁、柳州、梧州和百色4市是大中型水库总库容量较高的地区，水库总库容在50亿～100亿立方米。

此外，"十二五"期末已建成泵站工程1.14万处，其中大中型99处；建成各类水闸4220座，其中大中型193座；建成农村集中式供水工程8.92万处，其中千吨万人以上107处；建成机电井86.97万眼，其中规模以上机电井1.54万眼。农村饮水工程供水人口4399.42万人，其中集中式供水人口占77.64%，分散式供水人口占22.36%。已建水利工程总供水量达到299.3亿立方米。

根据《2017 年广西水利统计公报》及国家统计局公布的数据，2017 年全区水资源总量 2388 亿立方米，占全国的 8.3%；总供水量 284.9 亿立方米，其中地表水源占 95.8%，地下水源占 3.7%，其他水源占 0.5%。总用水量 284.9 亿立方米（占全国的 4.7%）之中，生活用水 40.2 亿立方米（其中城镇生活 28.9 亿立方米占 71.8%），占全区总用水量的 14.1%，略高于全国该项比重均值（13.9%）；工业用水 46.0 亿立方米，占 16.1%，低于全国该项比重均值（21.1%）5 个百分点；农业用水 195.8 亿立方米，占 68.7%，高于全国该项比重均值（62.3%）6.4 个百分点；生态环境补水 3.0 亿立方米，占 1.1%，低于全国该项比重均值（2.7%）。反映出广西作为水资源大省、农业及生态大省的用水特征。

分地区看（见图 3 – 11 及表 3 – 23），南宁和桂林两市是供水用水量最高的地区，地区用水总量接近 40 亿立方米，防城港、北海、梧州 3 市则不足 15 亿立方米。城市供水方面，南宁、柳州、桂林 3 市供水总量较高，分别达到 5.6 亿、4.8 亿和 1.5 亿立方米，而崇左、来宾和贺州 3 市则不足 0.3 亿立方米；柳州和防城港 2 市是人均城市用水量较高的地区，玉林、来宾、贵港 3 市则未达到全国均值。此外，近年全区已解决农村饮水安全问题的人口逐年上升，农村自来水普及率 2011 年末为 55.6%，2017 年末达 79.9%。

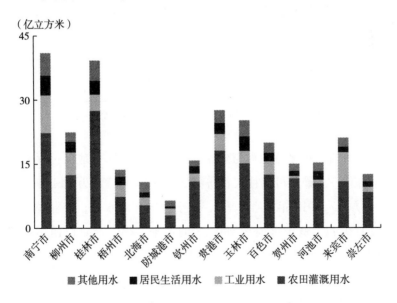

图 3 – 11　2017 年广西设区市城市用水结构

资料来源：根据 2018 年《广西统计年鉴》数据整理。

表 3 – 23　2017 年全国及广西设区市城市供水与用水对比

地域	全域供水			城市供水用水					
	总量（亿 m³）	#地表水	地表水占%	供水综合生产能力（万 m³/日）	供水管道长度（千米）	供水总量（亿 m³）	#家庭用占%	用水人口（万人）	人均用水量（m³，日均数）
全国	6043.4	4945.5	81.8	30475.0	797355	593.76	—	48303.5	179
广西	284.9	273.1	95.8	701.4	18528	18.36	44.6	1102.2	257
为全国%	4.7	5.5	117.1	2.3	2.3	3.1	—	2.3	143.8
南宁市	40.9	38.9	95.0	172.0	3780	5.62	52.3	324.8	317
柳州市	22.3	20.6	92.2	151.1	2634	4.82	23.4	174.9	235
桂林市	39.2	38.6	98.4	46.6	2026	1.50	51.0	89.8	325
梧州市	13.6	13.6	99.8	45.3	506	0.71	47.6	56.6	227
北海市	10.8	9.3	86.3	37.7	1418	0.73	50.4	45.5	305
防城港市	6.5	6.4	98.5	17.6	469	0.52	32.8	21.4	290
钦州市	15.7	15.3	97.7	31.4	1047	0.61	53.3	36.3	302
贵港市	27.5	26.1	94.9	24.4	1168	0.70	38.2	44.5	171
玉林市	25.1	24.1	96.2	37.5	891	0.68	57.6	74.6	144
百色市	19.9	19.0	95.8	15.0	624	0.35	59.5	26.3	298
贺州市	14.9	14.6	97.9	10.0	918	0.26	58.6	24.0	216
河池市	15.1	14.3	94.5	32.5	563	0.43	64.6	34.9	246
来宾市	21.1	20.5	97.5	12.0	947	0.24	77.7	32.4	162
崇左市	12.5	11.9	95.3	7.0	261	0.19	44.6	17.6	205

资料来源：根据中经网统计数据库及 2018 年《广西统计年鉴》数据整理。

　　不过，广西的供水保障能力与效率还有待提高，部分地区仍存在工程性缺水、供水水源单一或稳定可靠性欠佳等问题。2015 年广西万元工业增加值用水量为 61.5 立方米（2010 年价格水平），高于全国平均水平；农业灌溉用水有效利用系数仅为 0.47，低于全国平均 0.53 的水平。2017 年，广西用水消耗总量 131.8 亿立方米，耗水率 46%；废污水排放总量 37.7 亿吨；人均综合用水量 586 立方米，万元地区生产总值用水量 140 立方米；城镇人均生活用水量 329 升/日，农村人均生活用水量 125 升/日；耕地实际灌溉亩均用水量 811 立方米，农田灌溉水有效利用系数 0.486，万元工业增加值用水量 60 立方米。[①]

4. 水力发电工程

位于横县，1958 年动工兴建，1979 年全部投产的西津水电站，是广西第一座中型水电站。1981 年，国务院批复《关于红水河综合利用规划审查会议的报告》并列入国家"六五"计划和长远规划，提出建设天生桥一级、天生桥二级、平班、龙滩、岩滩、大化、百龙滩、恶滩、桥巩、大藤峡共 10 个梯级电站。经过近 40 年的建设，目前已建成 9 座，建设中的大藤峡水电站建成发电也是指日可待。位于大化瑶族自治县，1985 年兴建，1995 年全部建成投产的岩滩水电站，是广西第一座特大型水电站。位于隆林各族自治县与贵州省安龙县交界、珠江水系红水河上游干流南盘江，2000 年全部竣工发电的天生桥水电站，是西电东送的重点工程。位于天峨县，2001 年兴建，2009 年全部机组投产发电的龙滩水电站，是国家实施西部大开发和西电东送重要的标志性工程，仅次于三峡水电站，是目前广西最大的水电站。位于百色市区上游，西江干流上以防洪为主，兼发电、灌溉、航运、供水等综合利用的大型防洪控制性工程——百色水利枢纽，2001 年动工，2006 年竣工，也是西部大开发的标志性工程。

此外，至 2015 年，广西有地方电力农村水电站 2423 座，总装机容量达 441 万千瓦，年发电量 144 亿千瓦时。2017 年，装机容量（459 万千瓦）和发电量（143 亿千瓦时）均占全国同类指标的 5.8%。

5. 水土保持与河湖生态修复工程

至 2001 年末，水土流失治理面积 1.2 万平方千米，2005 年末为 1.5 万平方千米，2012 年末为 2.0 万平方千米，至 2017 年末达到 3.7 万平方千米。而同时，全区水土流失面积 5.1 万平方千米，占全区土地总面积的 21.3%。水土流失和石漠化仍是广西面临的主要生态环境问题，需继续全面推进水土流失防治，保护和合理利用水土资源，并解决水污染、城镇饮用水水源地保护及水生态修复等水资源管理问题。

2018 年，为落实国家全面推行的河长制，以保护水资源、防治水污染、改善水环境、修复水生态，广西在自治区、14 个设区市、111 个县（市、区）、7

---

① 广西壮族自治区水利厅.2017 年广西壮族自治区水资源公报 ［EB/OL］. http：//www. gxwater. gov. cn/zwgk/jbgb/szygb/201810/t20181024_ 44478. html，2018 – 10 – 24.

个经济技术开发区、1223 个乡镇（街道）层面全部制订实施河长制工作方案。自治区、市、县、乡、村五级河长湖长体系全面建立，全区共落实各级总河长 2710 名，各级河长 25861 名、湖长 94 名，实现全区江河湖库河长制湖长制全覆盖；县级以上河长制办公室全部设立运转，还有 1077 个乡镇结合实际设立了河长制办公室；河长会议等 6 项国家规定的工作制度和河长巡河等系列地方配套工作制度全面建立，形成了比较完善而行之有效的河长制湖长制工作制度体系[①]。

6. 在建重大水利工程

包括纳入国务院 2015 年安排的 172 项节水供水重大水利工程的大藤峡水利枢纽（位于桂平市南木镇）、广西西江干流治理、落久水利枢纽（位于融水县境内）、洋溪水利枢纽（位于三江县境内）、桂中治旱乐滩水库引水灌区二期、驮英水库（位于宁明县）及灌区等，总投资 527 亿元，其中"十二五"期间已完成 50 亿元，"十三五"期间计划完成 411 亿元。

三、市镇管网及基础设施

市政管网作为市镇的基础设施，主要包括交通、电力、电信、网络、通讯、热力、排水、排污、供气、供水等，为城镇居民提供基本服务。

1958 年自治区成立之初，广西城市基础设施几乎是空白，大都没有自来水厂，城市的排水也仅有一些不连贯的明沟或盖板暗沟。经过 60 年的发展，特别是改革开放以来，城市基础设施显著提升。

1. 城市交通路网

全区城镇已建成道路长度由 1990 年的 5912 千米提高至 2017 年的 14032 千米，道路面积由 1990 年的 5066 万平方米提高至 2017 年的 28719 万平方米；城市人均道路面积达 17.2 平方米，建成区路网密度 6.7 千米/平方千米，建成区道路面积率 13.7%；城市（县城）桥梁共 1697 座，其中立交桥 122 座。从全国范围看，人均交通设施方面，2005 年全国城市万人拥有公共交通标准运营车辆 8.6 标台，2015 年为 13.8 标台，广西的城市只有南宁和柳州接近这个均值，其他城市尚未达到全国平均水平，如图 3 - 12 所示。

① 周映，骆远柱. 我区全面建立河长制湖长制［N］. 广西日报，2018 - 07 - 17（1）.

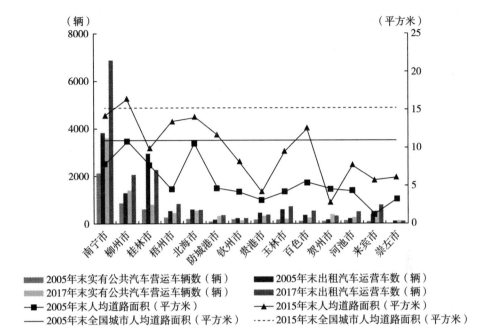

图 3 – 12 广西各市辖区城市交通设施对比

资料来源：根据 2006 年、2016 年和 2018 年《广西统计年鉴》及中经网统计数据整理。

2. 排水排污与环境卫生

覆盖县级以上城市的污水生活垃圾处理体系基本形成并不断完善，已建成城镇污水处理设施 116 座，建成污水管网 7826 千米，城镇污水处理率达93.8%；已建成生活垃圾无害化处理厂 81 座，生活垃圾处理设施日无害化处理能力为 19341 吨，全区城镇生活垃圾无害化处理率达 98%，生活垃圾焚烧处理比例逐年增加，日焚烧处理能力为 8660 吨；建成镇级污水处理厂 455 座（其中，"十二五"后两年建成 137 座，"十三五"首批截至 2017 年底前建成 318座），污水管网约 2050 千米，镇级污水处理设施覆盖率超过 60%；2015～2017年全区累计新建、改建市政公共厕所 2368 座。

3. 供气

广西城市燃气从无到有，有燃气供应的城市由 1990 年的 7 个市增加到 2017年的 49 个市县，全区已建成燃气供应管道 6978 千米。城镇燃气总供气量约为12.6 亿立方米（按天然气热值折算），天然气、液化石油气、人工煤气供应量分别占城镇燃气总供应量的 57.2%、41.6%、1.2%（按天然气热值折算）。
2005 年和 2017 年广西各市辖区供气总量均占全国城市供气量的 2.3%，2017 年
占 2.4%，具体如图 3－13 所示。

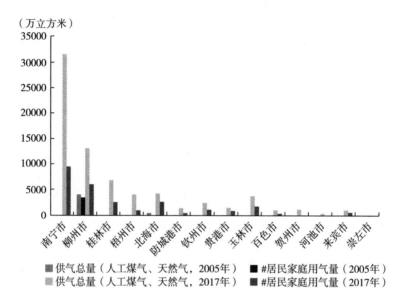

图 3－13　2005 年、2017 年广西设区市辖区供气分布

资料来源：根据 2006 年和 2018 年《广西统计年鉴》及中经网统计数据整理。

4. 供水

广西水资源充沛。2017 年，全区城市（县城）人均日生活用水量为 224.6
升，用水普及率达到 97.2%。全区共有公共供水水厂 155 座，全部采用常规处
理工艺，综合生产能力 778 万立方米/日，供水管长度 24843 千米，供水总量
192548 万立方米，用水人口 1565.6 万人，公共供水普及率达到 93.5%。

此外，至 2017 年底，全区有 12 个城市建成区 5% 以上的面积达到海绵城市
建设要求，累计建成城市地下综合管廊 46.9 千米（见图 3－14）。桂林市、柳州
市成为国家开展生态修复、城市修补即"城市双修"的试点城市。

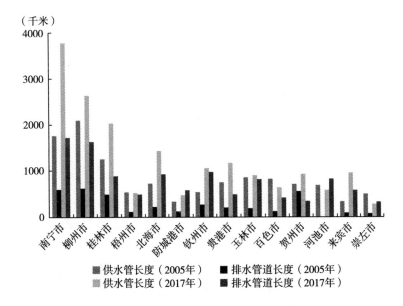

（千米）

■ 供水管长度（2005年）　■ 排水管道长度（2005年）
■ 供水管长度（2017年）　■ 排水管道长度（2017年）

图 3 - 14　广西各市辖区供水与排水设施对比

资料来源：根据 2006 年和 2018 年《广西统计年鉴》及中经网统计数据整理。

第四节　基本公共服务设施

一、教育事业

1. 基本公共教育快速发展，但义务教育有待提升

至"十二五"期末的 2015 年，广西全面实现免费义务教育、中等职业教育学生免学费，学前教育三年毛入园率为 74.7%，九年义务教育巩固率达 93%，高中阶段教育毛入学率达 87.3%，分别比"十一五"末的 2010 年提高 20.7 个百分点、8.0 个百分点和 17.3 个百分点。不过，全区超过 50% 义务教育学校不达标，大班额、大通铺现象仍较普遍。

2. 基础教育资源不断改善，但参差不齐

如表 3 - 24 所示，2017 年底，全区共有幼儿园 11787 所、小学 8454 所、普通初中 1757 所、普通高中 460 所，分别是 1958 年自治区成立之初的 19.2 倍、

10.6 倍、6 倍和 2.9 倍。其中，在园幼儿 213.99 万人，比上年增加 4.35 万人，小学、普通初中、普通高中的在校生分别为 463.75 万人、203.46 万人和 97.48 万人，分别是 1958 年的 1.4 倍、11.7 倍和 25.9 倍。

表 3 – 24 主要年份广西各类学校数量及占全国的比重

年份	幼儿园		普通小学		初中		中等职业		普通高中		普通高等	
	所	%	所	%	所	%	所	%	所	%	所	%
2005	3152	2.5	15500	4.2	2361	3.8			529	3.3	51	2.8
2010	5349	3.6	13942	5.4	1974	3.6			463	3.3	70	3.0
2015	10397	4.6	11849	6.2	1839	3.5	280	3.2	445	3.4	71	2.8
2017	11787	4.6	8454	5.1	1757	3.4	271	3.3	460	3.4	74	2.8

资料来源：根据历年《广西统计年鉴》和《中国统计年鉴》资料整理。

进入 21 世纪，跟全国的趋势相近，广西小学、中学的数量都减少，但幼儿园及学前教育的学校数量增加（见表 3 – 25、表 3 – 26）。

表 3 – 25 广西小学校区服务重叠率指标在全国的地位

指标	全国平均	最高省市区	最低省市区	广西排位
小学校区服务重叠率（500 米半径）				
城镇居住小区（%）	3.40	上海	西藏	5
行政村（%）	0.44	广东	上海、北京、辽宁、内蒙古、重庆、浙江、山东、西藏	4
城乡居民地（%）	1.84	上海	西藏	6
小学校区服务重叠率（1000 米半径）				
城镇居住小区（%）	20.26	上海	西藏	7
行政村（%）	0.25	天津		
城乡居民地（%）	9.74	上海	西藏	14

资料来源：根据《中国地理国情蓝皮书 2017》数据整理。

表 3-26 2015 年广西设区市类学校分布   单位：所

地域	普通高等教育	普通高中	普通初中	成人教育及职业教育	特殊教育	小学
南宁市	57	77	289	150	8	1838
柳州市	12	28	155	52	8	1071
桂林市	17	50	187	61	5	1325
梧州市	3	19	122	37	2	979
北海市	6	21	86	28	2	426
防城港市	1	12	47	8	0	306
钦州市	3	31	130	20	2	1170
贵港市	1	43	213	26	2	1227
玉林市	3	52	258	46	3	1485
百色市	8	27	182	50	7	1504
贺州市	3	11	98	23	3	784
河池市	3	27	173	40	8	1724
来宾市	1	16	74	18	3	725
崇左市	5	14	92	27	3	759
广西合计	123	428	2106	586	55	15323

资料来源：根据广西第一次全国地理国情普查资料整理。

3. 职业教育与高等教育两翼齐飞，但高等教育尚弱

如表 3-27 所示，全区职业院校 309 所，全日制在校生规模已达到 103.2 万人。其中，中职 271 所，全日制在校生规模 49.8 万人，是 1958 年的 16.8 倍。高等教育中，普通本科院校 36 所（含独立学院 9 所），在校生 45.7 万人，均远高于自治区成立之初的水平。

表 3-27 2017 年广西各类学校培养学生及师资数量   单位：人

学校类别	学校数（所）	毕业生数	招生数	在校生数	教职工数 合计	教职工数 其中：专任教师
总计	22945	2893584	3591926	11515355	761851	602602
一、研究生培养机构	13	9037	11049	30404	31328	17233
1. 高等学校	13	9037	11049	30404	31328	17233
二、普通高等学校本专科	74	210666	279869	866716	66934	43246
本科	36	88932	126369	456835	48724	29966

续表

学校类别	学校数（所）	毕业生数	招生数	在校生数	教职工数	
					合计	其中：专任教师
专科	38	121734	153500	409881	18210	13280
三、普通中等学校	2538	1147417	1364857	3819752	254017	21107
1. 普通中学	2217	919168	1062931	3009443	216934	185744
高中	460	281761	350724	974811	79988	55988
初中	1757	637407	712207	2034632	136946	129756
2. 中等职业学校	271	199722	252803	686797	28095	20942
3. 技工学校	47	28527	49110	123499	8954	4397
4. 工读学校	3	0	13	13	34	24
四、小学	8454	713555	837008	4637548	250648	274133
五、特殊教育学校	79	1758	4573	22080	1871	1577
六、幼儿园	11787	811151	1094606	2139862	157053	82306

注：其中研究生培养机构不计入学校数。

资料来源：根据广西壮族自治区教育厅公布的资料整理。

如果以广西人口占全国人口比重线（3.5% 左右）为参照，如图 3－15 所示，广西各类学校学生中，幼儿园、小学、初中的在校学生在全国占较高比重，多年来在 5% 以上，特别是农村小学占比高达近 7%，而广西在校本科生及研究生占全国的比重近年虽有提升，但基本都在 3% 以下，其中在学研究生占全国比重不足 1.5%。

4. 教师队伍规模扩大、素养提高，但生师比仍偏高

近十年来，广西累计培训教师 100 多万人次。2017 年，全区有各级各类专任教师 58.65 万人，比 1958 年增加近 45 万人。其中，幼儿园专任教师 8.23 万人，小学专任教师 24.71 万人，普通初中专任教师 12.97 万人，普通高中专任教师 5.6 万人，中等职业专任教师 2.09 万人，高校专任教师 4.43 万人。另外，全区高校现有国家级、自治区级高层次人才 1000 多人。同时，广西各类学校的生师比虽然不断优化，但均比全国的均值高（见表 3－28），即广西平均每个专任教师负担学生数高于全国平均值。

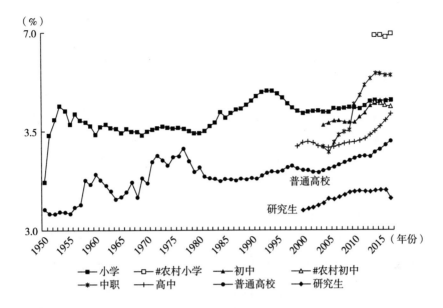

图 3-15　广西各类学校在校生占全国同类在校生的比重

资料来源：根据历年《广西统计年鉴》和《中国统计年鉴》数据整理绘制。

表 3-28　主要年份广西各类学校生师比及与全国均值的对比

年份	普通小学		普通初中		普通高中		中等职业学校		普通高等学校	
	广西	全国	广西	全国	广西	全国	广西	全国	广西	全国
2005	22.11	19.43	19.97	17.80	19.85	18.54	—	21.34	17.00	16.85
2010	19.53	17.70	16.88	14.98	17.90	15.99	—	25.69	17.42	17.33
2015	19.83	17.05	16.50	12.41	17.06	14.01	36.27	20.47	18.11	17.73
2017	18.77	16.98	15.68	12.52	17.41	13.39	31.72	18.98	17.78	17.52

资料来源：根据历年《广西统计年鉴》和《中国统计年鉴》资料整理。

5. 教育投入加大，"地基"得到夯实

①教育资助投入不断扩大。2007 年以来，全区累计发放资助资金 531.78 亿元，累计资助学生 3164.11 万人次。自 2011 年起，又启动农村义务教育学生营养改善计划，累计投入营养膳食补助资金 73.47 亿元，惠及学生 170 万名。此后，广西又不断加大对教育资助金额的投入。②教育基建显著改善。近年来，全区对"全面改薄"工程投入不断加大，2014~2018 年，全区义务教育专项工程用于改善义务教育薄弱学校基本办学条件的投入就达 352 亿元，建设学校

14288 所（次），建设项目 23394 个（次），建设校舍面积 1603 万平方米，新增校舍面积超过"十一五""十二五"十年总和。① ③义务教育得到均衡发展。2017 年全区 98 个县（市、区）通过了自治区级督导评估验收，其中 51 个县通过国家评估认定，县域内学校之间的差距普遍缩小，义务教育质量稳步提高，有力地推动了义务教育均衡发展。教育的大力投入使全区的教学办学条件得到极大改善，教育事业的地基得到不断夯实。

二、科研与技术服务

根据《广西科技创新"十三五"规划》《广西科技创新支撑产业高质量发展三年行动方案（2018—2020 年)》等文献，改革开放以来，通过全面实施科教兴桂战略、人才强桂战略、创新驱动发展战略，广西科技事业不断发展壮大，初步打造成 9 张在全国具有竞争力和影响力的创新发展"名片"——传统优势产业、先进制造业、信息技术、互联网经济、高性能新材料、生态环保产业、优势特色农业、海洋资源开发利用保护和大健康产业，实施制糖、粮食、新能源汽车、石墨烯等重大科技专项研究，初步实现高新技术企业数、发明专利申请量等指标倍增。在柴油发动机研制、铝合金制备及加工、三维石墨烯制备、工业废水处理、杂交稻优质化育种等领域取得一批国际先进水平的创新成果。

2016 年，广西科技进步贡献率 50.54%，比"十五"期末提高了 8.1%；全区科技研发投入比"十一五"期末增长了 78%。2017 年，高新区总数达到 12 个，工业总产值达到 7860.8 亿元，比"十五"期末增长了 3.06 倍，高新技术企业达到 830 家；发明专利申请量、授权量和拥有量增长率连续 4 年居全国前列，成为全国首批 3 个特色型知识产权强省建设试点之一。科技创新对经济社会发展的战略支撑作用增强。广西科技创新能力的提升主要体现在以下几个方面：

1. 科创基础不断夯实，人才队伍得以强化

如表 3-29 所示，①研发投入持续增加。"十二五"期间，全区财政科技拨款年初预算安排年均增长超过 20%，全社会研究与试验发展（R&D）经费支出由 2010 年的 62.87 亿元增长到 2014 年的 111.87 亿元，增长了 72.94%。②创新

---

① 蒋晓梅．数说广西教育成就［N］．南国早报，2018-11-23.

平台和基地建设持续加强。目前，广西已建成了国家重点实验室 2 家、国家工程技术研究中心 3 家、国家工程实验室 3 家、国家地方联合工程研究中心（实验室）11 家、国家级企业技术中心 8 家，广西工程技术研究中心达到 213 家，建设了 23 家千亿元产业研发中心、25 家工程院、28 个产业技术创新战略联盟。到 2015 年底，全区高新技术企业 641 家，比"十一五"期末增长 55%；创新型企业（含试点）163 家，比"十一五"期末增长 49%。自治区重点实验室及培育基地由"十一五"期末的 38 家增加到 78 家。③高层次人才队伍建设持续推进。截至 2017 年，广西共选聘主席院士顾问、自然科学类八桂学者、特聘专家等近 300 名，建设院士工作站 80 家，一批高层次创新人才脱颖而出，形成广西高层次人才队伍。

表 3－29　主要年份广西科技创新活动简况

年份	2000	2010	2015	2017
科技机构数（个）	732	714	842	860
#科技部门属科研机构	234	138	124	119
大中型工业企业属技术开发机构	181	211	234	193
全日制高等院校属科研机构	131	159	285	363
科技活动人员数（万人）	4.86	8.91	11.37	
研究与发展经费内部支出（万元）	83597	628695	1059124	1421787
#政府资金	19198	152128	249685	384486
企业资金	56972	451914	759182	971908
境外资金	149	866	335	746
工业企业科技活动				
有研发机构的大中型工业企业（个）	293	232	139	117
有 R&D 活动的大中型工业企业（个）		167	214	235
科技活动人员数（万人）	2.15	3.78	4.83	
研究与发展经费内部支出（万元）		438669	769190	935996
#政府资金	2930	22168	32000	36617
企业资金	48390	413173	732074	896603
境外资金	132	161	75	459
新产品开发经费支出（万元）	50304	460413	903957	1120030
科技活动产出				

续表

年份	2000	2010	2015	2017
专利申请数（项）	162	1591	4613	5428
#发明专利	20	488	2005	2502
拥有有效发明专利数（项）	78	950	3731	6557
技术改造和技术获取				
技术改造经费支出（万元）	126898	1374075	915924	789279
引进境外技术经费支出（万元）	27910	8137	5697	8060
引进技术的消化吸收经费支出（万元）	754	5988	2621	3183
购买境内技术经费支出（万元）	6657	12092	11610	32623
县及县以上政府部门所属研发机构数（个）	224	207	195	165
从事科技活动人员数（人）	7954	8757	10034	7516
#大学本科及以上学历		5400	7449	5692
经费筹集总额（万元）	54820	187190	278240	511634
#政府拨款	31272	136474	224073	280262
经费使用总额（万元）	53090	170741	274085	280336

资料来源：根据 2018 年《广西统计年鉴》数据整理。

2. 创新创业环境不断优化，创新创业服务平台不断健全

截至 2017 年，全区拥有科技企业孵化器达到 52 家（其中国家级 7 家），一批众创空间在全区范围内开始建设。南宁、柳州、桂林、北海自主创新示范区建设全面启动，全区科技成果转化大行动深入实施。"十二五"期间全区共签订区外技术引进合同 13368 项，交易金额 352.75 亿元。另外，创新创业政策环境进一步健全，先后修订《广西科学技术进步条例》《广西壮族自治区专利条例》《广西壮族自治区高新技术产业开发区条例》，以及《广西壮族自治区科学技术奖励办法》，出台《大力推进大众创业万众创新的实施方案》，评选出 760 项广西科学技术奖，坚持每年举办广西科技活动周等大型活动，各类群众性科普主题活动覆盖全区，创新创业环境日益优化。

3. 知识产权成果丰硕，知识品牌逐渐增多

在知识产权成果方面，"十二五"期间全区发明专利受理量、授权量及每万人口发明专利拥有量等多项指标增长率连续多年排在全国前列。发明专利申请

量合计 76692 件，授权合计 8781 件，分别是"十一五"时期的 13.8 倍和 6.6 倍，每万人口发明专利拥有量达到 2 件，是"十一五"期末的近 7 倍。作品著作权登记 886 件，农林业植物新品种授权 44 个，知识产权成果丰硕。在知名品牌方面，近年来，广西突出从供给侧发力提质增效，深入实施商标品牌强桂战略，推动"广西产品"向"广西品牌"转变，并加大对注册商标，特别是中国驰名商标、国家地理标志证明商标的保护力度。2015 年，广西有效注册商标为 68258 件，其中中国驰名商标 29 件、广西著名商标 686 件。至 2017 年末，广西共有注册商标 12.8 万件，中国驰名商标 33 件，国家地理标志证明商标 39 件，知识品牌数量持续增多。

4. 工农业科技创新稳步提升，园区经济效应凸显

广西在工业科技创新方面，航空铝合金材料与加工技术、轨道交通高端铝合金材料等领域得到突破性的发展，国内首台达到欧洲第六阶段排放标准的柴油发动机已被研发出来。另外，工业科技的创新推动了战略性新兴产业的蓬勃发展，新一代信息技术、生物医药、有色金属新材料等产业已初具规模。在农业科技创新方面，广西已自主培育出通过审定的粮食、林木、水产畜牧等新品种 576 个，全区农业良种覆盖率达到 90%。至 2017 年底，全区主要农作物耕种收综合机械化水平达到 56.3%（其中甘蔗耕种收综合机械化水平达 59.1%），累计启动创建各类现代特色农业示范区达 1730 个，其中经自治区考核认定的自治区级 147 个、县级 228 个、乡级 310 个，国家级农业科技园区总数达到 5 家，各级别农业科技园区 59 家。此外，高新区作为广西经济的重要增长点和自主创新的高地，近年来也发展迅速，产值不断提升。"十二五"期间，全区新增国家级高新区 1 个、自治区级高新区 4 个，国家级高新区达到 4 个，高新区总数达到 8 个，数量位居西部地区前列。2015 年，高新区完成工业总产值 4395 亿元、工业增加值 1179 亿元、出口创汇 35.8 亿美元，分别比"十一五"期末增长 127.2%、137.5%、152.2%，发展增速明显高于全区平均水平。2014 年，南宁、柳州、桂林国家高新区首次全部进入全国 50 强。广西高新技术产业化指数位居全国第 9 位、西部第 3 位，增幅位居全国第 1 位。2013～2017 年，广西科技企业数增加 2.8 倍，高新技术产业增加值年均增长 15%，高于规模以上工业 5.8 个百分点。

5. 科技开放合作不断深入，联合创新效果显著

对外科技合作方面，中国—东盟技术转移中心和国际科技合作基地等平台建设加快，先后与泰国、柬埔寨等 5 个国家建立了双边技术转移中心。目前，中国—东盟技术转移协作网络成员已覆盖国内和东盟各国，网络成员达 1763 家（其中东盟国家 481 家），开展技术对接项目 429 项，签约 140 项，合同协议金额达 3.1 亿元。同时，国内科技合作也持续加强，重点与中国科学院、北京航空航天大学、北京科技大学等大院、大所在信息、新材料等领域开展产学研合作。与沿海发达地区省份在信息互通、人才培养和技术转移与推广方面合作取得实质进展。

6. 科技创新能力显著提高，但仍面临着不少问题

（1）科技创新投入严重不足，企业自主创新能力低。2015 年全区规模以上工业企业研发投入强度 0.49%，仅为全国平均水平的 61%。广西科技创新底子薄、基础弱、水平低的情况尚未根本转变，大众创业、万众创新的局面有待深入和拓展。2017 年广西综合科技创新水平指数仅为 44.84，居全国第 25 位。主要问题表现为：①产业科技水平不高，大多数仍处于跟跑、模仿阶段，传统优势产业转型升级任重道远，以科技创新为引领的新产业、新业态尚未成型，产业整体处于价值链的中低端。②高水平创新平台不足。③高端领军人才匮乏。每万名就业人员中研发人员数仅为全国平均水平的 1/3。④企业创新主体不强。企业普遍缺乏关键核心技术，高新技术企业和创新型企业数量少，规模以上企业研发投入强度仅为全国平均水平的一半。⑤成果转化能力不足。

（2）各市的科技研发投入与创新能力分异显著，与发达城市相比差距很大。从各市的研发经费投入来看（见表 3-30），各市的研发投入虽然不断增长，但研发经费占 GDP 的比重仍然很小。以 2016 年为例，除南宁和柳州的研发经费投入占 GDP 的比重超过 1% 以外，其他各市的研发经费投入占比远小于 1%，反映了各市对科技创新的重视程度严重不足。另外，地域分异十分明显。南宁、柳州、桂林和防城港四市的研发经费投入相对较高，而其他各市的研发投入很少，表现出经济发展越好的地区对研发的投入越大的分异特征。另外，与发达城市相比，广西各市创新能力差距巨大（见表 3-31）。2016 年，国家科技创新引领之地深圳市的创新指数为 694.05，而广西创新指数最高的南宁市仅为 23.96，创新能力差距十分明显，说明广西的创新能力依然十分薄弱。

表3-30　2008年和2016年广西各设区市科学研究与实验发展经费简况

地域	2008年		2016年	
	R&D经费（千万元）	占GDP比重（%）	R&D经费（千万元）	占GDP比重（%）
南宁市	107.9	0.82	377.6	1.02
柳州市	93.7	1.03	399.4	1.61
桂林市	74.6	0.84	156.5	0.76
梧州市	1.9	0.05	14.0	0.12
北海市	3.2	0.10	32.3	0.32
防城港市	2.0	0.09	67.0	0.99
钦州市	2.9	0.08	11.8	0.11
贵港市	3.3	0.08	6.7	0.07
玉林市	19.7	0.33	13.6	0.09
百色市	2.7	0.06	20.7	0.19
贺州市	1.9	0.08	14.0	0.27
河池市	2.2	0.06	15.5	0.24
来宾市	0.8	0.03	5.9	0.10
崇左市	9.6	0.36	14.2	0.19

资料来源：根据《庆祝改革开放40周年暨广西壮族自治区成立60周年成就地图集》相关数据整理。

表3-31　广西设区市创新指数及与深圳的对比

年份	2005	2010	2011	2012	2013	2014	2015	2016
南宁市	1.02	2.66	3.69	5.22	7.59	11.20	17.12	23.96
柳州市	0.28	1.03	1.50	2.03	2.97	4.41	7.77	13.22
桂林市	0.54	2.49	3.30	4.45	5.90	7.93	12.13	17.01
梧州市	0.11	0.37	0.50	0.56	0.74	1.12	1.82	2.80
北海市	0.23	0.37	0.45	0.61	0.81	1.07	1.59	2.14
防城港市	0.01	0.02	0.04	0.08	0.09	0.31	0.49	0.73
钦州市	0.07	0.13	0.15	0.20	0.42	0.70	1.33	1.92
贵港市	0.11	0.22	0.23	0.26	0.30	0.44	0.73	1.00
玉林市	0.08	0.23	0.47	0.63	0.84	1.19	2.45	4.00
百色市	0.08	0.22	0.27	0.27	0.43	0.58	0.80	1.08
贺州市	0.02	0.13	0.20	0.29	0.51	0.75	1.32	1.73
河池市	0.05	0.09	0.12	0.19	0.25	0.44	0.81	1.19
来宾市	0.01	0.05	0.09	0.11	0.15	0.29	0.59	0.90
崇左市	0.02	0.02	0.02	0.02	0.06	0.16	0.40	0.88
深圳市	13.58	159.68	230.75	313.42	392.78	473.50	579.63	694.05

资料来源：寇宗来，刘学悦.中国城市和产业创新力报告2017［R］.复旦大学产业发展研究中心，2017.

三、公共文化服务设施

1958 年，广西有公共图书馆 12 个，文化馆 78 个，艺术表演团体 39 个。1978 年，全区有公共图书馆 84 个，文化馆（站）86 个，博物馆 7 个，艺术表演团体 118 个。改革开放后，广西不断加大对基层文化设施建设的投入，逐步形成了市县有文化馆、图书馆、影剧院，乡镇有文化站、电影院，村屯有文化室的三级文化实施网络建设格局，公共文化服务体系日臻完善。

如表 3 - 32 所示，2017 年，全区有公共图书馆 115 个，是 1958 年的 9.5 倍，1978 年的 1.4 倍；文化馆 109 个，是 1958 年的 1.4 倍，1978 年的 1.3 倍；博物馆 132 个，是 1978 年的 18.9 倍。1995 年以来的各项公共文化资源发展指标详见表 3 - 32。

表 3 - 32　主要年份广西公共文化资源发展

	年份	1995	2000	2005	2010	2015	2017
艺术表演团体	机构数（个）	117	118	118	141	92	108
	从业人员（人）	4408	4518	4352	4946	4613	4747
	国内演出场次（千场次）	10.87	13.40	12.34	14.93	13.17	14.43
	国内演出观众人次（千人次）	9867	16184	13182	15076		9732
	本年收入合计（万元）	3806	6503	12018	23855	65365	15945
	#财政补助收入	2589	4913	9022	17951	24937	13124
	演出收入	507	717	1550	3679	34801	72554
	本年支出合计（万元）	3670	6492	11761	23871	54129	17588
公共图书馆	机构数（个）	99	94	95	108	112	115
	从业人员（人）	1335	1540	1459	1509	1509	1660
	总藏量（千册/件）	12430	13122	14908	18809	26063	27860
	总流通人次（千人次）	8090	9268	12257	13428	20652	23443
	书刊外借册次（千册次）	5281	6878	7614	7328	11550	11829
	本年收入合计（万元）	1821	3361	6305	13320	35997	477477
	#财政补助收入	1563	2851	5469	12191	32734	459831
	本年支出合计（万元）	1769	3077	6288	13369	35915	459915
	本年新购图书（千册）	157	201	260	563	1492	1282

续表

	年份	1995	2000	2005	2010	2015	2017
群众文化	群艺馆机构数（个）	14	15	15	15	15	15
	从业人员（人）	319	337	335	345	519	547
	本年收入合计（万元）	611	849	1454	4055	129517	55713
	#财政补助收入	332	567	1249	3372	11299	50554
	本年支出合计（万元）	652	877	1515	4006	11817	55119
	文化馆机构数（个）	98	99	100	107	108	109
	从业人员（人）	1280	1273	1195	1145	1595	1613
	本年收入合计（万元）	1248	1509	2607	6743	18663	20994
	#财政补助收入	897	1234	2258	6443	16706	19522
	本年支出合计（万元）	1218	1485	2537	6672	17639	20388
	文化站机构数（个）	1412	1294	1139	1162	1168	1174
	从业人员（人）	1835	1777	2273	2585	3168	3076
博物馆	机构数（个）	37	39	49	64	124	132
	从业人员（人）	566	667	753	1096	1996	2212
	文物藏品（件、套）	180956	170336	239327	279452	422677	254298
	#一级品	296	293	279	312	360	298
	参观人次（千人次）	1443	1802	1442	7441	16555	18279
	本年收入合计（万元）	906	1792	4905	17239	40712	44880
	#财政补助收入	611	976	2430	14244	29745	43011
	本年支出合计（万元）	899	1852	4326	14344	38965	41629

资料来源：根据 2018 年《广西统计年鉴》整理。

此外，每年一届的南宁国际民歌节已经成为广西的著名文化品牌；每年的"壮族三月三"系列文化活动，成为展示、传承、弘扬广西民族文化的平台。通过组织广西优秀艺术团队赴外演出，举办中国东盟文化论坛、中国东盟戏剧展演等系列活动，全面、立体、集中地向国际、全国展示广西少数民族文化。

四、卫生服务

自治区成立 60 年特别是改革开放以来的发展，广西医疗卫生机构能力建设和服务水平逐步提高。到 2017 年，广西基本实现所有乡镇卫生院基础设施全面达到国家标准，城市公立医院改革、社会办医、重大疾病防治、医疗卫生人才队伍壮大等医疗卫生事业取得全面发展。①

1. 医疗卫生服务能力

1958 年，全区各类医疗卫生服务体系尚不完善，当时全区医院、卫生院只有 275 个，医疗服务能力有限。1978 年，广西有卫生机构 4865 个，其中医院、卫生院 1205 个；有病床总数 48793 张，其中医院、卫生院有 43500 张；卫生技术人员 5.6 万人，其中医生 2.6 万人，每万人拥有病床 12.8 张，每万人拥有医生 7.6 人。如表 3-33 所示，至 2017 年，全区有卫生机构 12288 个，其中医院、卫生院 1853 个，医院、卫生院比 1958 年增长 5.7 倍，比 1978 年增长 53.8%；病床总数 224713 张，其中医院、卫生院 224114 张，与 1978 年相比分别增长 3.6 倍、4.2 倍；卫生技术人员 305316 人，其中医生 82249 人，与 1978 年相比，分别增长 4.5 倍、2.2 倍；每万人拥有病床 49.3 张，每万人拥有医生 20.7 人（见表 3-34），与 1978 年相比，分别增长 2.9 倍、1.7 倍。

表 3-33　主要年份广西医疗卫生事业发展情况

年份	1995	2000	2005	2010	2015	2017
医疗卫生机构（个）	5571	13707	9432	10341	11770	12288
病床总数（张）	83963	85422	93767	143695	214485	224713
每千人病床数（张）	1.73	1.74	1.77	2.6	4.06	4.93
卫生技术人员（人）	116547	127036	129210	185715	274663	305316

注：本表中的医疗卫生机构不包括村卫生室和计生机构。

资料来源：根据历年《广西统计年鉴》数据整理。

表 3-34　2017 年广西医疗卫生资源一览表

地区	实有床位数（张）	卫生技术人员（人）	常住人口（万人）	每千人床位数（张）	每千人卫生技术人员（人）	每千人执业（助理）医师数（人）	每千人注册护士数（人）	床医比
全区	240713	305316	4885	4.9	6.3	2.1	2.7	1∶0.42
南宁市	47101	65544	715.3	6.6	9.2	3.3	4.1	1∶0.50

① 广西壮族自治区统计局．教育文化事业全面进步卫生事业长足发展——改革开放 40 周年和自治区成立 60 周年经济社会发展成就系列报告之十七 ［EB/OL］．http：//tjj. gxzf. gov. cn/tjsj/yjbg/qq_ 267/201812/t20181204_ 150166. html，2018 -12 -04.

续表

地区	实有床位数（张）	卫生技术人员（人）	常住人口（万人）	每千人床位数（张）	每千人卫生技术人员（人）	每千人执业（助理）医师数（人）	每千人注册护士数（人）	床医比
柳州市	23695	31844	400.0	5.9	8.0	2.6	3.5	1∶0.44
桂林市	22103	32864	505.8	4.4	6.5	2.3	2.8	1∶0.53
梧州市	13986	18748	303.7	4.6	6.2	2.0	2.8	1∶0.43
北海市	8685	10055	166.3	5.2	6.0	2.1	2.6	1∶0.40
防城港市	3907	5772	94.0	4.2	6.1	2.2	2.6	1∶0.52
钦州市	15571	18055	328.0	4.7	5.5	1.6	2.4	1∶0.34
贵港市	16314	20017	437.5	3.7	4.6	1.5	1.8	1∶0.40
玉林市	25614	26640	581.1	4.4	4.6	1.6	1.9	1∶0.36
百色市	17871	21633	364.7	4.9	5.9	1.8	2.5	1∶0.36
贺州市	8434	10853	205.7	4.1	5.3	1.7	2.2	1∶0.41
河池市	17863	20568	352.4	5.1	5.8	1.8	2.5	1∶0.35
来宾市	11020	11552	221.9	5.0	5.2	1.7	2.1	1∶0.34
崇左市	8549	11171	208.7	4.1	5.4	1.6	2.3	1∶0.39

资料来源：根据广西壮族自治区卫生健康委员会资料整理。

2. 妇儿卫生保健水平

1980 年卫生部颁布《妇幼卫生工作条例（试行草案）》后，广西各级政府把妇儿卫生工作纳入本地区的社会经济总体规划中。之后，通过大力推行"母亲安全工程"，加强各级医院的产科、儿科建设等措施，广西妇女儿童的健康水平不断提高。2017 年，全区孕产妇产前筛查率为 83.8%，住院分娩率达到99.8%，死亡率下降为 12.5/10 万，其中城市和农村分别为 15.4/10 万、11.2/10 万，妇女常见病筛查率提高到 61.5%。全区婴儿出生缺陷发生率、婴儿死亡率持续降低，分别为 105.9/万、3.5‰，新生儿听力筛查率、先天性甲状腺功能减低症筛查率、苯丙酮尿症筛查率都在 96% 以上，儿童卡介苗、脊灰疫苗、百白破疫苗、含麻疹成分疫苗、乙肝疫苗、甲肝疫苗的接种率都在 99% 以上。

3. 农村卫生状况

用水、如厕是农村卫生状况改善的两大主要问题。2017 年，广西农村居民安全用水、如厕卫生改造工作已经取得显著成效，农村自来水普及率达到

79.9%，有82.6%的农村人口在集中式供水中受益，农村卫生厕所普及率达到91.6%，其中，无害化卫生厕所普及率86.5%。居住环境的改善，为居民身体健康提供了重要保障。

五、体育设施与体育事业

20世纪八九十年代，广西曾经是体育大省，在体操、举重、射击、羽毛球及田径运动员等方面国手频出。近年来，广西在体育设施与体育事业上全面、平稳发展（见表3-35和表3-36）：群众体育不断创新；少数民族体育绚丽多姿；全民健身深入千家万户，在《全民健身计划（2011—2015年）》评估中列全国第11位，西部地区第1位。

表3-35 主要年份广西体育事业发展情况

项目	2000年	2005年	2010年	2015年
体育系统从业人员（人）	3335	3917	5183	4457
体育运动学校（所）	180	—	199	512
业余体校（所）	1028	1119	1886	793
训练基地（个）	184	129	127	300
体育场馆（个）	272	213	248	272
举办综合运动会次数（次）	—	—	4	1
举办单项比赛次数（次）	—	23	34	30
举办前人以上全民健身活动次数（次）	—	448	973	511
举办全民健身活动人数（万人）	—	331	454	130
等级运动员发展人数（人）	2552	707	1711	607
等级裁判员发展人数（人）	2154	865	1894	2170

资料来源：根据2018年《广西统计年鉴》资料整理。

表3-36 2017年广西设区市体育设施及民族体育学校与县乡分布

地域	体育设施数量（个）	民族体育师范学校（个）	十大民族传统体育示范县（市、区）	十大民族传统体育特色之乡
南宁市	11687	5	武鸣	那桐镇
柳州市	5036	4	融水、三江	富禄苗族乡

续表

地域	体育设施数量（个）	民族体育师范学校（个）	十大民族传统体育示范县（市、区）	十大民族传统体育特色之乡
桂林市	7442	1	龙胜	—
梧州市	3979	1	藤县	—
北海市	2482	—	—	—
防城港市	1274	1	—	—
钦州市	4038	—	—	—
贵港市	5794	—	—	—
玉林市	6849	—	—	—
百色市	6696	4	田阳、靖西	德峨乡、龙邦镇
贺州市	2686	4	—	—
河池市	6081	4	环江、罗城	六排镇、里湖瑶族乡、下南乡、北牙瑶族乡
来宾市	4929	4	武宣	金秀瑶族自治县
崇左市	5209	2	—	—
广西合计	74182	30	—	—

资料来源：根据《庆祝改革开放 40 周年暨广西壮族自治区成立 60 周年成就地图集》相关内容整理。

为适应体育发展的需要，广西各地的体育设施不断完善，2015 年拥有体育运动学校 512 所，训练基地 300 个，均比 2010 年大幅提高。2017 年共有体育场 8 万多个，人均体育场地面积为 1.42 平方米，比 2015 年增长 17.36%。

发挥竞技体育"灵、小、短、水"的优势，一大批广西优秀健儿登上全国和世界赛场，为国家和广西赢得荣誉。2017 年广西新发展国家（际）级裁判 10 人、等级运动员 712 人，获世界比赛奖牌 12 枚、亚洲比赛奖牌 19 枚、全国比赛奖牌 204 枚。

根据 2017 年《广西全民健身公共服务体系建设工作方案（2017—2020 年)》和 2018 年《自治区人民政府办公厅关于加快发展健身休闲产业的实施意见》：①到 2020 年，广西全民健身公共服务主要指标接近全国平均水平，90% 的县（市、区）通过全民健身公共服务体系建设评估。②到 2025 年，基本形成布局合理、功能完善、门类齐全、特色鲜明的健身休闲产业发展格局，健身休闲产业在国民经济中的地位和作用明显提升，总规模达到 1000 亿元以上。③人均体育场地面积达到 2 平方米以上，经常参加体育锻炼人数达到 2200 万人以上，人均健身休闲消费支出明显提高，健身休闲公共服务基本覆盖全民。④打造山水运动、民族传统体育等独特的自然资源和传统体育人文资源结合的广西特色的健身休闲集聚区和产业带；建成 15 个以上以健身休闲服务为特色、功能多元聚合的体育特色小镇，带动地方经济社会各项事业全面发展。⑤基本建成以广西为中心，服务"一带一路"建设，面向东盟、辐射我国西南、中南地区的区域性健身休闲产业发展先行区和交流合作的重要平台。

六、其他基本公共服务设施与建设攻坚

（一）其他基本公共服务

中华人民共和国成立初期，广西开始建立职工社会保险制度，对职工在患病、伤残、生育、死亡、年老退休时，逐步开展劳动保障工作。改革开放以来，广西社会保障工作从无到有，从简单的低保障到多层次保障，已建立起适应社会主义市场经济体制要求、资金来源渠道多、保障方式层次多、公平与效益相结合、管理服务社会化的社会保障体系框架，建立起适用于多种经济成分中各类劳动者的一体化社会保险制度。目前，广西的社会保障和救助工作包括社会救助、城乡居民最低生活保障、农村五保供养、城乡医疗救助、边境地区居民生活补助、流浪人口救助和管理、城乡居民基本养老保险、基本医疗保险、城镇职工五险合一等，已出台多项社保惠民政策，提高保障标准，扩大参保覆盖面，同时社保保费征缴和信息核对及审批等实现信息和网络化管理，为促进广西经济发展和社会稳定创造了良好环境。

总体而言，除公共基础性教育、文化及医疗卫生等基本公共服务之外，根据《广西"十三五"基本公共服务均等化规划》和《广西住房城乡建设事业发展"十三五"规划》等文件，至 2015 年末，①广西在城乡平等就业方面，初步建立公共就业服务标准体系，公共就业服务进一步向基层延伸，5 年累计城镇新增就业超过 250 万人（见表 3 - 37），农村劳动力转移就业新增 404 万人次。②收入分配方面，差距缩小，城镇居民人均可支配收入、农民人均纯收入年均分别增长 9.7%、12.7%，城乡居民收入比由 3.76∶1 缩小到 3.26∶1。③农村贫

困人口由 1012 万人减少到 453 万人。④覆盖城乡居民的社会保障体系基本建立，实现城乡居民养老保险并轨和养老保险制度全覆盖，基本养老金水平不断提高；基本医疗保险制度进一步完善，城乡医疗服务体系和职工、城镇居民和新农合三项基本医保参保率均在 95% 以上，全面实施大病保险制度；参加基本养老、基本医疗、失业、工伤和生育 5 项社会保险突破 4000 万人次。⑤社会养老服务体系方面，基本实现每个设区市都建有 1 个以上综合性社会福利院、每个县基本建有 1 家福利院或养老院、老年公寓、光荣院，每个乡镇建有 1 所以上敬老院。⑥住房保障能力进一步增强，累计新开工保障性住房和棚户区改造 93 万套，完成农村危房改造 81 万户，实物配租在公共租赁住房保障中所占的比重提高。同时，广西保障性安居工程建设进展良好，城镇中低收入群众住房保障覆盖面进一步扩大。全区共建设各类保障性住房和改造棚户区 117.65 万套（户），至 2015 年累计基本建成 64.5 万套，完成投资 1148.24 亿元，是"十一五"时期完成总量的 5.38 倍，解决 350 多万城镇中低收入群众住房困难。城镇常住人口住房保障覆盖面从 8% 提高到 20%，越来越多的中低收入群众实现了"住有所居"。⑦基本公共文化服务建设得到加强，累计建成 7079 个村级公共服务中心，解决了近 800 万农村群众收听广播、收看电视的问题。⑧全民健身活动蓬勃开展，建成村级篮球场 9182 个。⑨残疾人康复保障体系也不断健全。

表 3 - 37　全国及广西"十二五"和"十三五"基本公共服务领域发展指标对比

指标	2015 年		2020 年计划		
	全国	广西	全国	累计	广西
基本公共教育					
九年义务教育巩固率（%）	93	93	95	—	95
义务教育基本均衡县（市、区）的比例（%）	44.48	21.8	95	—	95
基本劳动就业创业					
城镇新增就业人数（万人）	—	250.71	>5000	175	
农民工职业技能培训（万人次）	—	80.5	—	4000	50
基本社会保险					
基本养老保险参保率（%）	82	86	90	—	90
基本医疗保险参保率（%）	—	97	>95	—	>95

续表

指标	2015 年		2020 年计划		
	全国	广西	全国	累计	广西
基本医疗卫生					
人均预期寿命（岁）		76. 93			77. 5
孕产妇死亡率（1/10 万）	20. 1	14. 18	18		＜18
婴儿死亡率（‰）	8. 1	4. 58	7. 5		＜7. 5
5 岁以下儿童死亡率（‰）	10. 7	6. 25	9. 5		＜9. 5
基本社会服务					
养老床位中护理型床位比例（%）	—	—	30		30
生活不能自理特困人员集中供养率（%）	31. 8	27. 9	50		50
基本住房保障					
城镇棚户区住房改造（万套）	—	45	—	2000	35. 13
建档立卡贫困户、低保户、农村分散供养特困人员、贫困残疾人家庭 4 类重点对象农村危房改造（万户）	—	9. 6	—	585	25. 8
基本公共文化体育					
公共图书馆年流通人次（亿）	5. 89	0. 15	8	—	0. 20
文化馆（站）年服务人次（亿）	5. 07		8		
广播、电视人口综合覆盖率（%）	＞98	97. 5	＞99	—	≥98
国民综合阅读率（%）	79. 6	61. 01	81. 6		81. 3
经常参加体育锻炼人数（亿人）	3. 64	—	4. 35	—	0. 19
残疾人基本公共服务					
困难残疾人生活补贴和重度残疾人护理补贴覆盖率（%）	—	—	＞95	—	＞90
残疾人基本康复服务覆盖率（%）	—	—	80		80

资料来源：①中华人民共和国中央人民政府．"十三五"推进基本公共服务均等化规划［EB/OL］. http：//www. gov. cn/zhengce/content/2017－03/01/content_ 5172013. htm, 2017－03－01.

②广西壮族自治区人民政府办公厅．广西"十三五"基本公共服务均等化规划［EB/OL］. http：//www. gxzf. gov. cn/zwgk/zfwj/20170901－640686. shtml, 2017－09－01.

　　不过，广西的基本公共服务还存在规模不足、质量不高、发展不平衡等突出问题，基本公共服务的规模和质量难以满足人民群众日益增长的需求。主要表现在：①基本公共服务资源总量不足。超过半数的乡镇收听不到广播或广播信号不好，人均体育场地面积低于全国平均水平。②城乡区域之间资源配置不均衡，服务水平差异大。7000 多个行政村没有村级公共服务中心。③边境少数民族地区广播电视人口覆盖率低于全国平均水平（见表 3 - 37）。

（二）问题区域基础设施建设攻坚

2001 年开始，广西紧紧围绕扶贫总体目标，结合社会主义新农村建设，整合资源，广泛动员社会力量参与，采取改善问题区域基础设施的特殊措施加大扶贫力度，取得显著成效。

基础设施攻坚大会战是极具广西特点的有效扶贫方式，即由政府主导，集中各部门和社会的人力、财力、物力，集中时间，在贫困人口聚集的大石山区、边境地区、少数民族地区、革命老区等集中连片特困区域，开展大面积、大规模的基础设施建设。

2001～2010 年，广西先后开展了基础设施建设的六大攻坚会战，共安排项目 20 类 280753 个，整合近 30 个部门力量，总投资 117 亿元。这些地区的道路、饮水、住房、用电、学校、卫生、沼气池、农田水利等基础设施建设得到了极大改善，群众的生活质量跃上了一个新台阶。六大会战实施的重点项目包括农田水利等其他项目，如饮水工程 79741 处，改建学校 1250 所，建设沼气池 162830 座，通电项目 1528 个，建设边境口岸 9 处，新建、扩建道路 15273 千米，茅房、危房改建 52211 户，新建、改造卫生室 1290 个。

（1）边境基础设施建设大会战：广西共有 8 个县（市）103 个乡镇与越南毗邻，为促进中越边境贸易的快速发展，2000～2002 年，广西投资 21.6 亿元开展了边境基础设施建设大会战。

（2）"东巴凤"基础设施建设大会战：2003～2004 年，在东兰、巴马和凤山三县开展以"强县富民，告慰先烈"为主题的基础设施建设大会战，总投资 22.39 亿元，涉及 12 类、34 大项共 75312 个项目。"东巴凤"的面貌在两年多的时间里发生了翻天覆地的变化。

（3）大石山区五县基础设施建设大会战：2007～2008 年，广西整合 18.38 亿元资金，在都安瑶族自治县、大化瑶族自治县、马山县、天等县、隆安县 5 县开展了基础设施建设大会战，共建设 16 类、37040 个项目。

（4）桂西五县基础设施建设大会战：2008～2009 年，广西对百色市凌云县、乐业县、田林县、西林县和隆林各族自治县进行基础设施建设大会战，共投入

15. 67 亿元资金，开展了 19 大类的项目建设。

（5）兴边富民行动大会战：2008～2010 年，广西投入资金 16.34 亿元，在距边境线 20 千米范围内的村屯开展了兴边富民行动大会战，范围包括防城港市防城区、东兴市、靖西县、那坡县、宁明县、龙州县、大新县、凭祥市以及享受边境县待遇的天等县、德保县，共建设 9 大类、47381 个项目。

（6）大石山区人畜饮水工程建设大会战：2010～2011 年，广西投资 23 亿元，在河池市 11 个县（市、区），百色市 12 个县（区），南宁市隆安县、马山县，柳州市融水苗族自治县、融安县、三江侗族自治县，来宾市忻城县，崇左市天等县开展大石山区人畜饮水工程建设大会战，解决大石山区饮水困难问题。

2015～2017 年，广西开展了左右江革命老区重大工程建设大会战，实施范围包括百色、崇左、河池 3 市和南宁隆安县、马山县，涉及 32 县（区、市）9.17 万平千米，惠及 977 万人口。实施沿边开放基础设施建设工程、特色产业发展工程、生态经济建设工程、扶贫攻坚工程、惠民工程 5 大类工程、141 个项目，总投资 327 亿元。

第四章 经济增长与格局调整

　　回顾 20 世纪以来广西经济的发展，可发现显著的阶段性增长特征。至于各阶段的时间节点划分，大致可以简要归纳为"中华人民共和国成立"和"改革开放前后"两类。对于第一类时间节点，孙敬之等（1958）认为，中华人民共和国成立前，由于广西开发较晚，加上战乱不断，广西各族人民生活长期陷入极端贫困，生产力发展受阻，经济远落后于广东、福建。中华人民共和国成立后，广西在土地改革和社会主义改造完成的基础上，通过采取各种措施使农业、工业、交通运输业等得到发展并带动了广西经济的迅速发展。① 向民等（1989）认为，中华人民共和国成立前广西经济十分落后，具体表现为农业和工业基础薄弱、交通闭塞，经济发展不均衡。中华人民共和国成立后，经过五个阶段的转变，广西的经济建设取得了显著成效。② 至于第二类时间节点，《广西通志·经济总志》认为，广西在改革开放中取得了令人瞩目的成就，经济活力明显增强，经济活动蓬勃发展，经济体制朝着社会主义市场经济方向发展，同时，对外开放使广西经济优势在走向国内外大市场中得到初步发挥，经济取得更快发展，各方面发生了深刻变化。工业生产方面，初步形成了具有地方特色和基本协调的产业结构，形成大中小并举的工业企业组织结构，智力开放得到重视。③ 谢之雄等（1989）认为，改革开放以后，广西经济发展得到历史性突破，经济发展主要表现在：农业生产总产值增速快；工业生产规模不断扩大；对外经济技术交流范围扩大；引进先进技术和利用外资取得较大进展；人民生活水平明

---

①　孙敬之，梁仁彩，黄勉，等. 华南地区经济地理［M］. 北京：科学出版社，1959.

②　向民，刘荣汉，梁有海. 广西经济地理［M］. 南宁：广西教育出版社，1989.

③　广西壮族自治区地方志编纂委员会. 广西通志·经济总志［M］. 南宁：广西人民出版社，1998.

显提高。[①] 事实上，改革开放 40 年来，经济快速增长的同时，广西的资本市场也在持续快速发展，市场主体不断增加，市场规模不断扩大，市场体系日趋完善。[②]

从具体统计数据来看，自 1958 年广西僮族自治区成立以来，广西实现了从计划经济向市场经济、农业社会向工业社会、低收入阶段向总体进入中等收入阶段迈进的历史性跨越。人均地区生产总值突破 6000 美元，比 1958 年增长 371 倍；固定资产投资完成 2.1 万亿元，比 1958 年翻 12.5 番，[③] 全区生产总值比 1958 年翻了 9.7 番，三次产业结构由 51.8∶27.7∶20.5 调整优化为 14.2∶45.6∶40.2，从农业主导转变为工业主导、服务业共同拉动的经济结构。[④]

根据《新中国 60 年统计资料汇编》及《中国统计年鉴》的数据，20 世纪 50 年代初，广西地区生产总值约占全国 GDP 的 1.9%，人均 GDP 约为全国的 56.1%。1978 年，广西 GDP 为 75.9 亿元，在全国各省区市中排第 20 位，占全国 GDP（3678.7 亿元）的 2.1%；人均 GDP 为 225 元，排第 30 位，为全国人均 GDP 的 58.4%。2018 年广西 GDP 达 2.04 万亿元，在全国各省区市中排第 18 位，占全国 GDP 的 2.3%；人均 GDP 为 41489 元（约合 6269 美元），排第 28 位，相当于全国人均 GDP 的 64.2%，世界均值的 57.4%。

目前，广西正在围绕"构建面向东盟的国际大通道，打造西南中南地区开放发展新的战略支点，形成'21 世纪海上丝绸之路'与'丝绸之路经济带'有机衔接的重要门户"三大定位战略决策，挖掘自身潜能，强化内生动力，紧抓对外开放合作、增强发展活力，同时着力稳生长、调结构、促改革、惠民生，推动经济稳步发展。

① 谢之雄，杨中华，莫大同．广西壮族自治区经济地理［M］．北京：新华出版社，1989．

② 邹嬿．广西资本市场发展与经济增长的相关性研究［J］．广西民族大学学报，2013（6）：117－121．

③ 陈武．砥砺奋进谱华章　不忘初心再起航——庆祝广西壮族自治区成立六十周年［N］．经济日报，2018－11－26（10）．

④ 张莉，石睿鹏．落实"三大定位"新使命和"五个扎实"新要求谱写新时代富民兴桂壮美华章——专访广西壮族自治区党委书记鹿心社［N］．中国日报，http：//cn.chinadaily.com.cn/2018－12/09/content_37377977.htm，2018－12－9．

第一节　经济增长

一、经济增长起步晚、增速快，处在工业化中期

1950 年，广西生产总值 9.4 亿元，1978 年为 75.9 亿元。改革开放以来，广西生产总值连续迈上新台阶：1981 年突破 100 亿元，1994 年突破 1000 亿元，2007 年突破 5000 亿元，2011 年突破 1 万亿元。2018 年，广西生产总值达到 20352.5 亿元，是 1950 年的 2165 倍，翻 11.1 番。1951～2018 年，广西生产总值年均增长 8.8%，其中，1978～2018 年年均增长 10.0%，高于全国同期年均增速 0.5 个百分点。①

从增长态势看（见图 4 - 1），1978～1989 年广西经济增速上下波动较大，1990～1993 年增速持续提升，这段时期也是改革开放以来全区经济增长最快的时期，1994～2000 年增速有所下降，2001 年后增速又有所回升，但到了 2007 年之后，由于受全球金融危机以及经济结构调整等因素的影响，全区的经济增长速度有所回落，但增速始终保持在 7% 以上。广西经济增幅在 1990 年之前与全国增幅交错，此后，增幅高于全国，增长进入快车道。

1950 年广西人均生产总值 51 元，1978 年为 225 元，2005 年达 8590 元（折合 1049 美元），2014 年突破 5000 美元，2017 年又突破 6000 美元，2018 年的人均 GDP（41489 元）是 1950 年的 814 倍。目前，广西的人均 GDP 仍与全国平均水平存在较大差距，但差距在缩小，显示广西经济追赶全国水平的步伐不断加快。

1950 年全区财政收入 0.7 亿元，2018 年达到 2790.3 亿元，翻了 12.0 番。1951～2018 年全区财政收入年均增长 13.2%。不过，2018 年广西财政收入占生产总值的比重（8.3%）、人均税收收入（2278 元）和非税收入占财政收入的比重（33.3%）分别相当于全国均值的 74.8%、38.1% 和 131.6%。

---

① 广西统计局. 波澜壮阔七十载八桂大地展新颜——新中国成立 70 周年广西经济社会发展成就综述［EB/OL］. tjj. gxzf. gov. cn/tjsj/yjbg/qq_ 267/201909/t20190923_ 153443. html，2019 - 10 - 02.

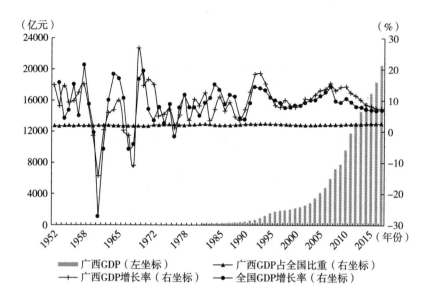

图4-1 1949年来广西地区生产总值：总量、增幅及在全国的比重

资料来源：根据《新中国60年统计资料汇编》、2018年《中国统计年鉴》及2018年《广西统计年鉴》数据整理。

在经济增长的同时，广西的产业结构不断调整和优化，其中工业化率由1978年的30.7%经历20世纪八九十年代的波动，在2010年前后增长至近41%。之后逐步缩减到2017年的31.4%，第三产业占比则从1978年的25.1%增至"十五"时期的近41%，之后下滑又再提升到2017年的44.2%。广西的工业化率在2010年超过了全国平均水平，但仍远远落后于邻近的广东省，而第三产业占比落后于全国平均水平和广东省，但差距有所缩小，如表4-1所示。

事实上，无论是从全国层面还是从邻近的广东省来看，其经济尤其是工业发展起步都较早，而广西经济、产业真正进入高速发展和腾飞阶段始于20世纪90年代。从图4-2可以看出，从"二五"时期开始，全国层面和广东省的工业化就已经开始起步，并在随后得到快速发展，而同一时期广西的工业化仍然处于沉寂阶段，直到90年代，广西的工业化和总体经济才开始腾飞并快速发展，目前广西的工业化水平仍处于中期阶段。因此，总体而言，广西的经济发展起步晚、增速快，工业化尚处于中期阶段。

表 4 - 1　广西主要经济指标与全国对比

时期/年份	GDP 增幅（%）		广西 GDP 占全国	广西人均 GDP 为全国%	工业化率（%）		三产比率（%）	
	广西	全国			广西	全国	广西	全国
1952	—	—	1.9	56.3	19.8	17.6	11.9	28.7
"一五" 期末（1957）	12.4	5.1	2.0	60.7	22.8	25.4	21.2	30.3
1958	15.0	21.3	1.9	56.2	23.6	31.7	20.5	29.2
"二五" 期末（1962）	0.4	-5.6	2.0	62.3	22.4	28.5	22.3	29.7
"三五" 期末（1970）	14.8	19.4	1.7	50.9	25.0	36.7	21.9	24.9
"四五" 期末（1975）	6.8	8.7	2.2	63.9	30.2	41.3	20.8	22.7
1978	11.7	11.7	2.1	58.5	30.7	44.1	25.1	24.6
"五五" 期末（1980）	10.2	7.8	2.1	59.4	28.5	43.9	23.1	22.3
"六五" 期末（1985）	11.0	13.4	2.0	54.4	25.4	38.2	27.0	29.4
"七五" 期末（1990）	7.0	3.9	2.4	64.1	23.3	36.6	34.3	32.4
"八五" 期末（1995）	11.4	11.0	2.4	64.9	30.8	40.8	34.2	33.7
"九五" 期末（2000）	7.3	8.5	2.0	58.6	30.2	40.1	37.0	39.8
"十五" 期末（2005）	13.1	11.4	2.1	61.1	31.7	41.6	40.5	41.3
"十一五" 期末（2010）	14.2	10.6	2.3	65.6	40.3	40.1	35.4	44.2
"十二五" 期末（2015）	8.1	6.9	2.4	70.3	37.8	34.5	38.8	50.5
2017	7.1	6.8	2.3	64.4	31.4	33.9	44.2	51.9

资料来源：根据万德数据库等相关资料计算整理。

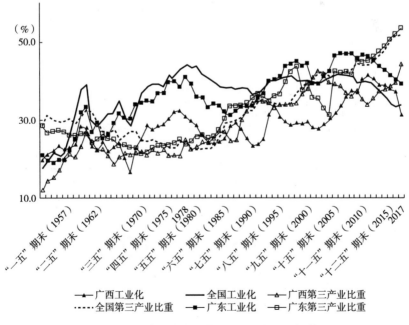

图 4 - 2　广西产业高级化指标与全国及广东的对比

二、居民生活水平稳步提升，但城乡差距拉大

人均可支配收入和恩格尔系数是反映人民生活水平的重要指标。从人民生活水平来看，全区居民生活水平稳步提升，但城乡收入差距拉大。改革开放以来，广西始终重视民生发展，居民的生活水平稳步提升。2017 年，广西城镇居民人均可支配收入达到 30502 元，农村居民人均纯收入为 11325 元，分别是 1985 年的 44.66 倍和 37.38 倍。从最能反映居民生活水平的恩格尔系数来看，城镇居民家庭恩格尔系数从 1985 年的 56.6% 下降至 2017 年的 33.2%，农村居民家庭恩格尔系数则从 62.2% 下降至 32.2%，居民的生活水平和生活质量都得到了稳步提高。近几年来，得益于城镇化的快速发展，农村居民人均纯收入增长速度明显高于城镇居民人均可支配收入的增长速度，但从整体历史数据来看，大多数时间内城镇居民人均可支配收入的增长速度要高于农村，而这导致的结果便是城乡居民人均收入差距的不断拉大，从表 4 - 2 中可以看出，1985 年城乡收入差距仅为 380 元，到了 2017 年则达到了 19177 元。

表 4 - 2   1985 ~ 2017 年广西城乡收入对比

年份	1985	1990	1995	2000	2005	2010	2015	2017
城镇居民人均可支配收入（元）	683	1448	4792	5834	8917	17064	26416	30502
农村居民人均纯收入（元）	303	639	1446	1865	2495	4543	9467	11325
城乡居民人均收入差距（元）	380	809	3346	3969	6422	12521	16949	19177
城镇居民家庭恩格尔系数（%）	56.6	58.6	51.0	39.9	41.3	38.1	34.4	33.2
农村居民家庭恩格尔系数（%）	62.2	56.6	63.2	55.4	50.5	37.5	35.4	32.2

资料来源：根据历年《广西统计年鉴》数据整理。

三、对外开放不断深入，投资经贸稳步提升

在投资方面，内引外联稳步发展。改革开放以来，广西区内全社会固定资产投资额持续增长（见表 4 - 3），1978 年，社会固定资产投资额仅为 9.71 亿元，2017 年增长到了 20499.11 亿元，40 年间增长了 2110.13 倍，为全区经济的

快速发展提供了强劲的内生动力。从外商直接投资来看，全区利用外商直接投资呈现波动增长的发展态势，从改革开放初不足 1 亿美元增长至 1995 年的 9.64 亿美元，随后又出现回落，2015 年全区利用外商直接投资额达到历史最大峰值，而后回落到 2017 年的 8.23 亿美元。尽管如此，广西的外商直接投资额总体趋势上是增长的。其中，2017 年广西全区共利用外商直接投资额 8.23 亿美元，比 1985 年的 0.45 亿美元增长 17.29 倍，投资资金主要来源于中国香港和新加坡、泰国等东盟国家；全区新签项目 183 个，合同外资额为 51.93 亿美元。同期，全区对外承包工程 47 项，合同金额共计 9.37 亿美元。

表 4 - 3　主要年份广西全区投资"内引外联"情况

年份	1978	1985	1990	1995	2000	2005	2010	2015	2017
全社会固定资产投资额（亿元）	9.71	42.22	68.57	583.34	660.01	1661.17	7057.56	16227.78	20499.11
外商直接投资额（亿美元）	—	0.45	0.60	9.64	5.25	3.80	9.12	17.22	8.23

资料来源：根据历年《广西统计年鉴》数据整理。

在贸易方面，贸易规模不断扩大，合作领域不断拓宽，但贸易方式单一，主要贸易伙伴空间分布集中。如表 4 - 4 所示，1978～2018 年，广西全区对外贸易持续快速增长。在这 41 年间，广西的贸易至 2015 年一直为顺差状态；2016～2017 年，出现逆差；2018 年恢复顺差，全区对外进出口总额为 623.4 亿美元，其中出口额为 328 亿美元，进口额为 295.4 亿美元，这三项外贸数据分别是 1978 年的 231.7 倍、131.7 倍和 1447 倍。

表 4 - 4　1978～2018 年广西全区贸易基本情况　　　　单位：亿美元

年份	1978	1985	1990	1995	2000	2005	2010	2015	2018
进出口总额	2.69	5.23	8.98	32.11	20.34	51.82	177.39	510.91	623.40

续表

年份	1978	1985	1990	1995	2000	2005	2010	2015	2018
出口额	2.49	3.72	7.29	22.46	14.89	28.77	96.03	279.34	328.00
进口额	0.20	1.51	1.69	9.65	5.45	23.05	81.36	231.57	295.40
贸易差额	2.28	2.21	5.61	12.81	9.44	5.72	14.67	47.77	32.6

资料来源：根据历年《广西统计年鉴》、中经网资料整理。

在主要出口贸易商品中，广西逐渐改变以往以农副产品和低附加值产品出口为主的状况，机电产品和制造业产品的出口迅速增长，出口商品结构不断优化。以2017年为例，该年广西出口的机电产品、制造业产品以及高新技术产品占出口贸易总额的一半以上。

虽然广西对外贸易一直以来增长较快，但也看到广西的对外贸易方式仍然比较单一，以一般贸易、边境小额贸易、来料加工装备贸易和进料加工贸易为主。以2017年为例，这四大类贸易方式的进出口贸易额占到进出口贸易总额的79.25%，而在这当中又以边境小额贸易和一般贸易为主，分别占21.63%和36.82%。

另外，广西的贸易额近年来虽不断扩大，但就贸易对象而言，贸易伙伴在地理空间上主要集中于中国香港地区和东盟国家。以2018年的数据为例，广西与东盟国家的进出口贸易额为2061.49亿元，占进出口贸易总额的50.2%，即占广西对外贸易的半壁江山，占全国对东盟贸易额的5.3%。近年来，随着"一带一路"建设的不断推进，广西对"一带一路"沿线国家的出口出现良好的增长态势。

第二节　空间格局

一、经济重心整体南移，南北经济差距显现

为反映广西经济发展的总体时空特征，采用重力模型计算出2004～2015年

广西的经济重心①迁移的方向与距离（见表4-5），并刻画出迁移轨迹（见图4-3）。从移动距离来看，2004~2015年间，除2010年和2014年外，其余每两年的移动距离大小呈现波浪式特征，若某年移动距离是缩小的，那么上年和次年的移动距离都是扩大的，反之则缩小。

表4-5 2004年至今广西经济重心迁移方向与距离

年份	地理坐标（°）		移动方向（°）	移动距离（千米）
	X（E）	Y（N）		
2004	109.197	23.491	—	—
2005	109.197	23.494	+85.694	0.390
2006	109.170	23.489	-169.321	3.058
2007	109.172	23.486	-60.689	0.382
2008	109.163	23.462	-110.188	2.877
2009	109.151	23.451	-136.290	1.849
2010	109.143	23.436	-177.928	1.824
2011	109.151	23.417	-68.161	2.322
2012	109.157	23.409	-51.879	1.045
2013	109.168	23.399	-42.428	1.713
2014	109.150	23.387	-146.665	2.395
2015	109.154	23.342	-72.156	1.203
2016	109.156	23.324	-65.433	0.526
2017	109.161	23.297	-58.452	1.032

注：移动方向是［-180°，180°］范围内基于上年的逆时针旋转（+）或顺时针旋转（-）角度。

---

① 重心分析是研究区域经济差异、反映经济发展空间平衡与否的重要方法之一。其计算公式为：

$$X = \sum_{i=1}^{n} w_i x_i / \sum_{i=1}^{n} w_i ; Y = \sum_{i=1}^{n} w_i y_i / \sum_{i=1}^{n} w_i$$

式中：X，Y 为重心的经、纬度坐标；w_i 为区域的某属性值，如经济规模、投资、消费和出口等；x_i，j_i 为区域i的地理坐标。重心偏离几何中心说明区域内的不平衡性，偏离方向指示经济空间现象的"高密度"部位或核心部位，偏离距离反映非均衡程度，偏离越远，非均衡性越大。

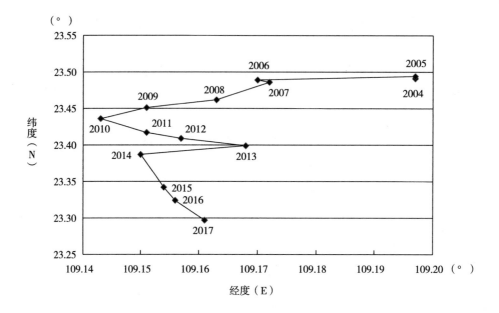

图4-3　2004~2017年广西经济重心迁移轨迹

注：图中数字为经济重心对应的年份。

　　根据经济重心迁移轨迹，将广西经济重心的空间迁移分为2004~2010年、2010~2013年、2013~2014年、2014~2017年4个阶段。如图4-4所示，第一阶段主要呈现重心往西南方向偏移趋势，说明这一时期广西西南方向的地区经济发展有较为明显的提升，是经济发展较好的"高密度"区；第二阶段呈现重心往东南方向迁移趋势，与第一阶段相比，该阶段广西东南地区的经济比重有较大幅度的增长，这在很大程度上得益于中国—东盟自贸区正式建成及《广西北部湾经济区发展规划》的推进，沿边或沿海的防城港、钦州及北海等市的经济加速发展，经济发展优势提升；第三阶段重心迁移又开始趋向西南方向转移，体现该区域的经济发展优势又得到回升；第四阶段经济重心又往东南方向偏移，东南方向经济发展速度加快。总体上，2004~2017年广西经济重心迁移轨迹呈顺时90°转动的"W"形，2010年、2013年和2014年为转折点，经济重心移动的绝对距离约为23.77千米。在经济重心移动的纬度上呈南下迁移趋势强于北上特征，移动的绝对距离为15.24千米，相对距离为12.28千米，南北经济差距基本上一直在扩大；东西方向上的经济差距呈现一张一缩特征，重心移动的绝对距离为11.18千米，相对距离为6.46千米，经济重心迁移的东西方向演化存在自我修复的规律。

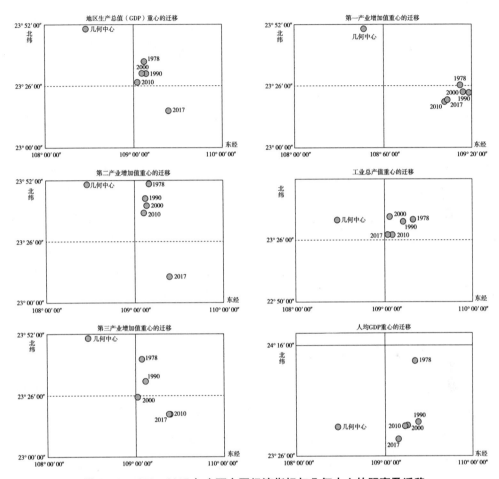

图4-4 1978～2017年广西主要经济指标与几何中心的距离及迁移

从改革开放以来的40年来看（见图4-4），广西（常住）人口总量和经济总量的重心一直在几何中心的东南方向，反映出桂东南人口及经济规模比重较高，且人口及经济重心在2010年之前均保持在北回归线以北，之后才越过北回归线，显示北回归线南部的广西地区社会经济的发展快于北部，特别是2010年之后。

其中：①1978年时广西人口重心在几何中心东南方60千米左右，至2017年，40年向南绝对迁移量约10千米，目前在几何中心东南方70千米附近。②1978年时广西经济总量重心在几何中心东南方69千米左右，至2017年，东南迁移量约

36 千米，目前在几何中心东南方 102 千米附近。③广西第一产业增加值基本保持在北回归线以南，之后略微向东南及偏西方向迁移，在三大产业中迁移距离最小，为 11 千米，目前在几何中心的东南方约 67 千米处。④第二产业增加值在 2010 年之前保持在北回归线以北、几何中心的东部，2017 年前后快速向桂南偏移，40 年迁移量近 50 千米，目前在几何中心的东南方约 104 千米处。工业总产值重心迁移路径（向西南约 36 千米到达目前距离几何中心东偏南部约 36 千米处）反映的信息虽大致一致但也有不同。近年来，桂中、桂东及桂北地区工业发展速度逊于桂西、桂南工业的发展，不过北回归线北部地区工业仍维持较大的优势，可见桂南地区第二产业的发展跟当地运输物流的快增长等有较大关系。⑤第三产业增加值方面，重心在 1978 年后也是整体向南迁移，2000 年之后移到北回归线以南，40 年绝对迁移量约 41 千米，目前在几何中心的东南方约 100 千米处。

当然，这些经济与人口中心迁移的背后，是强大的投资与开放等政策支持。由于桂东南及桂南人口比重较大，所以人均 GDP 的重心虽然也在向南偏西方向迁移（约 73 千米），但目前仍大致稳定在北回归线以北，几何中心的东边约 70 千米处。

二、县市经济快速发展，但失衡现象越发凸显

改革开放以来，经过近 40 年的发展，广西各县市的经济都得到了快速发展，无论是地区生产总值还是人均 GDP 都得到了很大提升。从地区生产总值来看（见图 4 - 5），1978 年，广西各县市的 GDP 总量均很小，GDP 的高值区主要分布在东南部地区，桂西部和桂西北部地区各县市的经济体量均很小，发展较为落后。到了 2017 年，广西各县市的 GDP 有了显著的提高，但是经济高值区依然分布在桂东南和桂东北地区，桂西和桂西北地区经济发展仍然十分落后。同时，与 1978 年相比，2017 年广西经济高值区与经济低值区之间的经济发展差距不断扩大。从人均 GDP 来看，改革开放之初广西人均 GDP 的高值区位于桂东南和桂东北地区，县市之间的差异虽然存在，但整体上看，除南宁、桂林、柳州等几个市区的人均 GDP 较高外，其他市县之间的差距不是那么明显。到了 2017 年，虽然广西人均 GDP 的总体高值区和低值区未变，但各县市之间的差异却在不断扩大，经济发展的空间分异和失衡性十分明显。

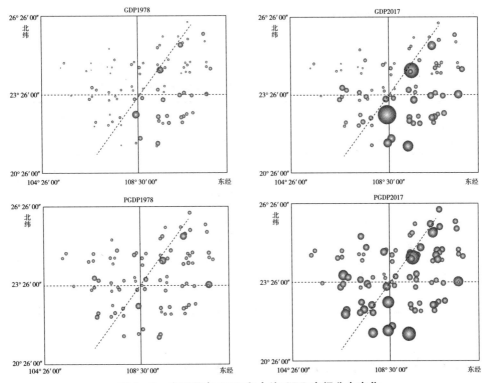

图4-5 广西县市 GDP 和人均 GDP 空间分布变化

　　进一步地，从各市的经济发展质量和竞争力来看，同样存在失衡现象。一般而言，城市综合竞争力是一个城市在一定区域范围内集散资源、提供产品和服务的能力，是城市经济、社会、科技、环境等综合发展能力的集中体现，它是判断一个城市是否发达的重要标准。为将各地级市经济发展的内涵和质量更好地体现，本书利用一系列指标通过主成分分析法测算出如表4-6所示的2017年各地级市综合竞争力指数①。表中的测算结果显示，广西城市综合竞争力呈现出3个明显的层级结构，其中南宁、柳州、桂林及梧州属于第一层级，是广西经济较发达的城市；玉林、防城港、北海、百色及贵港为第二层级，经济次发达，但有很大的发展潜能；余下的其他城市为第三层级，经济较为落后，在广

---

　　① 从经济增长、社会发展和生态环境3个维度选取GDP、人均GDP、社会消费品零售总额、实际利用外资、固定资产投资完成额、非农产业值比重、人口总数、单位从业人数、邮电业务总量、万人卫生床位数、人均绿地面积和污水年排放量等12个指标构建城市综合竞争力评价指标体系，用以测度2015年广西各城市综合竞争力。

西经济发展中处于边缘地带。事实上，各地级市之间较大的竞争力指数差距值，也反映了广西各城市之间经济发展的不均衡现象。

表 4 - 6　2017 年广西设区市综合竞争力指数

地域	竞争力指数	排名	地域	竞争力指数	排名
南宁	69.68	1	百色	11.35	8
柳州	42.62	2	贵港	10.73	9
桂林	20.77	3	河池	8.73	10
梧州	14.63	4	钦州	6.80	11
玉林	14.45	5	来宾	5.42	12
防城港	12.36	6	贺州	5.16	13
北海	11.85	7	崇左	2.55	14

三、城市间经济联系加强，但分异特征明显

（一）城际经济联系强度"核心—边缘"特征明显

经济联系强度反映了各节点城市之间经济的关联度和相互影响程度。结合广西城际最短旅行时间以及表 4 - 6 的 2017 年城市的综合竞争力指数，运用时间距离修正引力模型测算广西城际经济联系强度和经济联系总量发现，广西城际经济联系强度呈现出明显的地域分异特征，高值集中于桂林至钦州呈"东北—西南"的纵向中轴线上，呈斜"L"形分布，并由中轴线向外围圈层递减。其中，南宁市的经济联系强度最大，经济联系总量为 6086，其与柳州市（3629）和钦州市（2332）构成了广西城际经济联系强度的第一层级，在城际经济联系中处于强势核心地位。桂林市（1264）、贵港市（1876）和来宾市（1158）处于城际经济联系强度的第二层级，这 3 个城市均靠近南宁和柳州两大核心城市，经济往来和要素流动较频繁，因而受到来自核心城市的经济辐射较强，经济联系强度也较高。北海（912）、防城港（767）、梧州（597）处于城际经济联系强度的第三层级，城际经济联系较低。玉林（333）、贺州（208）、百色（141）、河池（119）以及崇左（52）城际经济联系总量均不足 500，处于最低

一级，在城际经济联系中处于弱势地位和被边缘化的孤立状态，这与城市本身交通可达性较低有关，也在一定程度上受到地理区位屏蔽效应的影响。

（二）城际经济联系方向分异特征明显

总体而言，柳州—贵港—南宁—钦州沿线上的中心城市间城际经济联系密切，在这条经济线（带）上，形成了南宁和柳州两大高值经济联系的核心城市。得益于地理上的邻近性和城际较高可达性水平的影响，钦州、贵港及桂林三市受到了南宁和柳州两大核心城市较强的经济辐射力，成为城际经济联系较为密切的城市。而桂西部的崇左、百色、河池，桂东部的贺州、梧州、玉林以及外围边缘沿海的北海与防城港，与其他城市的经济联系明显不足，具体到城市个体而言，则呈现出如下地域分异特征。

1. 南宁及柳州的主要城际经济联系方向

目前广西经济的发展呈现出南宁和柳州两极增长的发展态势，这两个城市明显已经成为广西经济发展的两个增长极。总体而言，这两个城市与广西其他城市的城际经济联系均较为密切，其中，南宁市的主要经济联系方向为柳州、钦州、贵港和来宾，其与柳州和钦州的经济联系最为密切，经济联系隶属度分别为26%和23.87%。而柳州的主要经济联系方向为南宁（43.59%）、桂林（22.98%）、贵港（10.42%）和来宾（11.33%）。分析发现，与这两个城市在经济联系上较为紧密的其他城市，大体上在地理空间上与其相邻、交通便捷、产业关联度较高，经济发展受其影响大。与这两个城市距离较远、交通通达性较差的梧州、玉林、百色、崇左、贺州、河池等城市的经济联系隶属度均低于5%。

2. 桂西部的百色、崇左及河池三市的经济联系方向主要为南宁和柳州

其中，百色和崇左两个城市与南宁的经济联系高度密切，经济联系隶属度分别为76.6%和73.8%，说明百色与崇左两市的经济发展高度依赖于南宁，受南宁的影响极大，其原因不仅在于地理空间上的邻近性，更在于产业上的高度关联性。河池市的主要经济联系方向为南宁市和柳州市，与这两个城市的经济联系隶属度分别为38.66%和37.82%，而与其他城市的经济联系隶属度均低于5%，说明河池市的经济发展主要受到南宁市和柳州市的影响，这主要与南宁和柳州在经济发展上鹤立鸡群，经济辐射强度和影响范围较大有关。有意思的是，百色、崇左与河池三个城市相互之间的经济联系隶属度都极低，三者之间的经

济发展缺乏互动与联系。这主要与三者地理位置较为封闭、交通通达性低、经济发展落后有关。

3. 北部湾经济圈的北海、钦州和防城港三个城市与南宁市的经济联系均较强

北海、钦州和防城港与南宁的经济隶属度分别为 38.71%、62.31% 和 46.68%。北海、钦州和防城港作为广西对外开放的重要港口城市，肩负着广西腹地经济对外开放发展的重要使命，是广西对接东盟与国际市场的重要窗口与交通节点。近年来，随着动车的开通，作为广西政治、经济及文化中心的首府南宁和北海、钦州及防城港四市迈向了 "1 小时" 经济圈，并朝着同城化的方向发展。交通的便利化带来的是要素流动的便利化和经济发展的协调互动化，这也使北海、钦州和防城港与南宁的经济联系不断增强。同时，北海、钦州与防城港三个城市内部之间的经济联系均较强，这也反映了三个沿海城市之间存在较强的经济互动和依赖性。

4. 桂东部各城市的经济联系方向

在空间指向上主要为经济发展程度较高的南宁和柳州，而与距离较远、经济相对滞后的桂西部城市及南部沿海城市的经济联系明显不足。例如，梧州与南宁、梧州与柳州的经济联系隶属度分别为 34.67%、21.61%，经济联系较强，而与桂西部的百色、崇左和河池的经济联系隶属度分别为 0.17%、0.17% 及 0.34%，与南部沿海城市北海、钦州及防城港的经济联系隶属度分别为 2.01%、3.02% 及 1.51%，经济联系较低。另外，基于地理空间邻近的桂东部城市之间的经济联系是比较密切的，例如梧州与贵港（16.75%），玉林与梧州（14.71%）、贵港（33.93%），贺州与桂林（44.23%）、梧州（17.79%）等经济联系均较为紧密。

第三节 发展动力

一、经济结构优化调整，成为经济发展重要动能

自治区成立以来，广西对经济结构调整的重要性认识不断深化，经济结构

从单一、不均衡逐步优化升级，经济发展的全面性、协调性日益增强，发展动能更加强劲。

从产业结构来看，自治区成立初期，农业在广西经济中处于主要地位，工业门类不全，基础薄弱，服务业发展滞后。如表 4 - 7 所示，1958 年和 1978 年，广西三次产业结构分别为 51.8∶27.7∶20.5 和 40.9∶34.0∶25.1，表现出明显的"一二三"型产业结构，并以传统农业为主。60 年来，广西产业结构不断优化升级，特别是改革开放后，工业得到长足发展，服务业发展较快，具体表现为第一产业占 GDP 比重下降趋势明显，第二、三产业占 GDP 比重不断上升。2018 年，三次产业占 GDP 的比重分别为 14.8%、39.7%、45.5%。产业结构由自治区成立之初的"一二三"型转变为"二三一"型，且有进一步向"三二一"型转化的明显趋势。

表 4 - 7 1958～2018 年广西三大产业增加值占 GDP 比重 单位:%

年份	1958	1978	1985	1990	1995	2000	2005	2010	2015	2018
第一产业	51.8	40.9	42.8	39.4	30.0	26.3	22.9	17.5	15.3	14.8
第二产业	27.7	34.0	30.2	26.4	35.8	36.5	37.9	47.1	45.9	39.7
第三产业	20.5	25.1	27.0	34.3	34.2	37.2	41.5	35.4	38.8	45.5

资料来源：根据历年《广西统计年鉴》资料整理。

产业结构的优化调整带动了 GDP 和就业的发展，为总体经济发展提供了强劲的动力。从三次产业对 GDP 增长的贡献率来看（见表 4 - 8），第一产业对经济增长的贡献率不断下降，由 1985 年的 28.6% 下降至 2018 年的 13.1%；第二、三产业对 GDP 增长的贡献率波动上升趋势明显，其中第二产业对 GDP 增长的贡献率已由 1985 年的 43.8% 下降至 2018 年的 25.4%，而 1985 年第三产业对 GDP 增长的贡献率仅为 27.6%，2018 年则提升至 61.5%。

表 4 - 8 1985～2018 年广西三大产业对 GDP 的贡献率 单位:%

年份	1985	1990	1995	2000	2005	2010	2015	2018
第一产业	28.6	48.3	38.6	0.8	12.0	5.5	6.7	13.1

续表

第二产业	43.8	31.1	30.1	39.2	54.1	64.8	52.0	25.4
第三产业	27.6	20.7	31.4	60.1	33.9	29.7	41.3	61.5

资料来源：根据历年《广西统计年鉴》数据计算。

从三次产业对就业的贡献率来看（见表4-9），第一产业对就业的贡献率逐年下降，已由1978年的80.4%下降至2017年的49.8%，但第一次产业仍然是吸纳劳动力最大的产业。而第二、三产业对就业的贡献率稳步上升，对劳动力的吸纳能力不断增强，逐渐成为解决就业问题的主渠道，对就业的贡献率也由1978年的10.5%和9.1%分别提升至2017年的17.5%和32.7%。这在一定程度上反映了产业结构的优化调整推动了劳动力从第一产业向第二、三产业加快转移。另外，产业结构的调整也在一定程度上推动了广西城镇化的发展。伴随着第二、三产业的长足发展，广西的城镇化率也得到不断提高，2018年广西城镇化率为50.22%，比1958年的9.47%提高了40.75个百分点，比1978年的10.61%提高了39.61个百分点。

表4-9　1978~2017年广西三大产业对就业的贡献率　　　单位:%

年份	1978	1985	1990	1995	2000	2005	2010	2015	2017
第一产业从业人员	80.4	80.40	76.50	66.40	61.20	56.20	54.12	50.60	49.8
第二产业从业人员	10.5	8.80	9.80	11.80	10.80	11.91	18.74	18.20	17.5
第三产业从业人员	9.1	10.80	13.70	21.80	28.00	31.89	27.14	31.20	32.7

资料来源：根据历年《广西统计年鉴》资料整理。

经过数十年的发展，广西的产业经济结构虽然得到了极大的优化调整，但仍有很大的优化和发展空间。①第一产业占GDP的比重仍然高于全国平均水平，农业专业化、产业化和现代水平不高，生产技术落后、效率低下仍然是制约农业发展的主要障碍。②第二产业中工业基础薄弱，工业技术水平较低，产业内结构不合理，发展动力不足。其中农产品加工业和高耗能产业仍然占据较大比重，高端技术产业、装备制造业、电子信息产业及新能源产业发展滞后，规模以上工业企业中仍以国有企业和集体企业为主，民营企业参与度不高。③近几年来广西第三产业发展较为迅速,并成为解决就业问题的重要推力,但总体而言,第三产业在 GDP 中所占的比重仍然偏小,对 GDP 增长的贡献率和拉动率仍然比较低。同时,从第二产业内部结构看,劳动密集型行业,如批发和零售业、餐饮业、社会服务业等传统行业仍占主导地位,技术与知识密集型行业,如信息、咨询、金融、通信等占比仍然比较低,现代服务业体系发展仍然任重道远。

二、"三驾马车"并驾齐驱,助推经济稳步发展

出口、投资和消费是拉动经济增长的"三驾马车"。从表 4 - 10 中出口、投资和消费"三驾马车"对 GDP 的贡献率和拉动率来看,广西的经济增长主要靠消费和投资带动,且总体呈现出投资波动上升、消费波动下降的特点,而净出口的比重一直较低,反映了广西长期以来出口增长乏力,对经济增长拉动力不足的状况。

表 4 - 10　主要年份广西 GDP 增长率及"三驾马车"的贡献率和拉动率

单位:%

年份	GDP 增长率	净出口		最终消费		资本形成总额	
		贡献率	拉动率	贡献率	拉动率	贡献率	拉动率
1978	11.70	4.12	0.48	62.13	9.02	3.33	4.02
1985	11.00	3.59	0.39	63.91	8.06	33.15	3.65
1990	7.00	5.65	0.40	71.26	5.35	23.62	1.65
1995	11.40	5.12	0.58	62.20	7.68	33.32	3.80
2000	7.90	3.77	0.30	64.23	5.50	32.50	2.57
2005	13.20	1.16	0.15	61.13	8.16	38.14	5.03
2010	14.30	1.05	0.15	51.40	7.35	48.04	6.87
2015	8.10	1.72	0.14	50.60	4.26	8.31	3.91
2016	7.30	-0.67	-0.05	53.69	3.92	47.50	3.47
平均值	11.33	3.51	0.39	55.26	6.26	41.42	4.67

资料来源:根据历年《广西统计年鉴》相关数据计算。

事实上，由于广西工业基础薄弱且发展缓慢，产业集聚度不高，整体技术创新能力不足，导致广西的出口产品仍然以农产品、轻工业品和中低端装备制造业产品为主，总体出口贸易规模较小，而在进口规模不断增长的情况下，净出口在地区生产总值中所占的比重就会很低，从而导致出口对 GDP 增长的拉动力不足。虽然消费对 GDP 增长的贡献率和拉动率较高，但居民储蓄存款仍然较高，以 2017 年为例，居民储蓄存款余额占可支配收入的 54.12%。过高的储蓄率说明消费对经济增长的拉动力还没有得到充分释放，未来还有很大的发展空间。投资对经济增长的拉动率总体上呈波动上升的态势，但事实上，在广西的固定资产投资额中，政府投资占据了很大的比重，而民间投资明显不足，因此，鼓励和促进民间投资，充分挖掘民间投资在带动经济增长中的巨大潜能，是当前广西政府应重点推进的工作。

从净出口来看，1978 年以来，净出口对广西 GDP 增长的平均贡献率为 3.51%，平均拉动率为 0.39%。在 GDP 年均 11.33% 的增长率中，净出口平均每年拉动经济增长 0.33%。"七五"时期净出口对经济增长的年均拉动率为 0.31%。"八五"期间净出口对广西 GDP 增长的平均拉动率有较大幅度的提高，为 0.79%。此后的"九五""十五""十一五"和"十二五"四个时期净出口对 GDP 增长的拉动率持续下降，分别为 0.47%、0.19%、0.19% 和 0.16%。因此，从整体来看，净出口对 GDP 增长的拉动率呈现出明显的倒"U"形特征，且拉动率一直都较小。

从最终消费来看，1978 年以来消费需求对广西经济增长的平均贡献率为 55.26%，平均拉动率为 6.26%。在 GDP 年均 11.33% 的增长中，消费需求平均拉动广西经济增长 6.12%，是推动广西经济增长的主要动力。具体来看，"七五"时期消费需求对 GDP 增长的拉动率为 4.86%，"八五"时期消费需求的拉动率提升至 10.37%，消费需求对广西 GDP 增长的拉动力达到近 30 年来的最高水平，受益于消费需求的强大推动，这一时期广西年均经济增长率为改革开放以来最高的 15.19%。"九五"时期消费需求表现较为低迷，对 GDP 增长的拉动率降至 5.93%，而这一时期的年均经济增长率也仅为 8.62%。到"十五"和"十一五"时期，消费需求对经济增长的拉动又有所回暖，分别为 7.10% 和 7.72%。"十二五"时期消费需求持续低迷，对广西 GDP 增长的平均贡献率降低至 5.10%。总体上看，1978 年以来消费需求对 GDP 增长的拉动率呈现出较为平稳的趋势。

从资本形成总额来看，其对广西 GDP 增长的平均贡献率为 41.42%，平均拉动率为 4.67%。在 GDP 年均 11.33% 的增长中，投资需求平均拉动广西经济增长 4.29%，是推动广西经济增长的第二大动力。"七五"期间投资需求对 GDP 增长的拉动率仅为 1.90%，投资动力不足，与这一时期国家为防止经济过热采取的紧缩财政政策和货币政策有关。"八五"时期投资需求的拉动率提高至 5.48%，"九五"时期又回落到 2.85%。为抑制通缩势头，"十五"时期国家采取积极的财政政策和稳健的货币政策，投资需求对经济增长的拉动率逐步回升至 4.22%。"十一五"时期在进一步的积极财政政策和适度宽松的货币政策的刺激下，投资热潮涌起，这一时期投资需求对 GDP 增长的拉动率进一步提升到 8.65%。随后的"十二五"时期投资需求对 GDP 的拉动率虽然有所回落，但仍达到 7.73%。总体上看，改革开放以来投资对 GDP 增长的拉动率呈现不断增强的趋势。

三、中国—东盟博览会助推广西经济国际化

2003 年 10 月 8 日，时任中国国务院总理温家宝在第 7 次中国与东盟（10＋1）领导人会议上倡议，从 2004 年起每年在中国南宁举办中国—东盟博览会，同期举行中国—东盟商务与投资峰会。从 2004 年起，以"友谊、合作、发展、繁荣"为主题，以"促进中国—东盟自由贸易区建设，共享合作与发展机遇"为宗旨，蕴含着政治、经济、文化多重深意的中国—东盟博览会及中国—东盟商务与投资峰会每年在广西南宁举行，成为中国对外开放史上的一大创举和中国—东盟关系史乃至国际关系史上的一大盛事。博览会由中国和东盟 10 国经贸主管部门及东盟秘书处共同主办，广西壮族自治区人民政府承办，从第 4 届开始每年确定一个主题国，展会内容涵盖了商品贸易、投资合作、先进技术、服务贸易、"魅力之城"五大专题和主要贸易与投资促进活动、东博会系列展等内容。同时，东博会具有六大特色，即"进口与出口相结合""投资与引资相结合""商品贸易与服务贸易相结合""展会结合，相得益彰""既是经贸盛会，也是外交舞台""经贸活动与文化交流相结合"。可以说，中国—东盟博览会和商务与投资峰会已经成为中国和东盟经贸合作、人文交流等多领域合作的有效平台和机制。

表 4-11 历届中国—东盟博览会经贸成效一览表

届次	举办时间	总展位数（个）	展览面积（万平方米）	东盟展位数（个）	参展企业数（个）	参展参会客商人数（万人）	论坛数（个）
第1届	2004年11月	2506	5	626	1505	1.8	1
第2届	2005年10月	3300	7.6	696	2000	2.5	1
第3届	2006年10月	3663	8	837	2000	3.0	7
第4届	2007年10月	3400	8	1124	1908	3.3	9
第5届	2008年10月	3300	8	1154	2100	3.7	16
第6届	2009年10月	4000	8.9	1168	2450	4.9	11
第7届	2010年10月	4600	8.9	1178	2200	4.9	9
第8届	2011年10月	4700	9.5	1161	2300	5.1	14
第9届	2012年9月	4600	9.5	1264	2280	5.2	14
第10届	2013年9月	4600	8	1294	2361	5.5	20
第11届	2014年9月	4600	11	1223	2330	5.6	12
第12届	2015年9月	4600	10	1247	2207	6.5	26
第13届	2016年9月	5800	11	1459	2670	6.5	33
第14届	2017年9月	6600	12.4	1523	2709	7.7	33
第15届	2018年9月	6600	12.4	1446	2780	8.5	35

资料来源：根据中国—东盟博览会秘书处"历届中国—东盟博览会经贸成效统计信息"（http：//www.caexpo.org/html/about/tjxx/）及相关新闻报道整理。

如表4-11所示，至2018年中国—东盟博览会已经举办了15届，在这15年间一直保持着平稳的发展势头，参展规模不断扩大，经贸和投资效应也不断增强。从参展数量和规模来看，无论是展位数、参展企业还是参展参会客商人数都不断增加。以2018年举办的第15届博览会为例，出席的中外领导人和前政要11位，部长级贵宾259位，其中东盟及区域外122位。展览总面积124000平方米，总展位数6600个，其中，东盟及区域外展位数1594个（含东盟1446个）。柬埔寨、印度尼西亚、老挝、马来西亚、缅甸、菲律宾、泰国、越南8个东盟国家包馆。参展企业2780家。采购商团组112个，比上届增加15%。有组织的专业观众超过11000人，比上届增长10%。贸易投资促进活动91场。19个区域外国家的114家企业参展。70个国家和地区采购商参会，区域外国际买家达到700家。共举办35个高层论坛，其中会期举行信息港、农业、金融、环保等领域的 23 个论坛。共组织签订经济合作项目 530 个（其中国际 76 个、国内 454 个）。① 经过多年的发展，中国—东盟博览会已经成为广西一张响亮的名片，成为向东盟国家乃至世界宣传广西的重要窗口，也进一步增强了南宁市作为广西乃至中国与东盟国家经贸合作与人文交流的支点和渠道作用，广西在中国与东盟国家之间的经贸及人文交流中的作用日益明显。此外，中国—东盟博览会的举办也为中国与东盟国家之间的旅游产业带来了巨大的发展契机，特别是"魅力之城"和旅游推介会平台的搭建，有力地助推了中国与东盟文化、旅游等多领域的不断融合。近年来，中国兴起了一波又一波"东盟旅游热"，东博会的"魅力之城"成为许多游客的首选之地。据统计，2015 年中国与东盟互访人数达 2365 万人次，创历史新高。中国目前仍是东盟的最大旅游客源国，与此同时，东盟每年来华旅游的人数也不断上升，而这与每届东博会"魅力之城"和旅游推介会的精心展示有着密切的联系。

可以说，中国—东盟博览会在南宁的举办，对广西的产业发展、投资经贸、旅游、人文交流等产生了巨大的直接和间接效应（见表 4 - 12 ~ 表 4 - 14），有力地提升了广西的对外开放与国际化程度以及经济发展水平（详见本书第十章第一节）。

表 4 - 12　广西在中国—东盟货物贸易中的作用

年份	中国—东盟贸易总额（亿美元）	广西—东盟贸易额（亿美元）	广西占比（%）	年份	中国—东盟贸易总额（亿美元）	广西—东盟贸易额（亿美元）	广西占比（%）
2000	395.2	4.4	1.1	2007	2025.5	29.1	1.4
2001	416.1	4.2	1.0	2008	2311.2	39.9	1.7
2002	547.7	6.3	1.1	2009	2130.1	49.5	2.3
2003	782.5	8.3	1.1	2010	2927.8	65.3	2.2
2004	1058.8	10.0	0.9	2011	3628.5	95.6	2.6
2005	1303.7	12.2	0.9	2012	4000.9	120.2	3.0
2006	1608.4	18.3	1.1	2013	4436.1	159.1	3.6

---

① 数据来源于中国—东盟博览会秘书处信息，参见：http://special.caexpo.org/html/ljhg/hg15th/。

续表

年份	中国—东盟贸易总额（亿美元）	广西—东盟贸易额（亿美元）	广西占比（%）	年份	中国—东盟贸易总额（亿美元）	广西—东盟贸易额（亿美元）	广西占比（%）
2014	4801.3	198.9	4.1	2017	5148.0	280.5	5.4
2015	4721.5	290.1	6.1	2018	5861.5	311.5	5.3
2016	4522.1	276.3	6.1				

资料来源：根据历年中国海关统计数据整理。

表4-13　2010～2017年东盟10国留学生来桂留学数量　　单位：人

年份	2010	2011	2012	2013	2014	2015	2016	2017
越南	3571	4171	3889	3656	2538	2415	2564	2738
泰国	822	1318	1897	2608	2405	2437	2443	2513
老挝	358	586	581	777	734	748	752	748
印度尼西亚	379	522	590	837	654	673	684	676
柬埔寨	60	129	126	160	171	183	192	201
缅甸	74	121	114	127	122	126	128	133
马来西亚	28	52	107	86	101	95	97	102
新加坡	10	11	58	64	50	55	56	54
菲律宾	32	22	38	17	17	16	21	18
文莱	9	15	10	0	0	0	4	6
东盟合计	5343	6947	7410	8332	6792	6748	6941	7189
广西总数	6164	8028	9312	10130	9535	9873	9964	10124
东盟留学生占比（%）	86.68	86.53	79.57	82.25	71.23	68.35	69.66	71.01

资料来源：根据广西教育厅网站资料整理。

表4-14　各市国际旅游消费及在第14届中国—东盟博览会上的收效

城市	2011年		2013年		2015年		2017年		第14届东博会签约	
	万元	占比（%）	万元	占比（%）	万元	占比（%）	万元	占比（%）	项目个数	投资额（亿元）
南宁市	53449	7.8	85067	8.9	125962	10.7	175520	10.9	33	350.1
柳州市	23476	3.4	36428	3.8	44579	3.8	63892	4.0	6	13.7
桂林市	401305	58.7	538503	56.2	638154	54.2	888722	54.9	44	765.2

续表

| 城市 | 2011 年 | | 2013 年 | | 2015 年 | | 2017 年 | | 第 14 届东博会签约 | |
	万元	占比（%）	万元	占比（%）	万元	占比（%）	万元	占比（%）	项目个数	投资额（亿元）
梧州市	22907	3.4	34971	3.6	43284	3.7	54143	3.3	20	254.7
北海市	16728	2.4	26677	2.8	31259	2.7	41032	2.5	5	57.8
防城港市	17546	2.6	27139	2.8	32476	2.8	42681	2.6	7	31.3
钦州市	7334	1.1	9332	1.0	11929	1.0	18719	1.2	16	230.0
贵港市	11376	1.7	16389	1.7	20157	1.7	26870	1.7	26	136.6
玉林市	11327	1.7	20280	2.1	28799	2.4	41312	2.6	14	172.9
百色市	9920	1.5	14552	1.5	18031	1.5	24202	1.5	42	326.1
贺州市	41088	6.0	58482	6.1	73613	6.2	97727	6.0	21	106.7
河池市	10122	1.5	15913	1.7	25541	2.2	34009	2.1	63	530.0
来宾市	3134	0.5	4342	0.5	5545	0.5	7361	0.5	18	365.0
崇左市	53743	7.9	70118	7.3	78582	6.7	101294	6.3	18	88.1

资料来源：根据《广西统计年鉴（2018）》及中国—东盟博览会秘书处资料整理计算。

四、其他因素

（一）区域发展战略推动块状经济形成

区域战略政策是决定区域经济发展的重要因素之一。政府在战略性政策布局上往往会根据区域经济的发展需要而定，但也不排除对某些城市的政策偏向性。政策布局及给予程度上不均衡，随之带来的是发展投入上的不均衡，这将会导致区域内部城市经济发展的分异化和块状化。事实上，政府在分配项目资金、部署发展战略、布局大型企业等时，往往倾向于区域中心城市，而忽略外围中小城市的根本利益，中心城市不断吸收、抢夺外围城市的要素资源和发展机会，形成了自身经济的极化发展，而中小城市则会走向"孤立"边缘。这在某种程度上契合了广西城际经济发展差异化的现状，并推动了块状经济的形成。

北部湾经济圈的南宁、北海、钦州、防城港四市得益于"互联互通""一带一路"等对外开放战略的实施，得到政府较多的发展配套政策和投入，经济发展极为迅速。柳州和桂林作为广西工业重镇和旅游名城，也享受到政府给予的较多发展政策。其他外围城市则被边缘化，享受到的政策红利较少，"弱者恒弱"。当然，除了政策因素外，自然地理区位也是广西经济块状化发展的重要原因。例如，桂西部属于广西的资源富集区，但地处山区且交通落后，形成了较为封闭的经济单元，致使资源优势没能很好地转化为经济发展的优势，同时落后的经济发展状况导致人才流失严重，因此，桂西部基本处于广西经济发展的"凹陷区"，城际经济联系不足，处于被边缘化状态。桂东部虽与广东省毗邻，但基本邻近广东省经济较为落后的粤西部，因而受到广东经济辐射较弱。作为广西与广东经济往来的通道地带，其交通通达度总体而言较好，城际经济联系强度也较桂西强，但这一地区经济发展仍较落后，对高新技术及人才的吸引力仍显不足。地处中轴线上的南宁、柳州及桂林三市拥有较为齐全的产业体系，产业间联系较强，同时，这三座城市是广西教育资源的主要集聚地，本身培养和吸纳了大量人才，而相对发达的经济也对人才及高新技术形成一定的吸收效应，较好的城际可达性也促进了要素的城际流动，因而城际经济联系较强。南部的北海、钦州及防城港作为广西对外开放的重要窗口，拥有较完善的交通运输体系，城市可达性较好，对外经济联系也较强。

（二）产业分工协作促进城际合作

广西区内经济发展具有明显的层级性，且各地区的资源环境独具特色，这些因素使广西在产业发展上具有较为明确的分工。例如，"桂林—柳州—南宁—钦州"纵向经济线上形成了服务业、装备制造业、能源产业等相对较完整的综合产业链和产业体系，产业间关联性较强；桂西部的百色、崇左、河池矿产资源丰富，是广西资源富集区，在金属冶炼和能源开发上具有优势，同时该地区自然风光旅游、民俗特色旅游、边境探秘游、红色旅游等资源丰富，旅游产业发展潜力较大，此外，该地区是陆路上联通越南等东盟国家的重要通道和边贸重地；桂东部的玉林、贺州、梧州等地陆路交通网络密布，是通往粤港澳大湾区的前沿要地，交通、物流运输业发展较为便捷；桂南部沿海地带的钦州、北海、防城港是广西通往粤港澳以及海外市场的出海通道，且这一地区形成了一定规模的沿海产业带，城市之间经济联系较为紧密。各具特色的优势与分工协作促进了广西城际合作的发展，并使城市群雏形初现。

当然也应该看到，各城市在经济发展过程中对政府部门提供的发展资源表现出较强的索取性和争夺性，但在城际基础设施共建共享、资源技术有效整合、科技人才相互交流及生态环境协同治理过程中则相互推诿与纷争，缺乏发展协同与共赢意识。同时，广西各城市之间，尤其是区块城市之间产业结构趋同性较强，产业分工协作相对困难，这容易造成市场分割，不利于生产要素的城际自由流动，影响城际间整体效益的发挥和一体化发展。当然，由于相邻城市间较容易形成要素上的流动和产业发展上的相互影响，因此经济联系容易发生在邻近城市之间。

（三）城际互联互通强化经济互动

目前，广西基本上已经形成以南宁、柳州为中心，铁路、公路为主体的综合交通运输网络。在整个交通运输网络中，呈现出从中心向四周扩散，由密集到稀疏的不均衡网状格局。从运输网络密度的方向性来看，南北纵向的运输网络密度和延展性明显高于东西走向。从地理区位来看，中部、东部及沿海的交通运输网络密度要高于桂西部地区。近年来，随着高铁（动车）的开通以及高等级公路在各城市之间的联通，广西城际之间的互联互通增强。另外，西江航运黄金水道的建设增强了广西从水运上与粤港澳地区联通的便捷性，贵广、南广高铁的开通进一步压缩了广西与广东、贵州等区外省份及城市的时间和空间。同时，广西北部湾沿海港口城市出海港口的建设及航线的增设，以及一批通往边境口岸并与越南接驳的快速铁路、高等级公路和跨界桥梁的建设，打造了较为便捷通畅的南向国际大通道，缩短了广西与东盟及其他国际市场的时空距离。区域交通基础设施互联互通的增强，有力地推动了广西经济的快速发展。但是，不可否认的是，当前桂西地区的交通基础设施无论是在等级上还是在运输能力与效率上仍远远落后于广西其他地区。跨国境、跨省界通道中多断头路或衔接不对称，同时，经济发展落后，人流、物流等要素流动不足等因素的存在，在一定程度上导致对桂西基础设施建设投入不足，因此交通主干线少、运输设备落后。当然，交通基础设施规划与布局的不合理、各类运输方式匹配欠妥等因素也是造成广西交通运输网络分布不均衡的原因，这在一定程度上制约了桂西地区的经济发展。

第五章　农业与乡村经济

农业有狭义和广义之分，狭义农业指种植业，广义农业包括种植业、林业、畜牧业及渔业等产业，以及与其直接相关的产前、产中、产后服务领域。农林牧渔业总产值能够反映一定时期内农业生产总规模和总成果。乡村经济是乡村地域空间中农业、工业和服务业等经济部门经济关系和经济活动的总称。① 在市场化发展进程中，乡村经济往往是以单一的农业经济为主，转向农业、农村工业和农村服务业多元组合发展。但无论如何，农业在乡村经济中的主导地位不会改变。

广西是全国农业大省，农用地2.0万千公顷，在全国排第8位；2018年农林、牧、渔、业总产值和农业总产值分别占全国的4.3%和4.4%；第一产业增加值在全国各省区市排第9位，占全国的4.7%，第一产业增加值占GDP比重为14.8%，在各省区市排第3高。广西依托独特的区位、资源和生态优势发展特色农业，已形成糖料蔗、蔬菜、水果、桑蚕、畜禽、水产等一批具有热带和亚热带特色的优势农业产业。其中，糖料蔗种植面积、原料蔗产量和产糖量均占全国甘蔗糖的60%以上，连续20多年居全国第一；桑蚕产茧量占全国45%以上；木材、松香、八角、肉桂、茴油、桂油等农林产品产量也居全国首位；是全国最大的秋冬菜生产基地及柑橘、芒果等产区，以及全国水果产量5个千万吨省区之一，多种亚热带水果以及蔬菜和水产等优势农副产品产量在全国位居前列。

---

① 田相辉，张秀生，庞玉萍. 中国农村经济发展与城乡一体化建设研究［M］. 武汉：湖北科学技术出版社，2014.

第一节　农业发展

广西农业有着悠久的历史与优越的自然条件，稻作文化积淀丰厚，在占城稻等作物品种以及现代育种技术的传播过程中发挥过重要的作用。[①] 历代的移民和开发中，广西大致经历由东北向南、从东向西的发展过程，形成桂东地区农业生产发达，桂西地区农业相对滞后的格局[②]。

一、基础条件

（一）土地资源

广西地域辽阔，地质、地形及其他自然要素差异的存在与悠久的农业发展，造就了现今多样化的土地资源类型和土地利用方式。

1. 土地资源丰富，类型多样

广西的土地面积为23.7万平方千米，居全国第9位，是全国面积较大的省区，主要的土地类型有耕地、林地、草地、沿海滩涂、内陆水面等。2017年广西农用地为19526.8千公顷，排全国第8位；耕地、牧草地和林地呈零星交错分布，其中园地面积为1080.5千公顷，占农用地面积的5.5%，排全国第3位；园地又以果园为主，是全国亚热带、热带水果主要产区之一。

2. 林地面积大，宜林荒山多

广西林地面积大，2017年为13299.4千公顷，占广西农用地的68.1%。如表5-1所示，林地构成种类较多，以乔木林面积最大，占林草覆盖面积的56.5%；其次是灌木林，占林草覆盖面积的28.2%。广西山地丘陵广袤，水分热量充足，且多宜林荒山，十分适合林业发展，这一显著优势使广西成为全国有名的林木生产基地，是中国重要的木材和林业产业供应地。

3. 人均占有耕地少，后备耕地资源不足

广西山地多平地少，平原分散，耕地面积比重少，2017年耕地面积为

---

① 张江华. 广西与中国稻作的发展［J］. 农业考古，1997（3）：74-86.
② 廖正城. 广西壮族自治区地理［M］. 南宁：广西人民出版社，1988.

4387.5 千公顷，占广西农用地面积的 22.5%，略高于全国 20.9% 的耕地比重。但广西人口密度大，约为全国人口密度的 1.5 倍，故广西人均占有耕地少，仅为 0.09 公顷，略低于全国平均水平（0.097 公顷）。广西不仅山地多平地少，且喀斯特残峰平原所占分量大，不利于农垦，故广西后备耕地资源不足。

表 5 - 1 农林用地在广西土地利用中的比例 单位:%

一级地类	二级地类	占比	一级地类占比
种植土地	水田	28.94	23.91
	旱地	41.45	
	果园	15.98	
	茶园	0.50	
	桑园	2.13	
	橡胶园	0.04	
	苗圃	1.09	
	花圃	0.08	
	其他经济苗木	9.79	
林草覆盖	乔木林	56.49	70.06
	灌木林	28.19	
	乔灌混合林	0.51	
	竹林	3.47	
	疏林	0.01	
	绿化林地	0.07	
	人工幼林	6.25	
	天然草地	4.84	
	人工草地	0.16	
其他地类	—	—	6.04

注:"其他地类"包括房屋建筑区、道路、构筑物、人工堆掘地、荒漠与裸露地及水域等。
资料来源: 根据 2015 年广西第一次全国地理国情普查资料绘制。

4. 土地资源分布不均，区域差异明显

广西土地资源在东西部、南北部之间存在差异，分别以湘桂铁路、北纬 24° 线为界。西部以山地为主，喀斯特地形发育明显；东部以低山丘陵为主；北部属中亚热带地区；南部属南亚热带地区，年积温和无霜期更高更长。[1] 土地资源

① 廖正城. 广西壮族自治区地理 [M]. 南宁: 广西人民出版社, 1988.

分布不均造成了耕地的地区分布差异——70%的耕地分布于桂东、桂东南的平原及丘陵区，水田面积占当地耕地面积的75%以上，主要种植水稻；桂西及桂西北的耕地零星分布在山间谷地，多以旱地为主，主要种植玉米、甘蔗、薯类等经济作物，其中甘蔗为旱地主要经济作物。

（二）气候条件

广西光、热、水资源丰富，为作物的稳定生长与高产提供了有利的气候条件（详见第一章）。丰富的热量不仅满足双季水稻、双季玉米、甘蔗、花生、棉花以及芒果、香蕉、菠萝、龙眼、荔枝等喜温作物的生长条件，而且使广西得以广泛实行一年三熟制，有利于提高农作物的单产；而丰富的降水量以及雨量分布不平衡为广西地表径流形成和农业发展提供了良好的条件，但也造成了广西农作物的品种结构及其分布的不均。[①]

二、发展概况

（一）总量与水平

1. 农业经济实力增强

尽管20世纪80年代以来广西的第一产业占全区GDP的比重从40%下降到现在的15%左右，但广西农业总产值增势仍明显（见表5-2），不仅总量明显增多，占全国农业的比例也不断上升（见图5-1）。从农业总产值来看，广西农业总产值分别于1985年和1994年突破100亿元和400亿元大关，2015年则挺进4000亿元，是1994年的10倍左右，2017年增长至4742.8亿元。1951~2017年，广西农业总产值年均增长9.8%，其中1979~2017年年均增长更是达到12.6%。2017年，广西农业总产值占全国比例为4.3%，比1978年上升1.0个百分点，其中第一产业增加值为2906.9亿元，在全国的排位由1978年的第14位提升至第10位，广西发展成为全国农业大省份（见图5-2）。从农业各项指标来看，广西农、林、牧、渔业各项产值均得到稳步提升，农业基础设施不断完善，种植面积稳中有升，农村居民人均可支配收入和人均消费支出均有较快增长，且恩格尔系数不断下降，由1985年的62.2%降至2017年的32.2%（见表5-2），表明农村居民生活水平得到显著提高。

---

① 赵其国，黄国勤. 广西农业［M］. 宁夏：阳光出版社，2012.

表5-2　广西农业经济主要指标的发展

指标	计量单位	1985年	1995年	2005年	2015年	2017年
农、林、牧、渔业总产值	亿元	108	698.3	1448.4	4197.1	4742.8
其中：农业	亿元	66.3	384.2	711.9	2146.4	2545.5
林业	亿元	8.1	32.6	61.7	313.9	346.5
牧业	亿元	30.4	225.6	511.6	1140.3	1136.3
渔业	亿元	3.2	56	143.6	429.8	500.6
农用机械总动力	万千瓦	472.7	1075.4	1909.7	3803.2	3658.3
大中型拖拉机数	万台	1.9	1.2	1.7	4.2	5.2
农村用电量	亿千瓦时	7.6	23.6	34.3	83.9	103.5
农用化肥使用量（折纯量）	万吨	52.1	122.9	201.3	259.9	263.8
有效灌溉面积	千公顷	1348.2	1472.1	1519.8	1618.8	1669.9
粮食作物播种面积	千公顷	3447.3	3662.7	3496.2	3059.3	2976.2
粮食作物产量	万吨	1117.1	1508.2	1487.3	1524.8	1467.7
甘蔗播种面积	千公顷	221.4	454.3	747.6	973.7	935.0
甘蔗产量	万吨	982.9	2555.7	5154.7	7504.9	7611.7
蔬菜播种面积	千公顷	102.9	555.8	1094.4	1221	1314.7
蔬菜产量（含菌类）	万吨	—	—	2130.6	2786.4	3086.8
木薯产量	万吨	26.1	124.5	173.6	175.9	172.1
水果产量（园林）	万吨	38.8	266.6	571.6	1369.8	1701.3
肉类总产量	万吨	72.3	195.6	418.6	417.3	412.4
其中：猪肉产量	万吨	60.8	153.6	300	258.8	255.0
禽肉产量	万吨	2.1	34.5	95.1	132.5	133.8
蚕茧产量	万吨	0.5	2.1	14.8	36.1	39.6
肉猪出栏	万头	693.4	1905.8	3852.8	3416.8	3355.1
水产品产量	万吨	18.9	103.3	284.2	345.9	378.8
木材采伐量	万立方米	334.8	372.9	762.6	2980	3810.0
木材产量	万立方米	182.6	420.7	503.3	2105.7	3059.2
油料产量	万吨	22.8	45.4	63.2	64.7	64.9
松脂产量	万吨	11.8	24.7	30.2	60.8	69.6
八角产量	万吨	0.7	1.8	7.6	13.5	14.4
农村居民人均可支配收入	元	303	1446	2495	9467	11325
农村居民家庭恩格尔指数	%	62.2	61.3	50.5	35.4	32.2
农村居民人均消费支出	元	—	1143	2350	7582	9437

资料来源：根据中经网、《广西年鉴》及《广西统计年鉴》资料整理。

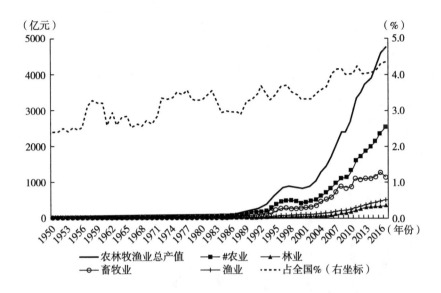

图 5-1　广西农、林、牧、渔业总产值及占全国的比重走势

资料来源：根据中经网、《广西统计年鉴（2018）》及《中国统计年鉴（2018）》相关资料计算。

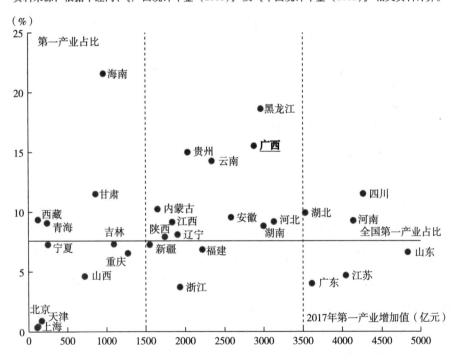

图 5-2　2017 年全国省区市第一产业增加值及其占 GDP 比重对比

资料来源：根据《中国统计年鉴（2018）》数据计算、绘制。

从广西各区域农业发展情况来看（见图5-3），尽管改革开放以来广西各县市区第一产业增加值同样得到很大发展，但各地区发展存在明显的不均衡，呈现出由东北向西南呈45度角、类似于"胡焕庸线"的分割状，具体表现为桂东南地区农业发展较快、农业集聚程度较高，而桂西北地区农业发展缓慢，集聚水平较低。

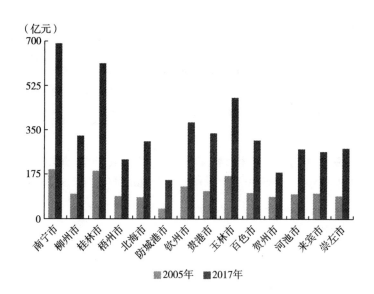

图5-3　2005年、2017年广西各设区市农、林、牧、渔业产值

资料来源：根据《广西统计年鉴（2018）》资料绘制。

2. 农业生产能力提高

一是粮食生产能力明显提高。2017年广西粮食总产量为1467.7万吨，比1949年增长262.8%，人均粮食产量也由1949年的219千克增加至2017年的305.57千克。粮食亩产水平的提高是广西粮食增产的主要因素。2017年广西粮食亩产达到329千克，比1949年增加244千克，增长2.9倍。二是经济作物生产能力大幅提高。广西在加强和稳定粮食生产的同时，大力发展特色、高效的经济作物，主要经济作物产量连年创历史新高。2017年甘蔗产量达7611.7万吨，比1950年增加7569.0万吨，年均增长8%；木薯、园林水果产量分别为172.05万吨和1701.3万吨，1979～2017年年均分别增长4.8%和12.7%；蔬菜产量达3086.9万吨，比2000年增长了91%。

3. 农产品产量提升

如表5-3所示，广西弱势农产品有小麦、棉花、油菜籽、橡胶、生漆、羊肉和牛奶等，产量在全国的占比均不足1%，其中，小麦、棉花产量最低，占全国比重不足0.1%，人均产量不足1千克，远低于全国平均水平。相反，水果、蔬菜和水产等是广西的优势特色农副产品，在全国具有重要地位，产量位居全国前列，人均产量高于全国水平。2017年，广西肉类总产量、水产品产量分别为412.4万吨和378.8万吨，是1978年的10.5倍和31.3倍，产量居全国第8位。另外，人均水果产量、肉类产量和水产品也有较大幅度提高，2017年三者分别达到389.0千克/人、86.0千克/人和66.0千克/人。

表5-3 广西人均农产品产量与全国对比 单位：千克/人

农产品	2000年		2005年		2010年		2015年		2017年	
	广西	全国	广西	全国	广西	全国	广西	全国	广西	全国
粮食	332.2	366.0	320.1	371.3	298.6	418.0	319.3	481.8	281.9	477.2
油料	12.7	23.4	13.6	23.6	9.7	23.6	13.6	24.7	13.4	25.1
水果	75.8	49.1	164.6	123.3	237.4	149.9	358.6	178.4	389.0	181.6
柑橘	18.5	6.9	40.3	12.2	67.9	19.3	108.3	26.3	139.6	27.5
香蕉	23.4	3.9	25.2	5.0	40.5	6.6	61.6	7.7	76.1	8.0
肉类	58.1	47.4	52.1	53.1	84.1	59.6	87.0	63.7	86.0	62.3
水产品	52.1	29.4	61.2	33.9	56.7	40.2	73.0	45.1	66.0	46.5
甘蔗	618.4	53.9	1106.2	66.3	1544.4	79.0	1564.8	77.9	1460.1	75.1
桑蚕茧	0.6	0.4	3.2	0.5	5.7	0.6	7.5	0.5	7.3	0.5
茶叶	0.4	0.5	0.6	0.7	0.9	1.1	1.3	1.6	1.5	1.8
小麦	0.6	78.6	0.4	74.5	0.1	86.6	0.2	96.5	0.1	96.6
棉花	0.0	3.5	0.0	4.4	0.0	4.3	0.1	4.3	0.0	4.1
油菜籽	1.7	9.0	1.4	10.0	0.3	9.5	0.5	10.1	0.4	9.5
牛奶	0.4	6.6	1.2	21.1	1.7	22.7	2.1	23.2	1.7	21.9

资料来源：根据中经网及《广西统计年鉴》相关数据计算。

作为全国重要的水果产地，2017年广西水果产量由全国第4位提升到第3位，是砂糖橘、沃柑、金橘、沙田柚最大的产区。同时，柑橘、芒果、柿子、百香果、火龙果等特色水果产量位居全国第一，香蕉、荔枝、龙眼等热带水果产量排在全国第 2 位。另外，甘蔗、蚕茧、松脂、木材及油桐籽等农林产品产量也居全国首位。其中，作为全国有名的蔗糖产地，广西糖料蔗种植面积、原料蔗产量和产糖量均占全国甘蔗糖的 60% 以上，连续 25 年位列全国第 1，号称中国最大的"糖都"；柑橘产量则从 2010 年起呈稳步上升趋势，种植地主要分布于桂林、柳州、贺州、南宁等；桑蚕业发展也较快，2017 年广西桑园种植面积为 311.8 万亩、蚕茧产量 39.6 万吨，蚕农售茧收入 195.4 亿元，均位居全国第一①；油茶籽产量居全国第 2 位；木薯产量占全国 70% 以上。2017 年广西各设区市人均主要农产品产量情况如图 5-4 所示。

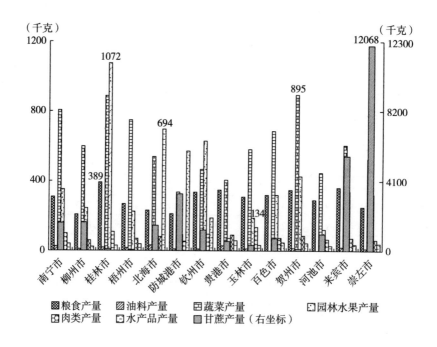

图 5-4　2017 年广西各设区市人均主要农产品产量对比

资料来源：根据《广西统计年鉴（2018）》资料绘制。

（二）结构优化调整

改革开放后，广西逐步形成了甘蔗、桑蚕、柑橘、香蕉、优质稻、优质禽

---

① 改革开放 40 周年和广西壮族自治区成立 60 周年农业工作成就 ［EB/OL］. 农业网，http：//www.agronet.com.cn/News/1262641.html，2018-12-11.

畜、优质水产品、速丰商品林等农产品优势和特色产业带，优势产业集群迅速发展，优势农产品区域化布局不断优化。

1. 生产结构调整趋向多元化

广西的畜禽、水产养殖业迅猛发展，以往单一的农业生产结构得以改观，农业生产结构性矛盾逐步得到缓解，呈现出农、林、牧、渔业全面发展的新格局。从各项产值的比重看（见图 5-5），农业比重有所下降，牧业和渔业比重上升明显，林业比重保持稳定，农、林、牧、渔业产值比例更趋合理。2017 年，广西农、林、牧、渔业产值比为 53.7∶7.3∶24.0∶10.6，与 1950 年相比，农业比重下降 27.9 个百分点，林业比重上升 5.1 个百分点，牧业和渔业分别上升 7.7 个百分点和 9.5 个百分点，农、林、牧、渔业结构由单一的农业为主向种养结构相结合发展。另外，从广西各市的农、林、牧、渔业总产值的构成来看（见图 5-6），除北海、钦州、防城港三个沿海城市以农业和渔业为主外，其他各市均以农业和牧业为主。

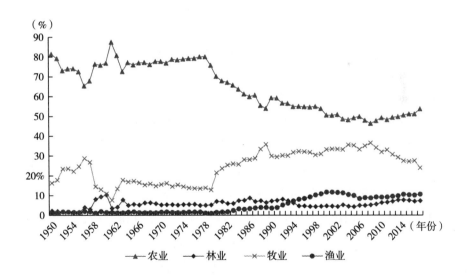

图 5-5　1950~2014 年广西农、林、牧、渔业内部结构变化

资料来源：根据中经网及《广西统计年鉴》相关资料计算。

2. 产品品种结构不断优化

（1）农业结构由以粮食为主向粮食和经济作物协调发展转变。粮食种植面积的适当调减，促进了广西甘蔗、烟叶、蔬菜、木薯、药材、花卉、水果等高效经济作物生产的发展。2017 年，广西经济作物和其他作物面积达到 3166.9 千公顷，比 1950 年增加 2999.6 千公顷，增长了 17.9 倍，1950～2017 年年均增长 4.5%；果园面积在 2017 年达 1174.4 千公顷，且种植规模还在不断扩大。

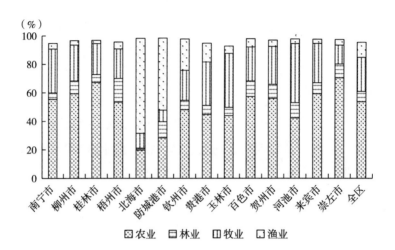

图 5-6　2017 年广西设区市农、林、牧、渔业总产值构成

资料来源：根据《广西统计年鉴（2018）》相关数据绘制。

（2）林业结构由单一树种种植向经济和生态建设转变。广西目前已基本消灭了宜林荒山荒地，森林覆盖率由 1978 年的 26.1% 提高到 2017 年的 62.3%，高于全国近 40 个百分点，林业生态环境得到明显改善。2017 年广西林业产值比重为 7.3%，比 1950 年提高 5.7 个百分点。

（3）畜牧业结构由单一的生猪养殖向家禽和草食牲畜养殖协调发展转变。2017 年，广西肉类总产量达 412.4 万吨，其中猪肉产量 255.0 万吨，牛羊肉产量 15.0 万吨，禽肉产量 133.8 万吨；猪肉占肉类的比重由 1978 年的 97.9% 下降到 61.8%，牛羊肉比重则由 1978 年的 2.1% 上升到 3.6%，禽肉比重上升到 32.5%。养蚕业迅猛发展，在 2005 年跃居全国第一位，2017 年产量 39.59 万吨；奶类产量 10.0 万吨，比 1980 年增长 20.4 倍，年均增长 8.6%。

（4）水产业发展由以捕捞为主向以养殖为主转变。从 1999 年起，广西沿海实施伏季休渔制度，海洋捕捞产量明显下降，水产养殖成为广西渔业发展的主要增长点。2017年水产养殖业产量占水产品总产量的比重由1978年的24.8%上升到79.4%，养殖业快速增长并成为广西渔业产量增长的主要动力。

3. 产品与产业生产格局基本形成

随着特色农业的稳步发展，广西的特色农业产业开始逐步呈现集群化发展态势，走上了更快更好的特色农业产业发展道路，逐步形成了以糖料蔗产业、桑蚕产业、木薯产业的经济作物为主，以柑橘产业、香蕉产业等优势水果产业和"四带四区"（优势水产品养殖带、亚冷水性鱼类特色渔业养殖带、生猪及优质鸡养殖带、草食畜禽养殖带，罗非鱼养殖区、大水面网箱高效生态养殖区、龟鳖养殖区、以大中城市城郊为主的奶牛养殖区等）养殖业为辅，以生产果品、木本粮油、饮料、调料、工业原料和药材等为主要特色经济林产业为支撑的特色农业集群化产业体系（见表5-4）。

表5-4 广西特色农业集群化产业区域分布情况

集群化产业	主要区域
优质稻产业带	桂北、桂中、桂东南和沿海地区
糖料蔗优势产业带	桂西南、桂中、桂东南和沿海地区
桑蚕优势产业带	桂西北、桂中和桂南
木薯产业带	桂东南、桂西南、桂中和沿海地区
柑橘优势产业带	桂北、桂东北、桂中地区
香蕉优势产业带	沿海地区
优势水产品养殖带	沿海地区
亚冷水性鱼类特色渔业养殖带	桂西北
生猪、优质鸡养殖带	桂东南
草食畜禽养殖带	桂西北
罗非鱼养殖区	北部湾经济区
大水面网箱高效生态养殖区	河池、百色
龟鳖养殖区	南宁、钦州、贵港、崇左
奶牛养殖区	南宁、柳州、桂林等大中城市城郊
速生丰产用材林产业带	桂南、桂东
油茶产业带	桂西、桂东北

资料来源：根据《广西县域经济发展"十三五"规划》及《广西壮族自治区主体功能区规划》资料整理。

同时，广西充分发挥各地比较优势，各具特色的主要农产品生产格局目前已基本形成。①传统优势产业不断壮大。"双高"糖料蔗基地甘蔗、32个较大规模的优质稻生产基地县的水稻、桂北柑橘优势产业带、桂南和桂东南香蕉等优势产业带颇具规模。其中甘蔗主要分布在崇左、来宾、南宁、柳州等地，共有33个糖料蔗基地县，100多家糖厂；糖料蔗生产保护区有1150万亩，占全国产量的60%以上[①]。②新兴优势产业生产区域化。种桑养蚕业主要分布在河池、南宁、来宾、柳州、贵港、百色等地，这些地区的蚕茧占广西产量的90%以上。此外，桂南、桂东逐步形成了速生丰产工业原料林产业带，桂东逐步形成了瘦肉型猪和三黄鸡产业带，桂西逐步形成了肉牛产业带，桂南逐步形成了高效水产品和家禽产业带。茶叶、中药材、食用菌、香料和松脂等产品也逐渐趋向规模化和区域化。

4. 地区农业发展不平衡

广西各地区乡村经济的农、林、牧、渔业总产值差距较大，南宁、桂林和玉林的农业总产值较高，防城港、贺州等地区的产值较低。各市县第一产业增加值及其占地区生产总值的比例也呈较大差异（见图5-7）。造成这一现象的原因一方面与耕地中经济作物播种面积有关，另一方面与生产效率相关。

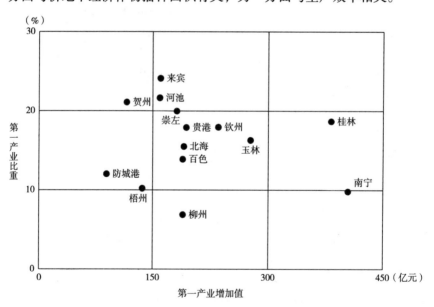

图5-7　2017年广西设区市与县域第一产业增加值及占其GDP比重对比

---

① 改革开放40周年和广西壮族自治区成立60周年农业工作成就［EB/OL］. 农业网，http://www.agronet.com.cn/News/1262641.html，2018-12-11.

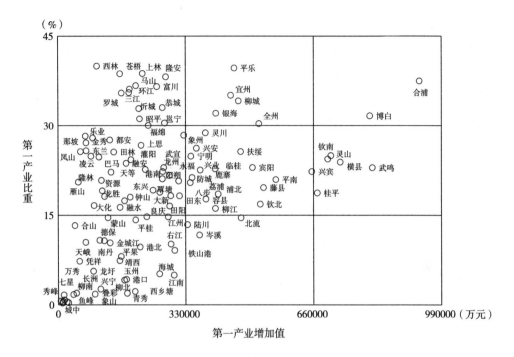

图 5 - 7　2017 年广西设区市与县域第一产业增加值及占其 GDP 比重对比（续图）

资料来源：根据《广西统计年鉴（2018）》数据计算、绘制。

如表 5 - 5 所示，广西农、林、牧、渔业区域发展水平的差异性主要有如下特征：①各地市农、林、牧、渔业总产值的差异性变化较大。以南宁市为参照系，2005～2017 年，除北海市、防城港市外，区内各市相对于南宁市均呈现差距不断扩大的态势，差距变动幅度在 2.8%～18.1%，相差达到 15.3 个百分点，区域农业增长的不平衡性加剧。②农业生产区域差异格局具有相对稳定性。从规模和总量比较来看，南宁市农业经济发展的整体实力一直最强，具有较明显的竞争优势，而防城港正好相反，整体实力一直最弱，2005 年两市相差比为 5.2:1，2017 年为 4.6:1，差距有小幅度缩小。③区域农业经济的增长不仅与耕地中经济作物的占比呈正相关关系，而且与经济作物的种植结构有较强的关联度。北海、防城港和柳州 3 市差距变动较小，均没有超过 3%，这与 3 市农作物播种面积结构中经济和其他农作物播种面积超过 50% 有直接关系。在 2017 年广西各市农作物播种面积构成中，经济和其他作物播种面积超过 50% 的有南宁市（占56.0%）、柳州市（占 58.9%）、北海市（占 57.8%）、防城港市（占 60.7%）、来宾市（占 59.7%）和崇左市（占 76.6%）。崇左市、防城港市和来宾市尽管经济和其他作物播种面积在耕地中占有较高的比重，但甘蔗面积在其中占比更高，分别为 71.4%、58.9% 和 54.4%。

表 5-5　广西设区市农、林、牧、渔业总产值比较及变动情况

地市	2005 年（亿元）	比值（%）	2017 年（亿元）	比值（%）	差距变动
南宁市	191.4	100.0	689.2	100.0	0.0
柳州市	95.7	50.0	325.2	47.2	2.8
桂林市	187.2	97.8	609.6	88.5	9.3
梧州市	85.2	44.5	232.0	33.7	10.9
北海市	82.6	43.1	302.5	43.9	-0.8
防城港市	37.2	19.4	150.9	21.9	-2.5
钦州市	125.4	65.5	377.2	54.7	10.8
贵港市	108.2	56.5	334.8	48.6	8.0
玉林市	166.5	87.0	475.9	69.1	17.9
百色市	100.5	52.5	307.6	44.6	7.9
贺州市	85.0	44.4	181.3	26.3	18.1
河池市	95.6	49.9	271.8	39.4	10.5
来宾市	97.9	51.2	263.6	38.3	12.9
崇左市	87.0	45.4	275.5	40.0	5.5

注：①根据 2006 年及 2018 年《广西统计年鉴》资料计算；②差距变动为 2005 年与 2017 年比值相减，若大于 0，差距扩大；若小于 0，差距缩小。

（三）现代化水平

农业现代化，即农业机械化、科学化、水利化和电气化，指用现代化的科学技术、管理方法、工业、服务体系来改造、管理、装备、服务农业，并用现代化的科学知识来提高农民自身素质的过程。1950 年以来，广西以推进农业现代化为主题，以加快转变农业发展方式为主线，巩固发展广西农业与乡村经济。进入 21 世纪，广西乡村经济的发展注重科技化、信息化的建设以及农业科技运用的推广，以此促进乡村经济活力、农民收入等的提高。

1. 农业机械化水平逐渐提升

农业机械化，是指运用先进设备代替人力的手工劳动，在产前、产中、产

后各环节中大面积采用机械化作业，从而降低体力劳动强度，提高劳动效率。改革开放以来，广西先后建设了生产排灌机械、中型拖拉机、手扶拖拉机等工厂，农业机械化程度得到有效提高，主要体现在农用机械、机耕面积、农村用电量、农用化肥等几个方面（见表5-6）。2017年，全区机耕面积为4899千公顷，比1980年增长5.3倍，年均增长率为5.1%；农业机械总动力3604.3万千瓦、农用水泵918931台、渔业机动船26482艘，分别是1995年的3.4倍、7.0倍及2.4倍，其中农业机械总动力比1980年增长了8.2倍；化肥施用量263.8万吨，比1980年增长5.7倍，年均增长率为5.3%；农村用电量为103.5亿千瓦小时，比1980年的4.8亿千瓦小时增长20.8倍，年均增长率为8.7%。从地区分布上看（见表5-7），桂林、南宁、贵港、河池、玉林市的农业机械化程度相对较高，农业机械总动力均在300万千瓦以上。

表5-6　广西农业现代化发展情况表

年份	机耕面积 （千公顷）	农业机械总动力 （万千瓦）	化肥施用量 （万吨）	农村用电量 （亿千瓦小时）
1949	0	0	0	0
1980	782.6	390.3	39.7	4.8
1985	466.6	472.7	52.1	7.6
1990	679.3	784.2	86.2	12.6
1995	791.0	1075.4	122.9	23.6
2000	971.1	1467.9	157.8	29.6
2005	1032.8	1909.7	201.3	34.3
2010	3163.7	2767.7	237.2	50.2
2015	4628.5	3767.5	259.8	83.9
2017	4899.0	3604.3	263.8	103.5

注：1949年各指标的0意为等于0，或接近0。

资料来源：根据历年《广西统计年鉴》整理。

表5-7　2017年广西设区市主要农业经济及现代化指标

地市	农林牧渔业 总产值（亿元）	甘蔗产量 （万吨）	园林水果 产量（万吨）	农业机械总动 力（万千瓦）	农村用电量 （亿千瓦时）	农用化肥 用量（万吨）
南宁市	689.1	1161.6	248.3	481.2	11.8	53.8

续表

地市	农林牧渔业总产值（亿元）	甘蔗产量（万吨）	园林水果产量（万吨）	农业机械总动力（万千瓦）	农村用电量（亿千瓦时）	农用化肥施用量（万吨）
柳州市	325.2	658.9	96.2	222.0	8.6	19.0
桂林市	609.6	40.1	539.7	503.5	7.8	24.4
梧州市	232.0	14.3	67.1	137.5	4.9	7.1
北海市	302.5	246.2	12.2	148.0	2.2	6.1
防城港市	150.9	311.3	8.7	77.7	2.4	5.6
钦州市	377.2	398.1	204.2	184.7	6.8	24.3
贵港市	334.8	246.3	31.0	365.9	5.9	19.5
玉林市	475.9	180.2	108.5	305.7	10.0	16.3
百色市	307.6	255.3	115.2	299.6	9.4	12.5
贺州市	181.3	17.1	87.5	124.1	4.4	5.5
河池市	271.7	345.5	41.7	314.3	10.3	14.0
来宾市	263.6	1229.1	74.7	197.3	10.6	26.3
崇左市	275.5	2507.7	66.4	258.8	3.6	30.1
全区	4796.9	7611.7	1701.3	3620.3	98.9	264.5

资料来源：根据 2018 年《广西统计年鉴》资料整理。

2. 农业科技信息化水平逐渐提升

通过加大对农业科技的经费投入，安排农业科技专项经费进行重点突破，广西的农业科技成果显著增加。2016 年登记的自治区级科技成果中，农业成果为 1379 项，占当年科技成果 41.0%。[①] 在农业科技服务方面，形成了一套较为完善的乡村农业科技推广服务体系。在农业信息化发展方面，2016 年，广西农业大数据平台被农业部评为全国"互联网＋"现代农业百佳实践案例；2017 年，广西农业信息中心被农业部认定为全国农业农村信息化示范基地。[②]

3. 农业科技创新能力建设逐渐增强

近年来，广西通过建立各类实验室、研究中心、技术示范基地等科技创新

---

① 2017 年广西科技统计数据 [DB/OL].广西科学技术厅，http：//www.gxst.gov.cn/gxkjt/ddmf/20171129/002006_ 8f948e4f－00a1－4cf8－8038－df1948e97300.htm，2017－11－29.

② 把握信息脉动激发数据力量——广西农业信息化助力乡村振兴 [EB/OL].广西农业信息网，ht-tp：//www.gxny.gov.cn/news/ywkb/201712/t20171230_ 560505.html，2017－12－30.

服务平台，运用广西农业技术推广网、农友之家网等平台推广农业新技术，并充分发挥农业科研院所、高校、企业和各类科技创新平台等主体对农业科技创新的推动作用，多管齐下建立并完善农业科技创新体系。广西还确定了由五个部分组成的科技创新体系，即以各类研究院所作为科技创新的源头，以农业科技园作为科技成果的示范，以各类推广机构和平台作为农业科技的服务支撑，以领军人物培养、创新团队建设作为农业科技人才队伍的建设方向，以中国—东盟农业技术合作作为科技合作的主体①。在农业科技园区的培育方面，广西科技厅还专门出台了园区建设的实施方案，启动自治区级农业科技园区建设，计划于 2020 年建成 30 家自治区级农业科技园区，明确"政府引导、企业运作、社会参与、农民受益"的建设原则，并以地方人民政府作为园区建设的责任主体，制定了种植业为主导的园区核心区面积为 3000 亩以上、养殖业为主导的园区核心区面积为 2000 亩以上、农产品加工业为主导的园区核心区内规模以上农业企业为 3 个以上的园区建设规范。同时还确定了一系列园区建设和管理的实施标准，为广西农业科技的运用和推广，以及农民的增收提供了有利的政策环境。

三、存在的问题

广西区域面积大，气候、水热、生物与生态资源丰富多样；人口众多，劳动力资源丰富；临近粤港澳及东南亚地区资源与市场，这些本是广西农业和农村经济发展的优势。但同时，"八山一水一分田"的广西还存在山多而耕地资源不足，土地资源空间分布不均，农产品市场分割和运输成本高，农、林、牧、渔业区域发展差异大，农业科技投入不足②、科研经费占比低③，农业科技成果转化率与农业科技进步贡献率低于全国平均水平（10 个百分点左右）④ 等劣势，

① 广西壮族自治区人民政府关于加快农业科技创新体系建设的实施意见 ［EB/OL］. 广西壮族自治区人民政府网，http：//www.gxnews.com.cn/staticpages/20160429/newgx572345ec－14808190.shtml，2016－04－29.

② 参见：http：//www.gxst.gov.cn/gxkjt/ddmf/20171129/002006＿8f948e4f－00a1－4cf8－8038－df1948e97300.htm。

③ 韦志扬，蒙福贵，李思源，等. 广西"十三五"农业科技发展路径研究 ［J］. 南方农业学报，2014（5）：898－905.

④ 覃泽林，李耀忠，秦媛媛，等. "十三五"广西现代农业面临的挑战与发展思路 ［J］. 南方农业学报，2015（5）：943－950.

导致广西农业出现规模大而竞争力不强的问题[①]，以及面对生物及劳动力资源更为丰富多样的东盟国家及全球农产品竞争等问题。

具体而言，与农业现代化的要求相比，当前广西现代特色农业的发展还存在大而不强、多而不优的问题。[②]

1. 竞争力不强

21世纪初的一份全国省域农业竞争力发展报告显示，2005年广西农业在全国省域中的综合竞争力列第21位，其中：产业竞争力列第5位，结构竞争力第18位，基础竞争力列第19位，投入竞争力列第26位，发展方式竞争力列第12位，科教支持竞争力列第13位，外向度竞争力列第19位，机械化竞争力列第26位。[③] 显而易见，产业结构、基础设施、科技投入与支撑、农作物耕种收综合机械化水平以及产业外向度等，是广西农业发展的弱项。

2. 供需结构性失衡，产业与经营体系待优化

广西农产品"大路货"比较多，适销对路、技术含量和品质高的少，标准化、规模化、品牌化生产的少，知名品牌少，优质、高效、安全农产品发展相对滞后，与消费者对质量和品质的要求还有差距；粮食、糖等大宗农产品国内外市场价格差距大，稳定生产与种植的压力大，部分传统优势产业面临挤压，其中，在进口低价糖的冲击下，作为全国最大糖产区的广西，糖料蔗同时面临种植面积持续下降与进一步提升综合产能的挑战，甘蔗收购价和糖价在联动中波动（见表5-8）；作为全国生猪生产重点区域的广西，生猪生产（占全国产量5%）多为小规模分散经营，饲料用粮供需缺口也大；整体上农业产业链不长，农业产业组织体系发展程度以及农村第一、二、三产业融合程度不高；农村家庭承包经营土地流转规模不大，新型经营主体和服务主体数量不多，农村金融机构覆盖率低，金融产品少，农村有效信贷投入不足，农业农村发展的动

① 韦志扬，蒙福贵，李思源，等. 广西"十三五"农业科技发展路径研究 [J]. 南方农业学报，2014（5）：898-905.

② 本部分1-4点根据下列文献整理：广西壮族自治区发展和改革委员会. 广西农业和农村经济发展"十三五"规划 [EB/OL]. http://sswgh.gxdrc.gov.cn/web/zxgh/zxghview/c3N3T3J6eGdoPTEmaWQ9MTk3ODg=.htm，2017-06-15；潘欣. 广西农业产业结构现状及对策研究 [J]. 广西经济，2017（6）：31-36；危朝安. 深化农业供给侧结构性改革，扎实推进广西现代特色农业建设 [J]. 当代广西，2017（19）：13-14；张宗文. 广西农业和农村经济发展现状及问题研究 [J]. 广西经济，2019（5）：27-30.

③ 郑传芳，宋洪远，李闽榕，等. 中国省域农业竞争力发展报告 [M]. 北京：社会科学文献出版社，2010.

力活力有待增强。

表 5 - 8　2005 年以来广西甘蔗收购价及糖价联动情况

榨季	收购价（元/吨）	糖价（元/吨）	榨季	收购价（元/吨）	糖价（元/吨）
2005/2006	210	3100	2012/2013	475	6580
2006/2007	260	3900	2013/2014	440	6000
2007/2008	260	3800	2014/2015	400	5100
2008/2009	260	3800	2015/2016	440	5800
2009/2010	260	4400	2016/2017	480	6470
2010/2011	350	4800	2017/2018	500	6800
2011/2012	500	7000	2018/2019	490	6660

资料来源：根据历年《广西年鉴》整理。

3. 可持续发展压力大

广西既有加快推进工业化、城镇化的繁重任务，也面临越来越大的资源环境压力。工业"三废"和城市生活垃圾等外源性污染向农业农村扩散，农业内源性污染严重，耕地数量减少、质量下降；农村生产要素流出趋势尚未扭转，空心化及劳动力不足现象严重，进而导致新技术推广难。

4. 农民持续增收难

广西农民收入与全国仍有较大差距，农村居民人均可支配收入只相当于全国平均水平的85%左右。近年来农资价格持续上涨，广西农产品价格上涨空间有限。其中，广西调查总队的数据显示，2018 年全区农产品生产价格同比下跌2.8%。不论是普通农户、规模经营户还是农业经营单位，普遍反映农业生产效益低、风险大，农产品价格增幅低于人工、农资价格涨速，惠农政策的激励效应在弱化，农业效益受价格下跌与成本上升"双向挤压"。[1] 同时，依靠转移就业促进农民收入增长的空间收窄，家庭经营性收入和工资性收入增长缓慢，农民的财产性收入增长空间有限。

5. 特色产品区域化布局尚不合理

蒋团标等认为[2]，当前广西农产品优势类县域主要位于玉林、钦州、南宁、

① 董春生，何永坚.2018 年广西农业农村经济持续向好［J］.广西经济，2019（1）：30-31.

② 蒋团标，陆凤娟，江凌峰.广西现代农业体系构建研究——基于农产品生产布局的演变［J］.广西社会科学，2019（5）：87-97.

桂林、贵港等地；非优势类县域大部分位于百色、河池等地。2011～2016 年，广西农产品的生产布局演化不明显。优势类县域大部分为农产品生产较为发达的地区，因生产水平较高，故呈稳步增长态势。而非优势类县域大部分位于广西欠发达地区，因产业基础较差，生产技术受限，故生产效率不高，产量较低，近年并无明显改善趋势。优势类县域与附近地区并未形成集中态势，说明优势类地区对周围的辐射带动及要素聚集能力尚弱。

第二节　乡村经济

改革开放以来，广西农村推行家庭联产承包生产责任制，农业和乡村经济得到迅猛发展。进入 21 世纪，农业和乡村经济开始新一轮的现代农业结构调整，生态化及现代化进程加快，发展态势良好。[①]

一、乡村经济发展的支柱：农业 + 乡镇工业企业

（一）乡村农业

如上所述，现代特色农业是广西乡村经济发展的优势所在。2010 年以来，广西农业产值占第一产业的比重为 50% 左右，且有逐年上升的趋势；林业产值比重也逐年小幅增长，占第一产业比值为 7% 左右；畜牧业中肉类的产量虽有所上升，但其产值占第一产业的比重却从 2011 年开始逐年降低，2017 年占比为 24.0%；渔业占第一产业的比重逐年上升，为 10% 左右；广西农、林、牧、渔业总产值占全国比重从 2006 年开始稳定在 4% 左右，是全国农业大省份。近年来，广西乡村经济发展以第一产业为重，在广西农村居民可支配收入中，第一产业经营收入占比最高，为 35% 以上，其中，农业收入为主要收入来源。农村居民通过建立农民专业经济合作组织、建设现代特色农业（核心）示范区、自建电商平台或利用第三方平台等手段，实现农业的产业化经营。

（二）集体经济

集体经济是社会主义公有制经济的重要组成部分，20 世纪 50 年代初的农业

---

①　广西统计局．八桂辉煌：广西六十年经济社会发展成就［R］．北京：中国统计出版社，2009．

合作化运动是我国农村集体经济的起点。改革开放后，我国农村实行家庭联产承包责任制，集体经济得到一定发展。但广西农村集体经济相对薄弱，到2016年底，广西全区15059个行政村中，共有村级集体经济组织6628个，比全国各省份平均数少1274个；集体经济年总收入为29.8亿元，比全国各省份平均水平少112.1亿元，与全国平均水平有较大差距；广西村级集体经济的最大收入来源是经营收入，占总收入的34.2%，发包收入、补助收入和其他收入相差较小，投资收益较低，与全国相比有一定差距。[①]

二、农村劳动力

随着农业现代化的发展，不少农村劳动力从土地中解放出来，农村剩余劳动力不断增加。1982～2011年广西农村劳动力不断涌入城市，2011年劳动力流动高达1583.39万人，农村劳动力占比与从事第一产业劳动力占比的差距从1981年开始逐渐拉大（见图5－8）；2011年后受较大规模返乡影响，2012年农

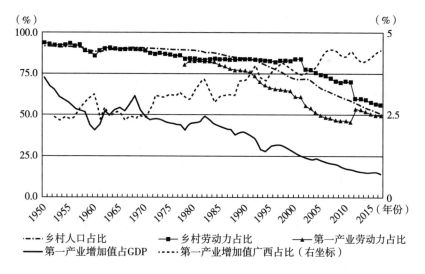

图5－8　广西乡村与农业人口及第一产业增加值比重走势

注：1984～1999年乡村人口占比为估计数。

资料来源：根据中经网统计数据和历年《广西统计年鉴》资料计算。

---

① 参见：《中国农村经营管理统计年报（2017年）》。

村劳动力占比突然下降 10.1 个百分点，从事第一产业的劳动力占比由一直下降的趋势突然增长 8 个百分点。① 2017 年，广西常住人口为 4885 万人，其中乡村人口为 2481 万人，占全区人口的 50.8%；全区劳动力总数为 2842 万人，其中农村劳动力为 1595 万人，占劳动力总数的 56.1%；从事第一产业的劳动力有 1415 万，占劳动力总数的 49.8%。与 1978 年相比，农村人口占比下降 38.6 个百分点，农村劳动力占比下降 27.6 个百分点，从事第一产业的劳动力占比下降 30.7 个百分点。

表 5 - 9　广西劳动力资源及其构成

指标	1995 年	2000 年	2005 年	2010 年	2015 年	2016 年	2017 年
劳动力资源总数（万人）	2907	3203	3536	3732	3438	3465	3498
占人口总数比重（%）	64	67.4	71.8	72.3	71.7	71.6	71.6
劳动力资源利用率（%）	82	80.1	76.4	77.8	82.0	82.0	81.3
从业人员合计（万人）	2383	2566	2703	2903	2820	2841	2842
乡村从业人员（万人）	1965	2145	2275	2387	1622	1605	1595
第一产业从业人员（万人）	1583	1571	1519	1571	1427	1423	1415
第二产业从业人员（万人）	282	278	322	544	513	500.0	498
第三产业从业人员（万人）	518	717	862	788	880	917.6	929
乡村从业人员占比（%）	82.5	83.6	84.2	82.2	57.5	56.5	56.1
第一产业从业人员占比（%）	66.4	61.2	56.2	54.1	50.6	50.1	49.8
第二产业从业人员占比（%）	11.8	10.8	11.9	18.7	18.2	17.6	17.5
第三产业从业人员占比（%）	21.8	28.0	31.9	27.1	31.2	32.3	32.7

资料来源：根据历年《广西统计年鉴》资料绘制。

　　农村剩余劳动力逐渐向非农产业转移，有效地促进了乡村经济的发展和农民增收。改革开放以来，广西农村私营企业、个体经营就业人数呈上升趋势。2017 年农村私营企业就业人员数为 155.3 万人，比 1999 年增长 13.9 倍，年均增长率为 16.2%；个体经营就业人员数为 113.09 万人，比 1999 年增长 0.3 倍，年均增长率为 1.42%。随着市场经济的深入发展和产业结构调整力度的加大，

---

① 吴寿平. 农村劳动力流动、人口城镇化与城乡居民收入差距的实证研究——基于 1978 - 2015 年广西的数据 [J]. 学术论坛, 2016, 39（8）：41 - 47.

农村劳动力的就业格局不断优化（见表5-9），第三产业逐渐成为农村剩余劳动力转移的主要方向，而受广西工业发展的影响，第二产业在吸纳农村剩余劳动力方面作用相对有限。2017年，第三产业从业人数所占比例为32.7%，比1995年高10.9个百分点；第二产业从业人数所占的比例为17.5%，比1995年高5.7个百分点，提高相对较慢。

三、农民收入与消费

（一）农村居民收入及其主要来源

改革开放以来，广西农村居民收入呈持续快速增长态势，收入水平大幅提高。据住户调查资料显示，2017年，广西农民人均可支配收入为11325元（见表5-10），是1983年的43.2倍，年均增长11.7%，扣除物价上涨因素后，增长了5.02倍，年均实际增长4.9%。从增速来看，农村居民收入增长经历了改革开放初期增速不断波动，到21世纪初期的增速走低，再到长期平稳快速增长的转变。

表5-10　广西农村居民人均可支配收入及其来源　　　　单位：元

年份	1990	1995	2000	2005	2010	2015	2017
人均可支配收入	639.5	1446.1	1864.5	2494.7	4543.4	9466.6	11325.0
（1）工资性收入	59.9	202.1	483.8	907.4	1707.2	2549.1	3242.0
（2）经营净收入	553.0	1158.1	1297.2	1516.4	2510.2	4359.4	5103.0
（3）财产净收入	26.6	11.4	7.5	18.3	33.8	116.0	185.0
（4）转移净收入		74.5	76.1	52.7	292.3	2442.1	2795.0

资料来源：根据历年《广西统计年鉴》资料绘制。

在收入构成中，经营净收入一直是农村居民收入持续增长的主要来源。随着改革开放的深入，农村居民收入结构趋于多元化，工资性收入逐年增长，成为拉动农村居民收入增长的新增长点。2017年，农村居民人均工资性收入为3242元，比1985年增长115.8倍，年均增长16.0%；经营净收入为5103元，比1985年增长19.5倍，年均增长9.7%。从增收的贡献来看，2017年经营净收入占农民人均可支配收入的比重下降到45.1%，比1985年降低了41.4个百分点；工资性收入占比为28.6%，比1985年增加19.5个百分点；财产净收入和转移净收入占 26.3%，比 1985 年增加 21.9 个百分点，其中财产净收入占 1.6%，比 1995 年提高 0.8 个百分点，转移净收入占 24.7%，比 1995 年提高 19.5 个百分点。

（二）农村居民消费支出与构成

随着农村居民收入的增长，广西农村居民生活逐步摆脱贫困，消费水平全面提升。1957～1980 年农村居民人均消费支出年均增长 4.1%；改革开放后，1981～2017 年广西农村居民人均消费支出年均增长 11.8%。[①] 2017 年广西农村居民人均消费支出为 9437 元（见表 5－11），比 1980 年增长 62 倍，比 1956 年增长 165 倍。在农村居民消费水平有效提升的同时，农村居民的消费领域不断扩大，消费结构更趋合理。农村居民消费结构顺序由 1980 年满足基本生存需要的吃、穿、住、用，变为 2017 年的吃、住、交通通信、教育文化娱乐，农村居民更加注重生活品质。农村居民家庭恩格尔系数持续下降，由 1980 年的 63.5% 下降到 2017 年的 32.2%，下降 31.3 个百分点，食品消费由单一到丰富。另外，农村居民居住条件得到了较大改善，2017 年，农村居民人均居住支出 2120 元，比 1980 年增长 192.7 倍，年均递增 15.3%，平均每人住房面积由 1980 年的 10.6 平方米增加到 2017 年的 47.2 平方米，比 1980 年增长 3.5 倍；农村的交通通信事业发展迅速，2017 年人均交通通信支出为 1288 元，与 1980 年相比，年均增长 24.4%；农村居民的精神文化生活日益丰富，2017 年农村居民家庭人均教育文化娱乐服务支出为 1128 元，占消费性支出份额比 1990 年提高了 6.1 个百分点。

表 5－11　广西农村居民人均生活消费支出及其构成

年份	1995		2000		2005		2010		2017	
	（元）	（%）	（元）	（%）	（元）	（%）	（元）	（%）	（元）	（%）
消费支出	1143.0	100.0	1488	100.0	2349.6	100.0	3455.3	100.0	9437	100.0
（1）食品烟酒	700.4	61.3	825	55.4	1186.7	50.5	1675.4	48.5	3043	32.2
（2）衣着	49.2	4.3	51.6	3.5	79.5	3.4	110.5	3.2	287	3.0

---

① 居民收入大幅增长生活质量明显提高——改革开放 40 周年和自治区成立 60 周年经济社会发展成就系列报告之十五［EB/OL］．广西壮族自治区统计局，http：//www. gxtj. gov. cn/tjsj/yjbg/qq＿267/201812/t20181204＿150162. html，2018－12－04.

续表

年份	1995		2000		2005		2010		2017	
	（元）	（%）	（元）	（%）	（元）	（%）	（元）	（%）	（元）	（%）
（3）居住	139.5	12.2	201.1	13.5	379.7	16.2	692.5	20.0	2120	22.5
（4）生活用品及服务	52	4.5	63	4.2	95.5	4.1	192.8	5.6	495	5.2
（5）交通通信	27.3	2.4	64.8	4.4	214.1	9.1	310.3	9.0	1288	13.6
（6）教育文化娱乐	127.7	11.2	186.8	12.6	226.4	9.6	182.6	5.3	1128	12.0
（7）医疗保健	29	2.5	52.4	3.5	123.4	5.3	229	6.6	931	9.9
（8）其他用品和服务	18	1.6	43.4	2.9	44.5	1.9	62.3	1.8	145	1.5

资料来源：根据历年《广西统计年鉴》资料绘制。

（三）农村居民收入空间差异

广西各市人均农村居民收入水平的空间差距与乡村地区的农业经济结构密切相关，①② 同时也与各地农业生产效率的空间不均衡相关。广西农业的空间生产效率大致上呈由南向北、由东向西递减的趋势：北海、钦州、防城港的农业生产效率较高，而崇左、河池和贵港的农业生产效率较低，农业生产效率显示出集群效应。③

广西农村居民收入的区域差异主要有如下特征：①各地区的农村居民收入差距长期处于较明显的状况。如图 5-9 所示，2005 年，农村居民人均纯收入相对较高的北海市、钦州市分别比同期收入较低的河池市、百色市高出 66.3% 和73.4%；到2017 年，收入相对较高的玉林市、防城港市分别比较低的百色市、河池市高出 33.7% 和 61.9%，区域间农村居民人均纯收入最高和最低之间的差距虽由 2005 年的 1.8 : 1 降至 2017 年的 1.7 : 1，但区际间农村居民收入差距仍然明显。②农村居民收入的差异性表现为较明显的区域化特征。2005 年，农村居民人均纯收入相对较高（以高于 2005 年平均值 2554.4 元为界限）的区域主要分布在南宁市、桂林市、梧州市和沿海的北海市、钦州市、防城港市及桂东南

① 高安刚，张林，田义超，等．基于 ESDA 的广西县域农民收入差异时空演化研究［J］．南方农业学报，2015（9）：1731 - 1737.

② 杨亚非．广西农业农村发展趋势分析与思考［R］//2015 年广西农村发展报告．南宁：广西人民出版社，2015.

③ 梁盛凯，陆宇明，莫良玉，等．广西农业生产效率空间分布特征及其影响因素分析［J］．南方农业学报，2015（5）：929 - 935.

的贵港市、玉林市等地。到 2017 年，农村居民收入相对较高（以高于 2017 年平均值 11687.4 元为界限）的区域仍主要分布在南宁市、柳州市、桂林市和沿海的北海市、钦州市、防城港市及桂东南的玉林市和贵港市等地，而桂西地区的农村居民收入仍在较低的水平徘徊，区域间农村居民收入差距分化的地域格局不仅没有得到有效改观，而且更趋明显。

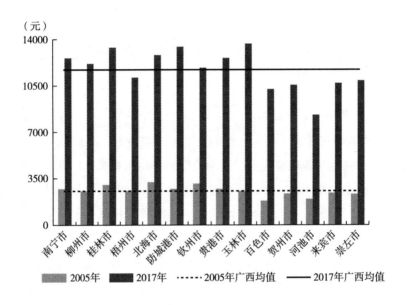

图 5-9　广西各设区市农民人均可支配收入变动

资料来源：根据《广西统计年鉴（2006）》及《广西统计年鉴（2018）》资料绘制。

第三节　乡村经济发展的新动力

广西作为欠发达地区，农业大而不强、不优，农村基础设施和公共服务能力较为薄弱，农村人口老龄化、空心化等问题突出。为解决乡村规划建设、社会治理、生态文明建设等问题，贯彻落实党中央实施乡村振兴战略的部署，广西壮族自治区政府于 2018 年印发的《关于印发乡村振兴产业发展基础设施公共服务能力提升三年行动计划（2018—2020 年）的通知》指出，重点实施乡村振兴产业发展、基础设施和公共服务能力提升三大专项行动，分别对应实施乡村"一二三产融合、工业、旅游、健康、生态经济"等产业发展项目、农村"路、水、电、气、网、园"等基础设施建设项目、农村"教育、卫生、文化、体育、就业、服务"等公共服务设施建设项目，为广西乡村经济的发展提供了新动力。

一、现代特色农业成为乡村经济发展新动力

农业特色优势产业是广西农业市场化改革和乡村经济结构调整的主要发展领域。乡村振兴战略的实施推进了广西现代特色农业（核心）示范区快速发展，已得到认定的自治区级示范区从 2015 年的 12 个发展至 2017 年的 147 个[①]。同时，县级、乡级的示范区也在不断发展壮大当中，覆盖范围涉及全区各个县市。示范区的发展使广西农业产业品种、品质、品牌迅速提升，富硒农业、休闲农业、生态循环农业和农产品加工业成为广西农业发展特色，使广西农业第一、二、三产业融合越来越紧密，农产品品牌影响力越来越大，现代特色农产品成为广西乡村经济发展的新动力。

2017 年《广西壮族自治区现代农业（种植业）发展"十三五"规划（2016—2020 年）》提出全面提升现代特色农业产业，主要包括粮食、糖料蔗、水果、蔬菜、桑蚕、食用菌、茶叶、中药材等产业。具体规划建设 50 个粮源基地县（市、区）、32 个国家糖料蔗生产重点县（市、区），推进水果产业分类布局、食用菌产业六大区域集聚发展，发展四大茶区，打造五大中药产区，建设一批高标准的常年蔬菜生产基地和"南菜北运""西菜东运"及加工出口生产基地，并巩固桂西北、桂中、桂南优势桑蚕产业区，打造休闲农业、"富硒之都"（见表 5 - 12 ~ 表 5 - 15）。

表 5 - 12　广西现代特色农业产业基地县（市、区）

产业 地市	粮源	国家糖料蔗	蔬菜	茶叶
南宁市	武鸣、隆安、邕宁、横县、宾阳、上林、马山	武鸣、江南、宾阳、横县、隆安	江南、西乡塘、邕宁、武鸣、宾阳、隆安、横县	横县、上林、武鸣

---

① 广西壮族自治区农业厅 2017 年度工作绩效展示［EB/OL］. 广西农业信息网，http：//www.gxny.gov.cn/govpublic/jcxxgk/tzgg/201712/t20171215_ 558690.html，2017 - 12 - 15.

产业 地市	粮源	国家糖料蔗	蔬菜	茶叶
柳州市	鹿寨、柳城、柳江	柳江、柳城、鹿寨、融水	柳江、柳北、柳城、鹿寨、柳南	三江、融水、柳城、鹿寨
桂林市	临桂、全州、兴安、灵川、永福、平乐、阳朔、灌阳、荔浦	—	灵川、临桂、雁山、全州、平乐、荔浦	龙胜、资源、临桂、平乐、恭城
梧州市	苍梧、岑溪、藤县	—	长洲、龙圩、藤县、岑溪	苍梧、藤县、蒙山、龙圩
北海市	合浦	合浦	银海、合浦	—
防城港市	防城	上思	防城、东兴	—
钦州市	钦北、灵山、浦北、钦南	灵山、钦南、钦北	钦南、钦北、灵山	灵山、浦北
贵港市	桂平、平南、港南、覃塘	覃塘	港南、港北、平南、桂平	覃塘、平南、桂平
玉林市	兴业、陆川、博白、北流、容县、福绵	—	玉州、福绵、博白、北流	兴业、博白
百色市	靖西、田阳	田东、平果、田阳	右江、田东、田阳、平果	凌云、乐业、西林、隆林、德保
贺州市	八步、钟山、富川、昭平	—	八步、富川、平桂	昭平、八步、平桂
河池市	宜州、罗城、环江	宜州、罗城、都安、金城江、环江	金城江、宜州	南丹、罗城
来宾市	象州、兴宾	兴宾、武宣、象州、忻城	兴宾、忻城	金秀、武宣、象州
崇左市	天等	扶绥、江州、宁明、龙州、大新	江州、扶绥	天等、大新、龙州

表5-13　广西水果生产重点区域

基地	品种	地区
优势特色水果生产基地	香蕉	西乡塘、武鸣、隆安、江州、浦北、灵山、扶绥、博白、北流、钦北、田东
	柑桔	桂林、柳州、柳州、玉林、梧州、河池

续表

基地	品种	地区
特色果业生产基地	荔枝	钦州、玉林、贵港、南宁、梧州
	龙眼	钦州、玉林、贵港、南宁、崇左、防城港、梧州等市和平果、大化、武宣等县
	芒果	田阳、右江、田东、灵山、钦北、武鸣、田林
	火龙果	平果、武鸣、良庆、邕宁、青秀、西乡塘、江州、钦南、防城、博白、隆安
	葡萄	兴安、灵川、资源、全州、灌阳、平乐、恭城、临桂、柳江、柳北、鹿寨、柳城、兴宾、宜州、平果、武鸣、天等、大新、横县、邕宁、西乡塘
	梨	灌阳、全州、灵川、兴安、临桂、龙胜、资源、南丹、富川、柳江、武鸣
	柿	恭城、平乐、武宣、灌阳、荔浦、阳朔、蒙山、兴宾、鹿寨、灵山、钟山
	李	灌阳、八步、武宣、平乐、灵山、全州、武鸣、右江、鹿寨、钟山、天峨、南丹、富川、环江、凌云、靖西、乐业
	桃	恭城、灵川、平乐、象州、灌阳、阳朔、兴宾、鹿寨、兴安、全州、钟山、天峨、环江、靖西、德保、西林、乐业
加工型水果生产基地	柿	恭城、平乐、荔浦、阳朔、蒙山
	西番莲	西乡塘、上林、北流、平南、钦南
	酿酒葡萄	罗城、都安、大化、巴马、金城江、永福

表5-14　广西中药材重点发展区域

片区	优势区域	重点发展品种
桂东大宗及名贵道地中药材区	梧州市、贺州市、玉林市、贵港市等	玉桂、葛根、穿心莲、泽泻、猫豆、铁皮石斛、淮山、生姜、茯苓等
桂南大宗传统道地中药材区	南宁市、崇左市、北海市、钦州市、防城港市等	茯苓、穿心莲、淮山、砂仁、金银花、八角、生姜、肉桂、苦丁茶等
桂北特色优势道地中药材区	桂林市等	罗汉果、广佛手、栀子、槐米、郁金、葛根、生姜、百合、菊花等
桂西特色多样道地中药材区	百色市、河池市等	生姜、板蓝根、薏米、猫豆、郁金、田七、青蒿、茯苓、何首乌等
桂中传统道地中药材区	柳州市、来宾市等	葛根、生姜、金银花、八角、百合、青蒿、山药、厚朴、栀子等

表 5 – 15　广西食用菌重点发展区域

品种	地市
双孢蘑菇发展区域	桂林、南宁、玉林、贵港、柳州、来宾
云耳发展区域	百色、河池、柳州、南宁、桂林、贺州、玉林
香菇发展区域	桂中桂北山区
珍稀菇发展区域	大中城市周边
中高温菇发展区域	桂南
桑枝食用菌发展区域	河池、南宁、柳州、来宾、玉林

另外，南宁市的"美丽南方"休闲农业核心示范区项目成为 12 个国家田园综合体项目之一。横县中华茉莉花产业园项目和来宾市现代农业产业园项目被认定为全国现代农业产业园项目。

乡村旅游也是广西乡村经济的发展特色。自 20 世纪末巴马被认定为"世界长寿之乡"开始，广西的"长寿"品牌名声在外。长寿之乡的建设是广西乡村经济发展的主要特色，也是发展乡村旅游的亮点。在中国老年学和老年医学学会认定的"长寿之乡"中，广西数量居全国首位。部分有条件的乡镇，以农产品为牵引，融合农产品加工业等第二产业和乡村休闲、疗养等服务产业，利用"长寿"品牌使农民增收。至 2017 年，全区累计建设农家乐 4800 多个，乡村旅游点 1320 多个，休闲农业园 756 个，年接待游客 6300 多万人次，产业总收入 230 多亿元[①]。另外，至 2018 年，通过认证的广西地理标志保护产品共有 77 个，广西地理标志农产品有 97 个（见表 5 – 16 ~ 表 5 – 17）。

表 5 – 16　广西地理标志保护产品一览表

类型	产品
植物产品	容县沙田柚、广西肉桂、永福罗汉果、荔浦芋、阳朔金橘、横县茉莉花、玉林香蒜、忻城金银花、天等指天椒、融水糯米柚、博白桂圆肉、雅长铁皮石斛、横县大头菜、八渡笋、融安金桔、田东香芒、博白空心菜、上林大米、浦北香蕉、黄姚豆豉、灵山荔枝、西林沙糖桔、上林八角、浦北红椎菌、鹿寨蜜橙、东津细米、恭城月柿、黎塘莲藕、西林火姜、柳江莲藕、英家大头菜、乐业猕猴桃、德保脐橙、百色芒果、德保山楂

① 广西壮族自治区人民政府关于加快农业科技创新体系建设的实施意见 [EB/OL]. 广西壮族自治区人民政府网，http://www.gxnews.com.cn/staticpages/20160429/newgx572345ec – 14808190.shtml，2016 – 04 – 29.

续表

类型	产品
动物产品	马山黑山羊、环江香猪、梧州腊肠、巴马香猪、凉亭鸡、融水香鸭、霞烟鸡、玉林牛巴、西林麻鸭、岑溪古典鸡
其他产品	桂林三花酒、桂林腐乳、桂林西瓜霜、巴马矿泉水、金秀绞股蓝、大瑶山甜茶、罗城野生毛葡萄酒、合浦南珠、凌云白毫茶、大新苦丁茶、梧州龟苓膏、坭兴陶、南山白毛茶、正骨水、湘山酒、西山茶、防城金花茶、六堡茶、三江茶、巴马火麻、都安野生山葡萄酒、昭平茶、灵山凉粉、桂林辣椒酱、姑辽茶、横县茉莉花茶、东兰墨米酒、西林姜晶、黄姚黄精酒、三江茶油、龙州乌龙茶

资料来源：根据广西知识产权局相关资料整理。

表 5 – 17　广西农产品地理标志分布情况

地区	数量	产品名称
南宁市	4	南宁香蕉、刘圩香芋、那楼淮山、东兰黑山猪
柳州市	2	柳城蜜橘、三江稻田鲤鱼
桂林市	21	灌阳雪梨、荔浦马蹄、龙胜凤鸡、资源红提、全州禾花鱼、龙胜翠鸭、龙脊辣椒、东山猪、恭城竹鼠、桂林桂花茶、平乐石崖茶、恭城娃娃鱼、荔浦芋、龙脊茶、全州文桥鸭、恭城月柿、平乐慈姑、阳朔九龙藤蜂蜜、地灵花猪、兴安葡萄、荔浦砂糖橘
梧州市	2	梧州砂糖橘、藤县江口荔
北海市	3	润洲黄牛、香山鸡嘴荔枝、合浦文蛤
防城港	2	东兴红姑娘红薯、上思香糯
钦州市	9	官垌草鱼、钦州大蚝、钦州石金钱龟、灵山香鸡、钦州海鸭蛋、钦州黄瓜皮、钦州青蟹、浦北黑猪、钦州鲈鱼
贵港市	9	金田淮山、桂平西山茶、桂平黄沙鳖、平南墨底鳖、麻垌荔枝、白石山铁皮石斛、平南石硖龙眼、覃塘莲藕、覃塘毛尖茶
玉林市	3	陆川猪、都峤山铁皮石斛、陆川橘红
百色市	11	隆林山羊、西林水牛、靖西大香糯、西林麻鸭、百色芒果、百色番茄、隆林黄牛、凌云牛心李、百色红茶、隆林猪、靖西大麻鸭
贺州市	9	昭平银杉茶、信都红瓜子、信都三黄鸡、富川脐橙、芳林马蹄、贺街淮山、英家大头菜、开山白毛茶、八步三华李
河池市	18	天峨大果山楂、龙滩珍珠李、天峨六画山鸡、都安山羊、大化大头鱼、东兰乌鸡、天峨核桃、南丹黄腊李、罗城毛葡萄、南丹长角辣椒、东兰墨米、南丹黄牛、环江红心香柚、东兰板栗、七百弄鸡、环江香粳、环江红香粳、环江青梅

续表

地区	数量	产品名称
来宾市	3	象州红米、武宣牛心柿、金秀红茶
崇左市	1	凭祥石龟
合计	97	—

资料来源：根据广西知识产权局相关资料。

二、"互联网＋农业"的模式成为乡村致富新途径

为进一步推进农产品电子商务发展，广西于 2016 年提出《关于大力实施"互联网＋农业"，推动广西农产品电子商务发展的建议》，以借力"互联网＋"，搭建更多农产品电商平台，促进广西农业的转型，实现农业经济的新发展。

广西"互联网＋"现代农业在过去的几年里取得了不少的成绩，如建设了农业农村大数据管理平台、农业信息网站群等，为广西农村农业发展的信息现代化奠定了坚实的基础。未来的广西农业将以"互联网＋"现代农业新技术和农业创业创新为重点，从生产、经营、管理和服务等方面全面提高现代农业发展水平[①]。在生产方面，运用农产品生产的数据对生产过程进行精细化管理，将粗放式的农业生产方式转变为集约式生产；农业生产的全过程都可以用信息化管理，实行智能控制，使生产经营、管理科学化，同时还可通过生产追踪保证农产品的品质。在流通方面，通过充分发挥线上线下的功能提升农产品的流通速度，发挥农村电商的积极性，推动农产品电子商务的发展。

三、三产融合发展成为乡村振兴新模式

第一、二、三产业交叉融合发展是延长农业产业链、提升农业现代化水平的有效手段。城乡融合发展和居民消费升级有助于推动广西农业产业结构优化，使乡村的社会功能和经济功能迈向新阶段。2017 年广西人民政府印发的《加快县域现代特色农业示范区建设的实施意见》，明确指出推动示范区三产融合发

---

① 2017 年广西科技统计数据［DB/OL］．广西科学技术厅，http：//www.gxst.gov.cn/gxkjt/ddmf/20171129/002006_ 8f948e4f－00a1－4cf8－8038－df1948e97300.html，2017－11－29.

展，大力发展农产品初加工、精深加工和农产品及加工副产物综合利用，发展观光农业、休闲农业、创意农业等新业态，深度挖掘和拓展农业的养生、观光、休闲、环保和文化传承等功能。[①]

四、"美丽广西"建设成为乡村建设新后劲

广西乡村治理相对滞后，尤其是农村脏乱差的生态环境，严重干扰了广西生态文明的整体建设，阻碍了广西农村的现代化建设。在这种情况下，广西生态文明建设逐渐成为广西基层社会矛盾的主要方面，指导、优化、简化美丽乡村的建设工作成为乡村建设新的发展后劲。2013年5月，作为建设"美丽中国"的广西行动——"美丽广西·清洁乡村"活动应运而生。"美丽广西"是根据我国特色社会主义要求下的"五位一体"格局，是广西实践党的十八大所提出的构建美丽中国要求的具体行动。2017年《广西村镇建设和人居环境改善"十三五"规划》也明确指出下一步的重点任务是树立绿色发展理论，建设绿色村镇，同时着力改善人居环境，建设宜居村镇，最终全面实现小康社会，建设幸福村镇。

美丽乡村建设是一个融合文化、生产、生态以及生活等要素于一体的系统工程，旨在通过"清洁乡村、生态乡村、宜居乡村、幸福乡村"四个阶段的集中整治和八年的持续努力，改善农村人居环境，为农业发展提速，为农村转型助力，为农民致富加油，实现城乡一体化的共同发展。其中，"清洁乡村"即洁净农民的生活家园，清洁乡村水源和田园；"生态乡村"即开展"村屯绿化""饮水净化""道路硬化"三个专项活动，保障农民的生活质量；"宜居乡村"即促进产业富民、服务惠民和基础便民，提升农民的收入水平，并使农民享受到优质的社会公共服务；"幸福乡村"即以"环境秀美""生活甜美""乡村和美"为主要任务，全方位地提升农村的物质、精神和生态文明水平。

"美丽广西"乡村建设行动取得了显著的成效，乡村产业结构得到优化，乡村生态环境得到改善，农民生活得以丰富，乡村治理水平得到提升，农民增收途径得到保障。截至2017年底，广西完成了农村改厕99万户、农村改厨97万

---

① 广西壮族自治区人民政府办公厅关于加快县域现代特色农业示范区建设的实施意见［EB/OL］.广西人民政府网，http://www.gxzf.gov.cn/html/31062/20170721−634898.shtml，2017−07−21.

户、农村改圈 4.7 万户。通过重点突出抓好农村污水垃圾治理和屯内道路硬化建设，"十二五"时期广西建成农村垃圾中转站 575 个、处理设施 35201 处，清扫垃圾 1131 万吨，初步建立了由"村收镇运县处理""村收镇运片区处理"及"农村就近就地处理"三个层级构成的农村垃圾处理体系，并推进 2200 个自然村 2850 项村内道路硬化、520 个乡镇片区处理中心建设和 1000 个村级垃圾处理设施改造升级。截至 2017 年，广西建制镇、乡的污水处理率分别为 23.9%、6.3%；生活垃圾处理率分别为 96.4%、90.8%，农村生活垃圾治理实现基本覆盖；完成超过 1500 千米的农村公路隐患整治；建制镇、乡的人均道路面积分别为 12.8 平方米、13.6 平方米。

广西乡村其他基础设施情况也得到改善。截至 2017 年，农村饮水安全巩固新增农村受益人口达 100 万人；农村危房改造竣工率为 97.3%[①]；农村自来水普及率达 79.9%，与全国平均水平大体持平；农村全社会用电量为 103.53 亿千瓦时，比 2006 年高 66.9 亿千瓦时；建制镇、乡的燃气普及率分别为 74.7%、54.9%，比 2006 年高 3.15%、1.67%；绿化覆盖率分别为 9.6%、11.2%，比 2006 年高 1.34%、1.74%。

广西乡村建设活动夯实了广西乡村经济发展的基础，使农业的生产要素得到更有效的利用，使乡村地区的农民与自然相处更加和谐，保障了乡村经济可持续发展。

---

① 许苾文，庞冠华. 广西"宜居乡村"富民惠民便民 [EB/OL]. 人民网，http：//gx. people. com. cn/n2/2017/1227/c179430 - 31080192. html，2017 - 12 - 27.

第六章　产业高级化

产业高级化，又叫产业结构高级化，是国民经济的产业结构由劳动力密集型为主的低级结构，向以知识、技术密集型产业为主的高级结构优化转变演进的趋势，更是一个经济增长对技术创新的吸收，以及主导产业经济部门依次更替的过程。广西工业发展历史的特点是：以手工业为主，技术装备差，生产水平低；重工业极端落后；地区分布不平衡，城市工业基础非常薄弱。中华人民共和国成立初期，工厂数量少，规模不大，机械化程度差，不少甚至全部为手工操作，除采矿工业外，绝大部分集中于四个区直辖市和少数交通较为方便的地区，桂西工业最少。①② 随着工业的不断发展，广西由轻工业占绝对优势的轻重工业结构转为两者基本协调结构，先后建立机械工业、化学工业等十多种重工业，形成地区重工业体系雏形。③ 但是，广西现代工业化水平远低于广东、福建两省，工厂数量少、规模小、机械化程度差。④改革之初，广西工业化发展的焦点在农村工业化，投资较低、乡镇企业较少，存在大量剩余劳动力，收入仅为全国平均水平的1/3。随着经济快速发展，第二、三产业占国民经济增加值的比重上升，大部分城市达到80%以上⑤。但是，少有广西服务业地理及产业高级化方面的专论。

改革开放以来，广西第二产业快速提升成为经济增长的支柱，第三产业逐步壮大，迈向产业高级化。2018年，广西第二产业增加值8073亿元，在全国各省区市居第17位，占全国第二产业增加值的2.2%；第三产业增加值9260亿

---

①④　孙敬之，梁仁彩，黄勉，等．华南地区经济地理［M］．北京：科学出版社，1959.

②　谢之雄，杨中华，莫大同．广西壮族自治区经济地理［M］．北京：新华出版社，1989.

③　向民，刘荣汉，梁有海．广西经济地理［M］．南宁：广西教育出版社，1989.

⑤　广西壮族自治区地方志编纂委员会．广西通志·经济总志［M］．南宁：广西人民出版社，1994.

元，居全国各省区市第 20 位，占全国第三产业增加值的 1.9%；第三产业占
GDP 比重 45.5%，在全国各省区市居第 26 位，相当于全国平均水平的 87.2%，
世界平均水平的 70%。可见，广西的产业高级化还有很长的路要走。目前，广
西正打造 9 张在全国具有竞争力和影响力的创新发展"名片"——传统优势产
业、先进制造业、信息技术、互联网经济、高性能新材料、生态环保产业、优
势特色农业、海洋资源开发利用保护和大健康产业。本章首先回顾广西产业高
级化的演变历程，揭示其发展规律，指出存在的问题。然后，深入分析广西工
业发展情况与空间布局。特别是，从生产性服务业、生活性服务业与新兴服务
业三维度剖析广西现代服务业的发展水平，并展望未来高质量发展的方向。

第一节　产业迈向高级化

一、产业结构高级化演变历程

产业结构指的是国民经济发展中各产业之间和各产业内部之间的比例关系，
更是指各产业的质量布局状况，如技术水平和经济效益的分布、主导产业和关
联产业的分布状况等，[①] 对区域经济发展有着至关重要的影响。产业结构高级
化，包括产业结构数量与质量的双重提升，其中，产业结构数量高级化指的是
高端产业在所有产业中所占的比重较大，产业结构质量高级化实际上是信息技
术推动下的"经济服务化"，即第三产业的增长率快于第二产业。[②] 因此，本书
借鉴学者李在军等[③]的方法测度广西产业结构数量高级化，借鉴干春晖等[④]的做
法测度广西产业结构质量高级化，结果如图 6 - 1 所示。

① 刘志彪，安同良. 现代产业经济分析（第三版）[M]. 南京：南京大学出版社，2009.
② 吴敬琏. 中国增长模式抉择（增订版）[M]. 增订版. 上海：上海远东出版社，2008.
③ 李在军，管卫华，臧磊，等. 江苏省产业结构的空间格局演变及其动力机制分析 [J]. 经济地
理，2013，33（8）：79 - 85.
④ 干春晖，郑若谷，余典范. 中国产业结构变迁对经济增长和波动的影响 [J]. 经济研究，2011，
46（5）：4 - 16，31.

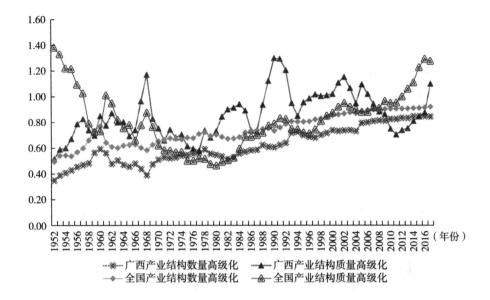

图 6 - 1 1952 ~ 2016 年广西产业高级化与全国对比

资料来源：根据中经网统计数据整理绘制。

自 20 世纪 50 年代开始工业化建设至今，广西经济实现跨越式的发展，产业结构数量高级化取得飞速的成长，由 0.35 增至 2017 年的 0.84，尤其是 80 年代以来，增幅显著，与全国发展规律相同，但数值低于全国均值。广西产业结构质量高级化发展具有明显的波动性，第一产业不断向第二、三产业转换，20 世纪 60 年代、80 年代与 90 年代出现"虚高"的现象，背离全国平均发展水平。进入 21 世纪，西部大开发战略和北部湾经济区的开发实施等，使广西工业化水平稳步提升，产业结构优化调整，产业结构向质量高级化方向发展，并迈向高级化的服务型经济。

（一）第一产业比重下降，农、林业基础进一步加强

从趋势看（见图 6 - 2），广西第一产业占比由 1985 年的 42.82% 降至 2015 年的 15.27%，下降幅度达 27.55 个百分点，特别是 20 世纪 90 年代产业进一步升级后，第一产业的比重于 1993 年开始低于第二、三产业，且与第二、三产业占比之间的差距显著扩大，与全国第一产业发展的趋势基本保持一致。这说明，广西第一产业发展稳定，同时农、林业发展的基础扎实，为第二、三产业提供了有效支撑。其中，广西作为全国重要的林浆纸生产基地，林业总产值位于全国前列；蚕茧产量自 2005 年跃居全国之首，以桑蚕为原料的加工业成为广西县域经济的优势产业。更重要的是，以农产品甘蔗为原材料的蔗糖加工业已上升为国家战略，食糖产销量持续占据全国第一的位置。此外，广西热带、亚热带水果产量已突破千万吨，是全国重要的南方蔬菜生产基地和秋冬菜供应地。

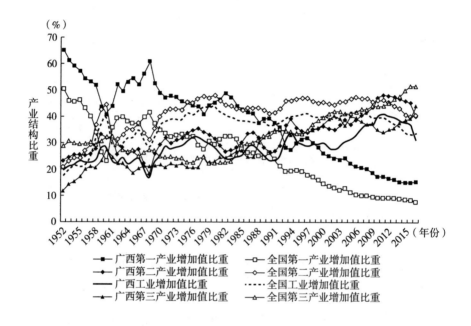

图 6-2　1952~2015 年广西产业结构与全国对比

资料来源：根据中经网统计数据整理绘制。

（二）第二产业比重上升，成为推动广西经济发展的主力军

改革开放初期，虽然广西积极紧随改革开放的脚步进行经济体制的改革，但由于地处边陲，基于国防安全与经济安全考虑，工业化进程在平稳中缓慢推进，第一产业依旧占据主导地位。1990 年以来广西进入社会经济发展的新阶段，扩大开放，大规模展开经济发展建设，推进产业结构加快升级转化，第二产业占比快速增长，并超过第一产业，2000 年的占比达 35.78%，跃居三大产业之首。进入 21 世纪，第二产业于 2010 年占比升至 47.14%，与 1990 年占比 26.38% 相比，增幅达到 21 个百分点，尤其是广西工业占地区生产总值比重达到 41%，成为广西经济发展的主导。主要得益于国家西部大开发战略的实施，以

及中国—东盟自贸区和北部湾经济区的建立，为广西经济发展带来加快工业化进程的机遇。进入新常态后，产业发展由要素驱动型转向创新驱动，广西第二产业在稳定增长中积极探索新途径，在三次产业中占比有所回落（见图6-3）。

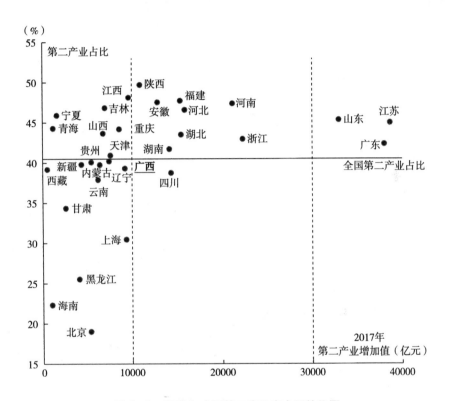

图6-3 2017年广西第二产业在全国的位置

资料来源：根据2018年《中国统计年鉴》数据计算、绘制。

（三）第三产业发展壮大，向现代化转型优化升级

广西第三产业逐步壮大，据统计，第三产业占GDP的比重缓慢上升，1985～2015年由26.96%升为38.80%，1999～2002年超过第二产业占比，2005～2010年下降至35.4%，2011年至今呈上升趋势。这说明，广西第三产业在历史的发展进程当中，紧紧抓住新的发展机遇，传统低层次的生活服务业加速向保险、金融等现代化服务业转型升级，第三产业占比在三大产业中呈现逐年上升的趋势。"十三五"规划发展以来，广西服务业"加速度"增长，由2016年的7226.6亿元增加到2017年的8191.54亿元，占GDP的比重为40.16%，对经济

增长贡献率高达 49.8%（见图 6 - 4）。同时，传统服务业改造升级稳步前进，现代化服务业转型创新中呈现出新的亮点，生产性服务业逐步规范化，科技含量不断提高，与先进制造业"水乳交融"，以现代物流、文化、旅游、会展、金融等为主体的现代服务业改革创新，逐渐成为新的战略支撑产业。

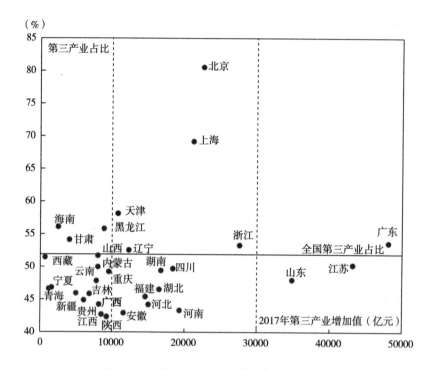

图 6 - 4　2017 年广西第三产业在全国的位置

资料来源：根据 2018 年《中国统计年鉴》数据计算、绘制。

（四）从业人员逐步向第二、三产业转移

根据配第—克拉克定理，经济发展进程中，就业结构会跟随产业结构的转变进行调整。虽然广西三大产业的总体就业结构长期以来保持着"一三二"的模式（见图 6 - 5），但是发展趋势还是随产业结构转变而调整，具体为：劳动力在第一产业的就业率大幅度下降后，随着经济发展而缓慢减少，但在第二、三产业中逐渐升高。

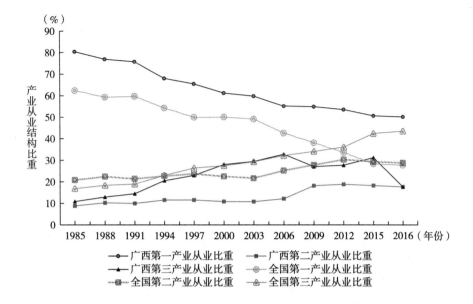

图6-5 1985～2016年广西产业从业结构与全国的对比

资料来源：根据1986～2017年《广西统计年鉴》各年版统计数据绘制。

1985～1990年，广西经济发展由第一产业主导，第一产业从业占比持续处于76.5%～80.4%，独占鳌头，下降幅度较小。而随着农业现代化程度不断提高，大量从事农、林业等第一产业的劳动生产力得到了释放，从业占比由1990年占据绝对优势的76.5%降至2015年的50.6%，降幅高达26个百分点。其中，1990～2005年期间劳动力在第一产业的就业占比降幅达到峰值，为20个百分点，之后缓慢减少，显著高于第二、三产业从业人员占比。也就是说，广西三次产业虽然发展迅猛，但是劳动生产率相对较低，以至于大量剩余劳动力无法向第二、三产业顺利转移。

相对而言，如图6-5所示，广西第二、第三产业从业人员占比逐步优化发展。一方面，第二产业从业人员占比由1985年的8.8%上升为2015年的18.2%，增幅为10个百分点，主要是2005～2010年期间迅速上升了近7个百分点，说明广西第二产业在快速发展中对劳动力的吸纳能力逐渐提高。另一方面，广西第三产业虽然起步晚，基础优势弱，但从业占比上升趋势凸显，由1985年的10.8%迅速升至2015年的31.2%，大量第一产业剩余劳动力向高层级产业转移。2005年、2015年的市域层面数据也反映出这一趋势（见表6-1和表6-2）。

表 6-1 2005 年广西市域从业人口行业分布

单位：万人

城市行业	南宁	柳州	桂林	梧州	北海	防城港	钦州	贵港	玉林	百色	贺州	河池	来宾	崇左
第一产业（农、林、牧、渔业）	3.37	0.94	0.81	0.28	0.6	0.83	0.7	0.41	0.88	0.87	0.4	0.78	1.06	1.72
第二产业														
(1) 采矿业	0.08	1.32	0.34	0.19	0.19	0.09	0.27	0.04	0.02	0.99	0.04	0.76	0.44	0.44
(2) 制造业	11.41	12.72	7.17	3.31	1.53	0.55	1.87	2.49	4.64	3.22	1.11	2.45	1.87	2.27
(3) 电力、燃气及水的生产和供应业	0.96	0.61	0.97	0.63	0.2	0.25	0.25	0.35	0.67	0.75	0.43	0.77	0.54	0.63
(4) 建筑业	6.71	3.51	1.43	1.13	0.55	0.28	0.86	0.88	1.55	0.38	0.39	1.13	0.23	0.93
第三产业														
(1) 批发和零售业	4.06	1.74	1.19	0.65	0.38	0.15	0.5	0.65	1.24	0.9	0.23	0.78	0.46	0.58
(2) 交通运输、仓储和邮政业	4.87	3.41	1.16	0.8	0.56	0.89	0.54	0.66	1.14	0.74	0.27	0.61	0.19	0.39
(3) 住宿和餐饮业	1.42	0.53	0.89	0.14	0.38	0.12	0.15	0.06	0.26	0.26	0.09	0.16	0.07	0.14
(4) 信息传输和计算机服务、软件业	0.9	0.48	0.36	0.32	0.17	0.03	0.13	0.07	0.35	0.26	0.09	0.21	0.06	0.13
(5) 金融业	1.94	0.97	0.95	0.44	0.43	0.13	0.29	0.37	0.82	0.44	0.19	0.46	0.23	0.26
(6) 房地产业	1.28	0.28	0.36	0.44	0.17	0.05	0.06	0.05	0.22	0.05	0.04	0.07	0.04	0.04
(7) 租赁和商业服务业	1.79	0.75	1.25	0.16	0.23	0.09	0.23	0.16	0.58	0.13	0.15	0.18	0.11	0.1
(8) 科研、技术服务和地质勘查业	2.13	0.47	0.74	0.19	0.21	0.05	0.15	0.17	0.29	0.2	0.12	0.27	0.18	0.2
(9) 水利、环境和公共设施管理业	1.18	0.69	0.7	0.31	0.31	0.08	0.17	0.28	0.49	0.21	0.17	0.25	0.15	0.18

续表

城市行业	南宁	柳州	桂林	梧州	北海	防城港	钦州	贵港	玉林	百色	贺州	河池	来宾	崇左
（10）居民服务、修理和其他服务业	0.12	0.19	0.09	0.01	0.02	0	0.02	0.02	0.02	0.01	0.01	0.02	0.02	0.01
（11）教育	9.01	3.99	5.56	3.27	1.96	0.82	3.52	4.62	6.48	4.01	2.33	4.15	2.74	2.42
（12）卫生、社会保障和社会福利业	3.25	1.86	2.22	0.98	0.68	0.27	0.83	1.01	1.64	1.11	0.59	1.25	0.62	0.66
（13）文化、体育、娱乐业	1.12	0.24	0.78	0.14	0.12	0.03	0.07	0.06	0.15	0.14	0.1	0.17	0.09	0.08
（14）公共管理和社会组织	6.25	2.75	4.32	1.82	1.24	1.02	1.55	2.19	2.46	3.12	1.43	2.71	1.53	1.85

资料来源：根据2006年《中国城市统计年鉴》数据整理。

表6-2　2015年广西市域从业人口行业分布

单位：万人

城市行业	南宁	柳州	桂林	梧州	北海	防城港	钦州	贵港	玉林	百色	贺州	河池	来宾	崇左
第一产业（农、林、牧、渔业）	1.26	0.45	0.49	0.04	0.54	1.19	0.30	0.11	0.73	0.31	0.15	0.34	0.90	1.34
第二产业														
（1）采矿业	0.02	0.06	0.52	0.21	0.08	0.01	0.16	0.00	0.00	1.04	0.09	0.22	0.23	0.44
（2）制造业	12.85	16.25	9.87	6.30	3.98	0.65	3.26	2.98	8.68	2.76	1.21	2.78	2.44	2.03
（3）电力、燃气及水的生产和供应业	5.64	0.85	1.18	0.65	0.27	0.27	0.39	0.53	0.77	1.00	0.42	0.80	0.63	0.45
（4）建筑业	21.04	17.54	6.08	0.58	1.47	2.30	5.33	1.71	4.88	1.27	0.18	0.83	1.26	0.44
第三产业														
（1）批发和零售业	4.60	1.83	1.65	0.49	0.32	0.18	0.56	0.48	1.01	0.75	0.19	0.35	0.35	0.41

续表

城市行业	南宁	柳州	桂林	梧州	北海	防城港	钦州	贵港	玉林	百色	贺州	河池	来宾	崇左
(2) 交通运输、仓储和邮政业	4.49	1.74	1.29	0.64	0.42	1.03	0.56	0.72	1.02	0.92	0.20	0.75	0.28	0.28
(3) 住宿和餐饮业	1.84	0.43	0.91	0.10	0.29	0.11	0.14	0.12	0.20	0.17	0.07	0.14	0.29	0.14
(4) 信息传输和计算机服务、软件业	1.61	0.32	0.37	0.19	0.17	0.13	0.13	0.18	0.34	0.15	0.14	0.32	0.17	0.14
(5) 金融业	4.04	1.02	1.76	0.74	0.84	0.19	0.40	0.79	0.86	0.50	0.55	0.63	0.39	0.49
(6) 房地产业	2.63	1.54	1.02	0.33	0.33	0.26	0.28	0.17	0.45	0.20	0.07	0.20	0.27	0.16
(7) 租赁和商业服务业	4.18	2.27	1.57	0.17	0.18	0.18	0.21	0.21	0.57	0.52	0.16	0.27	0.36	0.32
(8) 科研、技术服务和地质勘查业	3.69	1.49	0.85	0.34	0.31	0.13	0.28	0.22	0.52	0.40	0.24	0.34	0.30	0.39
(9) 水利、环境和公共设施管理业	2.21	1.71	1.39	0.34	0.41	0.36	0.30	0.26	0.69	0.56	0.20	0.41	0.25	0.31
(10) 居民服务、修理和其他服务业	0.20	0.12	0.15	0.01	0.03	0.01	0.04	0.05	0.04	0.02	0.01	0.01	0.01	0.01
(11) 教育	10.85	5.96	6.30	3.64	2.14	1.43	4.10	5.17	7.20	4.09	2.41	3.99	2.25	2.43
(12) 卫生、社会保障和社会福利业	5.83	3.55	3.16	1.89	1.03	0.73	1.95	1.90	2.90	2.15	1.06	2.19	1.16	1.19
(13) 文化、体育、娱乐业	1.33	0.25	0.59	0.14	0.12	0.06	0.07	0.05	0.19	0.12	0.09	0.18	0.11	0.08
(14) 公共管理和社会组织	7.65	4.29	5.22	2.58	1.77	1.61	2.37	3.05	3.52	4.89	2.47	3.81	2.16	2.64

资料来源：根据 2016 年《中国城市统计年鉴》数据整理。

二、存在的问题

1. 产业层次不高，发展水平偏低①，资源型特征明显②

广西先进制造业和现代服务业发展滞后，产业发展对资源依赖性较强，初级产品多而分散，产业链条短、配套弱，多数处于价值链中低端，高附加值和高科技含量的产品较少。基础原料、一般性生产制造业、能源和高能耗产业占比偏高，拉低了广西工业增加值率。2018 年广西工业产值前十大行业中六大高耗能产业均在其中：黑色金属冶炼和压延加工业居第二，非金属矿物制品业居第四，有色金属冶炼和压延加工业排第五，电力、热力生产和供应业排第七，石油、煤炭及其他燃料加工业排第九，化学原料和化学制品制造业排第十③。广西工业的增长仍然依靠传统行业拉动，新旧动能转换的培育任务艰巨。传统优势产业发展面临困境，化解产能过剩矛盾对转型升级挑战严峻。受传统粗放型发展方式的制约，全区工业产品质量总体发展不平衡，部分产品技术标准贯彻实施不足，与国际、国内先进水平相比有较大差距。与全国平均水平相比，广西第一产业占比虽与全国发展趋势基本一致，但仍高于全国同期水平。直至2006 年，广西第二产业占 GDP 比重首次上升为 40% 以上，相当于全国 1985 年的平均水平。1985～2015 年广西第三产业产值总增幅只有 12 个百分点，低于同期全国第三产业占比增幅 9 个百分点。显示广西第三产业虽由传统的商业、低层次服务业逐渐向高级的信息、物流、金融、保险等现代化服务业转化，但起步晚、发育层次较低，产业集聚能力不强。此外，广西产业发展进程中，第二产业对第三产业的支撑能力不足，第三产业占 GDP 比重还曾两度虚高于第二产业，偏离全国三次产业发展步调。

就三次产业的就业结构而言，如图 6－5 所示，广西发展偏离于全国平均水平。1985～2015 年广西三次产业就业份额由 8：1：1 升级为 5：2：3，而 2015 年全国平均水平为 3：3：4，两者差异较大。说明广西高层级产业集聚能力较弱，对劳

① 广西壮族自治区发改委. 广西壮族自治区工业转型升级发展"十三五"规划［Z］//广西工业和信息化发展"十三五"规划. 桂林：广西师范大学出版社，2017.

② 唐华臣，张卫华. 广西工业发展的演变趋势及规律：2006－2016 年——基于工业增加值率的视角［J］. 改革与战略，2018（12）：90－96.

③ 李雁. 广西工业企业新旧动能转化现状及发力点浅析［J］. 广西经济，2019（4）：56－57.

动力的吸纳能力严重不足，存在大量的农村剩余劳动力。也就是说，广西产业发展缓慢，聚集力相对较弱，第二、三产业有待进一步优化升级。

2. 产业结构和就业结构不协调

根据经典的配第—克拉克定理，随着三次产业的发展演进，城乡产业间劳动力必然会出现调整。图6－2与图6－5显示，广西三次产业占GDP比重分别由1985年的43%、30%、27%，调整为2015年的15%、46%、39%，但相应的就业占比仅仅由1985年的0.8、0.1、0.1，调整为2015年的0.5、0.2、0.3，调整幅度相对较小，显著地滞后于产业结构升级。

进一步使用结构偏离系数来衡量广西三次产业结构（产业增加值占GDP的比重）与从业人员结构（占三大产业比重即产业就业率）变化之间的偏离程度，即劳动力在三大产业间调配的协调度。若一产业结构偏离系数为正，表明该产业增加值占GDP的比重大于从业比重，且绝对值越大说明就业结构与产业结构发展偏离差距就越大；反之，系数越小表明两者发展越协调；趋于0时表明达到平衡状态。如表6－3所示，广西三次产业的偏离系数绝对值大于0，就业结构总体上偏离产业结构的发展。其中，第一产业的偏离系数为负值，且其绝对值呈现逐渐上升的趋势，说明广西第一产业就业份额大于其GDP占比，农村面临巨大的剩余劳动力转移压力，且呈恶化态势。第二产业的偏离系数均为正，为三大产业偏离程度最大，呈"下降—上升—下降"的步调；1985~1990年偏离系数下降至最低，1990~2000年呈现上升，2000~2015年由2.38降至1.52。说明20世纪90年代初期广西大力发展经济建设，第二产业增加值份额逐渐超过就业份额，但农村剩余劳动力无法顺利向区内高层级产业转移，大量外流。进入21世纪，广西招商引资、产业结构升级等举措吸纳了大量剩余劳动力，偏离力度逐渐变小，朝着协调化的方向发展。第三产业偏离系数则表现为逐年下降趋势，产业不断发展的同时吸纳劳动力要素，广西第三产业结构与就业结构的协调性得到越来越明显的改善。

3. 两化融合不足，创新能力不强

广西传统优势产业的装备技术水平和管理信息化水平不高，在"互联网＋"的浪潮中，工业化与信息化融合发展水平偏低，产业创新发展能力不强。大中型工业企业中有科技活动的企业占比份额、科技活动经费支出占销售产值的比例、大部分企业R&D投入占销售收入总额的比例都比较低。工业领域专利申请量和授权量增长虽快但发明专利较少,尤其缺乏战略性、关键性发明专利;重点产业创新能力和科技成果转化能力明显不足。

表6－3 1985～2015年广西产业结构与从业结构偏离度

年份	偏离系数		
	第一产业	第二产业	第三产业
1985	－0.47	2.43	1.50
1990	－0.49	1.69	1.50
1995	－0.54	2.03	0.56
2000	－0.57	2.38	0.33
2005	－0.60	2.11	0.27
2010	－0.68	1.52	0.30
2015	－0.70	1.52	0.24

资料来源:根据1986～2016年《广西统计年鉴》各年版统计数据计算。

4. 空间布局欠优

广西区域产业布局雷同尤其是偏向中低端制造业,造成广西市域间竞争加剧与资源浪费,难以形成特色产业明显、主导产业突出的发展格局。在广西"两区一带"的"十三五"工业布局规划中,传统产业领域布局重叠率达80%,战略性新兴产业领域布局重叠率达80%以上。① 同时,北部湾经济区带动广西工业发展的核心主导作用尚未充分形成,向海优势和战略支点的作用尚未得到充分发挥(见图6－6)。

5. 要素矛盾突出

广西山多地少,要素较为分散,科技、人才、金融等要素条件与实现转型升级的实际需求存在显著差距,发展要素供给水平和质量难以适应工业转型升级要求,工业园区普遍存在土地收储难问题,新增工业建设用地和可控调存量土地均十分有限,项目用地指标安排与入园项目实际需要存在脱节,劳动力、土地成本等传统优势逐步减弱。

---

① 杨鹏,张润强,张鹏飞. 广西工业高质量发展:理论逻辑、现实挑战与应有对策〔J〕. 改革与战略,2019 (6):58－69.

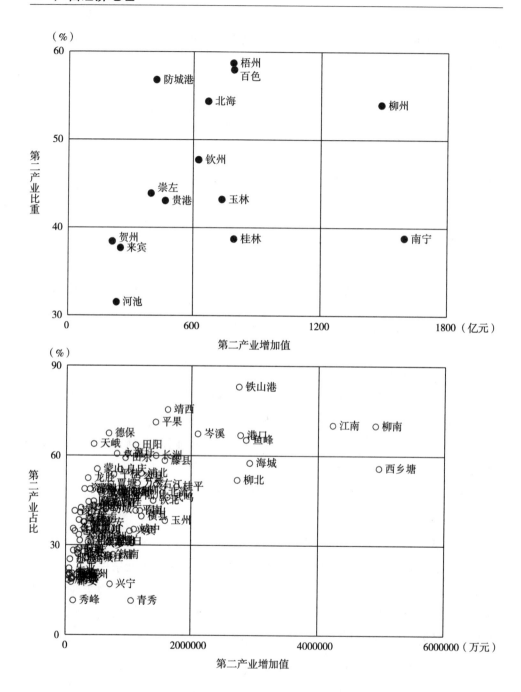

图 6-6 2017 年广西市域和县域第二产业增加值及其占 GDP 比重对比

资料来源：根据 2018 年《广西统计年鉴》数据计算、绘制。

第二节　工业化与空间布局

一、工业发展概况

（一）工业化历程

工业化是一国或者地区随着工业发展、人均收入和经济结构等发生连续变化的过程，其综合水平是衡量地区经济发展的一个重要指标。《百年广西工业》认为广西近代工业萌芽于晚清时期，历经民国曲折，主要以采矿业和手工业为主，发展缓慢，基础十分薄弱。[①] 回顾广西近代工业化之路，可发现具有显著阶段性特征，大致归为三个时期：中华人民共和国成立前、中华人民共和国成立后至改革开放前，以及改革开放后。中华人民共和国成立后，广西现代工业起伏发展，初步改变落后的面貌，工业生产的规模、结构、布局等都发生较大的改变，成为经济发展的主导部门，[②] 但在国民经济实行高度集中的计划体制下，工业投资少、生产能力不高。[③] 1950 年广西第二产业企业仅有 709 家，主要是以农副产品为原料的消费品生产企业，第二产业增加值只有 1.6 亿元。广西现代工业化水平远低于广东、福建两省，工厂数量少、规模不大、机械化程度差。[④] 直至 1978 年改革开放后，广西工业取得长足进展，形成具有地方特色和基本协调的产业结构，[⑤] 工业经济总量不断扩大，综合实力明显增强，工业化进程加速，逐步形成了基础稳固、门类齐全、技术装备先进、结构优化、分布合理的现代工业体系。自治区成立 60 年以来，广西工业化已实现跨越式的发展，2016 年工业增加值实现 6817 亿元，占国民经济总量高达 37.21%，第二产业增加值 8274 亿元。

进入 21 世纪，广西加大工业的发展，在西部大开发政策、沿海开放政策、少数民族政策、边境地区开放政策等一系列措施的推动下，经济实现高速增长，

---

① 广西壮族自治区统计局，等. 百年广西工业 ［M］. 南宁：广西人民出版社，2004：3 - 6.

② 谢之雄，杨中华，莫大同. 广西壮族自治区经济地理 ［M］. 北京：新华出版社，1989.

③ 方乃纯. 2008 年广西工业发展报告——广西工业发展三十年 ［M］. 南宁：广西人民出版社，2009.

④ 孙敬之，梁仁彩，黄勉，等. 华南地区经济地理 ［M］. 北京：科学出版社，1959.

⑤ 广西壮族自治区地方志编纂委员会. 广西通志·经济总志 ［M］. 南宁：广西人民出版社，1998.

工业化进程进一步推进。广西三次产业占国民经济的比重、就业结构以及城市化水平都朝着高级化的态势发展，与经典经济学原理和世界工业先行经济体社会经济结构演变规律相符。但作为沿海沿边省份，与相邻的广东相比，广西工业基础设施薄弱，发展滞后，地区差距显著。结合广西当前工业的发展水平，并考虑到指标的可比性和数据的可获得性，本书参照陈佳贵等相关文献，[①②] 以修正后的钱纳里模型，采用人均 GDP、产值结构、就业结构和城市化率来反映评价广西工业化水平（见表 6-4）。参照钱纳里等[③]的划分标准，将工业化进程大致划分为前工业化阶段、工业化初期、中期和后期以及后工业化阶段五个阶段。

表 6-4 广西工业化阶段的判断指标

年份	人均 GDP（美元）	三次产业产值结构（%）			三次产业就业结构（%）			城市化率（%）
	PPP 法	A	I	S	A	I	S	
1985	—	42.82	30.22	26.96	80.44	8.81	10.75	—
1990	632.58	39.36	26.38	34.26	76.54	9.79	13.67	15.11
1995	1213.25	30.02	35.78	34.19	66.43	11.83	21.74	18.45
2000	1718.16	26.28	36.49	37.24	61.22	10.83	27.94	28.14
2005	3044.61	22.40	37.10	40.50	56.20	11.91	31.89	31.82
2010	6133.81	17.50	47.10	35.40	54.12	18.74	27.14	35.84
2015	10159.43	15.27	45.93	38.80	50.60	18.19	31.21	40.90
2016	10949.87	15.27	45.17	39.56	50.09	17.60	32.31	41.69

注：A 代表第一产业，I 代表第二产业，S 代表第三产业。购买力平价（PPP）来源于世界银行数据库。

资料来源：国家统计局网站与中经网统计数据。

1. 基于经济发展水平的工业化阶段划分

在经济发展水平方面，选定人均 GDP 作为基本指标，并以购买力平价法进行度量。如表 6-4 所示，通过购买力平价衡量，1990 年广西人均 GDP 为

① 陈佳贵，黄群慧，钟宏武. 中国地区工业化进程的综合评价和特征分析 [J]. 经济研究, 2006 (6): 4-15.

② 陈颂东. 工业化的阶段性与工业反哺农业 [J]. 西部论坛, 2015, 25 (4): 1-10.

③ [美] 钱纳里，鲁滨逊，塞尔奎因. 工业化和经济增长的比较研究 [M]. 上海: 上海三联书店, 上海人民出版社, 1989.

632.58 美元，远落后于标准模型人均 GDP 的前工业化阶段与工业化初期临界点，而 1995 年广西人均 GDP 是 1213.25 美元，较接近工业化初期的临界值，说明此时广西才迈入工业化的初期。以 2000 年的购买力平价衡量，广西人均 GDP 是 1718.16 美元，与标准模型人均 GDP 水平相比，处于工业化初期阶段。以 2005 年购买力平价衡量，广西人均 GDP 为 3044.61 美元，高于标准模型人均 GDP 工业化初期、中期临界值，步入工业化的中期。以 2010 年购买力平价衡量，广西人均 GDP 达到 6133.81 美元，对比标准模型人均 GDP 工业化中期、后期的临界点，可见虽仍处于工业化中期阶段，但距离后期不远。也就是说，1995 年前广西处于前工业化阶段，1995～2000 年处于前工业化向工业化初期过渡阶段，2001～2010 年逐渐步入工业化中期发展阶段，2010 年后由工业化中期迈向后期阶段。

2. **基于结构转换的工业化阶段划分**

①就三次产业结构而言，1990 年之前，广西第一产业值比重高于第二产业，处于前工业化阶段；自 1995 年起，广西第二产业值比重低于第二产业，且大于 20%，说明此时处于工业化初期；自 2010 年起，广西第一产业值比重小于 20%，且第二产业值大于第三产业，意味进入工业化中期。②就三次产业就业结构而言，2000 年前，广西第一产业就业比重高于标准模型前工业化与工业化初期的临界值 60%，处于前工业化阶段，但 2005 年后，第一产业就业比重为 50%～56%，处于工业化初期。③就城市化率来说，2000 年，广西人口城市化率低于 30%，为前工业化阶段；自 2005 年后，人口城市化率是 32%～42%，处于工业化初期。

3. **广西工业化阶段的总体判断**

从人均 GDP 水平、产值结构、就业结构以及城市化率判断，广西于 1995～2005 年期间进入工业化初期。但是，受到长期以来实行的城乡户籍分割制度以及人口流动制度的影响，广西的就业结构转换滞后于产业结构。因此，根据工业结构来衡量广西工业化初期的起始时间点，显然是滞后的。综合考虑不同的发展水平，广西大致于 20 世纪 90 年代后期至 21 世纪初期进入工业化初期阶段。以人均 GDP 水平和产值结构来衡量，广西目前处于工业化的中期向后期过渡阶段，而从就业结构和城市化率水平看，广西还处于工业化初期；从各市县的工业增加值与工业化比率的关系看（见图 6-7），广西大部分区域处于工业规模与比率均不高的阶段。总体判断，广西当前处于工业化中期水平，但全国工业化发展水平已经达到中后期阶段，广西发展相对滞后。

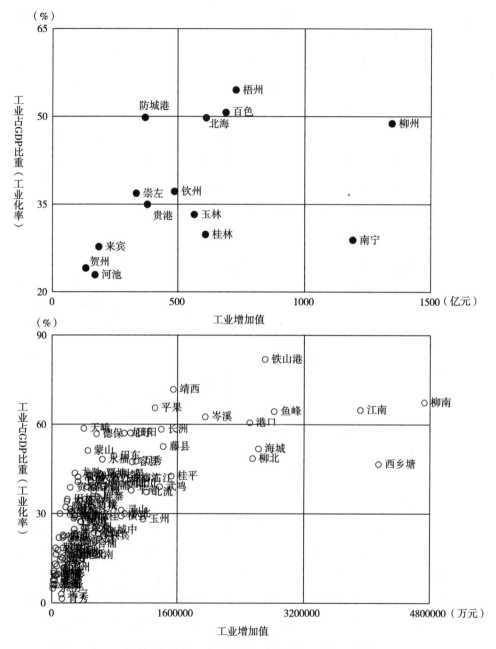

图 6 – 7　2017 年广西市域和县域工业增加值及其占 GDP 比重（"工业化率"）

资料来源：根据 2018 年《广西统计年鉴》数据计算、绘制。

（二）工业规模

改革开放以来特别是中越以及中国与东盟友好关系发展之后，广西着力开始
经济建设，加大对工业的投资，全力追赶全国的发展步伐。如表 6－5 所示，1995
年，工业总产值突破千亿元，固定资产和主营业务收入、平均用工人数分别增长
至新的高度。但随着全球经济环境变化和国家宏观调控，刚有起色的广西工业化
开始减缓速度，大量劳动力流至珠三角发达地区，区域发展逐渐呈现显著差异。

表 6－5 主要年份广西规模以上工业发展指标

年份	工业总产值（亿元）	工业总产值增长率（%）	固定资产原价（亿元）	固定资产增长率（%）	主营业务收入（亿元）	主营业务收入增长率（%）	平均用工人数（万人）
1985	131.40	—	117.21	—	119.67	—	102.00
1990	319.51	143.16	228.49	94.94	282.90	136.40	123.04
1995	1006.94	215.15	833.27	264.69	900.13	218.18	153.00
2000	1003.24	—	1296.41	—	987.51	—	91.25
2005	2547.32	153.91	1908.00	47.18	2466.79	149.80	91.21
2010	9644.13	278.60	5140.80	169.43	9235.85	274.41	150.51
2015	22582.41	—	8575.68	—	20442.50	—	167.80
2016	24466.91	8.34	9664.53	12.70	22231.30	8.75	164.77

注：由于统计口径发生变化，1995 年前为全部乡及乡以上独立核算工业企业，2000 年为部分国有和
年产品销售收入 500 万元及以上非国有工业法人企业，2005～2010 年为年主营业务收入 500 万元及以上工
业法人企业，2011～2015 年为年主营业务收入 2000 万元及以上工业法人企业。2000 年之前主营业务收入
由产品销售收入替代。各项指标的增长率均按照名义价格计算。

资料来源：根据国家统计局与 1986～2017 年《广西统计年鉴》统计数据整理。

进入 21 世纪，广西发展势头迅猛，工业化规模加速扩增，保持较快增长态
势，表现出后劲足、空间大的特征。2005～2010 年，得益于各地纷纷出台优惠
政策，大力引进外商投资，积极承接产业转移等举措，2010 年广西工业总产值、
固定资产、主营业务收入和平均用工人数分别达到 9644.13 亿元、5140.80 亿
元、9235.85 亿元和 150.51 万人，实现新的增长高峰。2010～2015 年，工业发
展规模进一步扩大化，工业总产值和主营业务收入突破万亿元，分别增长至
22582.41 亿元和 20442.50 亿元，固定资产和平均用工人数同时达到 8575.68 亿
元和 167.80 万人。截至 2017 年，广西第二产业增加值占全区地区生产总值的
45.6%，工业增加值达到 7663.7 亿元，比 1958 年的 5.8 亿元增长 1320 倍，对

经济发展的驱动力最为显著，在产业结构转型升级中扮演重要的角色。主营业务收入超千亿元的工业行业增至9个，千亿元产业达到10个，其中食品工业高达4000亿元，汽车、冶金、石化、机械、建材、有色金属、造纸与木材加工、电子信息八个产业突破2000亿元。

（三）工业结构

自20世纪50年代开始，我国进入工业化建设的新阶段，经过多年的发展，广西工业经济取得巨大的成就，轻工业总产值从1950年的2.11亿元增长至2017年的7817.23亿元，重工业总产值从1950年的0.2亿元上升至2017年的27892.91亿元。图6-8表明，广西轻工业和重工业占工业总产值的比重围绕50%线对称分布，形状类似于"张开的剪刀"，称为"剪刀现象"。1970年前，广西轻工业发展虽在工业总产值中占据着巨大的优势，但逐年下降，让步于重工业，此消彼长，像"剪刀腿"。1970～1995年，轻工业和重工业发展较为均衡，无明显的波动，轻工业依旧领先。直至1995年，广西重工业产值首次超过轻工业，重、轻工业比重分别为52.46%和47.54%。21世纪实施西部大开发等各项发展政策以来，广西重工业迎来迅猛的增长，占工业总产值比重从2000年的52.12%增至2017年的71.97%，与20世纪50年代的工业结构相比，实现完全反转。总体表现出广西轻工业起步早、基础扎实，重工业发展迅速、进步空间大的趋势。

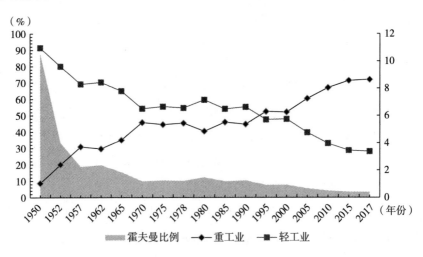

图6-8 1950～2017年广西工业结构发展趋势图

资料来源：根据1986～2018年《广西统计年鉴》数据绘制。

此处继续引入霍夫曼比例分析广西工业结构发展趋势的特征。霍夫曼 (1931) 在《工业化的阶段与类型》一书中提出了霍夫曼比例的概念（即消费资料工业产值与资本资料工业产值之比），并把工业化过程划分为四个阶段，各阶段霍夫曼比例的临界值分别约为 5、2.5、1 以及 1 以下。随着工业化的推进，霍夫曼比例不断下降。其中，消费资料的生产主要由轻工业部门实现，资本资料的生产则由重工业部门完成。20 世纪 50 年代以来，广西工业的霍夫曼比例总体上是下降的。1950~1970 年，霍夫曼比例下降幅度最大，由 10.55 降至 1.18，发展阶段由消费资料占主导的地位转变为消费资料工业规模与资本资料工业规模相当，此后长期维持在该发展水平。至 1995 年后，霍夫曼比例首次降至 1 以下，发展至第四阶段，资本资料工业产值大于消费资料工业产值。2015 年该比例为 0.40，工业结构呈现"重工业化"的发展趋势。特别是 2017 年，霍夫曼比例为 0.00004，资本资料工业遥遥领先，"重工业化"趋势越发显著。

进一步地，从工业发展的行业细分[①]看，图 6-9 显示了 1985~2017 年广西工业三大行业对工业总产值的贡献。制造业产值占广西工业总产值的比重最大，对工业总产值的贡献率在 85%~90% 波动，尤其是自 2005 年以来，呈逐年上升的趋势，具有较强的引领作用。得益于丰富水力资源和合理的开发，广西电力、热力、燃气及水生产和供应业对工业发展贡献也相对较大，占工业总产值的比重由 1985 年的 5.18% 增至 2005 年的 12.49%，对解决华南电力短缺具有重要的作用。但近年来受到云电入桂的挤压，市场有效需求不足，以及去产能、环保等因素的影响，广西电力行业出现了水电弃水、火电出力不足的问题，对工业发展的贡献力减弱。矿产资源是国民经济与社会发展重要的物质基础。广西矿产资源丰富，具有较大的发展潜力，且随着工业化进程的推进，广西采矿业产值由 1985 年的 6.81 亿元上升至 2017 年的 877 亿元。其中，1985~2000 年广西采矿业占工业总产值的比重维持在 5%~6%，开采量较大。但随着经济全球化的加深，竞争形势发生改变，许多技术落后的广西采矿企业受到冲击。开采方式简单，技术条件差，生产粗放，矿产综合利用率低下，对生态环境的破坏等因素，使近年来广西采矿业对工业发展的贡献率逐步下降，降至 2%~3%。

---

① 行业划分标准参照《国民经济行业分类（GB/T 4754—2017）》。

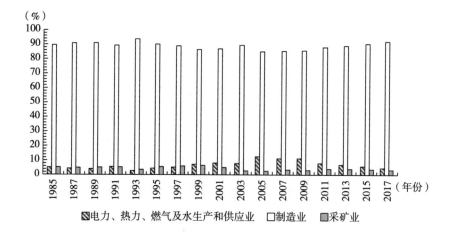

图 6 - 9 1985 ~ 2017 年广西工业细分行业发展趋势图

资料来源：根据 1986 ~ 2018 年《广西统计年鉴》数据绘制。

（四）主导产业的发展

结合产业经济和地理空间等理论，主导产业主要指的是一定区域范围内，在经济发展中贡献率高，具有明显的比较优势，关联性强，发展前景好，在产业结构和区域经济发展中处于重要地位的产业。也就是说，在量的方面，主导产业在区域经济中的产值比重大，产出规模大；在质的方面，主导产业发展潜力强，具有较好的吸收先进技术的能力，并对其他相关产业有一定带动作用。为此，主导产业的识别与选择直接影响自然禀赋的有效利用，生产要素的高效配置，以及区域竞争力的形成与区域经济的发展方向等重大问题。

1. **主导产业的识别**

根据现有的研究，主要是采用偏离份额法、主成分分析法、层次分析法、区位商法、投入产出法来进行主导产业的筛选，[①] 但能体现出产业动态发展特征及演变规律的研究方法只有偏离份额法。考虑到 21 世纪以来广西积极响应国家的西部大开发战略，加大对基础设施和工业的投资建设等举措，特别是中国—东盟自贸区成立与北部湾经济区建设开展后，经济发展跃上了一个新的台阶，尤其是 2005 年之后广西第二产业发展进入到快速增长的新阶段，工业增加值占

---

① 崔功豪，魏清泉，陈宗兴 . 区域分析与规划［M］. 北京：高等教育出版社，1999.

GDP 比重达到 31.7%。为此，本书采用广西 2005 年和 2015 年各行业的数据，结合偏离份额分析方法，对广西主导产业具体发展类型进行识别。

偏离份额法将区域经济发展视为一个动态调整的过程，以全国的产业发展作为参照系，把考察期内区域 i 第 j 个产业部门的经济增加值 G_{ij} 分解为份额偏离分量 N_{ij}、结构偏离分量 P_{ij} 和竞争力偏离份额 D_{ij}。其中，份额偏离分量 N_{ij} 反映区域 i 的产业部门 j 按全国平均增长率发展的增量，其值为正且越大表明该产业在区域 i 具有越好的发展前景；结构偏离分量 P_{ij} 反映产业结构对经济增长的贡献，值越大则表明其贡献越大；竞争力偏离份额 D_{ij} 反映区域内的产业部门 j 变化率与全国相对应部门的增长率之间的偏差，即区域内 j 部门的相对竞争能力，值越大则说明其竞争能力对经济发展的作用越大。所计算的广西 2005 ~ 2015 年规模以上行业偏离份额指数如表 6 - 6 所示。

表 6 - 6　2005 ~ 2015 年广西主要产业部门的偏离—份额指数表（I）

产业部门	G_{ij}	N_{ij}	P_{ij}	D_{ij}
煤炭开采和洗选业	37.38	49.25	-11.90	0.02
黑色金属矿采选业	185.86	52.66	42.78	90.43
有色金属矿采选业	303.24	91.02	28.61	183.61
非金属矿采选业	235.15	34.99	28.72	171.45
其他采矿业	2.34	0.47	-0.20	2.06
农副食品加工业	2002.63	1204.19	599.99	198.45
食品制造业	361.69	92.18	34.91	234.61
酒、饮料和精制茶制造业	500.09	140.29	49.84	309.95
烟草制品业	167.55	191.51	-59.87	35.91
纺织业	236.77	141.09	-55.40	151.08
纺织服装、服饰业	135.59	7.91	0.03	127.65
皮革、毛皮、羽毛及其制品和制鞋业	107.27	90.51	-5.95	22.71
木材加工和木、竹、藤、棕、草制品业	1002.67	139.72	131.02	731.93
家具制造业	115.37	11.54	3.72	100.12
造纸和纸制品业	330.93	181.90	-55.33	204.36
印刷和记录媒介复制业	108.53	47.60	9.92	51.01

产业部门	G_{ij}	N_{ij}	P_{ij}	D_{ij}
文教、工美、体育和娱乐用品	127.88	0.83	1.48	125.58
石油加工、炼焦和核燃料加工业	638.20	126.14	-58.62	570.69
化学原料和化学制品制造业	1023.39	640.91	113.88	268.59
医药制造业	365.00	256.80	117.10	-8.90
化学纤维制造业	0.59	1.00	-0.48	0.08
橡胶和塑料制品业	323.50	88.53	-3.67	238.64
非金属矿物制品业	1571.28	452.75	267.53	851.01
黑色金属冶炼和压延加工业	2148.90	1035.73	-482.98	1596.16
有色金属冶炼和压延加工业	1085.55	623.81	248.54	213.21
金属制品业	412.15	41.76	15.32	355.07
通用设备制造业	301.51	131.26	-0.99	171.24
专用设备制造业	433.72	318.84	135.35	-20.47
交通运输设备制造业	2294.47	1168.29	425.69	700.48
电气机械和器材制造业	851.60	183.39	28.07	640.14
计算机、通信和其他电子设备制造业	1261.16	114.92	-35.98	1182.22
仪器仪表制造业	44.99	21.27	-8.12	31.84
电力、热力生产和供应业	942.34	1059.68	-379.06	261.72
燃气生产和供应业	41.66	4.48	8.95	28.23
水的生产和供应业	18.93	32.89	-12.29	-1.68

注：行业分类方法参照《国民经济行业分类（GB/T 4754—2017）》。

资料来源：根据历年《广西统计年鉴》《中国统计年鉴》和《中国工业经济统计年鉴》整理。

（1）经济快速增长型产业。对于广西各产业经济增长总量 G_{ij} 而言，在 2005 年至 2015 年间，增长幅度最大的产业主要有：农副食品加工业，木材加工和木、竹、藤、棕、草制品业，化学原料和化学制品制造业，非金属矿物制品业，黑色金属冶炼和压延加工业，有色金属冶炼和压延加工业，交通运输设备制造业，以及计算机、通信和其他电子设备制造业，涨幅均达到了 1000 亿元以上的水平，成为产业发展的领跑者。而酒、饮料和精制茶制造业，石油加工、炼焦和核燃料加工业，电气机械和器材制造业和电力、热力生产和供应业等产业部门虽然涨幅相对略低，但经济总量增长也达到 500 亿元以上。此外，这些产业部门的偏离份额 N_{ij} 值为正且大，尤其是农副产品加工业、黑色金属冶炼和压延加工业和交通运输设备制造业，N_{ij} 分别达到了 1204.19、1035.73 和 1168.29，充分说明了不仅是增长速度快，更是具有较好的产业发展前景。

（2）结构优势推动型。从广西 2005~2015 年总体上产业结构呈现出不均衡的发展状态来看，结构偏离系数 P_{ij} 呈现较多的负值，且大小的差额较大，P_{ij} 值最大的为 599.99，最小的是 −482.98，产业结构偏离大。其中，对经济增长贡献较大的产业中，农副食品加工业，木材加工和木、竹、藤、棕、草制品业，化学原料和化学制品制造业，医药制造业，非金属矿物制品业，有色金属冶炼和压延加工业，专用设备制造业和交通运输设备制造业，结构偏离系数 P_{ij} 都是 100 以上，具有良好的产业结构基础，是典型的结构优势推动型产业。而黑色金属冶炼和压延加工业和电力、热力生产和供应业等部门产值快速增长，但结构偏离系数值 $P_{ij} < 0$，依次为 −482.98 和 −379.06，产业结构劣势明显。

（3）竞争优势推动型。广西主要产业竞争偏离系数值 D_{ij} 基本上为正且值较大，说明相对于全国而言，广西产业发展还是具有一定的竞争力优势。其中，木材加工和木、竹、藤、棕、草制品业，石油加工、炼焦和核燃料加工业，非金属矿物制品业，黑色金属冶炼和压延加工业，交通运输设备制造业，电气机械和器材制造业，以及计算机、通信和其他电子设备制造业的竞争偏离分量都在 500 以上，即在区域内外都具有显著的竞争优势推动。但结构优势明显的医药制造业和专用设备制造业，其竞争力偏离份额 $D_{ij} < 0$，分别是 −8.90 和 −20.47，即产业竞争力下降。

因此，基于主要行业的偏离—份额指数，并结合经济快速增长份额、结构优势与竞争优势，可识别出 2005~2015 年推动广西经济发展的主导产业主要是：食品工业、造纸和木材加工业、有色金属行业、黑色金属行业、交通运输设备制造业、石油化工行业、非金属矿物制品业、计算机等电子工业、电气机械制造业、电力工业等。这些产业不仅带动着相关上下游产业的发展，也对产业结构变迁与经济增长影响巨大。

2. 主导产业现状

20 世纪 90 年代以后，广西基于自身区情与经济发展的特点，加大对工业的投资，积极承接发达地区的产业转移，不断优化产业结构，逐步形成了以传统产业如食品工业、造纸和木材加工业、有色金属行业、交通运输设备制造业、黑色金属行业、非金属矿物制品业、电力工业等为主，高新技术制造业如计算机等电子信息行业、电气机械制造业快速发展的主导产业。总之，近十年来，广西各大产业规模逐步壮大，具备日趋完善的产业基础和配套能力，取得了巨大的发展成就。其中，2015 年主导产业规模以上总产值占广西工业总产值的比重达 78.16%，主营业务收入占比和利税总额占比分别为 78.15%、76.74%，对全区经济发展的贡献巨大。

（1）行业规模持续增大，企业经营效益良好。2015 年，规模以上主导产业工业总产值 1.94 万亿元，占全区工业总产值约 85.69%，对经济增长的贡献率为 44.04%，与 2005 年主导产业总产值 2070.78 亿元相比，增长了近 9 倍。其中，2015 年规模以上传统主导产业工业总产值几乎都突破千亿元（见表 6 - 7），特别是食品工业、黑色金属行业、交通运输设备制造业、石油化工行业，总产值依次达到了 3500.87 亿元、2648.22 亿元、2630.93 亿元和 2232.38 亿元。虽然跟全国平均水平相比，发展水平还处于中下层次，但从西部地区来看，广西传统制造业具有较好的产业基础和一定的产业规模。

表 6 - 7　2015 年广西主导产业规模以上工业企业发展情况　　单位：亿元

主导产业	工业总产值	主营业务收入	利税总额	利润总额
食品工业	3500.87	3049.39	500.18	251.82
黑色金属行业	2648.22	2479.29	134.68	88.16
交通运输设备制造业	2630.93	2465.58	224.18	117.65
石油化工行业	2232.38	1989.66	344.49	82.1
非金属矿物制品业	1701.68	1548.59	2151.93	148.54
有色金属行业	1594.67	1247.64	78.25	27.07
造纸和木材加工业	1544.93	1391.84	109.86	68.37
计算机等电子信息行业	1345.37	1308.6	132.75	118.68
电力工业	1247.54	1214.63	175.36	93.92
电气机械制造业	904.42	829.97	85.47	68.12

注：行业分类方法参照《国民经济行业分类（GB/T 4754—2017）》。

资料来源：根据 2016 年的《广西统计年鉴》《中国统计年鉴》和《中国工业经济统计年鉴》整理。

进入 21 世纪，广西的主导产业不仅产值持续扩大，企业的经营效益也良好。至 2015 年，总体上，主导产业规模以上工业企业单位总数量达到 4264 家，完成主营业务收入共 1.75 万亿元，实现税金 3937.15 亿元，利润突破千亿元，达到1064亿元。具体而言，广西主导产业中利润水平最高的分别是食品工业、非金属矿物制品业、计算机等电子信息行业和交通运输制造业，完成利润额度依次为251.82亿元、148.54亿元、118.68亿元和117.65亿元。这也充分展现出广西传统主导产业食品工业和非金属矿物制品业在稳步发展的同时，新兴的电子信息行业企业的发展前景和潜力巨大。

（2）内部结构优化，高新技术产业逐步壮大。对比2005年与2015年广西主导产业分行业产值占比情况可知，21世纪初以来，各分行业占比发生了大的变化（见表6-8）。具体而言，下降幅度最为显著的是广西传统主导产业：电力工业占比由2005年的14.74%下调为2015年的6.45%，食品工业产值占比由2005年的22.64%下调为2015年的18.09%。相对地，非金属矿物制品业产值占比则从0.59%增至8.79%。更为重要的是，技术创新型产业在逐步壮大，如计算机等电子信息行业占比由2005年的1.60%升至2015年的6.95%，电气机械制造业占比由2005年的2.55%升至2015年的4.67%。也就是说，广西在发展主导产业的过程中，越来越注重于技术创新能力的发展，并取得了一定的成效。

表6-8 广西主导产业分行业产值占比（2005/2015年）

主导产业	2005年工业总产值（亿元）	2005年分行业占比（%）	2015年工业总产值（亿元）	2015年分行业占比（%）
食品工业	468.92	22.64	3500.87	18.09
黑色金属行业	313.46	15.14	2648.22	13.69
交通运输设备制造业	336.47	16.25	2630.93	13.60
非金属矿物制品业	12.30	0.59	1701.68	8.79
石油化工行业	246.70	11.91	2232.38	11.54
有色金属行业	205.87	9.94	1594.67	8.24
造纸和木材加工业	95.95	4.63	1544.93	7.98
计算机等电子信息行业	33.10	1.60	1345.37	6.95
电力工业	305.19	14.74	1247.54	6.45
电气机械制造业	52.82	2.55	904.42	4.67

注：行业分类方法参照《2017年国民经济行业分类与代码（GB/T 4754—2017）》。

资料来源：根据2006年、2016年的《广西统计年鉴》《中国统计年鉴》和《中国工业经济统计年鉴》整理。

（3）区际合作加强，品牌知名度提高。广西既沿海沿边，毗邻粤港澳发达地区，又与东盟各国海陆相连，长期开展对外对内双向开放，加强区际合作，主动承担国内发达地区和国际产业转移。近年来广西发布了《关于进一步加强承接产业转移工作意见》等政策文件，同时，大力兴建产业园区和实现工业园区县全覆盖，进一步提高产业承载能力。其中，以中马钦州产业园区和马中关丹产业园区等新型产业园区为代表的"两国双园模式"表现尤为突出，是中国与东盟国家进行产业区际合作的新形式。至 2015 年，外商对广西工业直接投资总额 6391 亿元，主要集中于主导产业食品加工业、交通运输制造业和非金属矿物制品业。

目前，广西主导产业拥有众多自主品牌，且知名度高，产品远销国内外，获得广泛的认可（见表 6 – 9）。其中，2015 年广西制造企业 50 强中，食品工业

表 6 – 9 2019 年广西制造业及民营企业制造业 10 强

排名	制造业企业 10 强	营业收入（亿元）	全国排名	民营企业制造业 10 强	营业收入（亿元）	全国排名
1	上汽通用五菱汽车股份有限公司	1013.92	—	广西盛隆冶金有限公司	230.17	216
2	广西柳州钢铁集团有限公司	891.61	96	桂林力源粮油食品集团有限公司	191.75	282
3	南宁富桂精密工业有限公司	477.37	—	广西南丹南方金属有限公司	145.19	357
4	广西玉柴机器集团有限公司	362.09	229	广西贵港钢铁集团有限公司	126.34	388
5	北海诚德镍业有限公司	268.10	—	广西洋浦南华糖业集团股份有限公司	110.14	422
6	广西盛隆冶金有限公司	230.17	308	广西三创科技有限公司	94.26	470
7	广西金川有色金属有限公司	223.62	—	广西信发铝电有限公司	87.71	—
8	广西中烟工业有限责任公司	221.93	—	广西渤海农业发展有限公司	73.80	—
9	广西柳工集团有限公司	218.15	322	广西方盛实业股份有限公司	66.37	—
10	东风柳州汽车有限公司	216.74	—	广西湘桂糖业集团有限公司	51.02	—

资料来源：根据广西壮族自治区工业和信息化厅、广西壮族自治区工商业联合会、2019 年中国制造业及民营企业制造业 500 强榜单资料整理。

品牌主要有湘桂糖业、南方黑芝麻糊、皇氏集团、古岭神酒等；交通运输设备制造业包括五菱汽车品牌、柳工品牌、东风柳州汽车品牌等；黑色金属和有色金属行业有柳钢集团、盛隆冶金、平铝集团等，都是同类行业中的佼佼者。一直以来，广西致力于打造独具区域特色的制造业品牌，不断挖掘自身"走出去"的潜力。比如，主导产业产品微型汽车、轮式装载机、车用柴油机、多功能乘用车等市场占有率全国第一。2015年，交通运输工具、电器及电子产品的出口额度达71亿元和315亿元。

（五）工业化与信息化融合

"十二五"期间，广西的两化深度融合态势良好（见表6-10）。建立了国内首个两化融合公共服务平台——广西两化融合门户网站；两化融合指数超过全国平均水平，居全国第17位、西部第3位；柳州、桂林国家级两化融合试点城市通过工业和信息化部验收。全区通过工业和信息化部两化融合管理体系认定企业4家，入围的企业9家，"三网融合"用户达到100万户，基本完成南宁市全国"三网融合"试点工作任务。与此同时，培育形成一批"互联网＋"制造的先进典型应用项目，工业信息化程度不断提高，如玉柴数字化铸造车间智能化改造完成，上汽通用五菱等企业建成产、供、销、服务综合业务网络平台，柳工集团自主开发的"工程机械云服务平台"实现向"互联网＋制造＋服务"的转型升级。

表6-10　广西工业和信息化主要发展指标

类别		指标	单位	2010年	2015年	2020年（预计）
综合实力		工业总产值	亿元	11638.28	23255	33500
		工业增加值	亿元	3885.2	6409	>9100
		当年工业投资	亿元	2627.33	6391	11250
		当年技改投资	亿元	2215.9	5897	9000
	产业	超3000亿元	个	0	1	5
		超1000亿元	个	3	10	12
	园区	超1000亿元	个	0	2	5
		超500亿元	个	2	9	12
	企业	超1000亿元	家	0	—	2
		超500亿元	家	0	3	5
		超100亿元	家	11	27	40

续表

类别	指标	单位	2010 年	2015 年	2020 年（预计）
创新能力	战略性新兴产业增加值占全区工业增加值比重	%	3	8	>18
	工业园区工业增加值占全区工业增加值比重	%	47.4	83.4	>88
两化融合	两化融合发展水平指数		—	≈69	75
	工业企业关键工序数控率	%	—	—	52
	数字化研发设计工业普及率	%	—	—	74
	应用电子商务开展采购、销售等业务的企业比例	%	—	—	80
工业结构	大中型工业企业研发投入占销售收入比重	%	1	0.7	1.8
	国家级企业技术中心	家	8	9	11
	自治区级企业技术中心	家	161	323 *	400
	国家级技术创新示范企业	家	0	6	10
	自治区级技术创新示范企业	家	0	25	70
可持续发展	工业固体废弃物综合利用率	%	70	62	73

注：2010 年、2015 年工业增加值来源于 2018 年《广西统计年鉴》，带"＊"者为 2014 年数据。
资料来源：根据广西工业和信息化发展"十二五"及"十三五"规划资料整理。

根据《广西工业和信息化发展"十三五"规划》，至 2020 年，广西两化融合发展水平指数达到 75，工业企业关键工序数控率达 52%，数字化研发设计工业普及率为 74%，80% 的企业应用电子商务开展采购、销售等业务。

二、工业发展空间布局

（一）产业园区布局

产业园区是众多具有分工合作关系、不同规模等级的特定行业的企业，以及有关机构、组织等行为主体集中于一定区域内，通过纵横交错的网络方式联系在一起，以降低生产和运作成本抵抗来自市场外部的压力。随着市场竞争的日益加剧，产业园区对促进区域经济发展、产业调整和升级、提升工业化水平以及加快城市化建设等具有重要的影响。依托于各类开发区（见表 6 – 11）以及经济合作区、工业园区、产业园、保税区（见表 6 – 12）等，广西优化空间布局，发展主导优势产业，积极承接产业转移，促进区域经济的快速发展。至2017年，广西共有各类大型产业园区65个，其中国家级产业园区15个、省级产业园区50个，核准面积共达56863.12公顷，涵盖食品加工、服装制造、医药制造、装备制造、有色金属、汽车、电子信息等各大行业。

表6-11　广西国家级开发区

序号	开发区代码	开发区名称	地址	设立审批情况			主导产业
				设立时间	批准机关	批准文号	
1	G452041	南宁高新技术产业开发区	南宁市西乡塘区	1992年11月	国务院、国家科委	国函〔1992〕169号，国科发火字〔1992〕864号	生物工程及制药、电子信息及动漫、汽车零部件及机电、研发设计等生产性服务业
				2005年6月	国家发展改革委	国发〔2005〕30号	
2	G451038	南宁经济技术开发区	南宁市江南区	2001年5月	国务院、国家科委	国办函〔2001〕28号	电气机械及器材制造业、农副食品加工业、塑料制品业、造纸及纸制品业
				2007年3月	国家发展改革委、国土资源部、建设部	国土资发〔2004〕17号	
3	G452042	桂林国家高新技术产业开发区	桂林市	1991年	国务院	国科发火字〔1991〕918号	电子信息、机电一体化、生物医药、高端装备制造、新材料
				2005年	国家发展改革委	国发〔2005〕30号	
4	G454052	广西北海综合保税区（前出口加工区）	北海市海城区	2003年3月	国务院	国办函〔2003年〕19号	电子信息、精密机械
				2004年	国土资源部	国土资发〔2004〕18号	
			北海市铁山港区	2012年3月	国务院	国办函〔2012〕64号	

序号	开发区代码	开发区名称	地址	设立审批情况			主导产业
				设立时间	批准机关	批准文号	
5	G456010	北海银滩国家旅游度假区	北海银滩	1992年10月	国务院	国函〔1992〕139	旅游业、房地产
				2005年	国家发展改革委	国发〔2005〕56号	
6	G455007	凭祥边境经济合作区	凭祥市	1992年9月	国务院特区办	特字办〔1992〕第57号	农副产品加工、红木加工、制糖、酒精、肥料、建材等
				2005年	国家发展改革委	国发〔2005〕56号	
7	G455008	东兴边境经济合作区	东兴市	1992年	国务院特区办公室	特字办〔1992〕第57号	边境贸易、产品进出口、边境旅游
				2005年	国家发展改革委	国发〔2005〕56号	
8		中国—马来西亚钦州产业园区	钦州市钦南区	2012年3月26日	国务院	国函〔2012〕25号	装备制造、电子信息、食品加工、生物制药产业、现代服务业
9	S457008	钦州港经济技术开发区（2011年升级为国家级开发区）	钦州市	1996年6月	广西壮族自治区人民政府	桂政函〔1996〕144号	石化、粮油、造纸、能源等
				2005年12月	国家发展改革委	国发〔2005〕74号	
				2010年11月	国务院	国办函〔2010〕155号	

续表

序号	开发区代码	开发区名称	地址	设立审批情况			主导产业
				设立时间	批准机关	批准文号	
10		柳州高新技术产业园区（2011 年由省级升为国家级）	柳州市	1992 年	广西壮族自治区人民政府	桂政办函〔1992〕472 号	汽车产业
				2010 年	国务院	国函〔2010〕108 号	
11	S457001	南宁—东盟经济开发区	南宁市	1990 年 12 月	广西壮族自治区人民政府	桂政函〔2004〕41 号	食品及农副食品加工、生物制药、轻纺、装备机械
				2005 年	国家发展改革委	国发〔2004〕74 号	
		更名为：广西东盟经济技术开发区		2013 年	国务院办公厅	国办函〔2013〕48 号	

表 6 – 12　广西国家级保税区

序号	名称	等级	规划面积	所在地	公告文号	说明
1	广西钦州保税港区	国家级	10 平方千米	钦州市	国函〔2008〕48 号	功能定位：具有对外开放口岸、保税物流、保税加工；开展国际贸易、国际采购、分销和配送、国际中转；进出口货物存储及流通性简单加工、增值服务；检测和售后服务维修；商品展示；研发、加工、制造等功能
2	广西凭祥综合保税区	国家级	8.5 平方千米	凭祥市	国函〔2008〕121 号	功能定位：具有保税加工、保税物流和国际贸易等功能
3	南宁市保税物流中心	国家级	0.53 平方千米	南宁市	署加发〔2009〕48 号	功能定位：具有保税仓储、出口退税等功能
4	广西北海综合保税区（前出口加工区，拓展保税物流功能）	国家级	1.45 平方千米	北海市	署加函〔2009〕49 号	功能定位：在现有的仓储、运输、电子信息、精密机械等功能上增加保税物流功能

在空间分布上，广西产业园区主要集中于桂东北、桂东南和南部沿海地区，数量占据全区近70%，桂西和桂西北产业园区较少，尚在建设发展之中，区域不平衡问题显著。其中，国家级的产业园区布局于桂南沿海沿边的北部湾地区，以及工业基础雄厚的柳州、桂林等地，充分依托于平台载体与双向开放合作的优势，形成集电子信息、生物制药、汽车、新能源、石化、装备制造、仓储物流和跨境电商等各行业集聚的园区，优化提升产业一体化水平，发挥出了工业示范引领作用。重要的省级产业园区分布于桂东南地区和桂东北地区，依托于传统制造业集聚的基础，进一步统筹产业发展，加强园区建设，主动承接粤港澳发达地区的产业转移，重点发展食品、服装制造业、建材、装备制造业等产业集群。在推进区域一体化、缩小城乡差距的发展中，随着园区规模的不断扩大，广西各类产业园区作为重要的阵地，发挥工业引领的作用，为缓解城乡就业压力，实现要素的有效配置，做出了一定贡献。

（二）产业集聚区布局

经过多年的发展，广西依托各地的资源优势与产业基础，不断推进产业优化布局，引领产业集群发展，加快形成优势互补、协调发展的"两区一带"格局，即北部湾临海工业集聚区、生态型特色产业集聚区和西江经济带产业体系的三大发展格局。

1. 北部湾临海工业集聚区

北部湾位于中国西南地区的黄金海岸和出海口，是我国与东盟国家海陆相接壤的区域。广西部分主要包括南宁、北海、钦州、防城港、玉林和崇左六个设区市的相关区域，涵盖陆地国土面积约7.3万平方千米；岸线、土地、淡水、海洋、农林、旅游等资源丰富，环境容量较大，生态系统优良，人口承载力较高。至2015年末，常住人口为2030.60万人。

凭借显著的区位优势、丰富的资源和战略地位以及双向开放合作优势，广西北部湾经济区逐渐形成了以石化、电子信息行业、有色金属、黑色金属、食品工业、装备制造业、新材料等先进制造业和新兴制造业为主的临海工业集聚，如表6-13所示。2015年，北部湾临海工业集聚地规模以上工业增长总值为2726.33亿元，占全区经济增长比重高达42.87%，表现出引领带动的作用。

表 6-13　2015 年广西北部湾各设区市产业集群

市域	产业集群
南宁	电子信息产业、装备制造业、生物医药产业、食品加工业、造纸和木材加工业、化工、建材、轻纺业
北海	计算机等电子信息、石化、临港新材料、海洋装备制造、北斗导航、软件和信息服务业、建材、造纸和木材加工业
钦州	石化、装备制造业、食品、电子信息、造纸和木材、冶金、生物医药、新能源
防城港	食品、石化、有色金属、钢铁、装备制造业、能源
玉林	食品、机械制造、非金属矿物制品业（服装制造和制鞋）（医药制造业）
崇左	黑色金属、食品（蔗糖业）、木材加工业

资料来源：根据 2016 年《广西统计年鉴》和 2015 年相关各市统计公布整理。

南宁充分发挥其江海联动的优势，发展形成生物医药产业、电子信息产业、装备制造业三大主导产业，同时优化提升食品加工业、造纸和木材加工业、化工行业、建材、轻纺业以及非金属矿物制品业传统制造业。通过实施"互联网+"战略，推动信息化与工业化的融合，积极打造立足广西、面向西南中南、辐射东盟的制造业加工基地，走具有首府特色的工业化发展之路。2015 年，南宁全年主导产业规模以上工业总产值 1743.8 亿元，占全市工业总产值比重增至 53.67%，对经济发展的贡献巨大。

北海着力发展计算机等电子信息、石化、临港新材料三大主导产业链，优化提升建材、造纸和木材加工业等传统行业，积极发展海洋装备制造业、北斗导航行业，以及软件和信息服务业等战略新兴行业。

借助中马钦州产业园区等平台，促进产业集聚发展，钦州正形成以装备制造业、石化为龙头的主导产业，同时促进食品、造纸和木材加工业等传统行业优化升级，积极布局电子信息、新能源以及生物医药等战略性新兴产业。2015 年，北海、钦州的全年主导产业规模以上工业总产值分别是 1582.64 亿元和 976.5 亿元，占全市工业总产值比重分别为 84.57%、71.88%。

此外，防城港重点发展食品、石化、有色金属、钢铁、装备制造业、能源等传统优势产业集群，积极推进技术创新与生产技术改造升级，培育并建设出全国重要的粮油食品基地、钢铁基地等。

2. 生态型特色产业集聚区

广西西部主要包括百色、河池和崇左所辖的 30 多个县市，土地面积 8.7 万平方千米，占全区面积的37.8%，2015年末常住人口906万人。

依托丰裕的矿产、水能、养生等资源优势，桂西地区逐渐成为广西有色金属、黑色金属、电力、建材、食品加工等产业的承载地，走出以生态经济为特色的产业发展之路（见表6-14）。2015年，桂西资源富集区工业增长总值为807.13亿元，占全区经济增长比重的13.23%。①百色立足生态铝产业，突破电力限制，形成科技含量高的煤电铝网一体化，2015年铝材产业达214万吨，产值674亿元。同时，重点优化提升非金属矿物制品、造纸等传统特色产业集群，积极发展现代化的农副产品加工业、民族医药以及碳酸钙等资源优势产业集群，延长产业链条。②河池依托龙江河与红水河沿江经济带，重点发展有色金属矿采选业、非金属矿采选业、电力行业以及木材加工业等特色优势产业，企业数达到了600家，形成一定的集群；构建了绿色循环产业和特色现代化生态工业体系。③崇左凭借连接东盟和资源富集的优势，发展黑色金属行业、木材加工业、食品等传统主导产业，特别是蔗糖业，年产量保持在200万吨以上，"中国糖都"名称享誉国内外。但是因隶属于我国西南地区的喀斯特地带，生态脆弱，环境承载力较弱，难以把其拥有的资源优势充分地发挥出来，因此主要发展资源加工行业，产业链较短。

表6-14 2015年广西桂西资源富集区各设区市产业集群

市域	产业集群
百色	食品加工、有色金属行业（铝工业）、电力工业、非金属矿物制品、民族医药、碳酸钙
河池	有色金属矿采选业、非金属矿采选业、水电行业、木材加工业、食品
崇左	黑色金属（锰）、食品加工业（蔗糖业）、木材加工业

资料来源：根据2016年《广西统计年鉴》和2015年相关各市统计公布整理。

3. 西江经济带产业体系

西江经济带主要由桂东、桂北、桂西沿江地区组成，面向珠三角发达地区，背靠大西南腹地，资源丰厚、条件优越、产业基础丰厚，具有铁路、公路、水路相互衔接、优势互补的综合交通运输体系。大致包括柳州、桂林、梧州、贵港、玉林、贺州、来宾所辖的设区市区域，土地面积10.77平方千米，2015年常住人口2603.51万人。

基于产业基础、两广经济一体化和高铁经济带建设机遇，西江经济带主动承接粤港澳等发达地区的产业转移，壮大产业规模，逐渐形成了以桂东国家产业转移示范区和先进制造业基地为重点，主导发展汽车、装备制造、食品、非金属品制造业（建材）等的产业集群，对广西经济发展的贡献巨大（见表6-15）。2015年，西江沿江经济带工业增加值达到3573.76亿元，占全区经济增长比重达到56.79%。其中，作为广西最大工业城市的柳州，紧紧围绕"创新驱动、转型升级、智能制造、跨域发展"的主线，主导汽车、钢铁、机械三大支柱产业，优化升级食品、化工、纺织、建材和有色金属等传统行业，并积极发展新能源汽车、新材料、生物与制药等战略性新兴产业，逐渐建设形成广西柳州汽车城、阳和工业新区、河西工业区等先进制造业核心产业区。2015年，柳州全年主导产业规模以上工业总产值完成3524.4亿元，占全市工业总产值比重达到79.2%，亿元以上工业企业增至429家，规模以上工业企业812家，规模庞大。

表6-15 广西西江经济带部分设区市产业集群（不含南宁及崇左市）

市域	产业集群
柳州	汽车、钢铁、电气机械制造业、食品、化工、纺织、建材、有色金属、新能源汽车、新材料、生物与制药
桂林	电子信息、医药制造、先进装备制造业、生态食品、信息技术、新材料、新能源
梧州	食品、非金属矿物制品业、木材加工、电力、电子信息、陶瓷建材、医药制造、船舶和机械制造
贵港	食品（富硒产品）、非金属矿物制品、造纸和木材加工业、化工、纺织、服装业和制鞋业
玉林	食品、装备制造业、非金属矿物制品、纺织、服装制造和制鞋、医药制造业
贺州	非金属矿采选业和制品业、电力、食品加工、稀土新材料、碳酸钙
来宾	非金属矿物采选业和制品业、食品、能源、铝精深加工、碳酸钙

资料来源：根据2016年《广西统计年鉴》和2015年相关各市统计公布整理。

国际名城桂林以"高端、低碳、绿色、生态"为导向，重点主导电子信息、医药制造、先进装备制造业、生态食品产业，积极发展出新一代信息技术、新材料、新能源等新兴产业，加大老工业基地调整力度，建设出以高新技术为主的新兴工业产业体系。

桂东沿江地区梧州、贵港、玉林和贺州加强园区整合，逐步形成食品工业、非金属矿物制品业化工、造纸和木材加工业、轻工业纺织与服装业、医药制造业、电力行业等产业集群。

来宾则重点发展非金属矿采选业和制品业、食品、能源、铝精深加工、碳酸钙等产业集群。

<h1 style="text-align:center">第三节　现代服务业发展</h1>

以服务业为主的第三产业是国民经济的重要组成部分，联结着生产、生活、分配、消费等环节，其水平是衡量现代社会经济发展程度的重要标志。随着经济全球化和科技革命的驱动，第三产业的内涵更为丰富，分工更明细，模式更是不断创新，助推着第一、二产业的发展，在产业升级中作用显著，为社会创造大量的物质财富，提供大批就业岗位，成为国际竞争的主战场。自治区成立以来，随着市场经济发展，广西服务业逐步发展壮大，成为拉动经济增长的主要动力，2017 年广西服务业增速达到 9.2%，对经济增长的贡献率突破 50%。1978～2017 年，广西服务业增加值占 GDP 的比重由 25.1% 上升为 40.2%，保持较快发展，但基于历史发展等原因，服务业基础薄弱且发展相对滞后，依旧落后于第二产业，且当前世界发达国家和地区服务业增加值在国民经济中的比重均超过 70%，这说明广西从传统服务业向高端现代化升级发展现代服务业仍然有较大的空间，2017 年广西市域和县域第三产业增加值及其占 GDP 比重如图 6 - 10 所示。本节从生产性服务业、生活性服务业和新兴服务业三个层面对广西现代服务业的发展水平作更为深入的分析，并展望未来高质量发展的新方向。

一、生产性服务业

（一）生产性服务业总体发展

生产性服务业的概念及分类标准最早由经济学家 Greenfield（1966）正式提出，特指为企业生产提供服务（如保障、劳动等）的一种行业，与为消费者提供服务的消费性服务业相对应。① 发展至今，学界对于生产性服务业的内涵和本

---

① Greenfield H. I. Manpower and the Growth of Producer Services [M] . New York：Columbia University Press，1966.

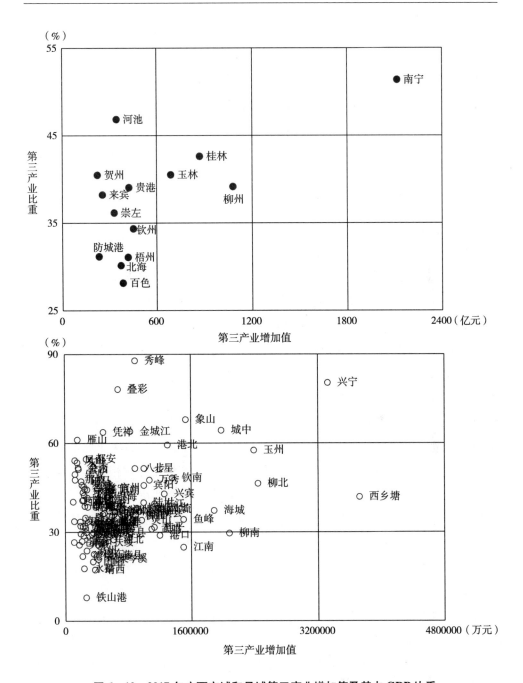

图 6-10　2017 年广西市域和县域第三产业增加值及其占 GDP 比重

资料来源：根据 2018 年的《中国统计年鉴》和《广西统计年鉴》数据计算、绘制。

质基本达成一致的共识：生产性服务业是一种中间投入型服务行业，主要以制造业为基础，逐渐延伸其产业链，贯穿于企业生产的各个环节，为生产提供服务保障。2015 年，中国国家统计局给出了更为具体的生产性服务业划分标准，包括研发设计与其他技术服务、货物运输仓储和邮政快递服务、信息服务、金融服务、节能与环保服务、生产性租赁服务、商务服务、人力资源管理与培训服务、批发经纪代理服务、生产性支持服务。① 考虑到广西的产业发展状况和数据的可获得性，本书论及的生产性服务业分类标准与学界保持一致，即参照杨仁发②的做法，将生产性服务业重新归整为五个行业：①交通运输、仓储和邮政业；②信息传输、计算机服务和软件业；③金融业；④租赁和商务服务业；⑤科学研究、技术服务和地质勘查业。

对于生产性服务业而言，由于大部分为制造业提供中间服务而非最终消费品，其产值可能难以被准确地估算。③ 为此，使用从业人口数来代替产业增加值，对广西生产性服务业的发展水平进行分析，如表 6 - 16 所示。由 2005 年的 40.14 万人上升到 2017 年的 56.80 万人，广西生产性服务业从业人口保持稳中有升，占服务业从业总人口的比重由 22.62% 增至 2017 年的 23.32%，说明生产性服务业的重要性逐渐凸显。尤其是"十二五"后期，广西生产性服务业从业人员规模达到最大，占服务业从业总人口的比重升至 24.58%。即使经济从高速增长向高质量转型，增长速度有所放缓，广西生产性服务业的从业规模仍保持较高水平（2017 年的 23.32%），与发达经济体的生产性服务业相比，仍存在较大差距。本质原因在于，广西生产性服务业规模上虽得到快速扩张，但依旧处于发展的初级阶段。也就是说，在当前产业提效增质的发展中，主要是扩大了规模，产出效率还较低。

在生产性服务业内部各行业层面，据统计数据显示，以劳动密集型为主的广西交通运输、仓储和邮政业从业人口规模最大，知识密集型的信息传输、计算机服务和软件业以及科学研究、技术服务和地质勘查业从业人员最少，这与

① 生产性服务业分类（2015）［EB/OL］. 国家统计局，http：//www. stats. gov. cn/tjsj/tjbz/201506/t20150604_ 1115421. html，2015 - 06 - 04.

② 杨仁发. 产业集聚与地区工资差距——基于我国 269 个城市的实证研究［J］. 管理世界，2013（8）：41 - 52.

③ 丁萌萌，彭刚. 中国服务业占国内生产总值比重的估算［J］. 首都经济贸易大学学报，2016，18（1）：67 - 73.

产业发展的特征相符。2005～2013 年，交通运输、仓储和邮政业的从业规模迅速扩到最大，2013 年后发展速度放缓，整体规律与生产性服务业类似。同时，传统资本密集型生产性服务业的金融业、租赁和商务服务业，保持了稳定的增长速度，规模逐渐扩大，说明广西长期以来资本拉动型产业发展较快。知识密集型为主的信息传输、计算机服务和软件业，以及科学研究、技术服务和地质勘查业的进入门槛较高，从业规模长期维持在相对较低的水平，但处于较稳定的态势，信息技术和科学技术等行业仍将是技术创新和产业升级的重要源泉。"十三五"发展以来，从业人数虽逐渐减少，但也反映出在经济新常态的发展阶段中，信息服务业和科技服务业等行业逐步实现智能化和无人化，迈向现代化。

表6－16　2005～2017 年广西生产性服务业从业人口　　　　单位：万人

行业	2005 年	2007 年	2009 年	2011 年	2013 年	2015 年	2017 年
交通运输、仓储和邮政业	17.42	18.11	17.52	18.43	21.24	20.03	19.02
信息传输、计算机服务和软件业	3.57	3.38	3.53	4.21	5.24	4.35	4.02
金融业	7.91	8.54	9.40	11.01	11.59	13.27	14.67
租赁和商务服务业	5.89	6.65	8.29	9.34	9.85	11.21	10.77
科学研究、技术服务和地质勘查业	5.35	5.58	6.40	7.63	9.38	9.54	8.32
生产性服务业	40.14	42.26	45.14	50.62	57.30	58.40	56.80
服务业	177.45	182.17	190.52	210.36	233.08	239.01	243.54
生产性服务业占服务业比重（%）	22.62	23.20	23.69	24.06	24.58	24.43	23.32

注：选用统计口径相对统一的城镇单位从业人口替代生产性服务业各行业从业人口数。

资料来源：根据历年《中国城市统计年鉴》《中国第三产业统计年鉴》整理。

（二）细分行业的现代化发展

1. 现代物流业

改革开放后，特别是近年来，广西物流业蓬勃发展，逐步迈向现代化。2017 年底，社会物流总额、总费用和总收入依次为 59912.8 亿元、3078.51 亿元和 2527.51 亿元，运行效率不断提高，降成本措施取得实效，总费用占地区生产总值的比重呈下降的趋势，从 2013 年的 16.3% 下降为 2017 年的 15.1%。

（1）现代物流成本有效下降。"十三五"规划以来，广西全面建立健全口岸协调机制，深化通关便利化改革，信息互换、监管互认、执法互助等"三互"

大通关合作稳步推进，效率得到显著提升，大幅度提高服务水平，促进物流业健康发展，完善了开放型经济体制。同时，开展商贸标准化建设，标准化托盘使用率平均每年提高15%，规模效应逐渐凸显，大大节省了企业的物流成本。同时夯实农村商贸流通基础设施，健全农村物流配送网络，推进农产品冷链物流发展，提升了农贸市场服务水平。

（2）物流枢纽布局建设加快。广西逐步完善物流大通道，打造衔接一体的全链条体系，加快建设高速铁路、高速公路、航空港和内河港口及其集疏运系统等重大设施，海陆空枢纽加快布局，实现北部湾本地区主要港口通航，率先打通连接东南亚的国家海陆冷链物流通道。同时，健全城乡共同配送体系，加强快递物流网络建设，探索出区域协同配送新模式，柳州、桂林市形成了生鲜配送中心、快速消费品分拣中心及末端配送网点城市共同配送体系。此外，物流集聚区加快建设，截至2018年，南宁国际综合物流园、防城港市东湾物流加工园区、广西钦州保税港区等14家现代物流集聚区入驻企业1976家，规模以上企业156家，入驻企业356家，从业人员2.9万人，营业总收入485亿元，上缴税额21亿元。①

（3）物流产业全面升级。建立社会化、专业化、信息化物流服务体系，推进物流智能化应用，扶持发展上规模、上档次的龙头企业，培育壮大品牌优、实力强的本土物流配送企业。鼓励和支持本土物流企业与国际物流企业跨境合作，促进广西北部湾国际港务集团有限公司、广西祥祥国际物流有限公司、南宁震洋物流有限公司等区内物流企业在境外投资，开展货物运输、仓储储存等业务。截至2017年，3家企业在境外投资的协议投资额高达3.57亿美元，其中中方协议额3.28亿美元。

2. 信息服务业

依托于信息技术和传统服务业，信息服务作为一种新兴的现代化行业，主要以信息传输、数字内容服务以及信息技术服务等内容为主，是经济与社会发展的主要支撑力。随着科技的不断发展，广西软件与信息技术服务业规模不断壮大、创新能力持续提升、人才队伍进一步壮大，对国民经济发展的引领和支撑力更为凸显。2018年，广西信息服务业完成主营业务收入80.28亿元、利润

---

① 参见广西统计信息网以及历年《广西统计年鉴》。

总额5.24亿元、税金总额4.6亿元、从业人员平均人数2.58万人。其中，软件业务收入达到66.77亿元、软件产品收入7.66亿元、信息技术服务收入53.44亿元、嵌入式系统软件收入5.68亿元、软件业务出口0.0029亿元。

（1）信息产业现代化进程不断加快。近年来，广西注重培育壮大现代化信息服务业新模式，持续推进大数据、人工智能、互联网与实体经济深度融合，重点支持包括云计算、大数据、北斗卫星导航应用及产业化、工业互联网技术及产业化、嵌入式软件、智慧城市、智能无人系统以及独具广西特色的电子商务服务等项目。

（2）"互联网＋"计划不断深入实施。广西物联网产业、智慧云服务、互联网金融、工业互联网、农业互联网、家庭互联网以及北斗卫星系统应用等得到重点发展，大数据产业建设加快，中国—东盟信息港实现新突破，打造出了广西"数字经济"的新引擎。在数字产业的发展中，广西将建设中国—东盟北斗智能产业园和南宁、柳州、钦州等北斗导航科技产业园、示范基地，争取国家北斗导航数据中心广西分中心落户；同时，加快发展软件和信息技术服务业，重点推进中国—东盟网络视听产业基地、小语种呼叫中心、桂林花江智慧谷电子信息创业产业园等建设。

（3）信息惠民工程进一步扩大和巩固。随着"宽带广西"战略的发展，广西全面积极推进电信普通服务试点和提速降费等惠民工作，推动光网城市发展水平提高，增大4G网络的覆盖面，使偏远农村地区的宽带网络也得到延伸。

3. 金融服务业

改革开放以来，随着经济总量的不断增大，广西金融服务业发展迅速，逐步形成了多种所有制金融机构并存，经营覆盖面广、布局渐趋合理、功能齐全的金融机构体系。

（1）金融市场发展壮大。2018年，金融业增加值达1403.2亿元，金融业对国民经济增加值的贡献率为6.9%，位列全国第12名，为培育多层次资本市场，强化信贷支持力度，降低社会融资成本，引导构建普惠金融机构供给体系，创新金融科技，推进农村金融改革，充分均衡服务业布局起着促进作用。

（2）银行业资产丰富。2018年，广西银行业本外币资产总额3.9万亿元，外币存、贷款余额分别达到2.9万亿元和2.6万亿元，其中，贷款余额占生产总值比例为131.1%，位列全国第21位，贷款余额增速排全国第6位、西部第2

位。在为服务业实体经济开展跨境人民币贷款业务试点中，丰富的银行业资产是跨国企业集团开展跨境双向人民币业务的资金池，提高了资金运营效率，促进跨境金融快速发展，推动边民互市贸易监管互联互通建设，增进互市贸易结算健康有序。

（3）资本和保险市场不断完善。至 2018 年末，广西共有 37 家境内上市公司，82 家新三板挂牌企业，区域性股权市场挂牌企业 2769 家，广西沪深证券交易所直接融资 318.9 亿元。同年，广西保险业实现保费收入 629.2 亿元。出口信用保险、小额贷款保证保险与科技保险等新型保险、农业保险、重点领域责任保险等快速发展。

随着广西建设面向东盟的金融开放门户上升为国家战略，未来，广西金融服务业仍将快步发展。

4. 商务和会展服务业

根据中国—东盟友好关系发展和"一带一路"倡议的需要，广西积极推进商务和会展业升级发展。据统计，14 届东博会①累计签订投资合作项目 3848 个，其中，国际经济合作项目 1576 个，国内经济合作项目 2272 个。

（1）商务服务业快速提升。随着中国—东盟的双边合作更为紧密，广西形成以东博会品牌为核心，具有广西特色的商务和会展经济，涵盖工业设计、包装设计、广告、策划等创意产业，以及会计、审计、税务、法律、企业管理、市场调查、资产管理、专利、商标代理评估、工商咨询、设备租赁等中介专业服务业，为企业生产经营、投资、贸易提供全方位高效优质商务服务，推动企业走向现代化、市场化、国际化、信息化。

（2）会展业渐成体系。2004～2017 年，广西成功举办 14 届东博会，期间成功举办了大量经贸对接活动，主要包括东盟产业园区招商大会、投资合作圆桌会、基础设施合作论坛、中国驻东盟各国经商参赞与企业座谈会、东盟国家及区域外重点国家投资推介会等活动，有效地促进政商交流、行业对接、银企互动，达成了一批合作项目。同时，成功举办了文化展、林木展、旅游展、动漫游戏展等东博会专业展，以及泰国展、印度尼西亚展、越南展、文莱展、柬埔寨展、缅甸站展等东博境外展，使得东博平台得到延伸。

---

① 2004～2017 年 14 届中国—东盟博览会，文中简称"东博会"。

5. 科技服务业

与发达地区与国家相比，广西的科技服务业发展速度和规模落后，但总体上呈现良好的发展态势。特别是近年来，广西有效利用和整合各方面的科技资源，科技成果转化为现实生产力，与经济的结合更为紧密，逐步形成了由重点实验室、工程技术研究中心、临床医学研究中心组成的科技创新基地建设体系。2017 年，广西完成科技成果登记 4109 项，总量排名全国第 2 位，科技进步贡献率达 51.61%，成为全国首批 3 个特色型知识产权强省建设试点之一。

（1）科技重点领域实现突破。广西在柴油发动机、铝合金、三维石墨烯制备、工业废水处理、杂交稻优质化育种、电工技术等多个领域取得一批国际先进水平的创新成果并成为国际标准，主持或参与的多个项目获国家科学技术奖。袁隆平院士领衔的超级稻高产攻关示范基地——灌阳县"超级稻 + 再生稻"示范基地两季合计亩产总量 1561.55 千克，"吨半稻"再创世界高产纪录；上汽通用五菱研发的首款新能源汽车正式上市；玉柴集团获得新能源商用车整车生产资质，并与德国 MTU 公司合作生产高端发动机；南南铝业、华锡科技等龙头企业不断推出新技术、新产品；广西石墨烯研究院建成年产 15 吨三维石墨烯制备和应用开发的中试基地，率先发布了全国首个石墨烯系列地方标准。

（2）科技创新平台加快建设，逐步形成科技创新服务体系。建立公开统一的自治区科技管理平台，整合建立广西自然科学基金、广西科技重大专项、广西重点研发计划、广西技术创新引导专项（基金）、基地和人才专项五大类科技计划体系和项目形成机制；首创全程"嵌入式"的新型科技监督和评估体系，以及科技计划管理改革做法。同时，积极培育发展科技企业孵化器、加速器、众创空间、星创天地等，逐步建立低成本、便利化、开放式的新型孵化体系。

2019 年广西服务企业 10 强如表 6 - 17 所示。

表 6 - 17　2019 年广西服务企业 10 强

排名	企业名称	营业收入（亿元）	全国排名
1	广西投资集团有限公司	1388.35	57
2	广西北部湾国际港务集团有限公司	691.85	105
3	广西电网有限责任公司	629.73	—

续表

排名	企业名称	营业收入（亿元）	全国排名
4	广西壮族自治区农村信用社联合社	392.57	—
5	中国烟草总公司广西壮族自治区公司	382.60	—
6	广西交通投资集团有限公司	263.15	201
7	广西物资集团有限责任公司	194.37	240
8	中国移动通信集团广西有限公司	184.81	—
9	广西金融投资集团有限公司	151.42	289
10	桂林银行股份有限公司	135.00	308

资料来源：根据广西工信厅、广西企业与企业家联合会及 2019 中国服务业企业 500 强榜单整理。

二、生活性服务业

生活性服务业是现代服务业的重要组成部分，为居民提供满足物质和精神生活的产品和服务，是国民经济的基础支柱行业。随着经济全球化快速发展，生活模式更为个性化、差异化和多元化，人们在物质、文化、消费等方面的要求越高，为适应居民现代生活的需求，生活性服务业向更为精细化和高品质现代化发展。根据国务院《关于印发服务业发展"十二五"规划的通知》关于生活性服务业的标准，生活性服务业主要为居民和家庭服务，涵盖健康服务，养老服务，旅游游览和娱乐服务，体育服务，文化服务，居民零售和互联网销售服务，住宿餐饮服务，教育培训服务，居民住房服务，以及其他生活性服务领域。但是综合学界的看法，考虑广西产业发展状况和数据的可获得性，本书提及的生活性服务业分类标准与学界保持一致，参照杨仁发[①]的做法，将生活性服务业规整为：①消费性服务业；②公共性服务业。其中，消费性服务业指的是批发和零售业、房地产、住宿和餐饮业，以及居民服务业和其他服务业；公共性服务业为教育，水利、环境和公共设施管理业，卫生、社会保障和社会福利业，文化、体育和娱乐业，以及公共管理和社会组织等行业。

广西生活性服务业也呈现出新的发展状态，在吸纳就业、扩大需求、拉动

---

① 杨仁发. 产业集聚与地区工资差距——基于我国 269 个城市的实证研究 [J]. 管理世界，2013 (8)：41 –52.

消费、调整经济结构等方面的作用越来越大。

（一）消费性服务业

进入 21 世纪以来，居民收入水平整体提高，消费结构不断升级。为适应居民消费结构升级的趋势，广西大力发展面向消费者的服务业，满足多样化的生活需求。在吸纳就业方面，广西消费服务业从业人口数保持逐步上升，2005 ～ 2017 年，从业人口数由 22.31 万人增至 25.76 万人，规模渐渐壮大（见表 6 - 18）。然而，消费性服务业占服务业的比重呈现震荡发展的趋势，2007 ～ 2009 年和 2015 ～ 2017 年时间段内占比下降，2010 ～ 2013 年则呈上升的状态。联系外部环境可以发现，2007 ～ 2009 年阶段内主要受到金融危机的影响，2015 ～ 2017 年经济环境处于新常态发展阶段，说明当经济政策环境发生变化时，最先受到影响的是面向消费者需求的服务业，即消费性服务业。在内部行业结构方面，传统服务业的批发和零售业从业规模大、比重高，发展趋势与消费性服务业整体保持一致。房地产行业从业规模整体迅猛发展，由 2005 的 3.14 万人增至 2017 年的 7.88 万人，尤其是 2011 ～ 2013 年，从业人口数增幅最大，且超越住宿和餐饮业，具有较大的潜力。

表 6 - 18　2005 ～ 2017 年广西消费性服务业从业人口　单位：万人、%

行业	2005 年	2007 年	2009 年	2011 年	2013 年	2015 年	2017 年
批发和零售业	13.67	12.09	11.59	12.82	14.08	13.40	12.73
房地产业	3.14	3.35	3.73	4.95	7.76	7.93	7.88
住宿和餐饮业	4.78	4.50	4.48	4.32	5.41	4.78	4.44
居民服务业和其他服务业	0.72	0.73	0.71	0.82	0.57	0.78	0.71
消费性服务业小计	22.31	20.67	20.51	22.91	27.82	26.89	25.76
服务业合计	177.45	182.17	190.52	210.36	233.08	239.01	243.54
消费性服务业占服务业比重	12.57	11.35	10.77	10.89	11.94	11.25	10.58

注：选用统计口径相对统一的城镇单位从业人口代替消费性服务业各行业从业人口数。

资料来源：根据历年《中国城市统计年鉴》《中国第三产业统计年鉴》整理。

（二）公共性服务业

总体上，广西公共性服务业规模持续扩大，从业人口由 2005 年的 115.02 万人增至 2017 年的 160.99 万人，占服务业从业人员的比重由 64.82% 上升为

66.10%（见表6-19）。其中，教育服务业的从业人员规模最大，2017年从业人口数达62.44万人，占服务业从业人员总体比重为26%。同时，广西公共管理和社会组织服务体系不断健全，从业人员由2005年的34.69万人发展至2017年的54.03万人，为经济持续发展提供了公共服务保障。医疗卫生、社会保障和社会福利事业稳步发展，广西基本实现完备的医疗体系建设，全面覆盖城乡各项社会保障和福利。2017年，卫生、社会保障和社会福利业的从业人数急剧增加至33.31万人。然而，文化、体育和娱乐业的从业人口数最低，仅为3.27万人，且21世纪以来，其规模保持稳定。这也说明广西经济发展相对落后，正处于"温饱型"向"发展型"初级转变，对文化、体育和娱乐方面的需求层次较低，发展潜力巨大。

表6-19　2005~2017年广西公共性服务业从业人口　　单位：万人

行业	2005年	2007年	2009年	2011年	2013年	2015年	2017年
教育	54.89	55.16	56.12	60.21	61.83	62.03	62.44
水利、环境和公共设施管理业	5.17	6.10	6.89	8.10	9.60	9.33	7.90
卫生、社会保障和社会福利业	17.00	18.53	20.85	24.73	28.02	30.73	33.31
文化、体育和娱乐业	3.27	3.13	3.12	3.34	3.32	3.37	3.31
公共管理和社会组织	34.69	36.32	37.90	40.47	45.19	48.24	54.03
公共性服务业小计	115.02	119.24	124.88	136.85	147.96	153.7	160.99
服务业合计	177.45	182.17	190.52	210.36	233.08	239.01	243.54
公共性服务业占服务业比重（%）	64.82	65.46	65.55	65.06	63.48	64.31	66.10

注：选用统计口径相对统一的城镇单位从业人口代替公共性服务业各行业从业人口数。

资料来源：根据历年《中国城市统计年鉴》《中国第三产业统计年鉴》整理。

广西城乡公共服务体系未能达到全面覆盖均等化的要求，发展不均衡，教育、医疗、社会保障和养老等多方面的需求满足离现代化的高质量发展仍然有较大的差距。可见，广西公共性服务业的发展才刚起步。

三、新兴服务业发展

近年来，广西服务业虽呈现高增长态势，但传统服务业的占比较高，交通运输、仓储和邮政业、批发和零售业等行业高于全国平均发展水平，现代服务业相对落后。立足广西优势，加快服务业现代化的发展，特别是健康养老、特色旅游等支柱型新兴产业的发展量，是广西新兴服务业的发展方向。

（一）特色旅游

广西气候条件和生态环境优越，旅游资源得天独厚，拥有美丽的山水自然风光，历史悠久的民俗风情，以及特有的边关景色、亚热带沿海景观等。2017年，广西接待游客总人数 5.23 亿人次，入境过夜游客 512.44 亿人次，旅游总消费 5580.36 亿元，其中，国际旅游消费 23.96 亿美元，年均增长 11.8%。分地市看，在接待国际旅客方面（见图 6-11），2005 年，广西接待国际旅客主要集中于桂林，接待人数最多，其他各市接待国际旅客均很少，尤其是桂西北的河池和百色。到 2017 年，广西各市接待国际旅客人数有了显著变化，高值区主要集中于桂林、南宁、贺州以及崇左等，各地区的知名度有了一定程度的提高。相应地，在接待国内旅客数量方面（见图 6-12），2005 年主要集中于南宁、桂林，其他城市相对较少。到 2017 年，广西各地市的旅游业都取得了良好的发展，接待国内旅客人数有了显著变化，高值区依旧在桂林、南宁，但各地市差距正逐步缩小，百色、河池、贺州、玉林、崇左等城市的接待人数上升。综合比较可见，桂林、南宁等市的国内国际知名度较高，崇左、百色以及河池等地的特色风光的吸引力正在提升。

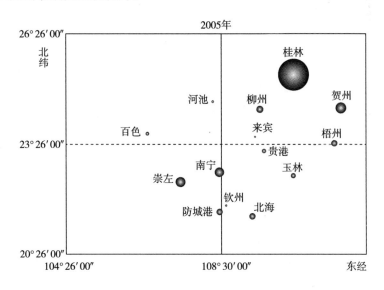

图 6-11　2005 年和 2017 年广西市域接待国际旅客对比示意图

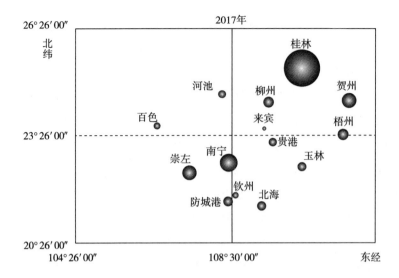

图 6 – 11 2005 年和 2017 年广西市域接待国际旅客对比示意图（续图）

资料来源：根据 2006 年和 2018 年《广西统计年鉴》数据绘制。

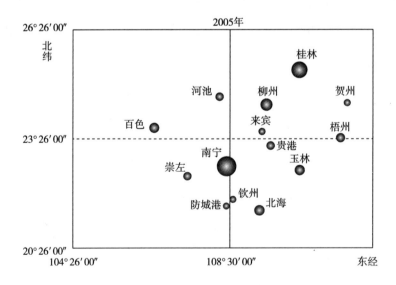

图 6 – 12 2005 年和 2017 年广西市域接待国内旅客对比示意图

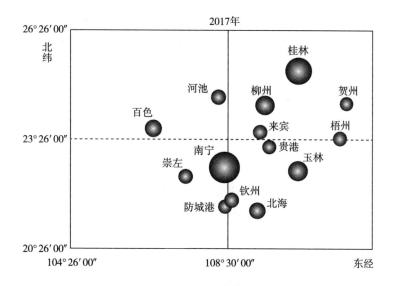

图6－12　2005年和2017年广西市域接待国内旅客对比示意图（续图）

资料来源：根据2006年和2018年《广西统计年鉴》数据绘制。

广西全面推动旅游产业转型升级，发展休闲运动、康养与旅游等相结合的特色旅游业，打造跨境旅游、文化旅游、特色商品出口等服务中心，加快建设国际滨海休闲度假胜地，推动邮轮游艇、个性海岛、海上运动等高端休闲旅游项目发展，满足游客文化体验、养生度假、休闲运动等方面的需求。至2018年，广西有四星级以上酒店108家、五星级酒店12家，香格里拉、洲际等国际高端酒店全面进驻广西，阳朔阿丽拉糖舍度假酒店、南宁希尔顿欢朋酒店等一批精品、国际品牌酒店正式营业，国际品牌进驻比"十二五"时期有了大突破。广西有旅游集散中心46个，A级景区有427家，其中5A级景区总数有5家，4A级景区有178家，3A级景区有230家。此外，建有星级农家乐总数为1142家，建成广西特色旅游名县20个，特色旅游名县创建县21个。

（二）健康与养老产业

随着中国人口老龄化加剧，经济进入新常态与转型升级的影响，以及"健康中国"战略的推动，涵盖养老、养生、医疗、健身等行业的健康与养老产业进入快速发展的新时期，并逐渐成为全社会高度关注的新兴产业。健康与养老产业实际上就是为社会提供产品与服务的各个相关产业部门组成的业态总和，其产品的领域范围涉及医药产品、生物产品、保健品和绿色食品等，直接关系到人的生命与健康。

广西自然风光秀丽，空气质量好，生活环境宜人，负离子含量高，生态长寿资源丰富，拥有众多"长寿之乡"。其中，位于广西西北部巴马瑶族自治县是世界五大长寿之乡中百岁老人分布率最高的地区，被誉为"世界长寿之乡·中国人瑞圣地"。同时，广西地处中国南疆，独特气候孕育了丰富的中草药资源，是我国主要的中药材产区之一，在全国常用中药材中，有70余种来自广西，其中10余种占全国总产量的50%～80%，罗汉果、山豆根、鸡血藤市场占比高达90%以上。[①] 此外，中医、壮医、瑶医等医疗也具有一定的规模，正推动建设壮瑶医药创新平台等。因此，广西健康与养老产业稳步发展。

1. 医疗卫生服务大力推进

一方面，基层医疗卫生服务体系建设全面推进。2018年广西下达项目932个（其中基建项目582个，设备购置项目350个），总投资45.71亿元，其中中央投资12.15亿元，自治区财政投资19.86亿元，主要包括：县级医院、县级妇幼保健院、县级疾病预防控制中心、乡镇卫生院、县级疾病预防控制中心设备购置项目、县级卫生监督所基建和设备购置。另一方面，广西鼓励社会资本投资医疗服务业。加大工作力度，积极引入社会资本，大力推进社会办医。截至2018年，全区非公立医疗机构15441家，占全区医疗机构的47.11%；非公立医疗机构床位数21089张，占全区医疗机构床位总数的8.76%；民营医院259家。此外，建立和完善分级诊疗制度，目前，广西已实现国家级分级诊疗试点城市全覆盖，超过85%的国家标准。

2. 多元化健康行业全面发展

（1）推进全科医生服务。通过骨干培训、岗位培训、转岗培训、全科医师规范化培训、助理全科医生培训等途径，开展基层医疗卫生机构全科医生转岗培训。截至2018年，广西对基层全科医生转岗培训达到1064人，招收全科医学方向的农村订单定向免费医学本科生增至1440名，2016～2018年共741名农村订单定向免费医学本科生顺利毕业。同时，启动农村订单定向医学专科（高职）生培养项目，为全区乡镇卫生院定向招收并免费培养3年制临床医学、针灸推拿专业专科（高职）医学生3000名；实施全科医生特设岗位计划，在全区设立

---

① 参见历年《广西统计年鉴》《广西统计公报》。

艰苦边远地区全科医生特设岗位。首批特岗全科医生岗位计划指标共计 300 个，面向全国招聘，主要安排在 48 个贫困县。

（2）共同发展健康体检等服务机构。积极鼓励社会资本举办第三方独立医疗机构。截至 2018 年，广西已批准设置 10 家独立医学检验机构，另外，广西首家港资医疗机构——南宁农本方中医门诊部已获批开业，使 CEPA① 先行先试项目成功落地广西，正在产生积极效应。同时，广西鼓励发展各类健康体检、母婴照护机构。目前，南宁已有美年大健康体检、医大月子中心等多家体检机构运营。

（3）大力发展远程医疗服务。2018 年，广西共开展远程医疗服务 1890 例次、远程教育培训 28 期。此外，积极推广中医、民族医与养生养老保健产业相结合，支持中医、壮、瑶医疗机构将中医药、壮、瑶、医药服务延伸至社区和家庭，继续深入开展中医名医名家走基层行动，扎实推进基层医疗卫生机构中医馆项目建设，加强中医药、民族医药适宜技术推广。据统计，广西 98.98% 的社区卫生服务中心、98.41% 的乡镇卫生院、100% 的社区卫生服务站、90.26% 的村卫生室能够提供中医药服务，四项指标分别位于全国前列。

3. 康养产业布局逐步完善

广西逐步完善养老产业布局，采取多种措施推动养老产业的发展。在桂林国际旅游胜地、北部湾国际旅游度假区、巴马长寿养生国际旅游区等地建设集养生养老、医疗保健和休闲旅游功能为一体的健康养生养老基地。截至 2017 年，总共命名 5 个养生养老小镇，并组织养老机构参加"健康中国长寿广西——2017 年广西健康产业专题招商行动"，推进养老服务多业态融合发展，南宁、柳州、桂林、崇左、梧州、北海、玉林、河池、贺州等地开始规划建设健康养老养生产业集聚区，逐步形成特色养老产业新业态。

4. 医养结合创新发展

广西设立了南宁、百色和贺州三个国家级医养结合试点市以及鹿寨县等 12 个自治区级医养结合试点县（市、区），各地开展了各有特色的创建活动：探索"医中有养"，推动医疗机构开展养老服务；鼓励有条件的医疗机构通过多种形式，利用闲置资源转型拓展为医养结合机构，在同院内申办建设养老院；推动二级以上综合医院开设老年病科，做好老年慢性病防治和康复护理等工作；各

---

① CEPA 指《内地与香港关于建立更紧密经贸关系的安排》项目。

级医疗卫生机构积极落实老年医疗服务优待政策，90.88%的医疗机构为老年人开设了提供挂号就医等便利服务的绿色通道。

（三）文化创意产业

广西作为少数民族自治区，拥有丰富的文化资源。在民族文化方面，广西是壮、汉、瑶、苗、侗、仫佬、毛南、回、京、水、彝、仡佬12个民族的聚居区；在福寿文化方面，多地被誉为"世界长寿之乡"或"中国长寿之乡"，永福县也有"福寿之乡"的美名；在山水文化方面，桂林自古便有"山水甲天下"之称；在海洋文化方面，广西沿海各族人民拥有独特的海耕文化和南珠文化，其传统民俗"京族哈节""京族独弦艺术"和"钦州坭兴陶烧制技艺"已被列入国家级非遗名录；在饮食文化方面，各类小吃远近闻名。此外，广西还有丰富的节庆文化、红色文化等多方面的文化元素。

用文化产业增加值、文化产业增加值增速、文化产业增加值占GDP比重即总量、增速、结构三个方面指标来评价广西文化产业总体发展情况，同时为了更加清楚和详细地了解、定位广西文化发展产业状况，本书加入与广西相邻省份和全国平均的文化产业发展情况作为对比，具体情如表6-20～表6-23所示。

表6-20　2017年广西文化及相关产业增加值　　　　单位：亿元

项目	总产出	中间消耗	增加值	劳动者报酬	生产税净额	固定资产折旧	营业盈余
总计	734430	252152	482279	307019	27757	28671	118832
艺术业	104859	57276	47584	21739	18000	6823	1022
#艺术表演团体	103043	56606	46436	21244	17929	6517	746
艺术表演场馆	5348	2759	2589	1420	145	307	718
图书馆	53674	14534	39140	32383	70	6683	4
群众文化	57772	7275	50497	44914	23	5553	8
艺术教育	3894	1103	2790	2445	4	342	0
文化市场经营机构	321995	120800	201195	125920	7690		67585
动漫企业	3473	1090	2383	1302	151	228	702
文艺科研	1930	429	1501	1490	0	10	1
文物业	41073	17717	23356	17194	129	5024	1009
其他文化及相关产业	145760	31927	113833	59633	1689	4009	48502

注：#表示其中，不完全列举。

资料来源：根据2018年《广西统计年鉴》资料整理。

表6-21　文化产业增加值　　　　　　　　　　单位：亿元

年份	广西	云南	贵州	广东	湖南
2005	131.47	274.72	46.12	1433.21	227.19
2010	180.21	463.45	101.12	2524.00	780.00
2015	381.59	425.05	242.47	3647.50	1707.18
2017	455.10	517.00	390.86	4256.63	2196.00

资料来源：根据国家统计公布的数据计算。

表6-22　文化产业增加值增速　　　　　　　　单位：%

时间段	广西	云南	贵州	广东	湖南
2005～2010年	6.51	11.03	17	11.98	27.98
2010～2015年	16.19	-1.71	19.11	7.64	16.96
2015～2017年	9.21	1.29	26.96	8.03	13.42

资料来源：根据国家统计数据计算。

表6-23　文化产业增加值占GDP比重　　　　　　单位：%

年份	广西	云南	贵州	广东	湖南	全国平均
2005	3.30	7.93	2.30	6.34	3.44	2.30
2010	1.88	6.42	2.20	5.49	4.88	2.75
2015	2.27	3.13	2.31	5.01	5.91	3.97
2017	2.46	3.15	2.90	4.75	6.48	4.20

资料来源：根据国家统计数据计算。

从表6-21看，广西文化产业增加值自2005年以来逐年上升，从131.47亿元增加到了2017年的455.1亿元，与广西相邻的云南、贵州、广东、湖南也保持逐年增长的趋势。从表6-22看，广西文化产业增加值增速经历了先变高后变低的态势，其中2010～2015年增速达到最高值16.19%，2005～2010年增速达到最低值6.51%。广西文化产业增速相比相邻省份偏低，同时也低于全国平均增速。从表6-23看，广西文化产业占GDP比重先由2005年的3.30%下降到2010年的1.88%，而后增至2015年的2.27%和2017年的2.46%。

第七章　生态经济

　　生态经济是指以社会主义生态文明核心价值观为指导，将生态系统和经济系统有机地耦合，形成有序转换和无限循环的新的复合系统,[①] 利用生态理念和生态技术构建新兴产业和改造传统的三次产业，使能源资源消耗最低排放最少、产业提供的产品绿色化、健康化、安全化，实现经济发展与环境友好、人类进步与自然和谐的物质生产方式和生活消费方式。

　　作为亚热带山丘盆地地区的一类资源型经济，广西的发展很大程度上依赖本地资源的开发和利用，丰富的自然资源成为广西经济发展壮大的物质基础。广西现有的产业体系主要是基于本地资源基础建立起来的。总体而言，广西在有色金属、冶金、建材、制糖、林业、蚕丝绸等资源性产业，以及山水旅游业等产业具有独特优势，但由于传统粗放型发展特征以及基础设施条件差，资源优势难以转变为经济优势，广西的资源开发与生态环境面临一系列问题，万元生产总值用水量与耗电量等指标均高于全国均值；同时，也正因为开发较晚，广西发展生态经济具备一定的后发优势。因而，长期以来，对于广西发展循环经济、低碳经济、绿色经济及生态经济等，国家和地方都给予特别的重视。基于独特的资源优势以及经济地理条件，如何保护并开发广西资源，使生态优势转化为经济效益，成为广西生态经济发展的一个重点。

---

　　① 李欣广，古惠冬，叶莉. 广西生态经济发展的理论与战略思路［M］. 南宁：广西人民出版社，2017.

第一节　发展概况

一、生态经济建设成就

广西山川秀美，风气清淑，从一个标志性的指标——森林覆盖率的变化可大致反映出广西的开发及生态经济发展历程。据史料记载，历史上广西地区几乎都被热带森林覆盖。因开发较晚，广西多数地区到宋代仍然山林翳密，草木繁茂而多"瘴气"——《现代汉语词典》解为"热带或亚热带山林中的湿热空气"。到18世纪广西山区犹称"树海"。而从18世纪到20世纪60年代，广西森林植被变化显著，原始森林特别是阔叶林被破坏甚为严重。[1] 据广西林业勘测设计院的全面实地调查，1960年广西有林面积471万公顷，森林覆盖率为23.2%。经过40余年的正常消耗以及多次运动、乱砍滥伐等破坏，至1990年清查时，全自治区有林面积仍增加到602万公顷，森林覆盖率达25.4%，若加上灌木林地则为28.3%。[2] 而后经过近30年的治理、转型与升级发展，目前森林覆盖率保持在60%以上，具体如图7-1所示。

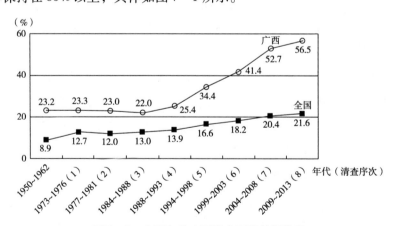

图7-1　主要年份广西及全国森林覆盖率

资料来源：根据历次森林资源清查数据整理绘制。

---

①　梁士楚. 广西森林植被历史演变初探［J］. 西南师范大学学报，1991（2）：230-236.

②　广西壮族自治区地方志编纂委员会. 广西通志·林业志［M］. 南宁：广西人民出版社，2001.

从 1958 年自治区成立到 2018 年，广西以生态立区、生态惠民，着力建设资源节约型、环境友好型社会，使八桂大地青山常在、清水长流、空气常新。特别是近年来把发展生态经济作为转变发展方式和加快生态文明建设的重要抓手，实施生态经济发展与建设工程，努力把生态优势转变为发展优势，正走出一条具有广西特色的产业优、百姓富、生态美、人民群众幸福感高的绿色发展之路。生态环境保护成效显著，环境质量保持全国前列，植被生态质量和植被生态改善程度居全国首位，森林覆盖率、生物多样性丰富度排全国第三，石漠化治理成效显著，城镇污水处理率提高到 93.8%，生活垃圾无害化处理率提高到 98%。① 根据《广西生态经济发展规划（2015—2020 年）》《广西工业和信息化发展"十三五"规划》，广西生态经济发展的主要成效表现为：

1. 生态产业加快发展

按照绿色发展、循环发展、低碳发展理念，围绕打造循环经济示范省区，广西全力推进产业生态化、生态产业化发展。到 2015 年，全区规模以上万元工业增加值能耗累计下降 33.2%，万元工业增加值用水量累计下降 53.4%，实现结构性节能 763 万吨标准煤。制糖、电解铝、火电、新型干法旋窑水泥、林板等资源型行业全面推行循环经济，传统产业循环化改造取得显著成绩，相关企业循环经济主要技术指标达到国内一流、国际先进水平。工业固体废物综合利用率达到 63%，制糖企业循环利用率达到 90% 以上，糖业综合利用产值占食糖产值的比重提高到 40%，稳居全国第一。"城市矿产"和再生资源循环利用初具规模，养殖业和甘蔗、桑蚕、水稻、林竹等种植业初步探索出循环发展模式。电子信息、生物工程及制药、新能源等新兴生态产业比重持续增加。休闲农业、生态旅游、健康养老等生态服务业加快发展。已初步建成制糖、汽车、机械装备、铝、再生资源等循环经济产业园区，一批工业园区实行循环化和生态化改造。培育近百家工业循环经济示范（先进）企业，发布全国第一个工业行业循环经济评价考核地方标准。

2. 生态建设和环境保护逐步加强

扎实推进"美丽广西"活动，积极实施"绿满八桂"及退耕还林、石漠化

---

① 陈武．砥砺奋进谱华章　不忘初心再起航——庆祝广西壮族自治区成立六十周年［N］．经济日报，2018 - 11 - 26（10）．

综合治理等国家重点林业生态工程，森林覆盖率稳步提高，生态环境明显改善，"山清水秀生态美"成为广西的亮丽品牌。一批自然保护区、湿地公园、森林公园和国家生态文明示范区加快建设。全区环境质量状况总体保持良好水平，14个设区市环境空气质量基本保持稳定，95%以上的地表水监测断面达到Ⅲ类水质标准，北部湾近岸海域水质良好，重金属污染综合防治取得初步成效。

3. 资源节约利用和节能减排成效显著

土地和矿产资源集约节约利用取得新进展。单位地区生产总值和固定资产投资用地消耗明显下降，农村土地整理成效显著，能源利用效率提高，水资源节约利用成效显著，"十二五"时期节能降碳及化学需氧量、二氧化硫、氮氧化物减排任务有望完成，能源消费总量控制在合理范围内。①

二、自然环境质量优良

八桂大地山水环绕，自然环境条件优越，目前森林覆盖面积达62.31%，位居全国第三；空气质量平均优良天数比例达到88.5%，主要河流水质达标率为94.8%。陆上动植物资源丰富，区内发现陆栖脊椎野生动物929种（含亚种），约占全国总数的43.3%，其中国家重点保护的珍稀物种149种，约占全国的44.5%，国家一级保护动物24种，占26.8%。

2017年广西生态环境状况级别为良，生态环境状况指数为74.7。全区市域生态环境状况指数为65.7~84.7，其中，7个市为优、7个市为良；全区县域生态环境状况指数为53.7~92.1，其中46个县（市、区）为优、60个县（市、区）为良、3个县（市、区）为一般。桂东北和桂东区域生态环境状况指数较高，中部较低，总体变好。

14个设区市广西空气质量优良天数比例为88.5%；97个区控以上地表水水质监测断面水质优良比例为90.7%，52个国家考核地表水水质监测断面优良比例为96.2%，丧失使用功能（劣于Ⅴ类）水体断面比例为0；58个地级城市集中式饮用水水源地水源达标率为93.1%，40个国家考核水源达标率为90.0%、水量达标率为94.4%；县级城市集中式饮用水水源地水源达标率为85.1%；地

---

① 广西壮族自治区人民政府办公厅关于印发广西生态经济发展规划（2015—2020年）的通知 [EB/OL]. 广西发展生态经济系列文件新闻发布会，http://www.gxzf.gov.cn/xwfbh/fzstjjxlwj/bjzl/ 201509/t20150930_478552.htm, 2015-09-30.

下水质量以优良、良好级为主；近岸海域 44 个区控监测点水质优良率为
86.4%，22 个国家考核点位水质优良比例为 90.9%；城市区域噪声、道路交通
噪声和功能区噪声降低，环境质量良好；辐射环境质量总体良好；活立木总蓄
积量为 7.75 亿立方米。①

三、城市环境整体向好

广西仍处在城市化进程加速阶段，虽然城市化水平与沿海发达省份相比仍
然不高，但是城市绿化水平有目共睹，首府南宁市有"绿城"称号。全区（14
个设区市）城市公园绿地面积由 2008 年的 7195 公顷增加到 2017 年的 14025 公
顷，增幅达 95%，年均增幅接近 10%；建成区绿化覆盖率由 2008 年的 37.11%
提高至 39.12%，如表 7 - 1 所示。

表 7 - 1　广西各设区市人均公园绿地面积和建成区绿化覆盖率

指标	2008 年		2012 年		2017 年	
	城市公园绿地面积（公顷）	建成区绿化覆盖率（%）	城市公园绿地面积（公顷）	建成区绿化覆盖率（%）	城市公园绿地面积（公顷）	建成区绿化覆盖率（%）
全区城市	6397	37.11	9802	40.91	13003	39.12
#南宁市	2030	38.98	3235	42	3969	42.28
柳州市	1656	37.38	2094	32.64	2430	43.84
桂林市	528	25.99	846	38.06	1145	40.23
梧州市	282	31.83	525	43.41	664	41.24
北海市	192	40.36	369	42.5	494	40.70
防城港市	71	32.67	128	37.65	521	36.25
钦州市	175	24.66	215	34.29	470	38.65
贵港市	455	30.02	507	38.03	605	33.68
玉林市	502	22.25	737	41.47	1065	39.82
百色市	159	27.79	225	30.33	320	38.54
贺州市	91	33.59	344	39.03	395	42.28
河池市	82	22.06	151	35.69	375	32.21
来宾市	82	20.25	315	32.96	313	33.48

---

① 2017 年广西壮族自治区环境状况公报［EB/OL］．广西壮族自治区人民政府门户网站，http://
www.gxzf.gov.cn/sytt/20180604 - 697370.shtml，2018 - 06 - 04.

续表

指标	2008 年		2012 年		2017 年	
	城市公园绿地面积（公顷）	建成区绿化覆盖率（%）	城市公园绿地面积（公顷）	建成区绿化覆盖率（%）	城市公园绿地面积（公顷）	建成区绿化覆盖率（%）
崇左市	92	26.59	111	24.93	237	39.62

注：①"全区城市"除所列 14 个地级市，还包括县级市。

②#表示其中，不完全列举。

资料来源：根据历年《广西统计年鉴》数据整理。

区内各设区市的生态城市建设卓有成效，"绿城"南宁荣列首批"国家生态园林城市"。南宁市、桂林市、柳州市、梧州市、北海市、百色市、玉林市、钦州市八个设区市和县级北流市已获"国家园林城市"称号；凌云、鹿寨、乐业、平果县四个县获"国家园林县城"称号。贺州市、融水县、东兰县、金秀县、凌云县入选生态保护与建设示范区；玉林市、富川瑶族自治县入选第一批全国生态文明先行示范区；桂林市、马山县成为第二批国家生态文明先行示范区。

从 2015 年起，广西 14 个设区市全部开展 PM2.5 监测，当年全区监测 PM2.5 平均浓度为 40.2 微克/立方米。根据绿色和平组织（Greenpeace）的数据，广西 2015 年平均 PM2.5 浓度值是最低的海南省的 2 倍，在全国 31 个省级行政区中排名第 24 位（浓度值越低，排名越靠后）。从区内看（见表 7-2），北海、防城港、钦州 3 个港口城市 PM2.5 颗粒浓度最低，分别为 31 微克/立方米、31.2 微克/立方米以及 36.1 微克/立方米。北海和防城港排进了全国 PM2.5 浓度最低的前 10%，达到环境空气质量标准一级水平（GB 3095—2012）。首府南宁的 PM2.5 颗粒浓度为 41.1 微克/立方米，是全区 14 个设区市的中位数。工业中心柳州市的 PM2.5 颗粒浓度为 49.5 微克/立方米，为全区该项指标最高的城市。全区除北海、防城港为一级之外，其他 12 个设区市均为环境空气质量标准二级水平。

表 7-2 广西各城市 PM2.5 年平均浓度

城市	2015 年			2017 年		
	数值（微克/立方米）	区内排名	全国排名	数值（微克/立方米）	区内排名	全国排名
柳州	49.5	1	184	45.3	2	156
桂林	48.7	2	192	42.5	5	186

续表

城市	2015 年			2017 年		
	数值（微克/立方米）	区内排名	全国排名	数值（微克/立方米）	区内排名	全国排名
百色	44.2	3	218	42.8	3	182
来宾	43.3	4	221	48.8	1	124
河池	42.5	5	230	33.9	11	268
贵港	41.6	6	241	41.8	6	192
南宁	41.1	7	245	35.6	10	248
贺州	40.1	8	251	42.6	4	184
玉林	39.5	9	255	39.0	8	220
崇左	38.5	10	264	32.6	12	281
梧州	36.1	12	285	41.7	7	194
钦州	36.1	11	284	36.0	9	244
防城港	31.2	13	311	31.0	13	290
北海	31	14	313	29.7	14	298

资料来源：根据绿色和平网相关信息整理。

2017 年，除了来宾、贵港、贺州、梧州 4 市的 PM2.5 年均浓度指标值增大之外，其余 9 个城市的该指标值均有所下降，全区空气质量整体向好发展；从全国城市总体排名来看，则只有河池、南宁、崇左 3 市的排名比 2015 年有所降低，且仅有这 3 个城市的 PM2.5 浓度指标和全国排名双双降低。上述变化说明广西城市空气环境质量整体良好。

四、环境质量两极分化

《中国省域生态文明建设评价报告（ECI）》从生态活力、环境质量、社会发展、协调程度 4 个方面对全国 31 个省级行政区进行了生态文明建设类型的总体评价。2005～2008 年，广西壮族自治区的生态文明指数分布在 69 分至 74 分，排名在 10 至 15 名，比较稳定地居中游偏上的地位。广西生态建设的基本特征是：环境质量居全国上游水平，生态活力居全国中游水平，社会发展和协调程度居全国中下游水平。在生态文明建设的类型上，属于环境优势型，与广西得天独厚的自然环境状况相符。如表 7－3 所示，从 2011 年开始，广西的协调程度得到提升，但是社会发展水平依然不高，如果不考虑"社会发展"指标，广西的绿色生态文明指数（GECI）在全国的排名非常靠前，保护优美的生态和发展欠发达的经济是广西目前面临的矛盾问题。

表 7 – 3　广西 ECI 二级指标得分及全国排名情况

二级指标	2011 年			2014 年			2015 年		
	得分	排名	等级	得分	排名	等级	得分	排名	等级
生态活力	24.88	10	2	25.71	13	3	22.5	12	2
环境质量	16.87	7	2	24.8	4	1	21.7	4	1
社会发展	13.48	22	3	10.35	26	3	9.45	24	3
协调程度	22.3	17	3	25.71	4	1	19.5	7	2

《中国生态城市建设发展报告（2017）》公布的 2015 年全国 284 个生态城市健康指数（ECHI），评价指标体系包括生态环境、生态经济、生态社会等 14 个方面，显示南宁市、北海市、柳州市、防城港市和桂林市等列在全国前 100 名（见图 7 – 2），且近年来有一定程度的提升，但广西也有四成多的城市在亚健康之列。①总体上，得分高的城市各项指标分布较均匀，得分低的城市各项指标较为分散。

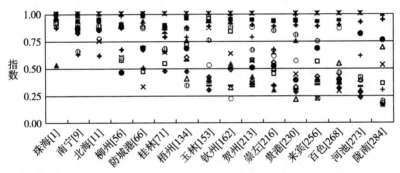

图 7 – 2　2015 年广西设区市生态环境健康指数在全国 284 个城市中的排名及相关指标分布

注：①除广西各市之外，给出了当年得分首位和末位城市。②市域名称后"［］"中的数字为当年总指数排名。

资料来源：根据《中国生态城市建设发展报告（2017）》第 62 ~ 99 页数据整理绘制。

———————

① 赵廷刚，温大伟，谢建民，等．中国生态城市健康指数评价报告［M］//刘举科，孙伟平，胡文臻．中国生态城市建设发展报告（2017）．北京：社会科学文献出版社，2017：45 – 238.

五、问题与成因

《广西生态经济发展规划（2015—2020 年）》认为当前广西生态经济存在的主要问题是：①生态经济发展水平低。高消耗、高排放的传统粗放式发展特征明显，先进制造业、高新技术产业比重偏低，战略性新兴产业发展明显滞后，新型生态产业和新型业态发展缓慢。资源型产业比重高达 70%，规模以上高耗能工业企业能源消费量占规模以上工业企业的 70% 以上，但工业增加值不足 50%，结构调整任务十分艰巨。全区农村居民点用地明显超出控制标准，建设用地产出效益普遍较低，矿产资源综合利用水平不高。②生态基础设施建设滞后。城市地下管网布局不合理，建设标准低，安全隐患突出。污水收集管网建设严重滞后，运营机制尚未建立。生活垃圾处理设施不完善，处理水平不高。城市饮用水水源保护区管理体系不健全，水源安全威胁大，农村饮用水安全保障水平低。自然保护区基础设施建设落后，生态系统逐渐退化。③体制机制不完善。部分领域体制障碍突出，创新动力不足，财税扶持亟待加强，金融支撑力度不够，指标体系、考核评价及激励制度尚未建立，相关制度有待健全。[①]

作为山地占绝大部分面积的地区，广西早期的经济开发较为粗放，因而产生一些比较严重的人地矛盾与生态问题。其中，21 世纪之初，针对广西的可持续发展与生态问题，宋佰谦等（1999）认为广西存在人口增长的压力和区域性贫困的挑战；劳动力供给的刚性过强与劳动力需求不足的矛盾；水与耕地资源相对不足和自然灾害频繁的问题；能源和原材料短缺的问题。[②] 翁乾麟（2001）认为广西水土流失、石漠化、生物多样性减少以及自然灾害等问题突出。[③] 叶汝坤（2006）认为产业转移导致了污染转嫁、广西矿山生态环境恶化、海岸带脆弱等问题。[④] 莫小莎（2008）认为由于广西人口增长过快与为了解决贫困问题，人们只能对大自然实施无限度的掠夺，对资源无序开发，导致植被破坏，水土

① 广西壮族自治区人民政府办公厅关于印发广西生态经济发展规划（2015—2020 年）的通知 [EB/OL]．广西发展生态经济系列文件新闻发布会，http://www.gxzf.gov.cn/xwfbh/fzstjjxlwj/bjzl/201509/t20150930_ 478552. htm，2015 - 09 - 30.

② 宋佰谦，杨真祝，等．广西经济与社会可持续发展研究 [M]．南宁：广西人民出版社，1999.

③ 翁乾麟．论广西的生态问题 [J]．学术论坛，2001（2）：80 - 83.

④ 叶汝坤．论生态广西建设亟待解决的环境问题 [J]．广西社会科学，2006（12）：22 - 24.

流失严重,进而产生大面积的石漠化。①

对于目前广西生态经济建设面临的问题,在全区层面,贾清显等(2017)采用生态经济学的能值分析法,发现广西生态经济系统的发展仍然以消耗不可再生的化石燃料和矿物质为基础。② 张园(2014)发现,广西低能耗、低污染产业总产值占工业总产值的比重低于沪、苏、粤地区,且低于全国的平均水平,产业结构演变仍建立在高消耗、高污染的基础之上,对生态环境破坏较严重,尚未实现生态化演变。③ 除产业结构不合理之外,陈婷等(2016)认为生态产业发展缓慢、科技支撑不足、经济发展与生态保护矛盾突出、保证生态发展的体制机制有待完善等,也是目前广西生态经济发展所面临的几大问题。④

在区域层面,秦艳(2015)以能源足迹作为环境要素对广西北部湾经济区、西江经济带、桂西资源富集区进行相关分析,发现除北部湾经济区从2003年开始出现生态赤字外,另两者均处于生态盈余状态,而北部湾沿海一带能源消费过重⑤。李银昌等(2018)发现,广西14个设区市的生态经济效率在空间格局分布上有明显的不均衡特征,并呈分化趋势⑥。

第二节 广西在全国生态经济发展中的水平综合评估

一、基于经济效益与生态环境的评估

显而易见,广西的生态环境资源状况与全国其他地区相比具有先天优势,

---

① 莫小莎. 绿色转型:广西民族地区经济发展模式转型方向和路径 [M]. 成都:电子科技大学出版社,2008.

② 贾清显,朱芳阳. 多重机遇叠加下广西生态经济系统可持续发展情景模拟研究 [J]. 生态经济,2017(12):83–86.

③ 张园. 生态经济背景下广西产业结构演变趋势研究 [D]. 桂林:桂林电子科技大学硕士学位论文,2014.

④ 陈婷,林华,李世泽,等. 广西生态经济发展现状、问题及对策 [J]. 环境科学导刊,2016(S1):1–5.

⑤ 秦艳. 广西区域产业发展、经济增长与生态环境关系研究——基于能源足迹的分析 [J]. 广西社会科学,2015(2):15–20.

⑥ 李银昌,蒙莉丝,黄哲. 广西生态经济效率测度及时空分异研究 [J]. 桂海论丛,2018(2):32–37.

但经济发展水平在全国又处于相对落后位置。纵观中国经济改革发展历程，似乎经济效益与生态环境两者总是一对矛盾，牺牲环境换取经济发展不可持续，而发展总是硬道理。本节通过一个包括经济系统与生态系统的综合指标体系，运用耦合协调度分析的方法，描述广西生态环境与经济效益协调发展的情况以及与全国其他地区相比所处的位置。

参考李欣广等（2017）构建的经济与生态环境评价指标体系，[①] 这里选取表 7-4所示的 8 个反映经济效益的指标 x_{ij}，9 个表征生态环境状况的指标 y_{ij}（$i=1$，2，$\cdots$，n 为指标个数；$j=1$，2，$\cdots$，m 为评价省份个数），以测量广西生态环境与经济效益协调发展程度及在全国的位置。

表 7-4　经济效益与生态环境状况评价指标体系

指标类型	评价指标	单位	权重
经济指标	人均 GDP	元	0.050
	第一产业占 GDP 比重	%	0.082
	第二产业占 GDP 比重	%	0.039
	第三产业占 GDP 比重	%	0.033
	财政收入占 GDP 比重	%	0.051
	全社会劳动生产率	元/人	0.048
	进出口总额占 GDP 比重	%	0.032
	全社会固定资产投资总额占 GDP 比重	%	0.093
生态环境指标	城市绿地面积	公顷	0.031
	人均公园绿地面积	平方米	0.034
	建成区绿化覆盖率	%	0.070
	森林覆盖率	%	0.066
	自然保护区面积	万公顷	0.024
	道路清扫保洁面积	公顷	0.037
	人均工业废水排放量	吨	0.080
	千人二氧化硫排放量	吨	0.105
	人均工业固体废物产生量	吨	0.126

注：全社会劳动生产率 = 地区生产总值/全社会从业人员数量。

---

① 李欣广，古惠冬，叶莉. 广西生态经济发展的理论与战略思路 [M]. 南宁：广西人民出版社，2017.

测评结果如表7-5所示：广西的经济系统得分为0.5左右，经济建设水平在全国依然较落后（经济系统得分最高的上海市为0.7671）；而环境系统评分接近1，排在全国第7，自然环境优势充分体现；协调耦合度在0.78左右，整个系统处于中度协调发展、经济滞后的情况。在样本数据中，经济、环境、综合评价都排在前几位的是北京、上海、广东几个最发达的省市，并且只有北京和上海两个超大城市进入了良好协调发展型，说明经济建设取得成果将有更大的能力投入生态环境的保护。在西部12省份中，虽然广西的经济系统评价指标仅排在第8，但是环境系统指标排在西部第1，综合评价指标仅落后于重庆和四川，说明广西生态优势得到了保持，经济建设有待更进一步发展。

表7-5 广西经济环境综合评价得分排名及协调耦合度

年份	经济系统	经济位次	环境系统	环境位次	综合评价	综合位次	D
2011	0.491363	28	0.977938	8	1.469301	20	0.778507
2012	0.496354	28	0.956417	12	1.452771	22	0.776308
2013	0.487631	28	0.994835	8	1.482467	18	0.780245
2014	0.504667	28	0.957047	8	1.461714	18	0.7775
2015	0.507107	28	0.962866	7	1.469974	18	0.778596
2016	0.513977	25	0.970233	6	1.484213	18	0.780475
2017	0.518844	27	0.960133	7	1.478977	18	0.779786

二、基于绿色生产率的评估

参照 Tone（2003）提出的基于松弛测度的 SBM（Slacks - Based Model）环境效率评价模型以及李平（2017）的处理办法[1]并进行改进，本书构建如表7-6所示的投入产出指标来评估广西绿色生产率在全国的位置。

其中，劳动力投入、资金投入、GDP、COD 指标来源于《中国统计年鉴》，能源投入指标来源于《中国能源统计年鉴》，CO_2 指标来源于 Yuli Shan（2018）基于 IPCC 框架的计算成果。[2]

---

[1] 李平. 环境技术效率、绿色生产率与可持续发展：长三角与珠三角城市群的比较 [J]. 数量经济技术经济研究, 2017 (11)：3-23.

[2] Shan Y. L., Guan D. B., Zheng H. R., et al. China CO2 emission accounts 1997-2015 [J]. Scientific Data, 2018, 5 (1)：201.

表 7-6　基于松弛测度的 SBM 模型投入产出指标

指标名称	指标解释	单位	指标性质
劳动力投入	各地区就业人员数	万人	投入
资金投入	各地区固定资本形成总额	亿元	投入
能源投入	各地区能源消费总量	万吨标准煤	投入
GDP	各地区地区生产总值	亿元	合意产出
COD	各地区废水中化学需氧量	万吨	非合意产出
CO_2	各地区二氧化碳排放量	百万吨	非合意产出

计算的结果如图 7-3 所示。2003~2015 年，考虑了 COD 以及 CO_2 指标之后，广西的技术效率得分呈现波动中缓慢上升的状态，同时一个明显的特点是，广西的技术效率得分一直低于全国的平均水平。

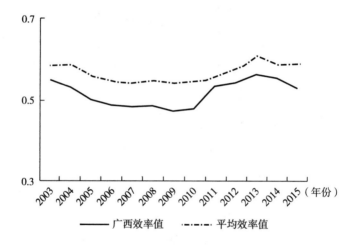

图 7-3　SBM 模型计算结果

从排名上看，2003~2015 年广西的 SBM 技术效率得分一直排在靠后的位置，2003 年得分排名最高达到第 12 位，之后波动下降至第 18 位，具体如图 7-4所示。

DEA 评价方法中以松弛（Slack）来表征无效 DMU 效率改进的方向，即该 DMU 到有效前沿面的投影。广西在评价年份中均属于技术无效率 DMU，且排名相对靠后，反映在投入和产出要素上存在很大的改进空间（相对于技术有效率

DMU），对于指标来说，负的松弛即表示需要减少相应的投入和产出。

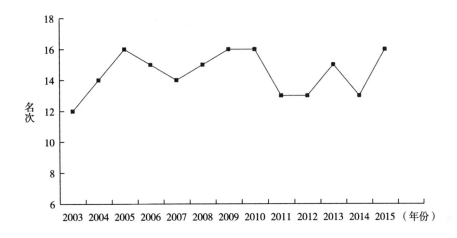

图 7 - 4 广西 SBM 技术效率得分排名

注：2003 ~ 2009 年及 2012 年，参照前沿省份（DMU）为广东，2010 ~ 2011 年 DMU 为上海，2013 年及以后 DMU 为天津。

在投入指标方面如图 7 - 5 所示，变化比较明显的是劳动力投入和资本形成总额的松弛量。具体来看，劳动力投入在 2013 年之后松弛量为 0，即开始达到有效率状态。实际上，2013 ~ 2015 年的就业人数也是十分稳定的（2013 年402.99 万人、2014 年 401.46 万人、2015 年 405.41 万人）。另一指标资本形成总额的松弛量则从 - 7% 增至 - 66%，说明相对于技术有效率的参考 DMU 广东，广西的资本投入存在改进空间，相当的资本投入没有转化成有效的产出。能源消费量的松弛量呈现缓慢减少的趋势，得益于广西良好的生态条件，如水电占比高（占 75% 以上），能源供应结构较好等。

从产出指标来看图 7 - 6，废水中的化学需氧量指标（COD）的松弛量总体稳定在 80% 的水平线上下，说明需要大幅度减少此类污染物的排放才能达到参考 DMU 的效率水平。而二氧化碳排放量的松弛量除了在 2015 年出现了显著的增长之外，总体上稳定在 30% ~ 40%，说明随着经济的增长二氧化碳量的排放虽然比较稳定，但是相比于有效率的 DMU，改进空间仍然不小。

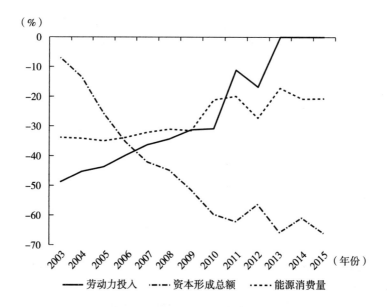

图 7 - 5　广西各投入指标的松弛量变化

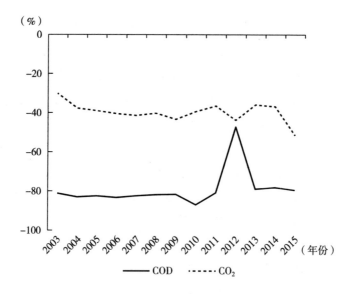

图 7 - 6　广西各产出指标的松弛变化

　　从模型的结果来看，发达地区（有效率 DMU）在经济发展的同时，环境水平也能够得到比较好的保护，实现了经济效率与环境效率的统一，说明这些地区有更多的资金和技术投入到生态效益的实现上，广西作为后发地区，在追求经济发展的同时，更需要保护原本良好的生态环境。

第三节　生态环境资源开发利用

一、生态农业开发与产业化

优越的气候与土壤条件以及低廉的劳动力成本，使得广西成为承接东部农业产业转移的一大目的地。广西分别在20世纪八九十年代和21世纪初承接了粤闽的甘蔗产业转移以及苏浙一带的桑蚕产业转移，这些产业迅速发展成为区内支柱产业，并且确立了在全国的龙头地位。

（一）蔗糖业

甘蔗在全世界100多个国家有种植，巴西、印度、中国占据世界甘蔗产量的前三位，而在中国，蔗糖产量第一的省区是广西，这与广西的气候特点有直接关系。甘蔗为喜温、喜光作物，年积温需5500℃～8500℃，无霜期330天以上。广西全区大部分面积处在北回归线以南，地处南亚热带季风气候，热量及降雨量丰富，且甘蔗生长与雨热同季，因此广西的甘蔗种植有着得天独厚的地理及气候优势。在广西，甘蔗的收割与种植基本同时完成。蔗糖在全国食用糖来源的比例中占3/4，2005年之后，广西的甘蔗产量与糖产量在全国单一省区中均占有绝大比例（见图7-7和图7-8）。崇左市是整个广西乃至全国蔗糖生产的第一大市，全市250万人口中，有130多万人从事与蔗糖相关的工作，全市甘蔗种植多年来保持在400万亩以上的面积，已经连续15个榨季（甘蔗榨季从每年11月至次年4月）的蔗糖产量位居全国首位。

广西在改革开放之前并不是全国最大的产糖省区，其糖业的发展过程与中国区域经济发展格局的变迁相一致。20世纪五六十年代之前，台湾长期是全国最大的产糖地区，七八十年代台湾成为"亚洲四小龙"之一后，蔗糖产业随之越过台湾海峡向同样具有地理气候优势的福建和广东转移。改革开放初期，广东成为我国第一的产糖大省。随着沿海地区工业化进程的推进，蔗糖这个需要大面积土地及人工的产业则向地价更低、更适宜发展种植业的广西转移。同时国家也适时调整蔗糖产业的区域布局，把重点放在云桂等地。中国的糖业中心经过两次西移之后，在广西不断得到巩固。如今，作为我国最大的糖业生产基地，广西糖料蔗和食糖产量一直稳居全国首位，并成为广西支柱和特色产业，也为我国食糖安全做出了巨大的贡献。

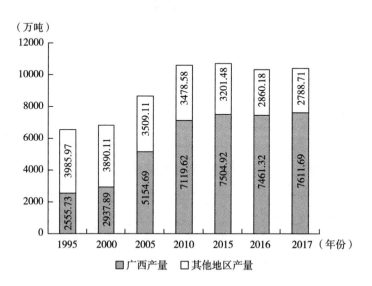

图7-7 广西及全国其他地区甘蔗产量

资料来源：根据中经网统计数据整理。

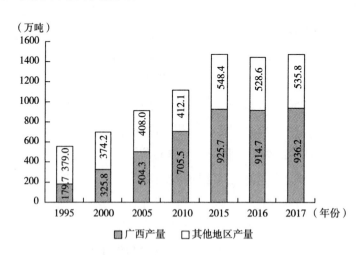

图7-8 广西及全国其他地区成品糖产量

资料来源：根据中经网统计数据整理。

广西区内最核心的甘蔗产区是桂西南与桂中南的崇左、来宾、南宁、柳州等地，位于左江、右江下游以及邕江、柳江等流域。其中，左江流域是广西甘蔗种植最集中的区域，在崇左的江州区、扶绥县、龙州县、大新县、宁明县等区县，甘蔗都是其县域经济发展的重要支撑。而桂北、桂西北、桂东北等大石山区，地表水源不足，土壤层浅薄，不具备大规模种植甘蔗的条件。①

作为优势产业之一，广西蔗糖产业在规模做大的同时，更注重生态效益的实现，把制糖业循环经济发展成行业领先水平。"十二五"时期，大部分制糖企业集团都配有综合利用分厂或车间，综合利用产品 30 余种。期间，广西糖蜜酒精和活性干酵母、糠醛、固体蛋白饲料、有机生物肥等生产能力大大提高，蔗渣、糖蜜、滤泥等利用率均达 100%，蔗渣制浆造纸产量居世界第一，蔗渣发电量居全国生物质发电第一，形成了若干条糖业循环经济产业链，打造出一批国家级和自治区级循环经济示范企业。

但长期以来，广西蔗糖业发展处于"规模大而弱"的局面。在发展进程中，蔗糖业存在的问题主要包括：①产业链短，模式单一。广西蔗糖产业链中，资源要素占据重要的位置，上游节点多为甘蔗生产基地和甘蔗种植农户，核心部分为蔗糖企业，下游企业则多数是蔗糖企业产品的深加工及衍生品的加工，如造纸厂等，模式单一。在整个产业链中，蔗糖生产对上游节点资源的依赖性较强，且广西甘蔗耕种机械化程度低，产量的变化会直接影响到蔗糖的生产。广西蔗糖生产规模和技术水平，与国外新进技术企业相比，差距较大，缺乏高附加价值的下游产品，产业链短。②核心企业大，但竞争能力和引导能力弱。截至 2015 年，广西制糖企业达到 28 家，糖厂 97 家，其中，国有控股企业 6 家，外商投资控股企业 3 家，民营投资及控股企业 19 家，规模较为庞大。大部分蔗糖企业实行种植、加工和销售有机结合的方式，尚未实现一体化的经营模式，上游种植农户和核心蔗糖企业的联系松散，引导力弱。此外，广西蔗糖业产业结构调整还处于初步阶段，食糖新产品和下游蔗糖新产品及衍生品的开发虽初具成效，但技术还未成熟，竞争力较弱。

（二）桑蚕业

除了蔗糖业，广西另一个受益于产业转移战略的是桑蚕业。与甘蔗种植业

---

① 许伟明."蔗"里看广西——中国第一产糖省背后的故事［J］.中国国家地理，2018（1）：86 – 101.

类似，受东中西部地区经济发展差距、蚕桑产业所具有的劳动密集型和土地密集型特征的影响，自 20 世纪 80 年代后期以来，江苏、浙江、山东和广东等东部蚕区蚕桑生产逐渐缩减的同时，由山西、河南、湖北、江西、安徽和湖南等省的中部蚕区，及由广西、四川、重庆、云南、陕西、甘肃、新疆、贵州等省份构成的西部蚕区蚕桑生产快速发展。2001 年"东桑西移"的国家战略应运而生，广西蚕桑产业自此进入发展快车道，蚕茧产量每年都向前跃进一位，成为我国蚕桑产业的大省份（见图 7 - 9）。自 2005 年成为全国最大蚕桑生产省份后，广西一直保持全国第一的蚕桑生产地位。[①] 据统计，2017 年全区桑园面积311.79 万亩，占全国的 25%，连续 12 年位居全国首位；蚕茧产量 39.59 万吨，占全国的 50%，10 年间增长约 2.2 倍，连续 13 年位居全国首位，远远超过了世界第二大蚕茧生产大国印度。

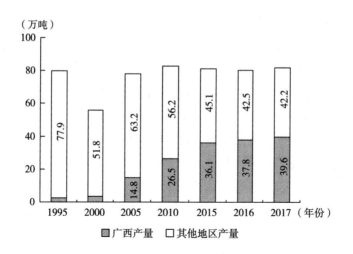

图 7 - 9　广西及全国其他地区桑蚕产量

资料来源：根据中经网统计数据整理。

如表 7 - 7 所示，广西蚕桑生产已形成了桂西北、桂中、桂南三大优势产业带，主要分布在河池、南宁、来宾、柳州、百色、贵港 6 个市的桑园面积、蚕茧产量总计占全区的 90% 以上。宜州、忻城、环江、横县、宾阳、柳城、象州、

---

① 高飞，李国龙. 八桂特色桑蚕"种养"记［N］. 农民日报，2017 - 09 - 25（1）.

鹿寨、上林9个县（区）荣获"全国蚕茧产量10强县"称号。河池市为全国最大的蚕桑生产市，宜州区为全国最大的蚕桑生产基地县（区），连续13年保持全国第一蚕桑生产基地县（区），被授予"中国蚕桑之乡"称号，横县云表镇为全国最大的蚕桑生产镇（乡）。

表 7 - 7   2015 年设区市桑蚕养殖与茧丝绸企业分布

地域	蚕种场（个）	鲜茧收购站（家）	茧丝绸加工企业（家）
南宁市	3	11	9
柳州市	4	75	12
桂林市	1	—	1
梧州市	1	—	5
北海市	1	—	2
防城港市	—	—	—
钦州市	—	—	3
贵港市	1	2	—
玉林市	—	1	—
百色市	2	6	4
贺州市	—	1	2
河池市	13	114	28
来宾市	5	40	13
崇左市	—	—	1
广西合计	31	250	80

资料来源：根据广西第一次全国地理国情普查资料整理。

（三）果蔬种植业

根据广西水果总站提供的气候数据，广西在北回归线以南的11.4万平方千米的土地上，年平均气温20℃～22℃，有效积温7000℃～8000℃，降雨量1100～2800毫米，并且台风出现的季节相对较晚，对夏熟水果影响较小，这种气候条件为水果生产提供了得天独厚的条件，使得全国70%的水果都能在广西找到生存的土壤。除了气候因素，广西多山、多丘陵的地形将整个大气候分割成很多独立的小生态，也为水果的生长提供了天然的"港湾"。[①] 此外，农业技

①　王伟. 广西：北回归线上最丰盛的果篮 [J]. 中国国家地理，2018（1）：102－113.

术的进步、交通基础设施的完善，成为广西的水果种植业发展的强劲推动力。

广西主要的热带及亚热带水果有荔枝、龙眼、木瓜、香蕉、菠萝、芒果、沙田柚、柑橘、脐橙、波罗蜜等（见表7-8）。此外，崇左的凭祥市是中国最大陆路水果进出口口岸，素有"中国—东盟水果之都"之称，平均每2千克进入中国的水果便有0.5千克来自这里。

表7-8 历年广西主要水果产量（含园林和瓜果类） 单位：万吨

指标	1995年	2000年	2005年	2010年	2015年	2017年
园林水果	266.60	360.14	571.58	841.77	1369.76	1701.30
蕉类	96.35	127.32	136.44	207.95	307.23	350.16
沙田柚	8.77	18.36	29.38	41.33	60.18	64.98
柑橘	72.58	87.99	155.08	268.29	459.07	620.41
菠萝	12.22	8.00	6.54	2.76	3.43	3.55
龙眼	11.86	15.67	38.17	40.55	57.36	59.30
荔枝	14.85	14.55	33.48	46.58	63.77	68.13
芒果	4.38	10.96	18.59	15.62	48.98	68.41

资料来源：根据历年《广西统计年鉴》数据整理。

素有"天然绿色大棚"美誉的广西，充分利用温、光、水等自然条件，不断加大农业结构调整力度，形成了一批独具特色的秋冬菜生产基地，如田阳县的圣女果、合浦县的豇豆、宾阳县的胡萝卜等，示范带动广西秋冬菜生产向区域化方向发展。[①] 2018年，全自治区秋冬菜播种面积10万亩以上的县区有58个，20万亩以上的县区有22个，30万亩以上的县区有7个。根据2012年国家有关部门联合印发的《全国蔬菜产业发展规划（2011—2020年）》，广西26个县（区）被列为蔬菜产业重点县。2013年12月11日，由百色市政府主导，百色开发投资集团组织实施，通过铁路向北京输送百色绿色果蔬的专列——"百色一号"开通，打通了南北绿色果蔬铁路运输大通道。2015年广西公布的《广西壮族自治区"南菜北运"专项规划（2015—2025年）》，提出经过10年努力，在实现农产品向"精、优、特"方向发展的同时，构建包括产地集配中心、冷库、"南菜北运"信息化系统、"南菜北运"主销区配送网络等在内的广西"南菜北运"流通体系。经过多年发展，广西冬春蔬菜种植面积和产量均居全国第

---

① 朱千华. 广西：中国最大的"冬菜篮子"［J］. 中国国家地理，2018（2）：142-153.

一，已成为我国最大的"南菜北运"生产基地，如图7-10所示。

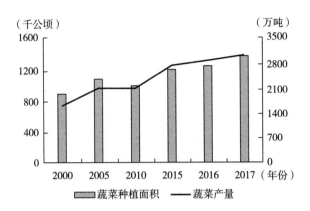

图7-10　广西蔬菜种植面积及产量

资料来源：根据历年《广西统计年鉴》数据整理。

二、生态林业开发与产业化

（一）发展历程

广西以山地为主，号称"八山一水一分田"，发展林业经济的区位和自然禀赋优越，长期有经营森林和发展林下经济的传统。近年来集体林权制度主体改革完成后，林农经营林地和发展林下经济的积极性得到了空前的释放，发展林业经济已成为广西农村群众增收的一大增长点。

广西林业坚持以营林为基础，实行"造、封、退、补、抚"五字方针，实施大规模高标准的人工造林、飞播造林及封山育林，林业生产从粗放经营逐步走向规模化、集约化经营。自治区成立以来，广西森林资源总量持续快速增长，森林资源结构调整优化，森林质量有所提高，森林生态服务功能得到加强，林业产业、林场产业实力强劲。全区有现代林业产业龙头140家，广西国有林场数只占全国的3.7%，经营面积占全国的2.5%，商品林面积占全国的7.7%，但资产却占全国的20.5%，经营收入占全国的24.5%，生产的木材量占全国的49.8%。

2011年以来，广西全力推进全区林业产业跨越式发展，全区林业产业呈现出规模不断扩大、结构不断优化、排位不断攀升的良好态势。一大批重点项目和龙头企业在全国的影响力不断提升，全区规模以上林产加工企业350家，其中年产值亿元以上的有60家，为实现从林业资源大区向林业产业强区转变打下了坚实基础。

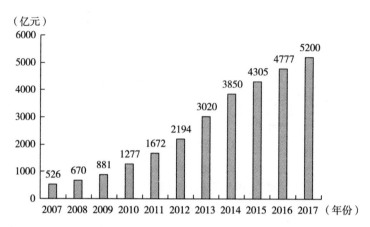

图7-11 广西林业总产值增长情况

资料来源：根据2018年《广西统计年鉴》数据整理。

全区林业总产值近10年平均年增长率为26%（见图7-11），高出全国平均增速15个百分点。同时，林业三次产业结构比例由2000年的70∶29∶1优化到2015年的35∶54∶11（见图7-12）。林业整体的产业重点由种植、育种、木材采运为主，向以木材加工制造、造纸为主的第二产业转变，同时森林旅游、林业服务、林业生态等绿色生态产业的产值也迅速增加（见表7-9）。

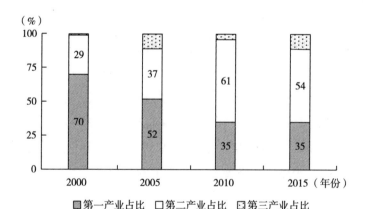

图7-12 广西林业三次产业结构比例

资料来源：根据《中国林业统计年鉴》数据整理。

表7-9 主要年份广西森林旅游指标

年份	2000	2005	2010	2015	2017
森林旅游收入（亿元）	0.5	1.9	6.1	21.4	24.5
占全国比重（%）	3.7	2.2	2.1	3.0	2.8
森林旅游接待总人数（万人次）	113	253	486	896	1014
占全国比重（%）	1.6	1.4	1.2	1.1	1.1
旅游接待总人数（万人次）	1	8	10	26	23
占全国比重（%）	1.0	1.5	0.9	1.8	1.7
林业旅游与休闲产业直接带动其他产业产值（亿元）	—	—	21.8	26.1	37.1
占全国比重（%）	—	—	0.7	2.6	3.4

资料来源：根据历年《中国林业年鉴》数据整理。

经过近年来的快速发展，广西林业资源进一步壮大。2017年，全区森林面积2.22亿亩，森林覆盖率达62.31%，活立木蓄积量达7.75亿立方米，均排在全国前列；木材产量达3059.2万立方米，约占全国木材产量的36%；人工林面积居全国第一，植被生态质量和植被生态改善程度均居全国第一，石漠化土地面积减少率位居全国第一，有效地保障和维护了广西生态安全。

广西的主要林产品中，松香、八角、肉桂、茴油、桂油、木衣架、异型胶合板等特色林产品产量多年稳居全国第一位（见表7-10）。广西素有"世界松香看中国，中国松香看广西"之美誉，松香及深加工产品产量占世界贸易量的50%左右；茴油、桂油产量分别占世界贸易量的80%和30%以上。

表7-10 主要年份广西主要林产品产量　　　单位：吨

年份	1995	2000	2005	2010	2015	2017
油茶籽	86098	118620	117363	143749	192762	225785
油桐籽	50854	63002	60372	72536	83546	85374
松脂	247202	216015	301943	495750	651234	695549
八角	18382	30966	76462	99626	135105	143919
桂皮	16716	16605	20305	28655	36707	40556
板栗	11162	22008	45951	73059	100744	109563
核桃	478	262	339	929	1455	2426
白果	2217	3629	5409	7878	9001	8760

年份	1995	2000	2005	2010	2015	2017
茴油	1186	1601	2236	2973	4152	4553
桂油	642	779	701	1036	1330	1396
竹笋干	7453	16208	18770	24477	34046	35344
橡胶	2672	1403	678	378	117	121

资料来源：根据历年《广西统计年鉴》整理。

（二）速生丰产林产业

桉树是我国三大速生树种之一，原产于澳洲。据史料记载，桉树于 1894～1896 年被引种于华南，而后在 20 世纪初引入广西。中华人民共和国成立前，区内的桉树种植并没有形成规模。1949 年中华人民共和国成立后，大规模种植首先从政府主导的国有林场开始，东门林场、渠黎林场、跃进林场、石塘林场和黎塘林场等 10 个桉树林场组成了桂南林业局，在扩大桉树种植面积的同时，一并开展引种、改良以及栽培技术的研究。1974 年，包括广西、广东、四川、云南、福建、浙江、江西在内的南方 7 省区桉树协作会成立，进一步促进了广西及南方桉树的生产发展。

自 20 世纪 80 年代开始，国家级项目"中澳（澳大利亚）技术合作广西东门林场桉树示范项目"开始实施，广西桉树种植向科学化、技术化方向发展，建立的桉树无性系基因库成为我国乃至亚洲最大的桉树种质资源库，为桉树人工林的增产奠定了基础。此后，区内将无性繁殖、速生丰产的桉树进行大面积推广，取得明显成效。1980～2000 年，桉树人工林种植面积由 4.8 万公顷增长到 14.9 万公顷，生长量也由 8 立方米/公顷增加到 18～22.5 立方米/公顷。

进入 21 世纪，桉树在广西的发展进入加速期。当时受国际市场的制约，我国迫切需要推进林浆纸一体化项目，摆脱林浆纸缺乏的困境，南方速生丰产林工程因此被写进广西"十五"规划。广西桉树人工林的种植面积以年均 13 万公顷的速度飞快发展，种植区域也得到扩大，从仅限于北归线以南种植北移至桂中、桂北，丘陵和山地均可种植。受桉树人工林的带动，广西林业总产值由 2000 年的 38.76 亿元增加到 2005 年的 61.68 亿元，2010 年更是猛增至 173.47 亿元，2014 年即突破 300 亿元。在桉树种植面积飞速扩大的情况下，国家对于广西森林采伐的限额也一再增加，由"十一五"规划的限额 2500 万立方米猛增到"十二五"规划的 3681 万立方米,冠绝全国。至此,全国林业中心完成了从东北向南方的快速迁移。[①] 与此同时,社会上对速生桉的批评也不绝于耳。

三、矿产和生物资源开发与产业化

得天独厚的资源形成了广西的特色产业,农业方面的代表主要是前文提及的蔗糖、林浆纸等产业,工业方面的代表如铝业、锡业、稀土等,以及具有广西特色的生物医药与海洋生物等产业。

(一)矿产资源生态化开发

广西矿产资源种类多、储量大,特别是铝、锡等有色金属,是全国 10 个重点有色金属产区之一。全区发现矿种 145 种(含亚矿种),占全国探明资源储量矿种的 45.8%,探明储量的矿藏有 97 种,其中 64 种储量居全国前 10 位,有 12 种居全国首位。在 45 种国民经济发展支柱性矿藏中,广西探明资源储量的有 35 种。作为全国有色金属主产区之一,2017 年广西十种有色金属(铜、铝、铅、锌、钨、锡、镍、汞、镁、钛)产量共计 230 万吨(见图 7-13),排名全国第 9。矿产地域分布上,铝主要集中在百色市;锡、锑、钨、铅、锌、铟等有色金属集中在河池市;铜、镍等分布在北海、钦州、防城港、玉林、梧州、崇左等市;稀土集中在贵港市等。[②] 贵港市平南县探明稀土矿资源量 2 亿吨,可供年产 200 万吨矿石的矿山企业开采 100 年以上。

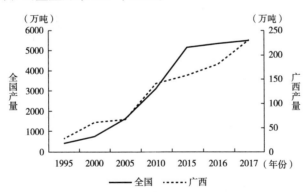

图 7-13　广西及全国十种有色金属产量

资料来源:根据历年《中国统计年鉴》数据整理。

---

① 朱千华. 桉树在广西 [J]. 中国国家地理, 2016 (6):90-103.
② 广西壮族自治区地方志编纂委员会. 广西年鉴 2017 [M]. 南宁:广西年鉴社, 2017.

广西最负盛名的有色金属工业当属铝业（见图 7 - 14）。百色市的平果县从一个默默无闻的山区小县城发展成"亚洲铝都"，是广西资源型经济的典型代表。探明储量 2.9 亿吨的平果铝是全国八大氧化铝生产基地之一，铝矿资源分布面积达 1750 平方千米，占平果县全县总面积的 70.42%，每年生产的氧化铝占全国产量的 15% 左右。1986 年邓小平同志视察广西，做出"平果铝要搞"的重要批示，之后在这一"银饭碗"的辐射带动下，平果县由一个国家级贫困县跃升为广西财政收入"首富县"，多年入围"全国百强县"。在以生态经济规划为指导的新时期，广西对以平果铝为代表的桂西南及桂南等铝工业基地进行生态化改造，大力推广使用先进采选技术、工艺和设备，进一步提高采矿回采率、选矿回收率、赤泥综合利用率、废液综合回收率、矿山复垦率，构建"铝土矿—氧化铝—煤电铝结合—铝水—铝深加工—废铝回收利用""铝土矿采矿—洗矿—生态复垦""氧化铝—赤泥—元素回收—建筑材料"等循环经济产业链。

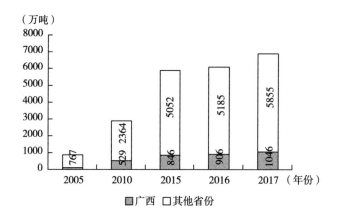

图 7 - 14 广西及全国其他省份氧化铝产量

资料来源：根据历年《中国统计年鉴》数据整理。

（二）生物医药资源产业化开发

广西拥有丰富的热带、亚热带生物资源和中草药资源，被誉为中国的"天然药库"和"中药材之乡"，现知中药材基源品种 4064 种，排名全国第二，每10 吨中成药就有 1 吨产自广西，如图 7 - 15 所示。区内已经形成一批生物医药产业集群，仅南宁市国家高新技术产业区内就有培力药业、桂西制药、博科制药、康华药业、中诺生物等生物医药企业群。生物医药产业，已有南宁—东盟经济开发区生物制造核心区、南宁生物国家高新技术产业基地宝塔医药产业园等。除南宁市外，广西知名医药企业还有玉林制药、梧州制药、桂林三金药业等一批知名医药企业。根据2018年的《广西生物医药产业跨越发展实施方案》，广西重点打造配套设施完善、特色功能突出的南宁、桂林、梧州、玉林四大生物医药产业园区，建立和完善公共科研、生产、质量检测、销售及品种报批等服务平台，推进产业集聚发展。

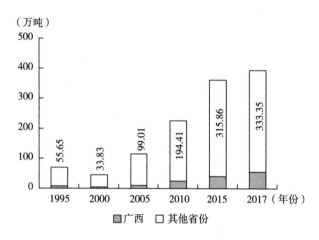

图7-15　广西及全国其他省份中成药产量

资料来源：根据历年《中国统计年鉴》数据整理。

作为广西中药材主产区，玉林中药材久负盛名，是八角、天冬、茴香、沙姜等岭南特色道地药材的主产地，拥有广西唯一（全国第三）的中药材专业市场。玉林药市闻名全国，以正骨水、云香精为标志的玉林特产中成药远销港澳等地，被称为"中南片医药大集市"。2016年，玉林市中药材种植面积40多万亩，占广西的五分之一，中药材总产量达9.7万吨，销售收入10.1亿元。每年经玉林集散和中转的进出口中药材达70万吨左右，金额超过300亿元，成为国内进出口中药材最大的集散地和中转站。依托"南方药都"的巨大品牌影响力，玉林市已成功举办10届"中国（玉林）中医药博览会"。据统计，前9届药博会累计达成贸易合同178亿元，签订投资合同项目76个，投资总额176亿元。①

---

① 关伟.第十届中国（玉林）中医药博览会开幕［N］.玉林日报，2018-09-15（01）.

（三）海洋资源产业开发

广西拥有我国四大渔场之一的北部湾渔场（西沙西部北部湾口外底拖网渔场），面积约 2.6 万平方千米，地理上处于北纬 16°00′~17°30′，东经 108°00′~109°30′，平均水温 24℃。海底地形比较平坦，海底地势由西北微向东南倾斜。水深为 90~120 米的大陆架，长宽均约 120 千米，适合底拖网作业。底质为粉砂及砂质黏土。因饵料丰富，盛产鲷鱼、金线鱼、沙丁鱼、竹英鱼、蓝圆鲹、金枪鱼、比目鱼、鲳鱼、鲭鱼等 50 余种有经济价值的鱼类及虾、蟹、贝类等。沿岸浅海和滩涂广阔，是发展海水养殖的优良场所，贝类有牡蛎、珍珠贝、日月贝、泥蚶、文蛤等，驰名中外的合浦珍珠（又称南珠）就产在这里。涸洲岛、莺歌海等海底石油、天然气资源也很可观。①

中华人民共和国成立初期，广西海洋产业仅有规模很小的捕鱼业和制盐业。改革开放以来，随着大西南出海通道的建设，海洋产值在国民经济中的比重逐年增大，海洋经济成为广西经济增长新领域（见图 7 - 16）。特别是近十年来，广西在加强海洋环境保护的同时，突出陆海联动，发展向海经济，培育远洋捕

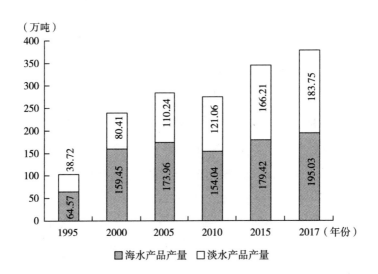

图 7 - 16　广西水产品产量趋势

资料来源：根据历年《广西统计年鉴》数据整理。

---

①　广西壮族自治区地方志编纂委员会.广西年鉴 2017 ［M］.南宁：广西年鉴社，2017.

捞、深海养殖、海产品精深加工及海上运动休闲等海洋产业，推进海洋强区建设。2017 年，广西海洋年捕捞产量 65.30 万吨，海水养殖苗种场 199 家，水体22.5 万立方米，年生产海水水产苗种产量 368 亿尾。

如图 7－17 所示，广西的水产品产量保持稳定的增长速度，其中淡水产品产量占全国淡水产品产量的 5% 左右，海水产品产量占全国海水产品产量的 10%左右，海水产品的优势更明显。人工养殖海产品在 2005 年之后得到快速发展，产量首次超过天然生产的海洋产品产量。北部湾海域知名的海水产品包括合浦珍珠、合浦文蛤、钦州大蚝等。防城港市海洋经济总产值占广西海洋经济总值的 1/4，承担了广西 47.3% 的港口物流吞吐量。广西沿海各市逐步将海产品与滨海旅游以及临海产业结合起来，以生态产业链带动城市的持续发展。

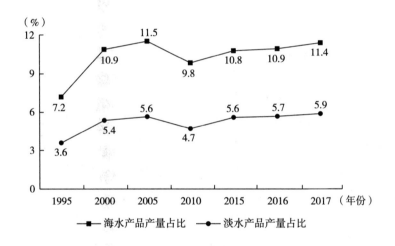

图 7－17　广西水产品产量占全国的比重

资料来源：根据历年《中国统计年鉴》数据整理。

第四节　生态经济规划与环境保护

虽然广西在生态经济建设的探索道路上不可避免地遇到了许多困难，但是良好的"家底"也为全区生态经济发展提供了有力支撑。近年来，学界对广西下一个阶段的生态经济建设已有不少建言。例如，在区域规划方面，张芳（2016）认为循环经济是北部湾经济区发展低碳经济的基本路径，石化产业、食品加工产业、电力产业、建材产业、电子信息产业、钢铁产业应成为北部湾经济区的主导产业。[①] 对于广西的特色康养产业，马剑平等（2016）认为广西应加强产业规划和引导，通过完善基础设施、打造发展环境、培养专业人才等措施，进一步利用好生态环境优势发展健康养老产业。[②] 在制度安排方面，吴金艳（2018）认为，生态文明建设首先要有生态价值观念和绿色保障制度，进而以绿色消费和绿色产业带动经济发展。[③] 檀庆瑞（2018）提出加强环境治理保护建议：一是培育绿色问题思维；二是改变高能耗高排放的产业发展模式，充分发挥生态环境保护在推进供给侧结构性改革方面的作用；三是深入实施生态经济重点工程；四是把水、大气、土壤污染治理作为新的经济增长点；五是挖掘发扬各地区生态优势[④]。

一、生态经济规划

2017 年习近平总书记在广西考察时指出，广西生态优势金不换，要坚持把节约优先、保护优先、自然恢复作为基本方针，把人与自然和谐相处作为基本目标，使八桂大地青山常在、清水长流、空气常新，让良好生态环境成为人民生活质量的增长点，成为展现美丽形象的发力点。绿水青山就是金山银山，为了因地制宜地指导生态经济建设，广西先后出台了生态功能区规划、生态经济规划、循环经济规划、节能减排规划等一批"十三五"时期新规划，全方位、多角度地引领全区经济绿色化高质量发展。

如表 7-11 所示，广西限制开发区域的重点生态功能区分为国家层面和自治区层面，共 29 个县级行政区，面积 7.29 万平方千米，占全区总面积的 30.7%。其中，国家层面的重点生态功能区 16 个，面积 4.12 万平方千米，占 17.3%；自治区层面的重点生态功能区 13 个，面积 3.17 万平方千米，占

① 张芳. 基于产业特征的广西北部湾经济区低碳经济发展策略研究 [M]. 南宁：广西人民出版社，2016.

② 马剑平，戴艳平. 健康养老战略性新兴产业发展问题研究——以广西为例 [J]. 学术论坛，2016（6）：49-53.

③ 吴金艳. 广西生态文明建设的绿色新动能思考 [J]. 广西经济，2018（7）：16-18.

④ 檀庆瑞. 加强环境治理保护大力发展生态经济 [J]. 广西经济，2018（7）：1.

13.4%。2010 年，区域总人口 960.5 万人，占全区总人口 18.6%；地区生产总值 923.5 亿元，占全区地区生产总值 9.6%。功能定位为：提供生态产品、保护环境的重要区域，保障国家和地方生态安全的重要屏障，人与自然和谐相处的示范区。规划的生态功能区以保护和修复生态环境、提供生态产品为首要任务，不宜进行大规模高强度工业化、城镇化开发，可实行保护性开发，因地制宜发展资源环境可承载的适宜产业和旅游业等服务业，引导部分人口逐步有序转移，根据不同地区的生态系统特征，增强生态服务功能，形成重要的生态功能区。能源和矿产资源丰富的地区，按照"点状开发、面上保护"原则，适度开发能源和矿产资源，发展当地资源环境可承载的特色优势产业。按照国家和自治区综合交通网络建设规划布局，统筹规划建设交通基础设施。

表 7-11　广西生态功能区（县）

地域	数量	类别及名称		面积（平方千米）	人口（万人）
全区	29 县	国家层面（16 县）	自治区层面（13 县）		
南宁市	2 县	上林县、马山县	—	4212	77.43
柳州市	2 县	三江县、融水县	—	7055	73.13
桂林市	5 县	龙胜县、资源县	阳朔县、灌阳县、恭城县	10613	111
梧州市	1 县		蒙山县	1282	20.23
防城港市	1 县		上思县	2814	21.45
百色市	6 县	凌云县、乐业县	德保县、靖西县、那坡县、西林县	15802	149
贺州市	1 县		富川县	1540	27.09
河池市	8 县	天峨县、凤山县、东兰县、巴马县、都安县、大化县	罗城县、环江县	23368	230
来宾市	2 县	忻城县	金秀县	4991	46
崇左市	1 县	天等县		2748	30.73

资料来源：根据《广西壮族自治区主体功能区规划》整理。

根据《广西生态经济发展规划（2015—2020 年）》，广西将实施"生态立区、生态兴区、生态强区"战略，坚持把发展生态经济作为推进生态文明建设的主要抓手，坚持把树立生态信仰和弘扬生态文化作为推进生态经济发展、生态文明建设的重要支撑，坚持把深化改革和创新驱动作为推进生态经济发展、生态文明建设的基本动力，坚持把突出重点和整体推进作为推进生态经济发展、生态文明建设的有效方式，以产业发展生态化、生态建设产业化为主线，突出抓好发展生态产业、加强生态基础设施建设、推进生态环境治理、建设生态城乡四项任务，重点实施新兴生态产业发展、资源型产业生态化改造、产业园区生态化建设、生态种养发展、生态旅游发展、水环境改善、大气环境治理、土壤修复与改善、固体废弃物处置、生态城镇建设十大工程，使生态优势转化为经济发展优势，努力走出一条具有广西特色的经济发展与生态文明建设新路子。

《广西循环经济发展"十三五"规划》的主要目标是到 2020 年，循环经济发展取得新的成效，循环型产业形成较大规模，资源利用效率和再生资源利用水平进一步提高，主要污染物排放得到有效控制，绿色消费理念深入人心，发展环境进一步优化，循环经济成为国民经济和社会发展的重要方式，基本形成具有广西特色的循环经济发展模式。在规划指标上（见表 7－12）：主要资源产出率在 2015 年基础上提高 15 个百分点；循环经济的技术支撑体系和管理能力得到全面提升；节能、节水、节材、资源综合利用取得明显成效，主要金属矿产采选综合回收率达到 70%，主要再生资源回收利用率达到 80%；工业固体废物排放量、工业废水排放量达到国家要求；城市餐厨废弃物资源化利用率、城市建筑垃圾资源化处理率和城市再生水利用率分别达到 30%、10% 和 10% 以上；一般工业固体废物综合利用率达到 73%，万元工业增加值用水量降至 60 立方米/万元。

表 7－12　广西生态经济规划与发展

类别	序号	指标	2010 年	2015 年	2017 年	2020 年
资源能源节约利用	1	能源消费总量（万吨标准煤）	7379	9761	10459	≤11600
	2	单位 GDP 能耗（吨标准煤/万元）	0.77	0.63	0.51	≤0.54
	3	万元工业增加值用水量（立方米/万元）	176	88	60	60
	4	非化石能源占一次能源消费比重（%）	30	36	36	20
	5	工业固体废物综合利用率（%）	68	63	57	80
	6	二氧化硫排放总量（万吨）	85	42.12	12	36.64

续表

类别	序号	指标	2010 年	2015 年	2017 年	2020 年
环境保护	7	国控和省控断面水质达标率（%）	96.9	93.1	96.2	94
	8	县集中式饮用水水源地水质达标率（%）	—	92.3	85.1	≥90
	9	近岸海域环境功能区达标率（%）	89.6	90.9	90.9	88
	10	设区市空气质量优良率（%）	98.7	88.5	88.5	≥91.5
	11	城镇污水集中处理率（%）	46.8	67.8	72.8	≥90
	12	城镇生活垃圾无害化处理率（%）	91.1	98.7	99.9	≥98
生态建设	13	森林覆盖率（%）	58	62.2	62.3	≥62.5
	14	森林蓄积量（亿立方米）	7.03	7.4	7.75	8
	15	城镇人均公共绿地面积（平方米）	9.83	11.6	12.42	12.5

注：指标类别及 2020 年目标值来自《广西生态经济发展规划（2015—2020 年）》。

为推动形成节约能源资源和保护生态环境的产业结构、增长方式和消费模式，确保完成"十三五"时期节能减排降碳约束性目标，实现经济发展与环境改善双赢，为建设生态文明提供有力支撑，新制定的《广西节能减排和能源消费总量控制"十三五"规划》提出到 2020 年，万元生产总值能耗值由 2015 年的 0.63 吨标准煤（2010 年可比价，下同）降至 0.54 吨标准煤，五年累计下降 14%（见表 7-12）；化学需氧量和氨氮排放总量五年累计分别下降 1%，二氧化硫和氮氧化物排放总量五年累计分别下降 13%；万元生产总值二氧化碳排放强度较 2015 年下降 17%；能源消费总量控制目标为 11600 万吨标准煤，能耗增量控制目标为 1840 万吨标准煤。围绕优化产业结构和能源结构、全力推进污染减排、降低二氧化碳排放强度、大力发展循环经济四大任务，重点实施能源消费总量控制工程、工业领域重点行业能效提升工程、建筑领域节能工程、交通运输领域重点节能工程、公共机构节能工程、重点区域流域环境治理工程、工业领域主要污染物减排工程、城镇生活污水垃圾处理工程、农业领域主要污染物减排工程、交通运输领域主要污染物减排工程、降碳工程、园区循环化改造 12 项工程。

二、环境保护

广西环境保护工作起步于 1974 年。多年来，广西各级党委、政府坚持保护环境基本国策，认真贯彻落实党中央、国务院关于加强环境保护的决策部署，不断加大污染防治和生态环境保护力度。特别是党的十八大以来，广西以新发展理念为指引，将环境保护摆在更加重要的战略位置并融入经济社会发展的各个领域，大幅增加环保投入，全面推进污染减排和大气、水、土壤、核与辐射等环境污染防治及城乡环境综合整治（见表7－13），生态文明建设取得显著成效，在经济社会快速发展的同时，环境质量保持良好并位居全国前列，为可持续发展奠定了坚实的环境基础。新时期，广西从生态保护的重要性出发，顶层规划桂西桂北生态屏障、桂东北生态功能区、桂中生态功能区、桂西南生态功能区、十万大山生态功能区、北部湾沿海生态功能区、西江千里绿色走廊的"一屏五区一走廊"生态安全体系。

表7－13　广西生态环境治理和建设重点工程

工程类型	项目名称
环境治理重点工程	大气污染综合防治工程
	流域治理与保护工程
	湖泊整治和保护工程
	北部湾近岸海域陆海统筹生态环境保护工程
	漓江流域和桂林山水生态环境保护工程
	邕江综合治理和开发利用、饮用水源地保护工程
	重金属和危险废物污染综合防治工程
	农村环境综合整治工程
	环境保护基础能力建设工程
生态建设重点工程	"绿满八桂"造林绿化提升工程
	山水田林湖生态治理工程
	自然生态系统保护工程
	退耕还林工程
	天然林保护和防护林建设工程
	国土综合整治工程
	石漠化综合治理工程
	绿色矿山建设工程
	地质灾害处理工程
	湿地保护与恢复工程
	村屯美化绿化工程
	生物多样性保护工程

广西是中国生物多样性最丰富的省区之一，野生动植物种类数量居全国第三位，占全国种类数43%的280科、1151种野生脊椎动物都能在八桂大地找到生存的沃土。其中国家一、二级重点保护野生动物分别为25种、147种，列入世界自然保护联盟（IUCN）红皮书名录133种；已知野生植物291科、1825属、8580种，其中列为国家一、二级重点保护野生植物分别为31种、70种，列入世界自然保护联盟红皮书名录极危等级（CR）115种。广西重视野生动植物的保护工作，积极开展就地保护、迁地保护、极小种群野生植物和极度濒危野生动物的拯救保护和人工繁育工作，成功实施了全球首次黑叶猴野外放归试验和德保苏铁野外回归试验，生物多样性保护取得了举世瞩目的成就。①

广西也是全国最早建立自然保护区的省份之一。自1961年建立第一处自然保护区以来，至2016年，广西共有各类自然保护区78个，包括国家级自然保护区20个（如图7–18所示）、自治区级自然保护区46个、市级自然保护区3个、县级自然保护区6个。保护区总面积约占国土面积的5.68%。其中，森林生态系统类型46个，海洋和海岸生态系统类型3个，野生动物类型19个，野生植物类型5个，地质遗迹类型5个。有效地保护了90%的国家重点保护野生动物种类、82%的国家重点保护野生植物种类以及31%的红树林湿地；有效地保护了全区90%以上陆地自然生态类型和76%以上的国家重点保护野生动植物种类。对中国及世界多样性保护都具有重要意义，成为展示广西践行"绿水青山就是金山银山"新发展理念的重要窗口。②

除自然保护区建设外，广西工业污染排放控制也取得成效，工业"三废"中废水、废气排放量、固体废物产生量均呈现先增后减的良性趋势，如图7–19所示。在经济快速起飞的初期，工业规模的快速扩张不可避免地造成工业污染物排放的增加，随着经济结构不断优化、环境保护意识不断提高，2005年以来，工业"三废"排放量环比呈现下降态势。为了持续巩固治理成果，提升人居环境质量，广西将重点抓好大气、水和土壤污染防治，节能降碳，固体废弃物处理设施建设等任务，重点实施大气环境治理、土壤修复与改善以及固体废弃物处置三大工程。

①②　广西壮族自治区测绘地理信息局. 庆祝改革开放40周年暨广西壮族自治区成立60周年成就地图集［M］. 北京：中国地图出版社，2018.

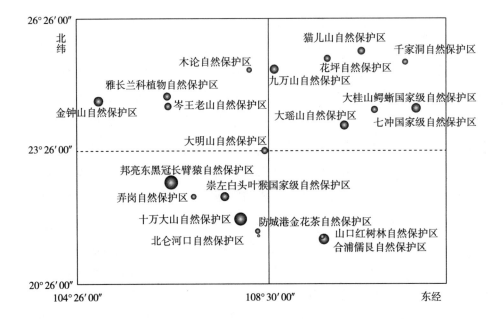

图 7 - 18　广西国家级自然保护区分布

注：圈图大小代表面积差异。

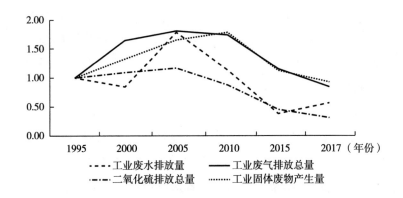

图 7 - 19　广西工业污染排放情况（环比上一时点）

在城乡清洁卫生方面，2018 年全区已建成县城及城市污水处理设施 111 座，生活污水日处理能力达 405.9 万吨，已建成污水管网 9292 千米；已建成镇级污水处理设施 456 座，生活污水日处理能力约 66.4 万吨，已建成污水管网约 2050 千米，建制镇污水处理设施覆盖率超过 60%，其中已投入稳定运行或试运行 383

座。在城镇生活垃圾处理方面，全区已建成生活垃圾无害化处理设施85座，垃圾处理设施无害化处理能力为2.23万吨/日（其中焚烧处理能力为8900吨/日）。计划在农村实施人居环境整治三年行动方案，政府安排资金1.59亿元，支持1000个行政村开展农村环境综合整治，村庄生活污水处理率达到60%以上，垃圾定点存放清运率达到100%，无害化处理率达到70%以上。①

广西正在着力构建一个人与自然和谐相处，先保护绿水青山，再建设金山银山的生态化省份。由于地理区位的特性，广西不似东部沿海省份般在改革开放的时代浪潮中"先富起来"，与东部地区仍有可见的经济实力差距。也正是由于独特的地理区位，广西享受着秀美山川、物华天宝的自然生态，环境质量水平居于全国前列。经济要发展，坐拥西南出海大通道以及中国—东盟连接门户的广西，绝不走"边建设边污染""先污染后治理"的旧式工业化道路。自治区级的系列生态经济规划文件明确表明了广西保护生态优势的决心，同时也提出了因地制宜、合理开发，将生态优势转换为经济后发优势的方向与道路，努力探索解决优美的生态和欠发达的经济之间矛盾的机制。

广西是生态的，"桂林""漓江""巴马""长寿""北海""银滩"……人们在提到广西时，首先联想到的总是广西的美景、广西的长寿、广西的宜居。秀美山川、和谐人居，是广西给全国贡献的"后花园"，生态建设优先，不是为生态建设而放缓发展，不是为生态保护而不顾发展，而是要正确处理好经济发展与生态保护和建设的关系，实现经济发展与生态建设互动，育致富增收于生态建设之中，虽然经济建设的脚步慢一点，但这才是广西之所以为广西的独特之处。

① 2018年广西发展生态经济工作推进情况新闻发布会［EB/OL］. 广西云，http：//wap. cloud-gx. cn/jhxt/index. php？s =/Public/newsview/nid/230725/uid/287&tdsourcetag = s＿pctim＿aiomsg，2018 - 12 - 27.

第八章　城镇化及城市经济

　　经过多年的发展，广西的城镇数量与城镇人口有所增加，城镇体系也不断升级优化。从自治区成立之初的 4 个自治区辖市、1 个县级市和百余个镇，到目前的 14 个地级（设区）市、8 个县级市、近 800 个镇，分别占全国同类市镇的 2.76%、1.93% 和 3.78%；全区城镇总人口占全国城镇总人口的比重从 1950年的 2.56% 增至 2017 年的 2.98%，呈现出如图 8-1 所示的多层级城镇体系格局。各具特色的城市经济也初步成型，市镇人口和城市建成区占全国的比重均

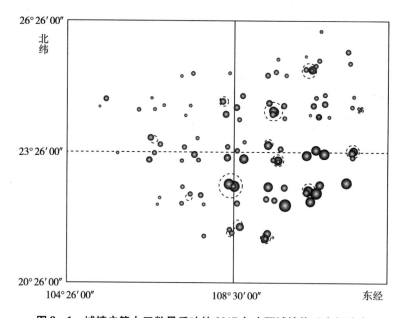

图 8-1　城镇户籍人口数量反映的 2017 年广西城镇体系空间分布

注：气泡大小表示县市区城镇户籍人口数；虚线圈大小表示设区市辖区城镇户籍人口合计数。

资料来源：根据 2018 年《广西统计年鉴》数据整理绘制。

为 3%。城市的经济集聚力增强，市区人口占全区人口的比重，从 1978 年的 25% 增至 2017 年的 31%；市区 GDP 占全区 GDP 的比重，从 1978 年的 39% 增加到 55%。

就人口城镇化而论，从 1950 年的 8.4%，到 1958 年自治区成立之初的 9.5%，再到 2018 年的 50.2%，有了很大提高，特别是 1978 年以来提升了近 40 个百分点即每年提升 1 个百分点。不过，与全国的均值相比，差距从中华人民共和国成立初期的 4 个百分点扩大到 2018 年的近 10 个百分点，城镇化率居全国各省区市的排位从 2000 年的第 22 位下滑到 2017 年的第 27 位。户籍人口城镇化率（2018 年为 32.0%）与全国（2018 年为 43.3%）的差距仍很大。城区扩大与城市人口增长不同步，城市人口密度从 2000 年前后与全国均值相当，到目前扩大约为全国均值的 80%。

第一节 城镇化与城镇体系演进

从早期的独立集镇、大宗商品输出中心或区际和国际贸易中心，到以本地或输入的原料或能源为基础的制造业即工业化阶段，再到占主导地位的行政与经济管理中心，城市格局呈阶段化升级。① 广西城镇化与城镇体系的发展也不例外。关于早期广西城镇发展的专题研究，可参阅《广西近代圩镇研究》等专著，本书仅就 1949 年中华人民共和国成立以来广西城镇的整体发展进程与特征做简要分析。

一、发展历程

中华人民共和国成立 70 年以来，广西的城镇化经历了起步发展期（1949～1959 年）、逆城镇化期（1960～1964 年）、低速发展期（1965～1977 年）、稳步发展期（1978～1990 年）和快速发展期（1991 年至今），发展趋势和全国一致。

1953 年第一次人口普查数据显示，广西城镇化率为 8.5%。1958 年自治区成立时，城镇化率为 8.5%，广西城镇化率得到初步发展。1978 年广西城镇化率

---

① Anderson W P. *Economic Geography* [M]. Oxon：Routledge, 2012：272 - 276.

开始进入平稳发展期，1990 年第四次人口普查数据显示，广西城镇化率达 15.1%。1991 年后，广西城镇化率伴随着工业化、市场化得到迅猛而健康的发展。2013 年以来，广西不断优化城镇布局，实施中心城市带动和大县城战略，推进产城融合，加快推进以人为核心的新型城镇化建设（见图 8-2）。

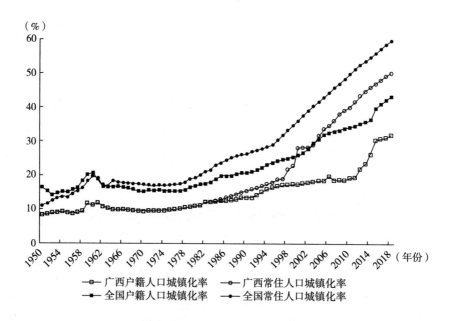

图 8-2 广西与全国户籍及常住人口城镇化率对比

注：1984~1995 年广西常住人口城镇化率为推算数。

资料来源：根据万得宏观经济数据库及历年《中国统计年鉴》和《广西统计年鉴》资料整理绘制。

（1）起步发展期（1949~1959 年）。中华人民共和国成立初期，全国城镇化水平都比较低。1953 年，第一次人口普查数据显示，广西市镇人口突破 200 万人，城镇化率为 8.5%，同期全国城镇化率为 12.5%。1958 年，广西僮族自治区正式成立，次年，城镇人口为 239 万人，城镇化率为 10.8%，比 1953 年增加了 2.3%，年均增长 0.4%，广西城镇化得到初步发展。

（2）逆城镇化期（1960~1964 年）。这一时期，大量城镇人员精简下放，城镇人口呈下降趋势。广西 1964 年城镇人口比 1959 年减少了 26 万人（其中 1960 年比 1959 年减少了 8 万人），城镇人口 5 年减少了 10.9%，占总人口比重下降到 9.0%，城镇化率下降了 1.8 个百分点，广西城镇化发展处于中华人民共和国成立后的低谷。

（3）低速发展期（1965～1977年）。1965年以后，广西城镇化进程进入恢复与缓慢发展阶段。1974年市镇人口突破300万人，到1977年，全区城镇人口增加到340万人，城镇化率为10.2%，比1964年提高了1.2个百分点，仍低于1959年10.8%的水平。这一时期，广西城镇人口稍有恢复，城镇化率也略有提高，但是12年间广西城镇化率只提高了1.2个百分点。

（4）稳步发展期（1978～1990年）。1978年党的十一届三中全会以后，全国工作重心转移到经济建设上，这时期，广西经济虽有起伏，但是总体向好，城镇化进入平稳发展期。1982年第三次人口普查，广西有城市7个，镇92个，城镇人口达到430.7万人，城镇化率提高到11.8%，低于全国平均20.0%水平，居全国第26位。[①] 1990年第四次人口普查，广西城镇人口641万人，城镇化率15.1%，比1977年提高了4.9个百分点，年均提高0.4个百分点。

（5）快速发展期（1991年至今）。1991年以后，随着改革开放的推进，广西经济快速发展，城镇人口快速增加，城镇化率也迅速提高。2000年第五次人口普查，广西城镇人口1264万人，城镇化率28.2%，比1990年提高了13.1个百分点，年均提高1.3个百分点。到2010年第六次人口普查，广西城镇人口达到1841.8万人，城镇化率达到40.0%，比2000年提高了11.8个百分点，年均提高1.2个百分点。

"十二五"期间，广西以人为核心的城镇化建设发展良好，城镇规划建设水平进一步提高。①城镇体系逐步完善，"四群四带"城镇空间格局初步形成，城镇空间结构不断优化。②实施中心城市带动战略，中心城市已成为经济增长的核心力量和引擎，城市规模不断扩展，城镇经济实力明显增强，辐射带动作用明显。③规划建设管理工作质量提升，重大城镇体系与县城总体规划稳步发展。对世界自然遗产保护区等重要生态功能区的管护加强，桂林、环江实现了全区世界自然遗产项目零的突破。④突出城乡特色发展，人口和生产要素向城镇集聚能力增强。注重融入传统文化元素，强调"显山露水"，一批具有民族特色、风貌特色的城镇不断涌现。着力抓小城镇建设，城镇承载能力不断增强。2015年启动实施大县城战略，有效推动农业人口就地就近城镇化。"十二五"期末，

---

① 谢之雄，杨中华，莫大同. 广西壮族自治区经济地理［M］. 北京：新华出版社，1989.

全区常住人口城镇化率达到47.06%,比"十一五"期末提高了6.95个百分点。①

到2018年,广西城镇常住人口为2326万人,乡村常住人口为2512万人,城镇人口比重(常住人口城镇化率)为48.1%,但比全国同期(57.35%)低9.27个百分点。随着新型城镇化的实施,城镇化的发展已转移至城镇化的质量和城镇人口的市民化发展,常住人口城镇化率的增幅有所放缓。同时城镇化水平达到一定程度后,增速也不可能再大幅度提高。2014~2018年常住人口城镇化率提高幅度分别为1.2个百分点、1.1个百分点和1个百分点,增幅逐年减少。这个时期,广西城镇化进程明显加速,呈现较快发展的势头。

二、城镇建设现状

自治区成立之前,广西城市规模很小,分布也不平衡,大多数城镇的建设没有规划,处于一种任意和自由发展的状态。经过60年的建设,广西城市发展转型成效显著,城市功能日趋完善,城市面貌显著改观,城市综合承载和公共服务能力显著提升。②③

1. 城市规模

自治区成立60年来,广西城市数量由1979年的6个市(4个自治区辖市、2个县级市)增加到2018年的22个(14个设区市、8个县级市)(见表8-1),2017年城市建成区面积增加到1414平方千米,含县城则达到2080平方千米(见表8-2)。

表8-1 2018年广西城市分级及在全国商业魅力指数排名

城市	市区常住人口(万)(2017)	对应城市等级(人口规模)	线级(2018排名区间)	商业魅力指数	排名	建制镇数(个)(2015/2018)
—	—	超大(1000万以上)	一线(1~4)	—	—	—
—	—	巨大(500万~1000万)	新一线(5~19)	—	—	—
南宁市	433.49	特大(300万~500万)	二线(20~49)	33.47	33	84/86

① 数据来源于广西住房城乡建设事业发展"十三五"规划[EB/OL].

② 陈立生.广西壮族自治区60年[M].南宁:广西人民出版社,2018.

③ 广西壮族自治区地方志编纂委员会.广西建设年鉴(2018)[Z].南宁:广西人民出版社,2019.

续表

城市	市区常住人口 （万）（2017）	对应城市等级 （人口规模）	线级（2018 排名区间）	商业魅 力指数	排名	建制镇数（个） （2015/2018）
柳州市	224.55	大（100万~300万）	三线（50~119）	17.15	84	43/53
桂林市	157.23	大	三线	18.83	71	64/86
玉林市	113.35	大	四线（120~209）	13.04	172	94/102
北海市	72.76	中等（50万~100万）	四线	13.02	176	21/22
梧州市	81.77	中等	五线（210~338）	11.83	212	53/53
钦州市	128.58	大	五线	11.18	225	57/54
百色市	40.01	小（20万~50万）	五线	10.99	230	58/75
贵港市	160.01	大	五线	10.83	234	53/55
防城港市	56.65	中等	五线	10.60	239	14/17
河池市	93.24	中等	五线	10.18	254	48/65
崇左市	34.30	小	五线	9.17	283	37/41
来宾市	96.97	中等	五线	9.00	286	29/43
贺州市	106.18	大	五线	8.99	287	45/47

资料来源：根据2018年《广西统计年鉴》和《2018中国城市商业魅力排行榜》等资料整理。

表8-2 2017年广西城市（县城）主要指标

地域 \ 指标	市区（县） 面积 （平方千米）	市区（县） 人口 （万人）	市区（县） 暂住人口 （万人）	城区（县 城）面积 （平方千米）	城区（县 城）人口 （万人）	城区（县 城）暂住人 口（万人）	建成区面 积（平方 千米）
广西	236834.2	5691.3	333.2	8147.6	1387.9	285.7	2080.1
南宁	22244.5	828.6	121.2	1148.2	277.2	106.1	393.5
南宁市	9947.0	447.0	112.4	890.1	229.9	103.4	315.2
隆安县	2264.0	42.2	0.6	12.0	3.9	0.5	6.8
马山县	2365.5	57.1	0.3	23.5	3.8	0.2	5.3
上林县	1890.0	50.1	6.5	11.7	5.4	0.9	8.9
宾阳县	2314.0	105.6	0.4	100.0	15.0	0.4	20.0
横县	3464.0	126.6	1.0	110.9	19.3	0.8	37.3
柳州	18241.8	387.2	56.7	589.9	167.8	55.4	271.5
柳州市	3555.2	179.6	54.7	501.8	125.2	53.7	225.1
柳城县	2123.7	41.0	0.3	9.8	4.8	0.2	7.0

续表

地域＼指标	市区（县）面积（平方千米）	市区（县）人口（万人）	市区（县）暂住人口（万人）	城区（县城）面积（平方千米）	城区（县城）人口（万人）	城区（县城）暂住人口（万人）	建成区面积（平方千米）
鹿寨县	3019.3	41.0	0.7	36.0	11.8	0.5	13.8
融安县	2490.2	33.9	0.0	20.7	11.5	0.0	10.4
融水苗族自治县	4624.0	52.0	0.3	15.7	9.2	0.3	9.2
三江侗族自治县	2429.5	39.8	0.7	6.0	5.4	0.7	6.0
桂林	27850.6	535.2	18.5	844.9	148.7	13.8	193.7
桂林市	2767.0	130.5	7.1	612.6	87.0	6.9	104.4
阳朔县	1428.4	32.9	1.4	10.8	3.8	1.1	6.1
灵川县	2257.0	37.6	0.9	9.2	8.2	0.8	9.1
全州县	4021.2	84.6	1.7	98.4	11.2	0.9	17.4
兴安县	2348.0	38.4	0.9	27.8	6.7	0.7	14.1
永福县	2806.0	28.9	0.6	14.0	4.4	0.4	4.1
灌阳县	1863.0	29.6	1.7	9.6	5.0	1.1	7.2
龙胜各族自治县	2538.0	17.3	0.3	8.1	3.2	0.2	2.3
资源县	1995.0	18.9	1.6	4.6	2.3	0.4	3.6
平乐县	1919.3	48.1	2.0	9.0	6.6	1.0	8.5
荔浦市	1758.6	38.2	0.4	25.0	5.3	0.4	9.9
恭城瑶族自治性	2149.0	30.4	0.1	15.8	5.2	0.0	7.0
梧州	12610.8	349.0	18.3	580.4	84.5	15.2	113.3
梧州市	1850.2	79.5	13.2	485.0	48.1	13.2	58.3
苍梧县	2753.0	40.7	0.1	10.0	2.8	0.0	9.5
藤县	3945.6	110.4	3.0	47.3	11.5	0.5	18.5
蒙山县	1279.0	22.4	0.9	8.1	5.0	0.8	5.0
岑溪市	2783.0	96.1	1.1	30.0	17.2	0.6	22.1
北海	3337.0	175.4	8.7	1018.40	56.1	8.7	110.7
北海市	957.0	67.0	8.7	957.0	37.8	8.7	77.3
合浦县	2380.0	108.4	0.0	61.4	18.3	0.0	33.4
防城港	6181.0	102.6	7.2	453.3	32.7	6.0	59.8
防城港市	2816.4	62.1	4.2	297.6	17.8	3.6	41.4
上思县	2816.0	25.5	0.6	25.3	7.7	0.4	6.3
东兴市	548.6	15.0	2.4	130.4	7.2	2.0	12.1

地域　　指标	市区（县）面积（平方千米）	市区（县）人口（万人）	市区（县）暂住人口（万人）	城区（县城）面积（平方千米）	城区（县城）人口（万人）	城区（县城）暂住人口（万人）	建成区面积（平方千米）
钦州	10843.1	412.6	14.0	415.9	57.5	11.1	120.9
钦州市	4767.2	150.8	6.3	354.4	33.0	4.8	90.5
灵山县	3558.9	167.9	4.9	40.8	18.2	4.3	19.5
浦北县	2517.0	93.9	2.9	20.7	6.2	2.1	10.9
贵港	10595.0	555.9	2.9	464.0	88.6	1.8	142.2
贵港市	3533.0	201.5	1.8	301.5	43.0	1.7	79.2
平南县	2988.0	152.7	0.7	89.0	25.3	0.1	26.5
桂平市	4074.0	201.7	0.4	73.5	20.3	0.1	36.5
玉林	12835.2	723.8	40.6	1052.9	141.1	33.4	177.9
玉林市	1251.3	111.8	20.6	302.0	56.5	18.1	74.2
容县	2253.3	86.6	3.2	178.3	15.9	3.0	19.2
陆川县	1551.0	109.7	0.4	128.2	15.8	0.1	14.8
博白县	3835.9	188.1	12.0	180.0	22.4	9.3	32.1
兴业县	1486.7	76.0	0.9	129.0	9.6	0.7	11.4
北流市	2457.0	151.5	3.4	135.4	20.9	2.2	26.1
百色	36352.1	419.1	19.0	571.8	95.5	17.9	150.4
百色市	3702.0	36.2	5.9	362.6	20.6	5.7	51.2
田阳县	2394.0	36.7	2.1	28.4	8.2	5.4	10.0
田东县	2816.0	43.7	0.4	37.1	8.0	0.3	13.0
平果县	2485.0	52.7	2.7	34.0	15.0	2.0	26.7
德保县	2575.0	37.0	0.7	12.8	5.2	0.5	6.0
那坡县	2231.1	21.7	0.2	13.2	3.7	0.1	2.7
凌云县	2053.0	22.2	0.4	11.5	4.7	0.1	3.9
乐业县	2617.0	17.9	0.4	7.1	3.7	0.2	3.3
田林县	5577.0	26.6	2.5	13.8	3.5	1.0	5.1
西林县	3020.0	16.2	0.3	5.4	2.4	0.3	3.4
隆林各族自治县	3551.0	43.0	1.2	10.2	5.7	0.9	6.8
靖西市	3331.0	65.5	2.2	35.8	14.8	1.4	18.3
贺州	12041.4	243.8	5.9	172.1	45.4	2.4	70.4
贺州市	5676.6	120.1	2.1	78.0	22.9	1.5	38.0

续表

地域 \ 指标	市区（县）面积（平方千米）	市区（县）人口（万人）	市区（县）暂住人口（万人）	城区（县城）面积（平方千米）	城区（县城）人口（万人）	城区（县城）暂住人口（万人）	建成区面积（平方千米）
昭平县	3273.0	45.2	1.2	15.1	8.5	0.5	7.4
钟山县	1519.4	44.9	2.1	54.0	9.9	0.2	15.0
富川瑶族自治县	1572.4	33.6	0.5	25.0	4.2	0.2	10.0
河池	32906.8	430.9	7.2	432.1	84.9	5.3	102.3
河池市	6209.0	100.9	1.0	124.0	34.1	1.0	41.9
南丹县	3916.0	32.4	2.1	17.5	6.6	1.7	7.8
天峨县	3169.0	17.6	0.2	38.7	4.5	0.2	3.2
凤山县	1738.0	22.1	0.4	8.9	3.8	0.3	4.5
东兰县	2415.0	31.2	0.2	10.2	2.7	0.2	2.2
罗城仫佬族自治县	2658.0	38.9	0.3	18.1	5.3	0.3	7.0
环江毛南族自治县	4559.5	38.4	0.4	69.4	4.5	0.3	7.1
巴马瑶族自治县	1971.1	29.4	1.5	11.0	4.1	0.5	6.8
都安瑶族自治县	4095.2	72.1	0.7	23.1	9.5	0.5	8.3
大化瑶族自治县	2176.0	47.9	0.5	111.2	10.0	0.4	13.4
来宾	13409.5	269.0	7.3	172.9	53.5	4.7	83.8
来宾市	4363.0	113.4	2.2	92.0	30.3	2.1	49.3
忻城县	2541.0	43.2	0.7	16.0	5.3	0.3	6.0
象州县	1898.5	37.4	2.5	12.8	4.0	0.9	7.2
武宣县	1739.0	45.5	1.3	25.7	7.0	1.3	12.3
金秀瑶族自治县	2518.0	15.8	0.6	6.4	1.1	0.1	1.5
合山市	350.0	13.8	0.1	20.0	5.8	0.1	7.5
崇左	17385.6	258.3	5.7	230.9	54.4	3.9	89.7
崇左市	2951.0	37.5	0.7	50.0	17.5	0.4	32.0
扶绥县	2836.0	54.5	1.2	15.0	8.2	0.6	13.1
宁明县	3698.0	44.0	0.4	25.0	7.7	0.4	9.0
龙州县	2317.8	27.1	0.5	19.9	5.8	0.5	8.7
大新县	2757.0	38.3	0.7	21.0	4.1	0.5	8.0
天等县	2175.5	45.5	0.5	60.0	4.3	0.4	5.9
凭祥市	650.3	11.4	1.7	40.0	6.7	1.2	13.0

资料来源：根据 2018 年《广西建设年鉴》资料整理。

2. 城市综合承载能力①

（1）在基础设施建设方面。2017 年广西城市（县城）道路总长度 14032 千米，道路面积 28719 万平方米；城市人均道路面积达 17.2 平方米，建成区路网密度 6.7 千米/平方千米，建成区道路面积率 13.7%；城市（县城）桥梁共 1697 座，其中大桥及特大桥 267 座，立交桥 122 座。

（2）在城市环境卫生管理方面。2017 年广西拥有市容环卫专用车辆 9913 辆，生活垃圾转运站 566 座，道路清扫保洁面积 29044 万平方米（其中机械清扫面积 14391 万平方米），清运生活垃圾量 645 万吨（其中密闭车清运量 521 万吨）。全区公共厕所 2368 座（其中三类以上公厕 1913 座）。在运营生活垃圾无害化处理场 81 座（其中卫生填埋场 70 座、焚烧厂 9 座、水洗分选 2 座），生活垃圾无害化处理能力 19341 吨/日，生活垃圾无害化处理量 640 万吨（其中卫生填埋 491 万吨、焚烧 133 万吨），生活垃圾无害化处理率达 98% 以上。至 2017 年底，广西城镇污水处理率达到 93.8%，已建成城镇（县城及城市）污水处理设施 116 座，生活污水日处理能力达 395 万吨，累计处理污水约 13 亿吨，削减（废水中的化学需氧量指标 COD）15.2 万吨。已建成镇级污水处理设施 455 座，形成生活污水日处理能力约 66 万吨；已建成污水管网约 2050 千米，镇级污水处理设施覆盖率超过 60%。

（3）在城市供气方面。2017 年广西城镇燃气用户 491.9 万户，用气人口 1607.5 万人，燃气普及率 96.1%，已建成燃气供应管道 6978 千米。城镇燃气总供气量约为 12.6 亿立方米（按天然气热值折算），天然气、液化石油气、人工煤气供应量分别占城镇燃气总供应量的 57.2%、41.6%、1.2%（按天然气热值折算），天然气供气量、供气量占比继续保持增长。全区有天然气加气站 54 座，供气量达到 17029 万立方米，约占天然气供气总量的 23.6%。天然气供气量 72127.1 万立方米，市政管道长度 6505.9 千米，储气能力 915.8 万立方米，用气用户 1697250 户，其中家庭用户 1677500 户、非居民用户 19750 户。目前，广西所有市县均供应液化石油气。2017 年储气能力为 79205.8 吨，供气总量 404944.5 吨，销售气量 402601.3 吨，居民家庭用气量 368252.4 吨。用户总数 3116139 户，其中居民家庭用户 3052657 户，用气人口 1058.6 万。居民家庭用

① 根据 2018 年《广西建设年鉴》资料整理。

气量占供气量的90.9%，家庭用户数占用户总数的97.9%，表明液化石油气仍以居民家庭用户为主要消费对象。

（4）在城市供水方面。2017年，广西城市（县城）人均日生活用水量为224.6升，用水普及率达到97.2%。2017年12月，北流市荣获"广西壮族自治区节水型城市"称号，是广西第一个获得自治区级节水型城市的县级市。至2018年初，广西共有公共供水水厂155座，全部采用常规处理工艺，综合生产能力778万立方米/日，供水管长度24843千米，供水总量192548万立方米，用水人口1565.6万人，公共供水普及率达到93.5%。

3. 城市生态环境

至2017年，全区利用超过900亩的土地建造大型综合性公园绿地，有17个市县成为国家园林城市和县城，有43个市县成为广西园林城市。桂林市、环江毛南族自治县成功列入南方喀斯特遗产地，实现了全区世界自然遗产项目零的突破。全区人均绿地、绿地率、绿化覆盖率"三绿"指标稳步提升，其中，建成区绿地率由2005年的21.2%提高到2017年的33.3%，人均公园绿地面积由2005年的6.5平方米提高到2017年的12.0平方米。

4. 保障性安居工程

住房保障制度逐渐建立，城镇中低收入家庭住房条件明显改善，低保、低收入家庭基本实现应保尽保。2010年以来，广西正式实施棚户区改造，共开工各类保障性住房和棚户区改造安置住房144.4万套（含发放租赁补贴），累计基本建成（含竣工）82.67万套，累计完成投资2300亿元，解决了400多万中低收入住房困难群众的居住问题。全区公共租赁住房累计开工47.7万套，已分配入住39.5万套（见表8-3）。全区推进住房保障金融创新，建立自治区与市县棚户区改造融资平台委托投资机制，棚户区改造融资平台累计贷款规模突破1450亿元。以城镇危旧住宅和城中村改造工程为契机，加强城市基础设施配套建设，做好保障房小区的供水、供电、供气、通信、污水垃圾处理等市政基础设施，以及商业、教育、医疗卫生、无障碍设施等配套公共服务设施建设，促进了全区城镇发展。"租购并举"住房制度改革，推动了全区住房租赁市场发展和住房保障工作。加快推进农业转移人口市民化进程，全面将外来务工人员等新市民纳入住房保障范围，效果良好。

表 8 – 3　2006 ~ 2017 年广西设区市保障性住房建设对比

	2006 ~ 2017 年公共租赁住房累计开工万套数	2006 ~ 2017 年公共租赁住房累计已分配万套数	2017 年保障性安居工程基本建成套数	2017 年公共租赁住房新分配套数	2017 年农村危房改造任务户数	2017 年农村危房改造完成户数
南宁市	7.9	6.4	31675	26973	7460	11004
柳州市	5.0	4.1	9205	2999	8410	10746
桂林市	4.1	3.2	15761	3689	14581	17453
梧州市	3.9	3.2	9972	8809	3266	3735
北海市	1.9	1.6	5242	4292	2620	4155
防城港市	1.0	0.9	2549	1753	2870	3289
钦州市	3.0	2.4	15738	8104	4920	7123
贵港市	3.0	2.2	6630	3375	7107	8366
玉林市	2.5	2.2	3554	2098	5873	8003
百色市	4.6	4.0	8035	6177	14842	18177
贺州市	2.0	1.5	5302	2528	4840	5492
河池市	3.9	3.5	7414	4576	21784	25383
来宾市	2.9	2.6	5188	5203	5705	6383
崇左市	2.0	1.7	7499	2503	7248	10109
广西合计	47.7	39.5	133764	83079	111526	139418

资料来源：根据《庆祝改革开放 40 周年暨广西壮族自治区成立 60 周年成就地图集》资料整理。

5. 乡镇建设

2017 年，广西有建制镇 697 个（不含 102 个县人民政府驻地镇和纳入城市规划区内的建制镇）。①建制镇建成区面积 936.3 平方千米，户籍人口 531.9 万，常住人口 506.0 万，人均建设用地 90 平方米；乡政府驻地集镇建成区面积 116.69 平方千米，户籍人口 77.6 万，常住人口 75.9 万，人均建设用地 76 平方米。②建制镇住宅建筑面积 21821.6 万平方米，人均住宅建筑面积 28.5 平方米；乡政府驻地集镇住宅建筑面积 3525.0 万平方米，人均住宅建筑面积 34.0 平方米。③建制镇用水普及率 91.6%（按常住人口计算，下同），人均日生活用水量 108.6 升；乡用水普及率为 87.08%，人均日生活用水量 99.98 升。④建制镇实有道路长度 9582.0 千米，道路面积 6540.2 万平方米；乡实有道路长度 1884.6 千米，道路面积 1028.89 万平方米。⑤全区乡镇拥有桥梁 1871 座，供水管道长度 15181.3 千米，排水管道 5025.0 千米。⑥建制镇建成区绿化覆盖率 9.7%，绿地率 4.5%，生活垃圾处理率 96.5%，燃气普及率 74.7%；乡建成区绿化覆盖率 11.3%，绿地率 6.8%，生活垃圾处理率 90.7%，燃气普及率 54.9%。⑦在乡镇垃圾污水处理方面，2017 年乡镇生活垃圾清运量 223.9 万吨，生活垃圾处理量 214.5 万吨，生活垃圾处理率 96%；拥有环卫专用车辆 5491 辆，公共厕所 2448 座。

三、成效与问题

改革开放特别是 21 世纪以来，广西城镇化发展取得了明显成效，呈现出城镇规模快速扩张、城镇体系不断完善、城镇功能持续提升、城乡面貌深刻变化等良好态势。但城镇化质量不高的问题日益突出，面临一系列亟待解决的矛盾和问题。廖正城等（1988）认为是经济发展水平较低，工农业基础都很薄弱所致；① 詹宏松（2005）认为是缺乏辐射能力强优的中心城市，产业发展缺乏大城市依托所致。② 具体成效与问题表现在：

1. 城镇化快速推进，但城镇化水平仍然偏低于全国均值

20 世纪 60～70 年代，受地缘环境影响，广西作为援越抗美和对越自卫反击战的最前沿，承担了大量的后勤工作，无暇顾及经济建设，加之错失了几次区划调整的重要机遇，城镇化建设进程缓慢。1978～2018 年，广西城镇常住人口从 360 万增加到 2474 万，年均增加 52.8 万人；城镇化率从 10.6% 提高到 50.2%，年均提高近 1 个百分点，尤其是 2004 年城镇化率突破 30% 以后步伐明显加快，年均提高 1.3 个百分点。

虽然近年来广西城镇化率快速提高，但城镇水平一直低于全国均值，城镇化滞后局面没有根本改变。1953 年广西城镇化率比全国均值低 3.9 个百分点，之后差距逐渐拉大，1978 年差距扩大到 7.3 个百分点，1990 年差距达 11.3 个百分点。此后，随着广西经济的发展和城镇化的推进，与全国的差距缩小。2000 年，两者差距缩小到 7.9 个百分点，之后差距又有所增大。到 2015 年，广西城镇化率排全国第 26 位，广西常住人口城镇化率（47.1%）落后全国平均水平

① 廖正城，谢文昭，宁业祺. 广西壮族自治区地理 [M]. 南宁：广西人民出版社，1988.
② 詹宏松. 加快广西工业化城镇化进程的几点思考 [J]. 广西社会科学，2005 (10)：9-10.

9.0 个百分点。同年，广西户籍城镇化率为 30.4%，比常住人口城镇化率低 16.7 个百分点。同期全国户籍人口城镇化率比常住人口城镇化率低 16.2 个百分点，广西和全国趋势基本一致。

2017 年，广西城镇化率落后全国平均水平 9.3 个百分点。14 个市中只有南宁和柳州 2 市的城镇化率高于全国均值，相当一部分城市的城镇化率只有全国 2005 年的水平（见图 8 - 3）；南宁、柳州、北海、防城港等市城镇化率超过或接近 60%，其余 2/3 城市的城镇化率低于全区均值；最低的河池、崇左等地则不足 40%（见图 8 - 4）。城镇化率地域差异拉大。城镇化率低就意味着城镇人口数量少，基础设施水平滞后，集聚和带动能力不强，缺乏有活力的产业，吸引人才和乡村企业向城镇转移进度慢。

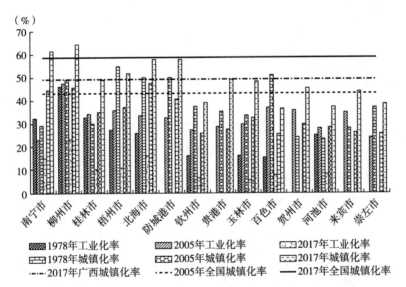

图 8 - 3　主要年份设区市工业化及城镇化的差异及与全国的差距

资料来源：根据历年《中国统计年鉴》和《广西统计年鉴》数据计算绘制。

2. 城镇规模不断扩大，但农民工市民化进程偏慢

1978 ~ 2017 年，城镇建成区面积从 181 平方千米增加到 2080 平方千米，城市数量从 4 个增加到 21 个，建制镇数量从 66 个增加到 799 个。但人口城镇化滞后，2018 年以常住人口计算的城镇化率为 50.22%，以户籍人口计算的城镇化率为 31.72%，两者相差 18 个百分点，近 700 万人居住在城镇但没有城镇户籍，

外来人口及农民工市民化进程慢。同时，土地城镇化突出，2000～2017 年城镇
建成区面积增长了 2.5 倍，而城镇人口仅增长了 85%，城镇人口密度和建设用
地集约水平下降。

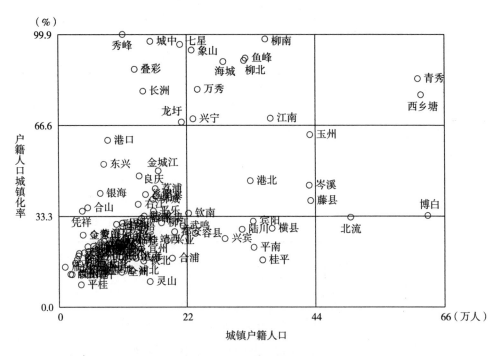

图 8 - 4 2017 年广西县域户籍城镇人口与城镇化率分布

资料来源：根据 2018 年《广西统计年鉴》数据计算绘制。

3. 城镇体系逐步完善，但各类城镇及城镇群与城市群发展不够协调

根据 2018 年《广西建设年鉴》的数据，2017 年，南宁、柳州成为城区人口
超 100 万的城市，50 万～100 万的城市 2 个，20 万～50 万的城市 12 个，10
万～20 万的城市 16 个，10 万以下的城区（县城）53 个，建制镇 799 个。但中
心城市辐射带动能力不强，14 个设区城市中有超过 2/3 建成区人口少于 50 万，
还没有超 500 万的城市；中小城市和小城镇发展滞后，平均每个城区（县城）
建成区人口 16.1 万，每个建制镇近万人，就近就地城镇化水平偏低。

城镇群、城市群是城镇化的主要载体，是市镇发展到成熟阶段的空间组织
形式。在 2010 年 12 月发布的《全国主体功能区规划》中，已提出推进北部湾
等地区的重点开发，形成我国若干新的大城市群和区域性的城市群。目前，涵

盖广西、粤西及海南等北部湾周边地区的城市群尚在发育之中。① 广西内部的城镇群，如 2006～2014 年提出的北部湾（广西）经济区城镇群、桂中城镇群、桂北城镇群、桂东南城镇群，以及右江河谷走廊、黔桂走廊、桂西南和桂东北城镇带，即"四群四带"已有一定基础，区域城镇化及城镇群发展仍滞后，"城市群而不聚"，核心城市的辐射带动作用弱，部分相邻城镇产业同质化竞争严重，② 城际联系仍有待强化与优化。

4. 新型城镇功能和基础设施持续加强，但建设方式还比较粗放

进入 21 世纪，在面向人的新型城镇化发展过程中，广西城镇的基础设施及服务水平得以快速提高，水、电、路、气、住宅、通信、公交、环保等基础设施大幅改善，教育、医疗、文化体育、社会保障等公共服务水平明显提高，综合承载力和人居环境显著提升。同时，城镇功能日趋优化，都市国际化程度与城镇功能不断提升，成功举办一系列国际与区域会展，与周边国家和地区建立起密集的友好城市合作。

在新型城镇化建设过程中，广西在践行绿色发展观、建设宜居城市、让城市建设与大自然和谐共生方面进行了有益探索。南宁、柳州、桂林、河池、百色、贵港等城市被评为"全国城市环境综合治理优秀城市"；桂林、柳州、百色、北海、梧州、玉林、钦州获"国家园林城市"称号。至 2017 年，全区建成城市（县城）污水处理设施 116 座，污水处理管网 7826 千米，生活污水日处理能力达 395 万吨；建成生活垃圾处理场 85 座，垃圾无害化日处理能力达 2.2 万吨。14 个设区市实现市政天然气管道供气。全区海绵城市建设区域面积达到 98 平方千米，南宁、柳州、桂林、梧州、北海、钦州、防城港、贵港、玉林、贺州、来宾、崇左 12 个城市建成区已有 5% 以上的面积达到海绵城市建设要求。南宁市那考河海绵城市建设项目获"中国人居环境奖"范例奖。

与此同时，广西推进保障性住房和改造棚户区，解决农民工及新市民等阶段性居住困难。保障性住房包括公共租赁住房（含原廉租住房）、棚户区（含危旧房）改造建设的安置住房、经济适用住房以及限价商品住房等。1998 年 9 月，广西第一个廉租住房项目——柳州秀山小区投入建设。2008 年，全区初步建立起廉

① 张学良. 2015 中国区域经济发展报告：中国城市群可持续发展［M］. 北京：人民出版社，2016.

② 冯娟，蒋团标. 中国广西北部湾经济区的城镇化质量与规模评价——基于熵权法［J］. 技术经济，2017，36（12）：79–85.

租住房和经济适用住房并存的住房保障制度。2004~2009 年，广西开始探索实施棚户区改造。2007~2017 年，全区共开工建设各类保障性住房和改造棚户区163.15 万套；城镇居民住房保障覆盖面从不足 8% 提高到 25.3%；累计完成投资3237 亿元，解决了 500 多万城镇中低收入住房困难群体、棚户区和危旧房居民、环卫、公交、市政等行业农民工以及新市民等的阶段性居住困难。

但是，目前广西城镇规划建设和管理水平还不高、缺乏特色，一些城市空间开发无序，重经济发展、轻环境保护，重城市建设、轻管理服务，重地上、轻地下等问题突出；一些中心城市交通拥堵、住房紧张、环境污染、就业压力增大、生态空间不足等"城市病"开始显现；中小城市和小城镇集聚产业和人口不足，功能比较欠缺；一些地方过多依赖土地财政推进城镇建设，潜藏财政金融债务风险。

5. 城镇化与工业化特别是产业高级化互动增强，但产业支撑依然薄弱

①广西农业的现代化推动农村富余劳动力转移与城镇化发展。根据相关研究，农业现代化的实现阶段分为起步期、成长期和成熟期，相应的农业产值比重分别为 20%~50%、10%~20% 及 5%~10%。2015 年广西农业产值比重占全区生产总值的 15.3%，已步入成长期，农业现代化的普及，推动着新型城镇化的发展。图8-5 显示出 2017 年广西县域户籍人口城镇化与第一产业比重呈负相关关系。②理论上，城镇化与工业化相辅相成，两者互相促进，共同发展。广西工业化进入中期阶段，依托于城镇和产业园区布局培育一批新兴产业和产业集群，可带动城镇规模扩张和人口集聚，形成城镇化与工业化相互支撑、相互促进的良好态势。从县域层面看，如图 8-5 所示，广西户籍人口城镇化跟工业化的数量关系为正相关。不过，与工业化速度相比，广西城镇化速度相对较慢。工业化水平不高制约着城镇化发展，特别是中小城市和小城镇产业基础薄弱，中心城市产业和城市布局协调，城区与园区"两张皮"现象比较突出，产城融合不够，城镇化与工业化、信息化、农业现代化等良性互动局面未能充分呈现。③相对而言，市辖区户籍人口城镇化与服务业等第三产业等高级化发展的数量关系更为突出。2000 年前后广西迈入工业化中期阶段，2005 年以来，广西的工业化的发展速度快于全国平均水平。2015 年工业占比为 45.8%，2018 年工业化率降到 40% 以下，服务业转而成为广西经济中比重最大的产业。总体而言，近年来随着城市经济与产业高级化向现代服务业转型，工业化与城镇化之间的正相关关系逐步为服务业与城镇化的正相

关关系所超越。这意味着，广西未来的城镇化除需要新型工业化的动力之外，更需要来自现代服务业的支撑。

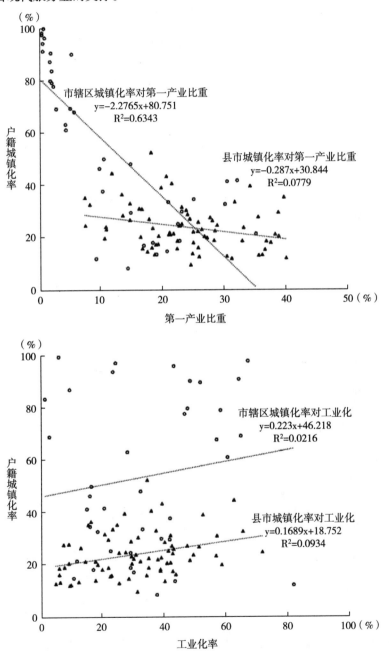

图 8－5　2017 年广西县（市、区）域城镇化与三次产业及市场化程度的关系

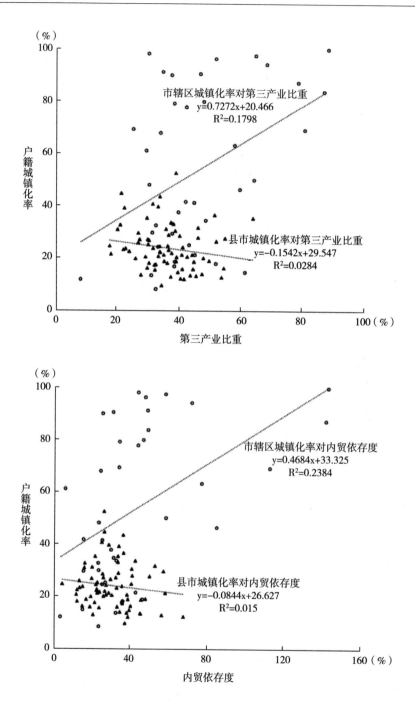

图 8-5　2017 年广西县（市、区）域城镇化与三次产业及市场化程度的关系（续图）

资料来源：根据 2018 年《广西统计年鉴》数据整理绘制。

6. 统筹城乡步伐加快，但城乡二元结构亟待破除

广西北部湾经济区同城化迈出新步伐，扩权强县和扩权强镇有序推进，南宁、玉林等城乡综合配套改革试点全面铺开，统筹城乡发展取得进展。但城乡发展差距大、不平衡、不协调问题突出，城乡分割的户籍管理、土地管理、社会保障制度，以及财税金融、行政管理等制度改革滞后，制约了农民工市民化和城乡一体化进程，大量农业转移人口难以融入城市社会，游离于城镇基本公共服务体系之外，处于"半市民化"状态，城镇内部出现新的二元矛盾。同时，市民化进程滞后导致城乡双重占地严重，2000年以来农村人口减少了700多万，农村居民点占地却增加了1000余平方千米。

四、新型城镇化动力

广西城镇化率和全国平均水平还有较大的差距，和西部省份相比也处于靠后的位置，与发达省份相比差距更大，2015年与广东（69.9%）的差距为20.7%，而发达国家城镇化率普遍在80%以上。城镇化发展是以经济发展为基础，人口逐渐向城市聚集的过程，非一朝一夕能够完成。广西城镇化建设由于起步晚，基础弱，新型城镇化建设还有很长的路需要走。

1. 近期仍将保持较快增速并成为广西社会经济发展一大动力

按照世界城镇化发展规律，城镇化率在30%～70%为快速发展阶段，广西城镇化正处在这个阶段。广西城镇化率从1991年的28.1%进入快速发展阶段，2015年达到47.06%（见表8-4），这段时间内都保持了较快的发展，符合城镇化发展规律。城镇化的进程和经济的发展密不可分，近年来广西经济形势总体良好，这也促进了城镇化的发展。在未来较长的时间内，广西城镇化仍将保持较快的发展速度。

表8-4　主要年份广西城镇化建设指标

指标	单位	2010年	2015年	2020年计划
一、城镇化				
全区常住人口城镇化率	%	40.11	47.06	54
二、住房保障				
城镇保障性住房建设和棚户区改造（开工套数）［五年累计数］	万套（户）		[117.65]	[59.7]

续表

指标	单位	2010 年	2015 年	2020 年计划
三、城市（县城）建设				
用水普及率	%	90.1	95.05	95.12
污水处理率	%	76.13	89.1	
生活垃圾无害化处理率	%	67.24	97.56	98
人均道路面积	平方米	12.83	15.32	20
燃气普及率	%	84.04	88.8	91
建成区绿化覆盖率	%	31.06	34.66	38
建成区绿地率	%	26.78	30.35	33
人均公园绿地面积	平方米	8.43	10.39	12
四、村镇建设				
人均道路面积（建制镇/乡集镇）	平方米	11.39/10.45	12.41/11.05	13.6/12
用水普及率（建制镇/乡集镇/村庄）	%	89.86/87.66/43.67	93.01/87.83/51.79	97/97/85
污水处理率（建制镇/乡集镇）	%	0.44/0.01	16.33/3.71	60/40
污水处理厂个数（建制镇/乡集镇）	个	10/1	137/3	588/16
污水处理能力（建制镇/乡集镇）	万立方米/日	0.446/0.035	34/0.28	80/0.88
绿化覆盖率（建制镇/乡集镇）	%	8.44/10.51	9.86/10.39	20/20
农村危房改造［五年累计数］	万户	19.14	［109.85］	［32］
五、房地产业				
房地产开发投资［五年累计数］	亿元	［3553.5］	［8417.62］	9000
商品住房竣工面积	万平方米	1342.87	1310.52	1300
商品住房销售面积	万平方米	2607.15	3181.51	3800
商品房销售均价	元/平方米	3562	4960	6300

资料来源：根据《广西住房城乡建设事业发展"十三五"规划》等相关资料整理。

根据经济地理学的理论，城镇化主要是受人口增长和（人均）收入增加等因素的直接推动。从中国及广西的例子来看，按可比口径，与 1952 年相比，全国 GDP 增长了 162.5 倍，人均 GDP 增长了 66.31 倍，广西 GDP 增长了 217.7 倍，人均 GDP 增长了 76.46 倍。在这种背景下，全国人口增长了 1.42 倍，其中城镇人口增长了 10.36 倍；广西常住人口增长了 1.51 倍，其中城镇人口增长了 12.90 倍。1978 年以来的增长率也显示广西的 GDP、人均 GDP 及城镇人口的增速高于全国。

图8-6也显示，广西总人口及人均收入的增长，对城镇化的效应高于全国均值。因此，如果广西人口及人均收入保持增长，城镇化进程仍将保持较快增速。

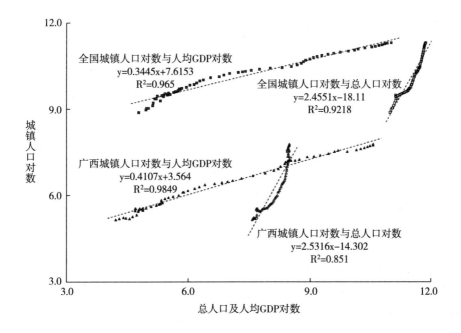

图8-6 城镇人口与总人口及人均 GDP 之间的关系

资料来源：根据历年《中国统计年鉴》和《广西统计年鉴》数据整理绘制。

随着广西城镇化率持续提高，更多的农村居民城镇化，城镇消费群体将不断扩大，消费结构不断升级。同时，拉动了城市基础建设、公共服务设施和住宅建设等投资，为经济的发展提供持续的强劲动力。

2. 城镇化将促进"三农"问题解决并促进三产融合

广西当前的城镇化率与其产业发展阶段（工业化中期为50%～60%）相比存在较大差距，城镇化发展空间和发展潜力均很大。[1] ①作为农业大省份和人均耕地小省份，广西距离农业规模化经营的要求有一定距离。随着城镇化的推进，农业人口逐步转移到城市，为发展农业现代化腾出宝贵的空间，农民人均资源量相应增加，将促进农业生产规模化和机械化，提高农业现代化水平。②城镇经济实力

---

① 来守林. 广西产业发展阶段分析及发展建议 [J]. 广西经济, 2016 (1): 38-39.

的提升，将反哺农业，促进以工带农、以城带乡，加快解决农村、农业、农民的问题。③2015年广西第三产业占GDP的比重为38.9%，全国第三产业所占比重为50.5%，广西比全国低了11.6个百分点。城镇人口聚集，促进社会分工细化，从而扩大生产性和生活性服务的需求，带动第三产业的发展。而第三产业是三次产业中就业的最大容纳器，其发展将拉动就业，推动更多从事三产的农民转化为城镇人口，促进人口城镇化，使城镇化和第三产业的发展相互促进。

3. 特色化及智慧化发展

广西小城镇大多集中于以山地丘陵为主要地形的区域，且大多数人口规模小、适宜建设用地大多比较狭小、经济欠发达且缺乏活力、市政及公共服务设施落后、农业占比较高、居民建房观念有待更新引导、规划建设缺乏特色。其中，具有特色资源和优势，有条件发展成专业特色镇的城镇数量不少。未来，可在农林产品加工、特色制造、商贸物流、历史文化与旅游休闲及高端服务等领域推动形成专业特色小镇，以及发展智慧城镇与智慧城区。

例如，根据小城镇的历史文化、休闲旅游、商贸物流、现代制造、教育科技、美丽宜居等特色，国家近年评选出几批"中国特色小镇"作为样板。其中，2016年公布的第一批127个之中，柳州市鹿寨县中渡镇、桂林市恭城瑶族自治县莲花镇、北海市铁山港区南康镇和贺州市八步区贺街镇4个广西小镇入选。2017年公布的第二批276个之中，河池市宜州区刘三姐镇、贵港市港南区桥圩镇、贵港市桂平市木乐镇、南宁市横县校椅镇、北海市银海区侨港镇、桂林市兴安县溶江镇、崇左市江州区新和镇、贺州市昭平县黄姚镇、梧州市苍梧县六堡镇和钦州市灵山县陆屋镇10个广西小镇入选。未来，在特色小镇、新型城镇化与智慧城市发展方面，广西还有很长的路要走。

第二节　城市经济

受当地自然地理、基础设施、户籍制度及发展策略等诸多因素影响，广西经济的空间集聚——城市经济有共性也各具特色。从量的方面看，1958年自治区成立之初，广西有4个自治区辖市、1个县级市和百余个镇，到2018年，广西有14个设区市、8个县级市、近800个镇，建成区面积2080平方千米。总体而言，广西的城市在增多、变大，市区人口与经济的集聚在增强。

从市域范围的人口流动来看，集聚力则各有不同。14个设区市当中，2017年末只有柳州市人口是净流入（13万人），即常住人口大于户籍人口（详见第二章相关分析）。而从市辖区范围看，人口净流入的分别有南宁（58万人）、柳州（45万人）、桂林（27万人）、北海（6万人）、百色（4万人）、梧州（2万人）和玉林（2万人）等市辖区，其他7个设区市的市辖区总体上是人口净流出。其中贵港（41万人）、钦州（22万人）、来宾（16万人）和贺州（14万人）等市辖区流出量较大，反映出不同的人口与经济集聚程度。

本节主要按地理区位分组分析城市的开放程度与空间及产业集聚等简况。根据现有的统计口径与数据，这里不专门分析县级市，而主要从两个层面分析地级市即设区市的城市经济：①狭义的即所谓"市辖区"或市区层面，特别是中心城区、建成区范围的经济发展；②广义的市域即所谓"全市"层面，包括①以及所辖县市的经济发展。所使用的数据包括《中国城市统计年鉴》《中国城市建设统计年鉴》《广西60年社会经济发展成就》《广西统计年鉴》以及各市的市志史料等。

一、北部湾城市

广西北部湾城市主要包括南宁以及北部湾沿岸的北海、钦州和防城港4市，即传统上的桂南沿海城市。南宁市虽不濒临北部湾，但近年来一直致力于推动北部湾区域与城市群在基础设施及功能方面的合作，目前已基本形成与其他沿北部湾城市的1~1.5小时经济圈，城市空间也不断地向南拓展。4市也是国家层面的广西北部湾经济区与北部湾城市群规划建设范围。2015年4市面积共4.3万平方千米，其中市区建成区面积488.2平方千米；常住人口1274.0万人，其中市镇人口673.8万人；地区生产总值5867.2亿元，其中工业增加值1990.3亿元，第三产业2526.8亿元。以上分别相当于广西全区的18.2%、26.6%、38.3%、29.8%、34.8%、31.1%和38.6%；城镇化率52.9%，高于同期广西的均值（47.1%）。同时，拥有广西一半以上的高等学校和公共服务设施。

反映在从业人口方面，与2005年相比，目前广西北部湾4市辖区从业人数占广西市辖区总数的45%且比重提升了近3个百分点。如图8-7所示，①在4市辖区层面，建筑业、制造业、教育以及公共管理和社会组织等领域从业人员占本地比重较大，分别为25%、13%、10%、8%。②在广西全区市辖区层面，除采矿业、制造业、水利与环境和公共设施管理业、居民服务与修理和其他服务业、教育、公共管理和社会组织等之外，4市其余各行业从业人员占全区市辖区同行业的比重在45%以上；区位商（LQ）达到1.1以上的有：电力、燃气及水的生产和供应业（1.5），第一产业即农、林、牧、渔业（1.4），文化、体育、娱乐业（1.3），住宿和餐饮业、科学研究与技术服务和地质勘查业、交通运输与仓储和邮政业（均为1.2），交通运输与仓储和邮政业、建筑业、批发和零售业、租赁和商业服务业、信息传输和计算机服务与软件业、房地产业、金融业（均为1.1）等。不过，4市之中主要是南宁市集聚力较强，占4市辖区从业人员的72%，其余城市集聚力尚弱。

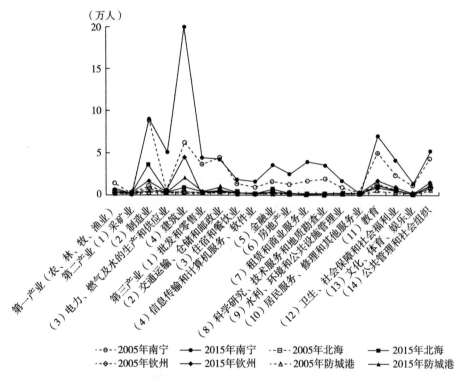

图8-7　2005、2015年北部湾4市各类产业从业人员分布变动

资料来源：根据2006年和2016年《中国城市统计年鉴》数据整理绘制。

按可比城区口径与1978年对比，2017年广西北部湾4市市区人口占广西全区的比重从8.7%提高到11.6%（户籍人口，按常住人口则为14.2%）；GDP占全区的比重从13.8%提高到27.2%。两者均趋于集聚且经济集聚快于人口集聚。当然，这主要是南宁、北海等市区的集聚力增强所致。

（一）南宁市

南宁，位于广西中部偏南，北回归线以南。古属百越之地。有（邕）江环绕，唐朝贞观八年（公元 634 年）定名邕州，故简称"邕"。1314 年（元朝）得名"南宁"，寓意"南方安宁"。1958 年 3 月成为广西僮族自治区首府，是全区政治、经济、文化、教育、科技和金融中心。现辖 7 区 5 县：兴宁、江南、青秀、西乡塘、邕宁、良庆和武鸣区，横县、宾阳、上林、马山和隆安县，以及南宁高新技术产业开发区、南宁经济技术开发区、广西—东盟经济技术开发区 3 个国家级开发区。全市土地面积 2.21 万平方千米，占广西全区面积的 9.4%，列广西 14 市的第 4 位。

至 2017 年底，南宁市建成区面积从 1949 年末的 4.5 平方千米，1978 年的 30 平方千米，2000 年的 100 平方千米，增至 315 平方千米，列广西各市第 1 位。全市户籍人口由 1949 年的 228 万人，1978 年的 452 万人，2000 年的 625 万人，增至 757 万人，其中市区人口从 1949 年末的 12 万人，2000 年的 136 万人，增至 375 万人；常住人口 715 万人，其中市区 434 万人；地区生产总值从 1978 年的 15 亿元，2000 年的 378 亿元，增至 4119 亿元，其中市区从 2000 年的 215 亿元增至 3411 亿元，均列广西 14 市的第 1 位。人口与 GDP 分别占广西的 15% 和 20%。全市平均人口密度（324 人/平方千米）相当于广西全区均值的 158%。人均 GDP（57948 元）高出广西均值且接近全国均值，列广西各市第 4 位。图 8-8 显示，2005 年以来南宁市区的商品房均价或市区地租的近似值提高了 2.1 倍，涨幅居广西 14 市第 10 位，2017 年均价居广西 14 市第 2 位（略低于柳州市）；各项主要指标在全国 290 个地级以上城市中的排名也多在 30 名左右。以上表明，南宁市在纵横向对比中呈现出较强吸引力与集聚力。

按可比城区口径与 1978 年对比，2017 年南宁市区人口占广西全区的比重从 5.3% 提高到 6.7%（户籍人口，按常住人口则为 8.9%）；GDP 占全区的比重从 10.0% 提高到 16.8%。两者均趋于集聚且经济集聚快于人口集聚。不过，南宁的城市首位度仍有待提升。以南宁市人口集聚为例，1953 年，占广西总人口的 1.0%，占广西城市人口的 28.28%；1964 年占广西总人口的 1.86%，占广西城市人口的 37.05%；1982 年，占广西总人口的 2.37%，占广西城市人口的 34.82%；1990 年，南宁市区人口占广西总人口的 2.76%，占广西城市人口的 15.28%；2017

年市区人口占广西总人口 7.9% ，城区人口占广西城区人口的 16.6% 。

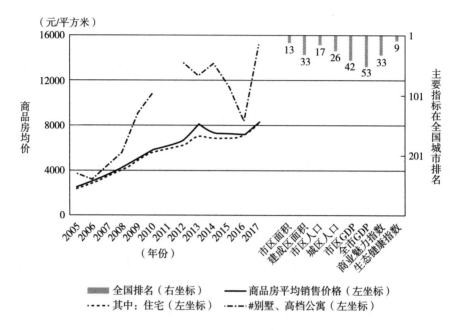

图 8－8　南宁市区商品房均价走势及主要经济指标在全国 290 个地级以上城市的排名

注：①全国排名数据中，除 GDP 及生态指标为 2015 年数据之外，其余均为 2017 年数据。②商品房平均销售价格＝商品房销售额/商品房销售面积；#别墅、高档公寓数据不完整。

资料来源：根据历年《广西统计年鉴》、《中国城市统计年鉴》、2017 年《中国城市建设统计年鉴》及本书之前章节引用的数据整理绘制。

　　南宁处于"一带一路"的重要节点，是距离东盟国家最近的省会级城市、西南出海大通道的重要枢纽、中国—东盟博览会的永久举办地，也是珠江—西江经济带、北部湾城市群的核心城市，同时拥有南宁综合保税区以及国家一类口岸南宁航空口岸。2017 年全市进出口总额 607 亿元，列广西 14 市第 3 位，不过，外贸依存度（14.7%）仍低于广西全区均值。接待入境旅客 59 万（其中外国人 41 万）人次，列广西各市第 2 位。近年来，南宁会展经济发展加快。根据商务部出版的年度《中国会展行业发展报告》，2013～2017 年，南宁市会展业发展指数分别是 5.6、21.1、20.8、18.7 和 9.8。在所统计的全国约 170 个城市中，南宁市的排名居于中上水平。南宁都市圈正进入"发育期"。①

近年来,南宁市推行"六大升级"工程——产业转型升级、(中国—东盟合作)"南宁渠道"升级、绿城品质升级、深化改革升级、法治南宁升级、民生福祉升级,加快建设"四个城市"——面向东盟开放合作的区域性国际城市,"一带一路"有机衔接的重要门户城市,对全区经济社会发展具有较强支撑带动作用的首府城市,具有浓郁壮乡特色和亚热带风情的生态宜居城市,推动经济社会高质量发展,形成了以电子信息、先进装备制造、生物医药等先进制造业和金融、现代物流、电子商务和信息服务等现代服务业为主导的现代产业体系,具备综合物流枢纽、跨境金融、跨境电商服务能力。

南宁素有"中国绿城"的美誉,先后荣获联合国人居奖、国家生态园林城市、国家森林城市、国家卫生城市等荣誉,实现全国社会管理综合治理"长安杯"三连冠、全国文明城市四连冠,入选 2015 年度"中国十大幸福城市"。2017 年 1 月20 日国务院批复的《北部湾城市群发展规划》,把南宁定位为面向东盟的核心城市,将建成特大城市和区域性国际城市;同年 3 月国家发展和改革委员会支持南宁建设边境中心城市。南宁获得 2018 年第 12 届中国国际园林花卉博览会举办权、2019 年苏迪曼杯举办权。

自古以来,南宁就是中国南部著名商埠和主要物资集散地。改革开放尤其是实行沿海开放城市政策以来,南宁经济持续、快速、健康发展,产业结构不断调整,经济效益不断提高,综合实力日益增强,经济以年均 10% 以上的速度递增,国民经济主要指标居广西前列,是广西区域性物流、资金流、信息流的交汇中心。第一产业方面,南宁是中国热带水果、粮食和经济作物生产基地之一,农业生产以粮食为基础,菜、果、蔗为龙头,种、养、加工并举的高产、高效、优质的城郊型农业格局。第二产业方面,南宁市工业有制糖、食物和轻纺、机械、电子、建材、化工、冶金、煤炭等。富士康、南南铝、美国嘉吉、沃尔沃、娃哈哈、韩国韩华、康师傅、美国亚马逊公司电子商务南宁运营中心等,越来越多的世界及中国 500 强企业落户南宁。第三产业方面,目前国务院批准实施的《广西北部湾经济区发展规划》中,明确提出要把南宁建设成为"区域性金融中心"的目标。

从市内 7 区 5 县层面看(见表 8 - 5),市区的人口密度、开发强度及人均 GDP

---

① 安树伟. 都市圈内中小城市功能提升 [M]. 北京:科学出版社,2019.

等高于郊县 2~3 倍，少数区县工业化程度高，多数区县的第三产业发展较快，市场活跃，因而整体上南宁市的城镇化水平比广西均值高 12 个百分点，比全国均值高近 2 个百分点。2017 年，兴宁、青秀、江南、西乡塘、良庆等市区人口为净流入（共 80 万人），其余区县为人口净流出（共 122 万人）；市区人口与 GDP 占全市的比重分别为 61% 和 83%，集聚水平较高但人口集聚仍待增强。

表 8-5　南宁市主要经济地理指标对比

区域	指标	人口密度（人/平方千米）	人均GDP（元）	第一产业比重（%）	工业化率（%）	第三产业与第二产业比值	内（外）贸依存度（%）	户籍（常住）人口城镇化率（%）	森林覆盖率（%）	国土开发强度（%）	#道路覆盖率（%）
南宁市	1978	204	331	42.0	32.2	0.64	36.9	14.8	—	—	—
	2005	292	11057	16.6	22.8	1.61	52.3（8.1）	26.9（44.3）	40.2	—	—
	2017	324	57948	9.8	28.9	1.32	53.5（14.7）	43.9（61.4）	48.3	5.7	1.0
兴宁区		602	95696	2.7	2.9	4.74	112.4	69.1	34.9	9.4	1.4
青秀区		915	116488	2.0	1.4	7.55	49.1	83.7	50.8	11.2	2.2
江南区		541	95173	5.0	64.9	0.35	34.3	69.3	34.8	11.4	2.3
西乡塘区		1147	72479	2.2	46.7	0.75	44.1	77.8	28.3	11.2	1.8
良庆区		275	41862	14.8	32.2	0.54	23.8	48.1	41.0	5.4	1.1
邕宁区		232	32034	30.4	15.0	1.78	25.5	41.3	41.1	5.2	1.0
武鸣区		169	62117	23.0	39.0	0.68	23.7	29.8	47.3	4.8	0.8
隆安县		137	23311	38.2	14.5	1.29	29.0	21.2	54.1	2.9	0.7
马山县		176	13487	36.7	6.0	2.37	45.9	18.5	63.0	3.3	0.7
上林县		194	15727	38.7	9.1	2.24	38.7	20.5	53.5	4.1	0.7
宾阳县		357	26722	23.0	20.8	1.47	53.0	31.5	41.4	5.7	0.9
横县		263	33654	23.9	29.2	0.92	34.2	28.9	48.5	5.2	0.8
广西平均（2017）		206	38102	15.5	31.9	1.10	42.2（20.9）	31.2（49.2）	56.5	3.8	07
全国平均（2017）		148	59660	7.9	33.9	1.28	44.3（33.6）	42.4（58.5）	21.6	3.2	0.6

注：森林覆盖率、开发强度、道路覆盖率为 2013/2015 年全国普查数据，其余非指定指标均为 2017 年数据。

资料来源：根据《中国统计年鉴》《广西统计年鉴》及第一次全国地理国情普查等资料计算整理。

按照《南宁市第三次全国经济普查主要数据公报（第二号）》的行业分类，对39个产业进行就业人数的区位商（LQ）分析，将LQ≥1的行业提取出来，并结合企业门槛标准，所得结果如表8-6所示：南宁市有12个产业集聚，分别是农副食品加工业，食品制造业，酒、饮料和精制茶制造业，木材加工及木、竹、藤、棕、草制品业，造纸及纸制品业，印刷业和记录媒介的复制，化学原料及化学制品制造业，医药制造业，橡胶和塑料制品业，金属制品业，电气机械及器材制造业及计算机、通信和其他电子设备制造业。其中，农副食品加工业的规模最大，集聚的企业最多（LQ>1，企业数为436家），是南宁市的主导产业。木材加工及木、竹、藤、棕、草制品业次之，专业化水平高，企业数量也达到了407家。作为全区的政治、经济、科技、金融、文化和信息中心，南宁的综合实力远远高于广西其他城市，这是由其省会地位所决定的，也和多年来政府政策的倾斜是分不开的。

表8-6 2013年南宁市产业聚集情况

行业名称	区位商（LQ）	企业数（家）
农副食品加工业	1.31	436
食品制造业	1.07	222
酒、饮料和精制茶制造业	1.44	211
木材加工及木、竹、藤、棕、草制品业	1.48	407
造纸及纸制品业	2.30	252
印刷业和记录媒介的复制	2.17	240
化学原料及化学制品制造业	2.06	280
医药制造业	1.65	111
橡胶和塑料制品业	1.46	203
金属制品业	1.46	222
电气机械及器材制造业	1.14	128
计算机、通信和其他电子设备制造业	2.41	86

资料来源：根据《南宁市第三次全国经济普查主要数据公报（第二号）》以及2016年《广西统计年鉴》资料整理。

（二）北海市

北海市是著名的滨海旅游城市、国家历史文化名城，北部湾城市群城市，也是西南地区同时拥有深水海港、全天候机场、高速铁路、高速公路的城市，也是大西南连接东盟的出海口之一。古属象郡、合浦郡，康熙元年（1662年）设"北海镇标"，市区北面濒海而得名。1876年中英《烟台条约》辟为通商口岸。1982年成为旅游对外开放城市。1983年10月改为地级市。1984年4月成为进一步对外开放的14个沿海城市之一。现辖3区1县：海城、银海和铁山港区以及合浦县。陆地面积0.33万平方千米，占广西全区面积的1.7%，列广西14市的末位；海岸线长669千米，占广西大陆海岸线的1/3强。

至2017年底，建成区面积从1949年的0.8平方千米，1985年的11平方千米，2000年的31平方千米，增至77平方千米，列广西各市第6位。全市户籍人口从1985年的109万人增至175万人，其中市区从18万人增至67万人；常住人口166万人，其中市区73万人；地区生产总值从1978年的3亿元，1985年的7亿元，2000年的114亿元，增至1230亿元，其中市区从2000年的45亿元增至965亿元，分别列广西14市的第13、第11、第13、第11、第8和第3位。人口与GDP约占广西的7%。全市平均人口密度（417人/平方千米）相当于广西全区均值的2倍。人均GDP（74378元）高出广西均值近1倍，也高出全国均值1.5万元，列广西各市第2位。图8-9显示，2005年以来北海市区的商品房均价或市区地租的近似值提高了2.5倍，涨幅居广西14市第7位，2017年均价居广西14市第4位；除生态及GDP等指标之外，多项主要指标在全国290个地级以上城市中的排名在中下水平。以上表明，北海市经济发展在纵横向比较中居中，仍需全面提升其城市综合竞争力。

按可比城区口径与1978年对比，2017年北海市区人口占广西全区的比重从0.4%提高到1.2%（户籍人口，按常住人口则为1.5%）；GDP占全区的比重从0.7%提高到4.7%。两者均增长很快且经济集聚快于人口集聚。

北海三面环海，气候宜人，风光旖旎，资源丰富，有"氧吧城市"之美誉；有银滩、涠洲岛、红树林等著名旅游景点；海洋资源丰富，"北海海味"声名远播；盛产"南珠"，有"珠城"之美誉。北海也历经开放的浸润，2000多年前，这里是海上丝绸之路最早的始发港，140年前，北海被开辟为对外通商口岸，英、法、德、意等八国在北海设立领事馆或办事处。1984年，国务院进一步开放包括北海市在内的14个沿海城市。拥有北海航空及北海港两个国家一类口岸，设有北海综合保税区。2008年，《广西北部湾经济区发展规划》实施后，北海市走出一条

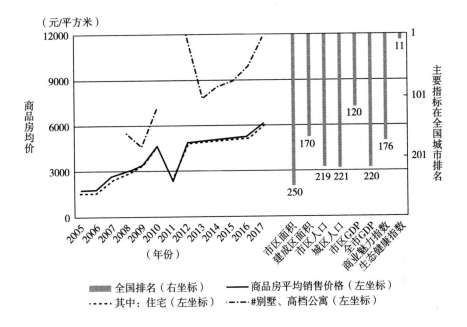

图 8-9　北海市区商品房均价走势及主要经济指标在全国 290 个地级以上城市的排名

注：①全国排名数据中，除 GDP 及生态指标为 2015 年数据之外，其余均为 2017 年数据。②商品房平均销售价格 = 商品房销售额/商品房销售面积；#别墅、高档公寓数据不完整。

资料来源：根据历年《广西统计年鉴》、《中国城市统计年鉴》、2017 年《中国城市建设统计年鉴》及本书之前章节引用的数据整理、绘制。

产业带动、文化引领、开放推动的发展路子，快速成为发展中的新兴城市。"十二五"期间，北海市经济增速连续多年排广西第一，"十三五"的发展也良好，呈现速度快、质量好、结构优、后劲足的特点。正着力打造向海经济，做大产业规模和城市规模，加快建设富强、开放、生态、文化、幸福新北海。不过，虽沿海且开放较早，拥有北海综合保税区以及航空与水运两个国家一类口岸，但北海市的外贸依存度仍低。2017 年进出口总额 231 亿元，列广西各市第 5 位，外贸依存度为 18.8%，略低于广西全区均值；接待入境旅客 15 万（其中外国人 8 万）人次，列广西各市第 8 位。

北海市辖区内以及涠洲岛、斜阳岛周边毗邻的海域约 2 万平方千米。沿岸滩涂面积 5 万公顷，已开发利用 2.27 万公顷。拥有约 500 平方千米的滩涂，类型有沙滩、淤泥滩、岩石滩、红树林滩、珊瑚礁滩等。沙滩、沙泥滩、淤泥滩分布较广、面积较大。其中沙滩面积 251 平方千米,沙泥滩、淤泥滩面积约 200 平方千米。北海市毗邻北部湾,整个北部湾约 12.8 万平方千米。拥有 15 米等深线以内的海域面积 1600 平方千米,有滩涂 500 平方千米。

从市内 3 区 1 县层面看(见表 8 - 7),海城和铁山港区工业化程度较高,银海区和合浦县第三产业发展较快;各区县的开发强度均高于广西均值,但只有海城和银海区的城镇化水平高于广西均值,且 2017 年为人口净流入(共 9 万人),其余区县为人口净流出(共 18 万人);市区人口与 GDP 占全市的比重分别为 44% 和 79%,两者集聚不同步,人口集聚仍待增强。

表 8 - 7 北海市主要经济地理指标对比

区域	指标	人口密度(人/平方千米)	人均GDP(元)	第一产业比重(%)	工业化率(%)	第三产业与第二产业比值	内(外)贸依存度(%)	户籍(常住)人口城镇化率(%)	森林覆盖率(%)	国土开发强度(%)	#道路覆盖率(%)
北海市	1978	273	311	60.1	25.5	0.46	50.2 (17.7)	15.8	—	—	—
	2005	441	12225	25.2	33.3	0.98	25.5 (1.2)	30.2 (47.4)	—	—	—
	2017	488	74378	15.5	49.8	0.55	20.3 (18.8)	32.6 (57.7)	31.8	10.5	1.4
海城区		2052	136254	5.2	51.8	0.65	25.6	90.1	4.0	42.1	5.4
银海区		369	64386	32.1	20.6	1.60	15.6	41.7	22.4	14.8	2.0
铁山港区		306	215931	9.1	81.8	0.10	3.5	12.0	14.7	16.7	1.8
合浦县		339	26715	37.5	19.9	1.35	35.9	18.0	38.5	7.1	1.0

注:森林覆盖率、开发强度、道路覆盖率为 2013/2015 年全国普查数据,其余非指定指标均为 2017 年数据。

资料来源:根据《广西统计年鉴》及第一次全国地理国情普查等资料计算整理。

按照《北海市第三次全国经济普查主要数据公报(第二号)》的行业分类,对 39 个产业进行就业人数的区位商分析,将 LQ≥1 的行业提取出来,并结合企业门槛标准,所得结果如表 8 - 8 所示:北海市有两个产业集聚,分别是农副食品加工业及计算机、通信和其他电子设备制造业。其中,农副食品加工业产业集聚规模最大，区位商为 2.07，企业数量达到了 148 家，是北海市的重点产业。

表 8-8 2013 年北海市优势产业集聚情况

行业名称	区位商（LQ）	企业数（家）
农副食品加工业	2.07	148
计算机、通信和其他电子设备制造业	4.14	83

资料来源：根据《北海市第三次全国经济普查主要数据公报（第二号）》以及 2016 年《广西统计年鉴》资料整理。

（三）钦州市

钦州市位于广西南部，处在广西北部湾沿海中心位置和大西南出海通道处，是中国—东盟自由贸易区的前沿城市，北部湾城市群城市。古属象郡、合浦郡。隋开皇十八年（公元 598 年）因钦江得名钦州。几经州、县易名，1912 年改为钦县，1963 年改为钦州壮族自治县，1965 年复改钦州县。1983 年设为县级市，1994 年升为地级市。现辖 2 区 2 县：钦南和钦北区，灵山和浦北县。全市土地面积 1.09 万平方千米，占广西全区面积的 4.6%，列广西 14 市第 11 位。海岸线长 563 千米，占广西大陆海岸线的 1/3 强。

至 2017 年底，与 1993 年设立地级市之初相比，建成区面积从不到 30 平方千米增至 95 平方千米，列广西各市第 4 位。全市户籍人口从不到 300 万人增至 411 万人，其中市区从不到 100 万人增至 151 万人；常住人口 328 万人，其中市区 129 万人；地区生产总值从约 60 亿元增至 1310 亿元，其中市区从约 30 亿元增至 592 亿元，分别列广西 14 市的第 7、第 4、第 8、第 5、第 7 和第 6 位。人口与 GDP 约占广西的 7%。全市平均人口密度（301 人/平方千米）相当于广西全区均值的 146%。人均 GDP（40160 元）略高于广西均值，列广西各市第 8 位。图 8-10 显示，2005 年以来钦州市区的商品房均价或市区地租的近似值提高了 1.4 倍，涨幅和 2017 年均价均居广西 14 市第 13 位；除生态等指标之外，多项主要指标在全国 290 个地级以上城市中的排名在中下水平。以上表明，钦州市的集聚力在纵横向对比中尚不强。

按可比城区口径与 1978 年对比，2017 年钦州市区人口占广西全区的比重从 2.3% 提高到 2.7%（户籍人口，按常住人口则是缩小到 1.2%）；GDP 占全区的比重从 2.5% 提高到 2.9%，表明经济略有集聚而人口集聚不明显。

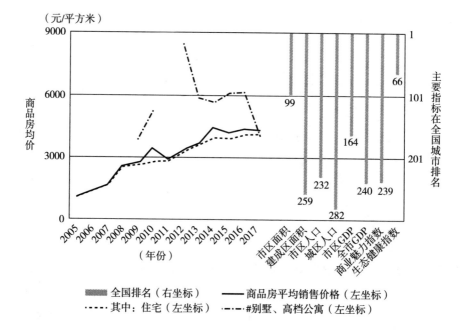

图 8-10　钦州市区商品房均价走势及主要经济指标在全国 290 个地级以上城市的排名

注：①全国排名数据中，除 GDP 及生态指标为 2015 年数据之外，其余均为 2017 年数据。②商品房平均销售价格 = 商品房销售额/商品房销售面积；#别墅、高档公寓数据不完整。

资料来源：根据历年《广西统计年鉴》、《中国城市统计年鉴》、2017 年《中国城市建设统计年鉴》及本书之前章节引用的数据整理绘制。

钦州是"英雄故里""海豚之乡""坭兴陶都"，是规划的北部湾临海核心工业城市、北部湾集装箱干线港，拥有国家一类口岸钦州港（水运）以及钦州保税港区，是西部陆海新通道的主通道和中欧班列规划确定的全国 10 个沿海重要港口枢纽节点之一。钦州还是广西沿海交通主枢纽，境内有包括南钦、钦北、钦防 3 条高速铁路在内的多条铁路和兰海、钦防等多条高速公路。钦州市拥有钦州保税港区、中国—马来西亚钦州产业园区、钦州港经济技术开发区、整车进口口岸、中国—东盟港口城市合作网络、海峡两岸产业合作区钦州产业园区等多个国家级开放合作平台。2017 年全市进出口总额 340 亿元，列广西各市第 4 位，外贸依存度为 26.0%，高于广西全区均值；接待入境旅客 7 万（其中外国人 1 万）人次，列广西 14 市第 13 位。

作为滨海城市，钦州海洋资源丰富，近岸 10 米等深线内可供养殖面积 866.7

平方千米，浅海鱼类资源年估量 4200 吨。20 米等深线内有虾类 35 种，蟹类 191 种，螺类 143 种，贝类 178 种，头足类 17 种，鱼类 326 种，其中主要经济鱼类 20 余种。面积 135 平方千米的茅尾海是中国南方最大的天然蚝苗采苗和人工养殖基地，盛产大蚝、对虾、青蟹、石斑鱼四大名产及水鸭、海鸥等野生水禽。

从市内 2 区 2 县层面看（见表 8-9），各区县工业化程度（浦北县除外）、市场化程度以及城镇化程度（钦南区除外）基本上低于广西均值，但开发强度、人口密度及第一产业比重等高于广西均值，显示钦州向城市经济的转型比较慢；2017 年为人口净流出（共 83 万人）；市区人口与 GDP 占全市的比重均不足一半，分别为 39% 和 45%，两者集聚均有待大的提高。

表 8-9　钦州市主要经济地理指标对比

区域	指标	人口密度（人/平方千米）	人均 GDP（元）	第一产业比重（%）	工业化率（%）	第三产业与第二产业比值	内（外）贸依存度（%）	户籍（常住）人口城镇化率（%）	森林覆盖率（%）	国土开发强度（%）	#道路覆盖率（%）
钦州市	1978	202	210	63.0	15.7	0.94	37.2	6.4	22.8	—	—
	2005	293	6000	38.1	26.9	0.96	34.4（1.2）	11.2（25.5）	49.1	—	—
	2017	307	40160	17.9	37.2	0.72	31.4（26.0）	15.9（39.0）	57.1	5.4	0.8
钦南区		221	49576	25.0	16.1	1.80	31.5	34.5	—	8.0	1.4
钦北区		322	43677	16.9	30.0	0.85	36.2	16.9	50.8	4.5	0.8
灵山县		343	23488	24.4	31.1	0.82	37.4	9.4	56.2	4.9	0.6
浦北县		307	28959	18.5	40.1	0.51	38.4	13.4	59.1	4.3	0.6

注：森林覆盖率、开发强度、道路覆盖率为 2013/2015 年全国普查数据，其余非指定指标均为 2017 年数据。

资料来源：根据《广西统计年鉴》及第一次全国地理国情普查等资料计算整理。

按照《钦州市第三次全国经济普查主要数据公报（第二号）》的行业分类，对 39 个产业进行就业人数的区位商分析，将 LQ≥1 的行业提取出来，并结合企业门槛标准，所得结果如表 8-10 所示：钦州市有 3 个产业集聚，分别是化学原料及化学制品制造业、非金属矿物制品业及木材加工及木、竹、藤、棕、草制品业。

其中，非金属矿物制品业是钦州市的重点产业，区位商为1.06，集聚的企业数量达到261家。木材加工及木、竹、藤、棕、草制品业产业集聚规模次之，也是钦州市的重点产业之一。此外，化学原料及化学制品制造业的专业化水平最高，虽然集聚的企业数量只有94家，但是专业化分工明确，对外输出产品，产业集聚不断发展壮大。

表8-10　2013年钦州市优势产业集聚情况

行业名称	区位商（LQ）	企业数（家）
木材加工及木、竹、藤、棕、草制品业	1.26	156
化学原料及化学制品制造业	2.79	94
非金属矿物制品业	1.06	261

资料来源：根据《钦州市第三次全国经济普查主要数据公报（第二号）》以及2016年《广西统计年鉴》资料整理。

（四）防城港市

防城港市位于中国大陆海岸线的最西南端和西南沿边起点的交汇处，北部湾之滨，是中国仅有的两个沿边与沿海交汇的城市之一，与越南交界。古时属象郡、交趾郡、合浦郡、交州、钦州等，宋开宝五年（公元972年）得名防城。1968年建港，1978年12月更名为防城各族自治县。1984年设防城港区。1993年5月撤县设立地级市。现辖防城和港口区、上思县，代管东兴市。总面积0.62万平方千米，占广西全区面积的2.6%，列广西14市第13位。大陆海岸线538.79千米，占广西大陆海岸线的1/3，是北部湾畔全海景生态海湾城市，被誉为"西南门户""边陲明珠"，同时号称"中国氧都""中国金花茶之乡""中国白鹭之乡""中国长寿之乡""广西第二大侨乡"。

至2017年底，建成区面积从1993年设市之初的15平方千米增至41平方千米，列广西各市第12位。全市户籍人口从1993年的72万人增至98万人，其中市区从40余万人增至58万人；常住人口94万人，其中市区57万人；地区生产总值从1993年的17亿元增至742亿元，其中市区从13亿元增至566亿元，分别列广西14市的第14、第12、第14、第12、第11和第7位。人口与GDP分别占广西的1.9%和3.6%。全市平均人口密度（151人/平方千米）相当于广西全区均值的73%。人均GDP（79351元）高出广西均值1.1倍，也高出全国均值近2万元，列广西各市之首。图8-11显示，2005年以来防城港市区的商品房均价或市区地租的近似值提高了 2.9 倍，涨幅居广西 14 市第 2 位，2017 年均价居广西 14 市第 10；多项主要指标在全国 290 个地级以上城市中的排名在中间偏下水平。以上表明，防城港市的经济集聚力纵比提升快但横比仍偏弱。

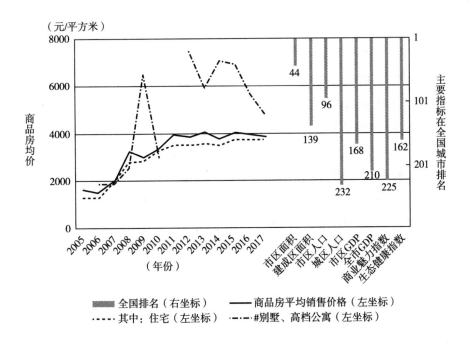

图 8－11　防城港市区商品房均价走势及主要经济指标在全国290 个地级以上城市的排名

注：①全国排名数据中，除 GDP 及生态指标为 2015 年数据之外，其余均为 2017 年数据。②商品房平均销售价格 = 商品房销售额/商品房销售面积；#别墅、高档公寓数据不完整。

资料来源：根据历年《广西统计年鉴》、《中国城市统计年鉴》、2017 年《中国城市建设统计年鉴》及本书之前章节引用的数据整理、绘制。

　　按可比城区口径与 1978 年对比，2017 年防城港市区人口占广西全区的比重从 0.7% 提高到 1.0%（户籍人口，按常住人口则为 2.6%）；GDP 占全区的比重从 0.6% 提高到 2.8%。两者均增长快且经济集聚快于人口集聚。

　　境内有南防铁路和钦防、钦崇、钦东三条高速公路经过，高速公路通达各县（市、区）。防城港市是中国沿海主要港口，中国西部地区第一大港，是中国的深水良港，西南地区走向世界的海上主门户，也是连接中国东盟、服务西部的物流大平台。防城港市拥有企沙、防城港、江山（水运）以及东兴、峒中（公路）5个国家一类口岸。同时，防城港市也肩负着东兴国家重点开发开放试验区、防城港边境旅游试验区、东兴边境经济合作区、沿边金融综合改革试验区、构建开放型经济新体制综合试点试验5个国家级平台建设任务。2017年全市进出口总额769亿元，列广西各市第2位，外贸依存度为103.6%，远高于广西全区均值；接待入境旅客18万（其中外国人16万）人次，列广西14市的第7位。

由于十万大山的地形作用，该市北面的上思县雨量相对较少（年均雨量1300毫米），南面的防城则雨量较多，是广西乃至全国降雨最多的地区和暴雨中心之一。生态方面，拥有世界唯一的国家级金花茶自然保护区和中国最大、最典型的海湾红树林，被联合国环境署批准列入中国第一、全球三大全球环境基金（GEF）红树林国际示范区，是国际间候鸟迁徙的重要通道。

从市内区县层面看（见表8-11），各区县的工业化程度均高于广西均值，但市场化程度不高；港口区和东兴市国土开发强度及人口密度较大，且2017年为人口净流入（共4万人），防城区和上思县国土开发强度及人口密度不大，且2017年

表 8 - 11 防城港市主要经济地理指标对比

区域	指标	人口密度（人/平方千米）	人均GDP（元）	第一产业比重（%）	工业化率（%）	第三产业与第二产业比值	内（外）贸依存度（%）	户籍（常住）人口城镇化率（%）	森林覆盖率（%）	国土开发强度（%）	#道路覆盖率（%）
防城港市	2005	131	11872	23.9	32.2	1.00	24.0/9.3	26.4（40.6）	58.9	—	—
	2017	157	79351	12.0	49.8	0.55	16.7（103.6）	37.0（57.4）	60.2	3.9	0.7
港口区		427	239442	4.3	60.6	0.43	6.0	61.2	24.9	27.2	3.0
防城区		161	38594	20.8	32.8	0.89	32.9	33.4	66.6	3.1	0.6
上思县		76	37944	26.7	40.8	0.65	27.5	20.4	55.9	1.6	0.5
东兴市		270	65738	18.0	34.4	0.89	26.5	52.4	54.4	6.8	1.3

注：森林覆盖率、开发强度、道路覆盖率为2013/2015年全国普查数据，其余非指定指标均为2017年数据。

资料来源：根据《广西统计年鉴》及第一次全国地理国情普查等资料计算整理。

年为人口净流出（共 8 万人）；除上思县外，城镇化程度均高于广西均值；市区人口与 GDP 占全市的比重分别为 63% 和 76%，两者集聚均待增强。

按照《防城港市第三次全国经济普查主要数据公报（第二号）》的行业分类，对 39 个产业进行就业人数的区位商分析，将 LQ≥1 的行业提取出来，并结合企业门槛标准，所得结果如表 8 - 12 所示：防城港市有农副食品加工业产业集聚，区位商为 1.18，集聚的企业数量为 97 家。其余的产业虽然有的专业化水平高，但是企业集聚的数量不大。

表 8 - 12　2013 年防城港市优势产业集聚情况

行业名称	区位商（LQ）	企业数（家）
农副食品加工业	1.18	97

资料来源：根据《防城港市第三次全国经济普查主要数据公报（第二号）》和 2016 年《广西统计年鉴》数据计算。

二、桂中城市

桂中城市主要是以柳州为核心，辐射带动来宾、河池区域一体化发展的城镇体系。2015 年，柳州、来宾、河边 3 市面积共 6.5 万平方千米，其中市区建成区面积 247.7 平方千米；常住人口 958.2 万人，其中市镇人口 454.4 万人；地区生产总值 3474.6 亿元，其中工业增加值 1480.7 亿元，第三产业 1311.7 亿元，分别相当于广西全区的 27.6%、19.4%、20.0%、20.1%、20.7%、23.2% 和 20.2%；城镇化率 47.4%，略高于同期广西的均值（47.1%）。

反映在从业人口方面，与 2005 年相比，目前桂中 3 市辖区从业人数占广西市辖区总数的 26% 且比重提升了近 2 个百分点。如图 8 - 12 所示：①在 3 市辖区层面，建筑业、制造业、教育、公共管理和社会组织、卫生与社会保障及社会福利业等领域从业人员的比重分别为 29%、26%、8%、6% 和 5%。②在广西全区市辖区层面，3 市的制造业、建筑业、水利与环境和公共设施管理业、房地产业、租赁和商业服务业、第一产业（农林牧渔业）等从业人员占全区市辖区同行业的比重在 25% 以上；区位商（LQ）达到 1.1 以上有：制造业（1.4）、建筑业（1.3）、水利与环境和公共设施管理业（1.1）等。不过，3 市中主要是柳州市集聚力较强，占 3 市辖区从业人员的 80%，其余城市集聚力尚弱。

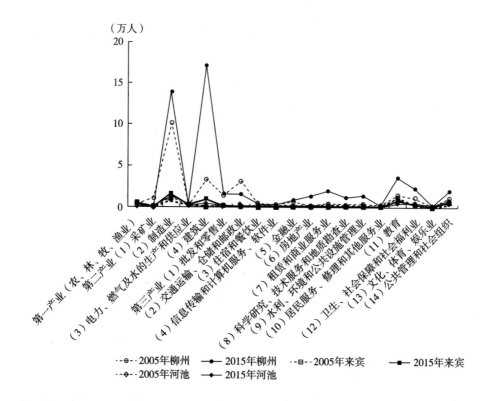

图 8 – 12　2005 年、2015 年柳州、来宾、河池 3 市市辖区各类产业从业人员分布变动

资料来源：根据 2006 年和 2016 年《中国城市统计年鉴》数据整理绘制。

按可比城区口径与 1978 年对比，2017 年桂中 3 市市区人口占广西全区的比重从 6.6% 提高到 7.0%（户籍人口，按常住人口则为 8.5%）；GDP 占全区的比重从 11.1% 提高到 13.6%。两者均趋于集聚且经济集聚快于人口集聚。当然，这主要是柳州市区的集聚力增强所致。

（一）柳州市

柳州市位于广西中北部，是一座具有 2000 多年历史的文化名城，也是中国西部的工业重地、广西第 2 大城市。始于西汉元鼎六年（公元前 111 年）的潭中县，后为马平郡、马平县、昆州等，唐贞观八年（公元 634 年）始称柳州。历经数次易名，1949 年 12 月设立柳州市，1950 年升为地级市、省辖市。1983 年和 2002 年先后管辖原柳州地区部分县。现辖 5 区 5 县：城中、鱼峰、柳南、柳北和柳江区，柳城、鹿寨和融安县，以及融水苗族自治县和三江侗族自治县。全市面积 1.86 万平方千米，占广西全区面积的 7.8%，居广西 14 市第 5 位。城镇化率为广西最高。全市常住人口 400 万，其中少数民族人口占全市总人口的 56% 以上。

至 2017 年底，建成区面积从 1949 年的 3.4 平方千米，2000 年的 91 平方千米，增至 225 平方千米，列广西各市第 2 位。全市户籍人口从 1949 年的约 90 万人，2000 年的 184 万人，增至 387 万人，其中市区人口从 1949 年的 15 万人，2000 年的 91 万人增至 180 万人；常住人口 400 万人，其中市区 225 万人；地区生产总值从 1978 年的 10 亿元，2000 年的 185 亿元，增至 2756 亿元，其中市区从 2000 年的 143 亿元增至 2226 亿元，分别列广西 14 市的第 8、第 3、第 5、第 2、第 2 和第 2 位。人口与 GDP 分别占广西的 8.2% 和 13.4%。全市平均人口密度（215 人/平方千米）相当于广西全区均值的 105%。人均 GDP（69249 元）相当于广西均值的 182%，也高于全国均值近 1 万元，列广西各市第 3 位。图 8 - 13 显示，2005 年以来柳州市区的商品房均价或市区地租的近似值提高了 2.6 倍，涨幅居广西 14 市第 5 位，2017 年均价居广西 14 市第 1 位（略高于南宁市）；多项主要指标在全国 290 个地级以上城市中的排位在第 50 ~ 80。以上表明，柳州市经济在纵横向对比中有一定活力。

按可比城区口径与 1978 年对比，2017 年柳州市区人口占广西全区的比重从 2.6% 提高到 3.2%（户籍人口，按常住人口则为 4.6%）；GDP 占全区的比重从 7.3% 提高到 10.9%。两者均趋于集聚且经济集聚快于人口集聚。

柳州素有"桂中商埠"之称，是沟通西南与中南、华东、华南地区的铁路中枢及区域性综合交通枢纽，已形成集水陆空于一体的立体化现代交通网络。虽地处内陆但沿江开放较早，拥有国家一类的柳州（水运）口岸。不过，外贸依存度仍低。2017 年进出口总额 172 亿元，列广西各市第 7 位，外贸依存度为 6.3%；接待入境旅客 20 万（其中外国人 15 万）人次，列广西各市第 6 位。近年来，会展经济逐步发展。根据商务部出版的年度《中国会展行业发展报告》，2013 ~ 2017 年，柳州市的会展业发展指数分别是 0.7、0.7、1.5、1.5 和 5.4。但在所统计的全国约 170 个城市中，柳州市的排名目前还比较靠后。

柳州工业发达，工业经济总量在广西的占比居全区各市之首，约占广西总工业的 1/5，是广西最大的工业基地。已形成以汽车、冶金、机械为支柱产业，化工、食品、建材、纺织等传统产业并存的现代工业体系，拥有一批在国内外市场上具有较强竞争力和较高市场占有率的优势企业和名牌产品。其中五菱、宝骏、景逸等汽车品牌深受市场欢迎，汽车年总产量超过250万辆，位居全国城市第三。柳州是全国拥有一汽、东风、上汽和重汽四大汽车集团整车生产企业的城市；也是中国内陆走向东盟的重要通道城市和西南出海大通道集散枢纽城市、中国内陆与东盟双向往来的产品加工贸易基地和物流中转基地；"一带一路"有机衔接门户的重要节点和西部大开发战略中西江经济带的龙头城市和核心城市。柳钢集团是华南、西南地区最大的钢铁公司，已跻身中国千万吨钢铁企业、中国500强行列。柳工集团是世界工程机械50强企业，装载机产销量居世界第一位。

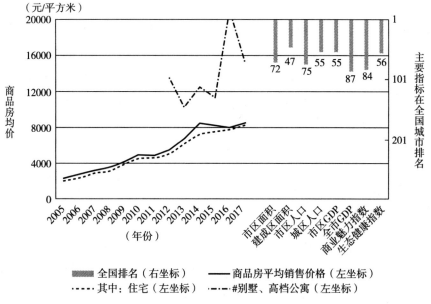

**图8-13　柳州市区商品房均价走势及主要经济指标在全国290个地级
以上城市的排名**

注：①全国排名数据中，除GDP及生态指标为2015年数据之外，其余均为2017年数据。②商品房平均销售价格＝商品房销售额/商品房销售面积；#别墅、高档公寓数据不完整。

资料来源：根据历年《广西统计年鉴》、《中国城市统计年鉴》、2017年《中国城市建设统计年鉴》及本书之前章节引用的数据整理绘制。

柳州市虽为广西最大的工业城市，却享有"山清水秀地干净"的美誉。奇石文化意蕴悠长，被誉为"中华石都"。旅游资源丰富，全市4A级景区达24

家,居广西第二,"紫荆花城""国际水上狂欢节"已成为城市亮丽名片。

从市内5区5县层面看(见表8-13),各区县的人口密度、工业化程度、开发强度、市场化程度以及城镇化程度等差异较大,从几倍到几十倍不等;2017年,5个市区均为人口净流入(共45万人),5个县则均为人口净流出(共31万人),使整个柳州市成为广西14个设区市中唯一人口净流入的一个市;市区人口与GDP占全市的比重分别为56%和81%,人口集聚有待增强。

表8-13 柳州市主要经济地理指标对比

区域	指标	人口密度(人/平方千米)	人均GDP(元)	第一产业比重(%)	工业化率(%)	第三产业与第二产业比值	内(外)贸依存度(%)	户籍(常住)人口城镇化率(%)	森林覆盖率(%)	国土开发强度(%)	#道路覆盖率(%)
柳州市	1978	133	404	27.3	45.8	0.48	36.7	23.0	—	—	—
	2005	197	14399	11.5	47.2	0.70	39.1(0.5)	34.7(45.5)	59.7		
	2017	215	69249	6.9	48.8	0.73	41.9(6.3)	49.5(64.0)	66.4	3.6	0.8
城中区		2241	178431	0.3	24.5	1.82	58.2	97.5	40.2	26.7	4.8
鱼峰区		1033	90448	0.5	64.4	0.53	48.9	91.3	44.4	16.9	2.6
柳南区		3185	134777	0.4	67.4	0.42	44.3	98.3	30.9	32.9	5.5
柳北区		1495	117396	1.8	48.5	0.90	31.1	90.5	3.0	18.8	2.7
柳江县		240	41550	16.1	41.9	0.73	20.2	31.0	46.4	4.6	0.9
柳城县		176	36934	34.2	27.2	1.00	29.0	39.6	45.7	4.1	0.9
鹿寨县		118	46290	21.3	35.7	0.66	25.4	40.7	65.5	2.7	0.5
融安县		104	24917	23.7	31.5	1.02	41.1	30.4	78.2	1.9	0.5
融水苗族自治县		91	23568	16.3	29.5	0.87	30.7	20.2	79.2	1.7	0.5
三江侗族自治县		129	16719	35.6	6.3	2.36	45.7	13.2	80.0	2.0	0.5

注:森林覆盖率、开发强度、道路覆盖率为2013/2015年全国普查数据,其余非指定指标均为2017年数据。

资料来源:根据《广西统计年鉴》及第一次全国地理国情普查等资料计算整理。

按照《柳州市第三次全国经济普查主要数据公报（第二号）》的行业分类，对 39 个产业进行就业人数的区位商分析，将 LQ≥1 的行业提取出来，并结合企业门槛标准，所得结果如表 8-14 所示：柳州市有 7 个产业集聚，分别是黑色金属冶炼及压延加工业，金属制品业，通用设备制造业，专用设备制造业，汽车制造，电气机械及器材制造业及金属制品、机械和设备修理业。其中，汽车制造产业集聚规模最大，是柳州市的主导产业，其区位商达到了 5.66，集聚的相关企业数量为 522 家，专业化分工水平及集聚的企业数量均很高。通用设备制造业产业集聚次之，区位商是 1.89，集聚的相关企业数量也达到了 289 家。规模最小的是黑色金属冶炼及压延加工业产业集聚，目前仅有 83 家企业集聚。这其中的装备制造业产业集聚按照规模大小的分类有汽车制造、通用设备制造业、专用设备制造业、金属制品业、机械和设备修理业及电气机械及器材制造业 6 个产业集聚。可见，柳州市是广西装备制造业的核心，大部分的产业集聚均属于装备制造业产业集聚，且规模较大，专业化水平高。

表 8-14　2013 年柳州市优势产业集聚情况

行业名称	区位商（LQ）	企业数（家）
黑色金属冶炼及压延加工业	1.66	83
金属制品业	1.29	156
通用设备制造业	1.89	289
专用设备制造业	2.28	170
汽车制造	5.66	522
电气机械及器材制造业	1.04	111
金属制品、机械和设备修理业	2.36	115

资料来源：根据《柳州市第三次全国经济普查主要数据公报（第二号）》以及 2016 年《广西统计年鉴》资料整理。

（二）来宾市

来宾地处广西中部，有"桂中福地"之称，湘桂高速铁路、桂海和平梧高速公路横穿境内；209、322、323 国道纵贯南北；西江干流红水河穿越市区，内河通航里程 341 千米，千吨级船舶可直航珠三角地区。

唐朝天宝二年（公元 743 年）得名来宾县，1949 年后为柳州专区、柳州地区，2002 年 9 月撤销柳州地区和来宾县设立地级来宾市，原来宾县改称兴宾区。现辖 1 区 4 县：兴宾区、忻城、象州和武宣县及金秀瑶族自治县，代管合山市。全市总面积 1.34 万平方千米，占广西全区面积的 5.6%，列广西 14 市的第7 位。

至 2017 年底，建成区面积从 1949 年（来宾县城）的 0.5 平方千米，2002年设市之初的 18 平方千米，增至 49 平方千米，列广西各市第 10。全市户籍人口从 2002 年的 241 万人增至 268 万人，其中市区人口从 97 万人增至 113 万人；常住人口 222 万人，其中市区 97 万人；地区生产总值从 2002 年的 104 亿元增至664 亿元，其中市区从 51 亿元增至 294 亿元，分别列广西 14 市的第 10、第 7、第 10、第 8、第 13 和第 11 位。人口与 GDP 分别占广西的 4.5% 和 3.2%。全市平均人口密度（166 人/平方千米）相当于广西全区均值的 81%。人均 GDP（30037 元）相当于广西均值的 79%，列广西各市第 10 位。图 8 - 14 显示，2005年以来柳州市区的商品房均价或市区地租的近似值提高了 2.3 倍，涨幅居广西14 市第 8，2017 年均价居广西 14 市之末；多项主要指标在全国 290 个地级以上城市中的排位在偏下水平。以上表明，来宾市经济纵比有一定提升，但横比尚弱。

按可比城区口径与 1978 年对比，2017 年来宾市区人口占广西全区的比重从1.9% 提高到 2.0%（户籍人口，按常住人口相同）；GDP 占全区的比重从 1.5%缩减到 1.4%。两者变化不大且经济集聚慢于人口集聚。

来宾市物产资源丰富，已探明矿藏 20 多种，碳酸钙储量达 5135 亿吨，重晶石、煤炭、锰等 7 种矿藏资源储量居广西首位；糖料蔗产量居全国第二；桑园面积居广西第三；森林面积 73.11 万公顷，森林覆盖率 52.1%；水域面积 297.5平方千米，可利用水能 117.12 万千瓦。

来宾市历史人文底蕴深厚，三万多年前的壮家始祖"麒麟山人"古人类遗址位于来宾境内；"世界瑶都"金秀是中国瑶族支系最多的自治县，保存着较为完整的瑶族传统文化；忻城莫氏土司衙署是全国规模最大、保存最完整的土司建筑，有"壮乡故宫"之称。

因地处内陆，尚无国家一类口岸，外贸依存度偏低。2017 年进出口总额 8亿元，列广西 14 市第 13 位，外贸依存度为 1.2%；接待入境旅客 2 万（其中外国人近 1 万）人次，列广西 14 市之末。

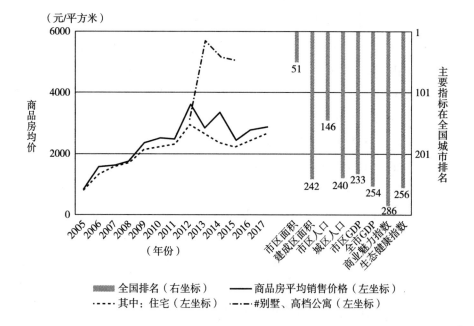

图 8 - 14 来宾市区商品房均价走势及主要经济指标在全国 290 个地级以上城市的排名

注：①全国排名数据中，除 GDP 及生态指标为 2015 年数据之外，其余均为 2017 年数据。②商品房平均销售价格 = 商品房销售额/商品房销售面积；#别墅、高档公寓数据不完整。

资料来源：根据历年《广西统计年鉴》、《中国城市统计年鉴》、2017 年《中国城市建设统计年鉴》及本书之前章节引用的数据整理绘制。

　　从市内 1 区 4 县层面看（见 8 - 15），各区县的人口密度不大，第一产业比重较高，市场化程度均低于广西均值，户籍人口城镇化只有合山市高于广西均值（但仍低于全国均值）；为保护生态，金秀及忻城等县的国土开发程度、路网密度低于全区均值不少；2017 年，各区县均为人口净流出（共 46 万人）；市区人口与 GDP 占全市的比重均不足一半，为 44%，集聚有待增强。

　　来宾以电力、制糖、冶炼和铝业为支柱产业，是广西工业发展"一轴两廊"布局的重要轴点、广西电网枢纽中心和重要的能源糖地，同时也是全国重点锰系铁合金生产基地和全国第二大糖料蔗生产基地。此外，广西首个市级国家现代农业产业园也位于来宾。

　　按照《来宾市第三次全国经济普查主要数据公报（第二号）》的行业分类，对 39 个产业进行就业人数的区位商分析，将 LQ≥1 的行业提取出来，并结合企业门槛标准,所得结果如表 8 - 16 所示:来宾市有非金属矿采选业产业集聚,区位商为 1.36,集聚的企业数量为 146 家。其余的产业虽然有的专业化水平高,但是企业集聚的数量不大。

表 8 - 15 来宾市主要经济地理指标对比

区域	指标	人口密度(人/平方千米)	人均GDP(元)	第一产业比重(%)	工业化率(%)	第三产业与第二产业比值	内(外)贸依存度(%)	户籍(常住)人口城镇化率(%)	森林覆盖率(%)	国土开发强度(%)	#道路覆盖率(%)
来宾市	1978	125	210	64.4	16.4	0.80	40.8(1.8)	7.1	—	—	—
	2005	166	6912	36.2	34.7	0.65	19.3(1.8)	14.9(26.0)	46.6	—	—
	2017	166	30037	24.1	27.7	1.01	27.2(1.2)	24.4(43.8)	52.2	3.6	0.8
兴宾区		220	30398	22.3	22.5	1.23	27.2	25.2	38.4	4.4	1.0
忻城县		130	19524	32.9	21.9	1.36	39.0	18.7	58.9	2.6	0.5
象州县		156	38451	28.4	39.0	0.49	22.8	22.6	38.8	4.2	0.7
武宣县		218	32224	23.0	41.2	0.63	23.1	25.1	49.9	5.0	1.0
金秀瑶族自治县		53	24716	27.9	13.1	2.54	30.1	26.4	89.1	1.3	0.3
合山市		324	27976	13.3	16.3	1.44	36.9	36.5	54.7	6.4	1.1

注:森林覆盖率、开发强度、道路覆盖率为 2013/2015 年全国普查数据,其余非指定指标均为 2017 年数据。

资料来源:根据《广西统计年鉴》及第一次全国地理国情普查等资料计算整理。

表 8 - 16 2013 年来宾市优势产业集聚情况

行业名称	区位商(LQ)	企业数(家)
非金属矿采选业	1.36	146

资料来源:根据《来宾市第三次全国经济普查主要数据公报(第二号)》、2016 年《广西统计年鉴》资料整理。

(三)河池市

河池市地处广西西北部、云贵高原南缘。始于宋朝时设立的庆远府及河池县，1965 年设为河池地区，1983 年撤县设立县级河池市，2002 年撤销河池地区和县级市设立地级河池市。现辖 2 区 9 县：金城江和宜州区，南丹、天峨、凤山和东兰县，罗城仫佬自治县、环江毛南族自治县、巴马瑶族自治县、都安瑶族自治县和大化瑶族自治县。总面积 3.35 万平方千米，占广西全区面积的14.1%，列广西 14 市的第 2 位。

　　河池的基本情况可以用"五区五乡"来概括，即著名的革命老区、少数民族地区、典型的大石山区和石漠化地区、贫困地区和水库移民区，世界长寿之乡、刘三姐故乡、世界铜鼓之乡、中国有色金属之乡和著名水电之乡。[1] 作为广西农民运动的发祥地、百色起义的策源地、右江革命根据地的腹地，红七军和韦拔群烈士的故乡，河池走出了韦国清上将等多位共和国开国将军。河池市是中国首个地级"世界长寿市"，所辖巴马县荣获"世界长寿之乡"之称。全市每10 万人就有 20 名百岁以上老人，以巴马为中心的盘阳河流域长寿人口比例位居世界之首。宜州区下枧村是壮族"歌仙"刘三姐的故乡，"如今广西成歌海，都是三姐亲口传"已成为传世佳话。河池市是世界铜鼓之乡，作为当今仍保留着使用铜鼓习俗的地区之一，是目前世界上已知的民间传世铜鼓分布最为密集的地区。

　　作为中国有色金属之乡和桂西资源富集区，河池市已探明的 10 种有色金属储存量达 961 万吨，价值人民币 7000 亿元。该市铟储量名列世界第一，锡储量占全国 1/3，是中国的"锡都"。河池市也是著名的水电之乡，珠江 40% 以上水量流经河池市，水电储量占广西总储量的 60% 以上，现有装机容量达 850 万千瓦，是华南的能源中心之一。西部大开发的标志性工程龙滩水电站就在天峨县境内。

　　至 2017 年底，建成区面积从 2002 年设立地级市之初的 14 平方千米增至 42平方千米，列广西各市第 11 位。全市户籍人口从 2002 年的 380 万人增至 430 万人，其中市区从 31 万人增至 101 万人；常住人口 352 万人，其中市区 93 万人；地区生产总值从 2002 年的 145 亿元增至 735 亿元，其中市区从 66 亿元增至 257亿元，分别列广西 14 市的第 5、第 9、第 7、第 9、第 12 和第 13 位。人口与

---

　　① 河池概况 [EB/OL]. 河池市人民政府，http：//www.hechi.gov.cn/zjhc/lsyg/20181030 - 706303. shtml，2018 - 10 - 30.

GDP 分别占广西的 7% 和 4%。全市平均人口密度（105 人/平方千米）相当于广西全区均值的 51%。人均 GDP（20921 元）相当于广西均值的 55%，列广西各市第 14 位（末位）。河池地处内陆，尚无国家一类口岸，经济开放度偏低。2017 年进出口总额 20 亿元，列广西各市第 12 位（倒数第 3），外贸依存度为 2.7%；接待入境旅客 11 万（其中外国人 3 万）人次，列广西各市第 10 位。图 8 - 15 显示，2005 年以来河池市区的商品房均价或市区地租的近似值提高了 2.0 倍，涨幅居广西第 14 和 2017 年均价均居广西 14 市第 11 位；多项主要指标在全国 290 个地级以上城市中的排位在偏下水平。以上表明，河池市经济纵比有一定提升，但横比尚弱。

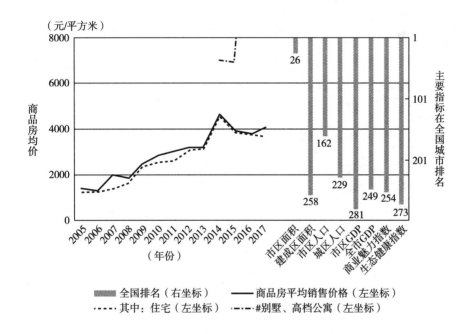

图 8 - 15　河池市区商品房均价走势及主要经济指标在

全国 290 个地级以上城市的排名

注：①全国排名数据中，除 GDP 及生态指标为 2015 年数据之外，其余均为 2017 年数据。②商品房平均销售价格 = 商品房销售额/商品房销售面积；#别墅、高档公寓数据不完整。

资料来源：根据历年《广西统计年鉴》、《中国城市统计年鉴》、2017 年《中国城市建设统计年鉴》及本书之前章节引用的数据整理绘制。

按可比城区口径与1978年对比，2017年河池市区人口占广西全区的比重从2.0%缩减到1.8%（户籍人口，按常住人口则是1.9%）；GDP占全区的比重从2.2%缩减到1.3%，人口与经济都有所收缩。

从市内2区9县层面看（见表8-17），各区县的人口密度与国土开发强度均低于广西均值；天峨、南丹、大化等县工业化比重较大，其余区县倚重第一与第三产业，内贸依存度较大；除金城江区外，其余区县城镇化率均低于广西均值3~18个百分点，且2017年均为人口净流出（共78万人，金城江区净流入0.5万人）；市区人口与GDP占全市的比重分别为27%和35%，集聚有待增强。

表8-17 河池市主要经济地理指标对比

区域	指标	人口密度（人/平方千米）	人均GDP（元）	第一产业比重（%）	工业化率（%）	第三产业与第二产业比值	内（外）贸依存度（%）	户籍（常住）人口城镇化率（%）	森林覆盖率（%）	国土开发强度（%）	#道路覆盖率（%）
河池市	（1978）	87	192	44.6	24.7	0.86	39.9	8.0	—	—	—
	（2005）	110	5405	28.3	27.7	0.95	29.2(1.6)	14.9(28.2)	—	—	—
	（2017）	105	20921	21.6	22.9	1.49	41.0(2.7)	22.7(37.1)	69.7	1.9	0.6
金城江区		148	37370	10.4	16.5	2.49	58.5	50.0	97.6	2.7	0.8
宜州区		151	21797	35.1	11.8	2.23	43.2	21.3	59.2	3.2	0.8
南丹县		75	38312	10.7	42.7	0.85	27.6	24.1	69.0	1.6	0.5
天峨县		51	42334	10.5	58.6	0.40	19.6	19.7	78.8	1.1	0.5
凤山县		98	13532	25.7	6.1	2.69	40.4	16.1	81.4	1.8	0.7
东兰县		92	12765	25.8	4.9	2.59	56.5	12.5	77.3	1.5	0.6
罗城仫佬自治县		117	14960	35.5	9.1	2.45	41.5	27.7	67.6	2.4	0.5
环江毛南族自治县		62	18316	36.1	12.3	2.11	45.6	13.4	68.9	1.3	0.4
巴马瑶族自治县		118	18437	24.8	17.8	1.67	34.5	13.8	73.3	1.5	0.5

续表

指标\区域	人口密度（人/平方千米）	人均GDP（元）	第一产业比重（%）	工业化率（%）	第三产业与第二产业比值	内（外）贸依存度（%）	户籍（常住）人口城镇化率（%）	森林覆盖率（%）	国土开发强度（%）	#道路覆盖率（%）
都安瑶族自治县	132	9067	27.6	7.5	3.08	50.3	27.6	62.2	2.1	0.5
大化瑶族自治县	137	15016	16.6	34.1	0.96	33.5	15.8	66.5	1.9	0.5

注：森林覆盖率、开发强度、道路覆盖率为2013/2015年全国普查数据，其余非指定指标均为2017年数据。

资料来源：根据《广西统计年鉴》及第一次全国地理国情普查等资料计算整理。

按照《河池市第三次全国经济普查主要数据公报（第二号）》的行业分类，对39个产业进行就业人数的区位商分析，将LQ≥1的行业提取出来，并结合企业门槛标准，所得结果如表8-18所示：河池市有4个产业集聚，分别是有色金属矿采选业，非金属矿采选业，木材加工及木、竹、藤、棕、草制品业及电力、热力的生产和供应业。其中，非金属矿采选业产业集聚规模最大，是河池市的重点产业之一，区位商为1.66，集聚的企业数达到了253家。

表8-18　2013年河池市优势产业集聚情况

行业名称	区位商（LQ）	企业数（家）
有色金属矿采选业	3.78	85
非金属矿采选业	1.66	253
木材加工及木、竹、藤、棕、草制品业	1.23	183
电力、热力的生产和供应业	1.31	100

资料来源：根据《河池市第三次全国经济普查主要数据公报（第二号）》、2016年《广西统计年鉴》资料整理。

三、桂北城市

桂北城市主要是以桂林为核心，辐射带动贺州区域一体化发展的城镇体系。

2015 年，桂林、贺州 2 市面积共 4.0 万平方千米，其中市区建成区面积 129.9 平方千米；常住人口 698.8 万人，其中市镇人口 317.7 万人；地区生产总值 2411.0 亿元，其中工业增加值 872.1 亿元，第三产业 878.6 亿元，分别相当于广西全区的 16.7%、10.2%、14.6%、14.1%、14.3%、13.7% 和 13.5%；城镇化率 45.5%，低于同期广西的均值（47.1%）。

反映在从业人口方面，与 2005 年相比，目前桂北 2 市辖区从业人数占广西市辖区总数的 12% 且比重下降了 1 个百分点。如图 8 - 16 所示，①在 2 市辖区层面，制造业、建筑业、教育、公共管理和社会组织、卫生与社会保障和社会福利业、金融业等领域从业人员占本地比重较大，分别为 22%、17%、13%、7%、7%、6%。②在广西全区市辖区层面，2 市的居民服务、修理和其他服务业，住宿和餐饮业，金融业，文化、体育、娱乐业，租赁和商业服务业，教育，水利、环境和公共设施管理业等领域，占全区市辖区同行业的比重在 12% 以上；区位商（LQ）达到 1.1 以上的有：居民服务、修理和其他服务业（2.0），住宿

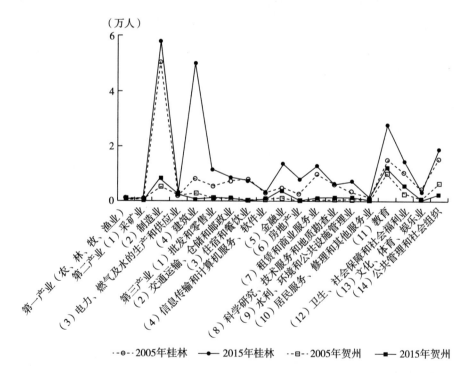

图 8 - 16 2005 年、2015 年桂林、贺州 2 市市辖区各类产业从业人员分布变动

资料来源：根据 2006 年和 2016 年《中国城市统计年鉴》数据整理绘制。

和餐饮业（1.6），金融业，文化、体育、娱乐业（均为1.4），租赁和商业服务业，教育，水利、环境和公共设施管理业（均为1.3），制造业（1.2），卫生、社会保障和社会福利业，房地产业（均为1.1）等。不过，2市之中主要是桂林市集聚力较强，占2市辖区从业人员的85%。

按可比城区口径与1978年对比，2017年桂北2市市区人口占广西全区的比重从4.0%提高到4.5%（户籍人口，按常住人口则为5.4%）；GDP占全区的比重从6.4%下滑到5.5%。显示人口集聚有所提高而经济有所分散。显然，这主要是广西经济重心向南集聚与偏移所致。

（一）桂林市

桂林市位于广西东北部，是世界著名的风景游览城市和中国历史文化名城，素有"桂林山水甲天下"之美誉。因盛产玉桂（一说桂花），公元前214年秦始皇统一岭南后置桂林郡。南朝以降称"桂州""静江"。1372年修桂林府，管辖广西，至1912年，以及1936~1950年，长期为广西政治、文化中心。1940年始设桂林市，1998年与桂林地区合设为地级市。全市土地面积2.77万平方千米，占广西全区面积的11.6%，列广西14市的第3位。现辖6区10县：秀峰、叠彩、象山、七星、雁山和临桂区，阳朔、灵川、全州、兴安、永福、灌阳、资源和平乐县及龙胜各族自治县、恭城瑶族自治县，代管荔浦市。

至2017年底，建成区面积从1949年的17平方千米，2000年的56平方千米，增至104平方千米，居广西各市第3位。全市户籍人口从1949年的200余万人，2000年的482万人，增至534万人，其中市区从1949年的10万人，2000年的64万人，增至130万人；常住人口506万人，其中市区157万人；地区生产总值（GDP）从1978年的11亿元，2000年的302亿元，增至2045亿元，其中市区从2000年的100亿元增至812亿元，分别列广西14市的第4、第5、第3、第4、第3和第4位。人口与GDP约占广西的10%。全市平均人口密度（183人/平方千米）相当于广西全区均值的89%。人均GDP（40632元）高于广西均值但低于全国均值，列广西各市第7位。图8-17显示，2005年以来桂林市区的商品房均价或市区地租的近似值提高了1.3倍，涨幅居广西14市之末，2017年均价居广西14市第3位；多项主要指标在全国290个地级以上城市中的排位在中上水平。这些在一定程度上表明桂林市在发展中对生态保护与经济增长的权衡。

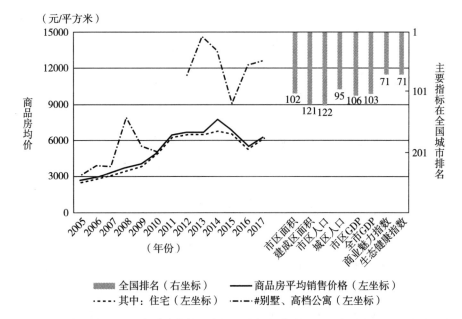

图 8 – 17　桂林市区商品房均价走势及主要经济指标在全国 290 个地级以上城市的排名

注：①全国排名数据中，除 GDP 及生态指标为 2015 年数据之外，其余均为 2017 年数据。②商品房平均销售价格 = 商品房销售额/商品房销售面积；#别墅、高档公寓数据不完整。

资料来源：根据历年《广西统计年鉴》、《中国城市统计年鉴》、2017 年《中国城市建设统计年鉴》及本书之前章节引用的数据整理绘制。

　　按可比城区口径与 1978 年对比，2017 年桂林市区人口占广西全区的比重从 2.1% 提高到 2.3%（户籍人口，按常住人口则为 3.2%）；GDP 占全区的比重从 4.8% 提高到 4.0%，显示人口与经济未能同步集聚。

　　桂林市旅游资源举世无双，旅游资源实体初步统计为 1099 处，分为地文景观、生物景观、水文景观、历史遗产、现代人文与抽象人文景观、旅游服务景观等。在自然、人文、旅游服务三大景观系列中，以山水景观和人文景观资源为主。桂林市属山地丘陵地区，是典型的喀斯特岩溶地貌。以漓江风光和溶洞为代表的山水景有山清、水秀、洞奇、石美观素"四绝"之誉。以桂林市区为中心、100 千米为半径区域内的旅游景点、景区有 200 多处，其中 5A 景区 4 处，4A 景区 25 处，3A 景区 30 处。近年来每年接待入境旅客都在 200 万（其中外国人 130 万）人次以上。不过，外贸依存度尚低，2017 年全市进出口总额 70 亿元，列广西各市第 8 位，外贸依存度为 3.4%，低于广西全区均值。

桂林市是联合国世界旅游组织"亚太旅游协会旅游趋势与展望国际论坛"永久举办地和"中国—东盟博览会旅游展"永久举办地，也是中国首个以城市为单位建设的国家旅游综合改革试验区。2012年，"桂林国际旅游胜地"建设上升为国家战略。近年来，会展经济发展加快，根据商务部出版的年度《中国会展行业发展报告》，2013～2017年，桂林市的会展业发展指数分别是4.7、5.4、11.7、30.6和2.3。在所统计的全国约170个城市中，桂林市的排名比较居中。

　　从市内层面看（见表8-19），除市区外，各县市的人口密度、内贸依存度或市场活跃度、户籍人口城镇化等多低于广西均值，而第一产业比重多高于广西均值；第三产业与第二产业比重大于和小于1的区县市各占近一半；2017年，临桂区及10县均为人口净流出（共59万人），其余5个辖区均为净流入（共30万人）；市区人口与GDP占全市的比重分别为31%和40%，在郊县多且市区扩容有限的情况下，市区及县市的集聚力有待增强。

表8-19　桂林市主要经济地理指标对比

区域		指标 人口密度（人/平方千米）	人均GDP（元）	第一产业比重（%）	工业化率（%）	第三产业与第二产业比值	内（外）贸依存度（%）	户籍（常住）人口城镇化率（%）	森林覆盖率（%）	国土开发强度（%）	#道路覆盖率（%）
桂林市	(1978)	136	301	43.4	32.6	0.60	37.2	10.0	—	—	—
	(2005)	173	10753	23.7	33.8	0.92	30.8 (1.8)	23.0 (34.4)	—	—	—
	(2017)	183	40632	18.7	29.8	1.10	45.4 (3.4)	33.4 (48.9)	71.2	3.6	0.7
秀峰区		4027	61945	0.6	6.0	7.60	142.7	100.0	43.2	13.0	3.7
叠彩区		3626	46151	1.7	9.6	3.88	141.7	87.3	21.8	32.7	4.4
象山区		3274	77031	0.5	23.6	2.15	71.9	94.3	28.6	29.0	3.1
七星区		4345	63538	0.8	43.3	1.08	47.8	96.3	32.8	37.3	4.2
雁山区		458	18923	20.6	10.7	3.34	15.2	14.7	47.0	8.4	1.4
临桂区		334	37385	22.8	29.0	0.74	25.7	24.4	95.6	4.9	1.0
阳朔县		128	44619	21.1	17.8	1.26	23.0	21.1	34.8	3.8	0.8
灵川县		162	35772	28.8	27.4	1.02	41.0	24.6	70.9	3.9	0.8

续表

区域 \ 指标	人口密度（人/平方千米）	人均GDP（元）	第一产业比重（%）	工业化率（%）	第三产业与第二产业比值	内（外）贸依存度（%）	户籍（常住）人口城镇化率（%）	森林覆盖率（%）	国土开发强度（%）	#道路覆盖率（%）
全州县	167	25789	30.3	25.3	1.13	20.8	12.9	61.5	3.8	0.7
兴安县	148	39694	26.2	29.3	0.97	33.2	23.1	74.4	3.6	0.7
永福县	88	54281	21.7	48.3	0.29	24.1	21.5	74.8	2.1	0.6
灌阳县	133	32162	24.3	42.4	0.55	26.3	27.0	73.8	2.9	0.5
龙胜各族自治县	66	41537	18.1	43.6	0.56	15.0	16.2	79.2	1.5	0.5
资源县	80	39026	19.1	38.8	0.66	21.8	17.5	79.2	2.1	0.5
平乐县	204	29756	39.6	24.7	0.95	22.0	35.3	70.7	4.2	0.6
荔浦市	205	46326	20.5	39.3	0.73	36.6	43.5	70.0	4.4	0.6
恭城瑶族自治县	121	31682	33.1	30.7	0.88	35.9	23.7	83.3	3.1	0.6

注：森林覆盖率、开发强度、道路覆盖率为 2013/2015 年全国普查数据，其余非指定指标均为 2017 年数据。

资料来源：根据《广西统计年鉴》及第一次全国地理国情普查等资料计算整理。

桂林市有高等植物 1000 多种，包括银杉、银杏等名贵树种；自然植被以马尾松为主，市区以桂花树为主，桂花是桂林市的市花。林业主产杉木和毛竹，林果种植面广、量大，农产丰富。

按照《桂林市第三次全国经济普查主要数据公报（第二号）》的行业分类，对 39 个产业进行就业人数的区位商分析，将 LQ≥1 的行业提取出来，并结合企业门槛标准，所得结果如表 8 - 20 所示：桂林市有 12 个产业集聚，分别是非金属矿采选业，食品制造业，酒、饮料和精制茶制造业，木材加工及木、竹、藤、棕、草制品业，家具制造业，印刷业和记录媒介的复制，橡胶和塑料制品业，金属制品业，通用设备制造业，专用设备制造业，电气机械及器材制造业及电力、热力的生产和供应业。其中，规模最大的是电力、热力的生产和供应业产业集聚，集聚的企业高达 739 家，是桂林市的重点产业。木材加工及木、竹、藤、棕、草制品业产业集聚次之，区位商为 1.54，集聚的企业数量为 420 个，也是桂林市的重点产业之一。

表 8 – 20　2013 年桂林市优势产业集聚情况

行业名称	区位商（LQ）	企业数
非金属矿采选业	1.84	357
食品制造业	1.65	173
酒、饮料和精制茶制造业	2.96	131
木材加工及木、竹、藤、棕、草制品业	1.54	420
家具制造业	2.25	91
印刷业和记录媒介的复制	1.30	138
橡胶和塑料制品业	1.65	169
金属制品业	1.62	157
通用设备制造业	1.02	155
专用设备制造业	1.61	209
电气机械及器材制造业	1.44	112
电力、热力的生产和供应业	1.06	739

资料来源：根据《桂林市第三次全国经济普查主要数据公报（第二号）》和 2016 年《广西统计年鉴》资料整理。

（二）贺州市

贺州市位于广西的东北部，湘、粤、桂交界地，南岭山系之中段南部，属南岭山地丘陵范畴。地势北高南低，四周向中部倾斜。北部为都庞岭余脉和萌渚岭，位于富川境内的都庞岭余脉主峰北卡顶，海拔 1857 米，是境内最高峰。沿贺江分布有八步平原和信都平原。

古称"临贺郡""临贺县"，1377 年得名贺县，1997 年撤县设市，2002 年设为地级市。现辖 2 区 3 县：八步和平桂区，昭平和钟山县及富川瑶族自治县。全市总面积 1.18 万平方千米，占广西全区面积的 4.9%，列广西 14 市的第 10 位。

至 2017 年底，建成区面积从 1949 年（贺县八步镇）的不足 1 平方千米，

1990 年的 5 平方千米，2002 年设市之初的 21 平方千米，增至 38 平方千米，居广西各市第 13（倒数第 2）。全市户籍人口从 2002 年的 209 万人增至 244 万人，其中市区人口从 2002 年的 90 万人增至 120 万人；常住人口 206 万人，其中市区 106 万人；地区生产总值从 2002 年的 110 亿元增至 549 亿元，其中市区从 51 亿元增至 314 亿元，分别列广西 14 市的第 12、第 6、第 12、第 7、第 14 和第 10 位。人口与 GDP 分别占广西的 4% 和 3%。全市平均人口密度（175 人/平方千米）相当于广西全区均值的 85%。人均 GDP（26802 元）相当于广西均值的 70%，列广西各市第 12 位。图 8 - 18 显示，2005 年以来贺州市区的商品房均价或市区地租的近似值提高了 1.4 倍，涨幅和 2017 年均价均居广西 14 市倒数第 2 位；多项主要指标在全国 290 个地级以上城市中的排位在偏下水平。以上表明，贺州市经济的集聚力纵横比都还比较弱。

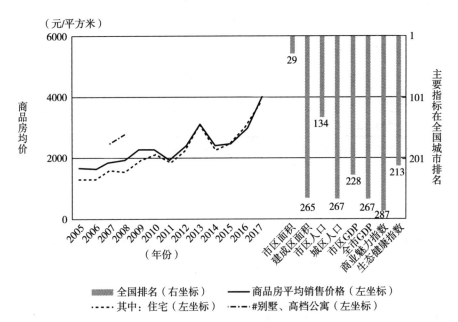

图 8 - 18　贺州市区商品房均价走势及主要经济指标

在全国 290 个地级以上城市的排名

注：①全国排名数据中，除 GDP 及生态指标为 2015 年数据之外，其余均为 2017 年数据。②商品房平均销售价格 = 商品房销售额/商品房销售面积；#别墅、高档公寓数据不完整。

资料来源：根据历年《广西统计年鉴》、《中国城市统计年鉴》、2017 年《中国城市建设统计年鉴》及本书之前章节引用的数据整理绘制。

按可比城区口径与 1978 年对比，2017 年贺州市区人口占广西全区的比重从 1.8% 提高到 2.1%（户籍人口，按常住人口则是 2.2%）；GDP 占全区的比重从 1.6% 缩减到 1.5%。显示经济集聚滞后于人口集聚。

贺州市东连广东省，北靠湖南省，素有"三省通衢"之称。区位条件优越，交通四通八达，是桂湘粤重要的交通枢纽，目前"七高三铁两江一机场"的综合交通运输大格局已初步形成。

贺州已有两千多年的历史，文物古迹繁多，民风古朴浓郁（总人口中壮、瑶、苗等少数民族人口 30 多万），自然风光秀丽。贺州生态环境优越，2013 年曾被权威机构评为全国 16 个空气质量最佳城市之一，是中国第一批外向型林业改革试验区、中国优秀旅游城市、全国双拥模范城、国家森林城市、全国森林旅游示范市、中国十大养生城市和世界长寿市。还有中国客家之乡、名茶之乡、奇石之乡、脐橙之乡和马蹄之乡等美誉。近年来每年接待入境旅客都接近 40 万（其中外国人 5 万）人次。不过，外贸依存度尚低，2017 年全市进出口总额 9 亿元，列广西 14 市之末，外贸依存度只有 0.9%，远低于广西全区均值。

从市内 2 区 3 县层面看（见表 8-21），各区县的人口密度、人均 GDP 及第一产业比重等多低于广西均值，户籍人口城镇化率仅相当于广西均值的一半左右；除平桂区外，各区县工业化程度低且市场活跃度不高；2017 年各县区均为人口净流出（共 38 万人）；市区人口与 GDP 占全市的比重分别为 51% 和 57%，集聚有待增强。

贺州市现已探明的有黑色金属、有色金属、稀有金属、贵金属、非金属等 60 多种，储量大、品种优、易于开采加工。其中，大理石储量达 15 亿立方米，花岗岩储量达 20 亿立方米，离子稀土储量达 50 万吨，铁矿储量达 15400 万吨，铝锌矿储量约 20 万吨。荣获国家金质银质奖的"飞碟"牌精锡锭、钨精矿及"星光"牌结晶硅、贺州汉白玉大理石等享誉国内外。

按照《贺州市第三次全国经济普查主要数据公报（第二号）》的行业分类，对 39 个产业进行就业人数的区位商分析，将 LQ≥1 的行业提取出来，并结合企业门槛标准，所得结果如表 8-22 所示：贺州市有非金属矿采选业及电力、热力的生产和供应业 2 个产业集聚。其中，电力、热力的生产和供应业产业集聚的规模最大，区位商为 1.05，集聚的企业数量达到了 178 家。

表 8－21　贺州市主要经济地理指标对比

区域	指标	人口密度（人/平方千米）	人均GDP（元）	第一产业比重（%）	工业化率（%）	第三产业与第二产业比值	内（外）贸依存度（%）	户籍（常住）人口城镇化率（%）	森林覆盖率（%）	国土开发强度（%）	#道路覆盖率（%）
贺州市	（1978）	124	236	63.7	20.2	0.59	35.4	9.7	—	—	—
	（2005）	172	7827	31.2	35.7	0.57	21.0（1.7）	14.2（29.3）	—	—	—
	（2017）	175	26802	21.1	24.1	1.05	32.6（0.9）	14.0（45.2）	72.5	3.4	0.5
八步区		118	26677	18.2	17.1	1.70	36.3	18.0	47.7	3.8	0.6
平桂区		118	34530	14.2	37.6	0.60	23.7	8.2	—	—	—
昭平县		111	19159	31.2	9.5	1.51	39.0	11.9	82.2	1.8	0.4
钟山县		250	27061	17.4	28.4	0.91	39.7	14.6	61.9	4.7	0.5
富川瑶族自治县		176	26059	36.5	22.5	1.01	24.0	15.4	57.2	3.9	0.6

注：森林覆盖率、开发强度、道路覆盖率为 2013/2015 年全国普查数据，其余非指定指标均为 2017 年数据。

资料来源：根据《广西统计年鉴》及第一次全国地理国情普查等资料计算整理。

表 8－22　2013 年贺州市优势产业集聚情况

行业名称	区位商（LQ）	企业数
非金属矿采选业	1.44	97
电力、热力的生产和供应业	1.05	178

资料来源：根据《贺州市第三次全国经济普查主要数据公报（第二号）》、2016 年《广西统计年鉴》资料整理。

四、桂东南城市

桂东南城市主要是以梧州、玉林、贵港 3 市为主的城镇体系。2015 年，梧州、玉林、贵港 3 市面积共 3.6 万平方千米，其中市区建成区面积 194.7 平方千米；常住人口 1300 万人，其中市镇人口 614.4 万人；地区生产总值 3390 亿元，其中工业增加值 1368 亿元，第三产业 1226 亿元，分别相当于广西全区的

15.2%、15.3%、27.1%、27.2%、20.2%、21.5% 和 18.9%；城 镇 化 率 47.3%，略高于同期广西的均值（47.1%）。

反映在从业人口方面，与 2005 年相比，目前桂东南 3 市辖区从业人数占广西市辖区总数的 12%且比重下降了 3 个百分点。如图 8 - 19 所示，①在 3 市辖区层面，制造业、教育、公共管理和社会组织及建筑业等领域从业人员占本地比重较大，分别为 24%、16%、14%、9%。②在广西全区市辖区层面，公共管理和社会组织，卫生、社会保障和社会福利业，教育，金融业，制造业，信息传输和计算机服务、软件业，交通运输、仓储和邮政业等行业，从业人员占全区市辖区同行业的比重高于 12%；区位商（LQ）达到 1.1 的有：公共管理和社会组织，卫生、社会保障和社会福利业（均为 1.6），教育（1.5），金融业，制造业（均为 1.3），信息传输和计算机服务、软件业（1.2），交通运输、仓储和邮政业（1.1）等。不过，3 市目前集聚力均不高，各市辖区从业人员的基本都是 10 万人，各占约 1/3。

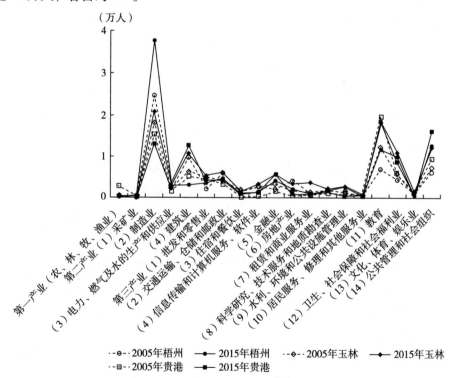

图 8 - 19　2005 年、2015 年梧州、玉林、贵港 3 市市辖区各类产业从业人员分布变动

资料来源：根据 2006 年和 2016 年《中国城市统计年鉴》数据整理绘制。

按可比城区口径与 1978 年对比，2017 年桂东南 3 市市区人口占广西全区的比重从 5.5% 提高到 7.0%（户籍人口，按常住人口则为 7.3%）；GDP 占全区的比重从 6.8% 提高到 7.8%。显示桂东南的人口与经济集聚有所增强。

（一）梧州市

梧州，古苍梧郡所在。位于广西东部，粤、桂交接处，是广西的东大门。因水系发达，水运便捷，在水运主导的时代成为岭南政治与经济中心及文化发祥地。1897 年，梧州开埠通商。1927 年，梧州市政府成立，成为广西最早的省辖市。1950 年 2 月，梧州市设为地级市。现辖 3 区 3 县：万秀、长洲和龙圩区，苍梧、藤县和蒙山县，代管岑溪市，总面积 1.26 万平方千米，占广西总面积的 5.3%，列广西 14 市的第 9 位。

梧州地处"三圈两带"（珠三角经济圈、北部湾经济圈、大西南经济圈和珠江—西江经济带、粤桂黔高铁经济带）交会节点，是中国西部省份中最靠近粤港澳大湾区的城市，我国 28 个主要内河港口城市之一，国内区域性综合交通运输枢纽城市，拥有国家一类（水运）口岸梧州港。梧州城市发展定位为西江"黄金水道"上向东开放的龙头城市、桂东南城镇群核心城市。

至 2017 年底，建成区面积从 1949 年的 2 平方千米，2000 年的 23 平方千米，增至 58 平方千米，居广西各市第 8 位。全市户籍人口从 1949 年的 125 万人，2000 年的 285 万人，增至 349 万人，其中市区人口从 1949 年的 12 万人，2000 年的 33 万人，增至 80 万人；常住人口 304 万人，其中市区 82 万人；地区生产总值从 1978 年的 6 亿元，2000 年的 285 亿元，增至 1338 亿元，其中市区 625 亿元，分别列广西 14 个设区市的第 9、第 10、第 9、第 10、第 6 和第 5 位。人口与 GDP 占广西的近 7%。全市平均人口密度（242 人/平方千米）是广西全区均值的 1.2 倍。人均 GDP（44193 元）高于广西均值但低于全国均值，列广西各市第 5 位。图 8 – 20 显示，2005 年以来梧州市区的商品房均价或市区地租的近似值提高了 2.3 倍，涨幅居广西 14 市第 9 位，2017 年均价居广西 14 市第 7 位；多项主要指标在全国 290 个地级以上城市中的排位在中偏下水平。以上表明，梧州市经济的集聚力还比较弱。

按可比城区口径与 1978 年对比，2017 年梧州市区人口占广西全区的比重从 0.7% 提高到 1.4%（户籍人口，按常住人口则为 1.7%）；GDP 占全区的比重从 2.1% 提高到 3.1%。两者均有所集聚且经济集聚快于人口集聚。

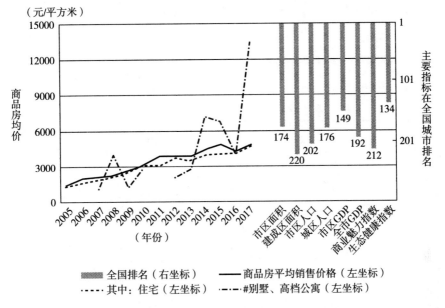

图 8 - 20　梧州市区商品房均价走势及主要经济指标

在全国 290 个地级以上城市的排名

注：①全国排名数据中，除 GDP 及生态指标为 2015 年数据之外，其余均为 2017 年数据。②商品房平均销售价格 = 商品房销售额/商品房销售面积；#别墅、高档公寓数据不完整。

资料来源：根据历年《广西统计年鉴》、《中国城市统计年鉴》、2017 年《中国城市建设统计年鉴》及本书之前章节引用的数据整理绘制。

　　北回归线纵贯全境，梧州市气候温和、雨量充沛，生态环境优美。桂江、浔江、西江穿梧州城而过，广西 85% 以上水量流经梧州市。江河水质常年达到国家地表水环境质量 Ⅱ 类标准。森林覆盖率 75.9%，环境空气质量优良率达 90% 以上。全市百岁以上老人比例远超国家长寿市标准，岑溪市、蒙山县被授予"中国长寿之乡"称号。梧州市正在打造立足梧州、面向粤港澳的西江流域生态养生养老示范城和广西有竞争力的健康养生产业基地。近年来每年接待入境旅客都接近 20 万（其中外国人 2 万）人次。不过，外贸依存度尚低，2017 年全市进出口总额 60 亿元，列广西 14 市第 9 位，外贸依存度为 4.5%，低于广西全区均值。

　　从市内层面看（见表 8 - 23），除苍梧县和蒙山县之外，各区县市的人口密度、国土开发强度及城镇化程度接近或高于广西均值，工业化比重较高，但第三产业及市场化程度较低。2017年，除万秀区和长洲区为人口净流入（共5万人）之外，其余区县市均为人口净流出（共50万人）；市区人口与GDP占全市的比重分别为27%和47%，集聚特别是人口集聚有待增强。

表8-23　梧州市主要经济地理指标对比

区域	指标	人口密度（人/平方千米）	人均GDP（元）	第一产业比重（%）	工业化率（%）	第三产业与第二产业比值	内（外）贸依存度（%）	户籍（常住）人口城镇化率（%）	森林覆盖率（%）	国土开发强度（%）	#道路覆盖率（%）
梧州市	(1978)	163	296	50.6	27.0	0.69	41.7(0.8)	10.6	42.5	—	—
	(2005)	236	7512	21.8	35.5	0.83	37.5(2.8)	19.9(36.8)	70.6	—	—
	(2017)	242	44193	10.2	54.5	0.53	33.3(4.5)	46.9(51.7)	75.0	3.5	0.6
万秀区		720	70009	1.7	47.7	0.94	46.8	79.9	71.1	7.1	0.7
长洲区		558	116128	2.0	58.3	0.63	34.5	79.2	74.6	9.1	1.5
龙圩区		295	56853	5.6	57.0	0.55	24.6	67.9	70.8	5.1	0.9
苍梧县		119	12618	38.7	21.9	0.77	57.3	29.5	81.1	1.7	0.3
藤县		222	30926	19.6	52.5	0.38	34.2	39.1	71.7	3.4	0.5
蒙山县		158	43927	14.6	51.2	0.54	20.0	26.7	77.8	2.4	0.4
岑溪市		293	38647	11.7	62.6	0.31	26.6	44.7	73.1	4.1	0.7

注：森林覆盖率、开发强度、道路覆盖率为2013/2015年全国普查数据，其余非指定指标均为2017年数据。

资料来源：根据《广西统计年鉴》及第一次全国地理国情普查等资料计算整理。

按照《梧州市第三次全国经济普查主要数据公报（第二号）》的行业分类，对39个产业进行就业人数的区位商分析，将LQ≥1的行业提取出来，并结合企业门槛标准，所得结果如表8-24所示：梧州市有5个产业集聚，分别是非金属矿采选业，木材加工及木、竹、藤、棕、草制品业，化学原料及化学制品制造业，非金属矿物制品业及电力、热力的生产和供应业。其中，非金属矿物制品业产业集聚规模最大，区位商为3.43，集聚的企业数量达到了202家，是梧州市的主导产业。木材加工及木、竹、藤、棕、草制品业产业集聚次之，区位商为 1.90，集聚的企业数量达到了 153 家，也是梧州市的重点产业之一。

表 8 - 24　2013 年梧州市优势产业集聚情况

行业名称	区位商（LQ）	企业数（家）
非金属矿采选业	4.06	152
木材加工及木、竹、藤、棕、草制品业	1.90	153
化学原料及化学制品制造业	3.77	104
非金属矿物制品业	3.43	202
电力、热力的生产和供应业	1.53	107

资料来源：根据《梧州市第三次全国经济普查主要数据公报（第二号）》、2016 年《广西统计年鉴》资料整理。

（二）玉林市

玉林市位于广西东南部，古称郁林郡、郁林州，因商贸发达素有"岭南都会"的美誉。1913 年得名郁林县，1956 年更名为玉林县，1983 年设为县级市，1997 年设为地级市。现辖 2 区 4 县：玉州和福绵区，容县、陆川、博白和兴业县；代管北流市。号称广西人口第二大市和最大的侨乡。全市土地面积 1.28 万平方千米，占广西总面积的 5.4%，居广西 14 市第 8 位。

至 2017 年底，建成区面积从 1990 年的 11 平方千米，2000 年的 33 平方千米，增至 74 平方千米，居广西 14 市第 7。全市户籍人口从 2000 年的 522 万人增至 724 万人，其中市区从 88 万人增至 112 万人；常住人口 581 万人，其中市区 113 万人；地区生产总值从 1978 年的 9 亿元，2000 年的 200 亿元，增至 1700 亿元，其中市区从 2000 年的 43 亿元增至 493 亿元，分别列广西 14 个设区市的第 2、第 8、第 2、第 6、第 4 和第 8 位。人口与 GDP 约占广西的 12% 和 8%。全市平均人口密度（453 人/平方千米）是广西全区均值的 2.2 倍，是广西人口密度最高的市域。人均 GDP（29387 元）不到全国均值的一半，列广西各市第 11（倒数第 4）位。图 8 - 21 显示，2005 年以来玉林市区的商品房均价或市区地租的近似值提高了 2.6 倍，涨幅居广西 14 市第 6 位，2017 年均价居广西 14 市第 8 位；多项主要指标在全国 290 个地级以上城市中的排位在中偏下水平。以上表明，玉林市经济的集聚力还比较弱。

按可比城区口径与 1978 年对比，2017 年玉林市区人口占广西全区的比重从

1.6%提高到2.0%（户籍人口，按常住人口则为3.3%）；GDP占全区的比重从
1.8%提高到2.4%。两者均有所增长而人口集聚略快。

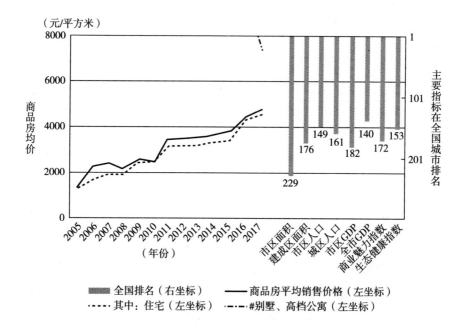

图8-21 玉林市区商品房均价走势及主要经济指标
在全国290个地级以上城市的排名

注：①全国排名数据中，除GDP及生态指标为2015年数据之外，其余均为2017年数据。②商品房平均销售价格=商品房销售额/商品房销售面积；#别墅、高档公寓数据不完整。

资料来源：根据历年《广西统计年鉴》、《中国城市统计年鉴》、2017年《中国城市建设统计年鉴》及本书之前章节引用的数据整理绘制。

玉林是广西农业大市，也是全国农村改革试验区，用不到全区5%的耕地面积贡献了全区8.5%的农业增加值。农村居民人均可支配收入居全区首位。玉林市工业基础厚实，是全国最大的内燃机生产基地、全国最大的日用陶瓷生产出口基地、国家级建材生产出口基地。玉林商贸发达，拥有全国第三大中药材专业市场，被评为"中国南方药都"。玉林市非公经济活跃，非公有制固定资产投资占固定资产投资比重76.8%，市场主体的92%为民营企业，被誉为"广西的温州"。玉林市旅游资源丰富，拥有11个国家4A级景区、21个3A级景区，被

誉为"岭南美玉,胜景如林"。2017 年全市接待入境旅客 14 万(其中外国人 3 万)人次,居广西各市第 9 位;全市进出口总额 34 亿元,列广西 14 市第 10 位,外贸依存度只有 2.0%,相当于广西均值的 1/10。

从市内层面看(见表 8-25),各区县市的人口密度与国土开发强度多高出广西均值 1～2 倍;除玉州区外,第一产业比重高,且人均 GDP 均低于广西均值;市区、博白县及北流市户籍人口城镇化较高。2017 年,除玉州区为人口净流入(共 5 万人)之外,其余区县市均为人口净流出(共 148 万人);市区人口与 GDP 占全市的比重分别为 20% 和 29%,整体上集聚水平与城镇化水平仍偏低。

表 8-25 玉林市主要经济地理指标对比

区域	指标	人口密度(人/平方千米)	人均GDP(元)	第一产业比重(%)	工业化率(%)	第三产业与第二产业比值	内(外)贸依存度(%)	户籍(常住)人口城镇化率(%)	森林覆盖率(%)	国土开发强度(%)	#道路覆盖率(%)
玉林市	(1978)	296	243	63.5	15.7	1.01	34.1	5.2	—	—	—
	(2005)	429	5998	29.3	29.3	1.09	36.5(1.8)	11.6(32.3)	54.2	—	
	(2017)	453	29387	16.3	33.2	0.94	42.9(2.0)	33.7(48.2)	61.9	6.9	0.8
玉州区		1684	57040	4.1	28.1	1.51	77.2	63.2	33.9	24.8	3.2
福绵区		483	19614	30.0	18.5	0.85	23.5	32.6	—	7.3	0.9
容县		297	32398	17.7	47.4	0.56	32.6	27.0	71.2	4.3	0.5
陆川县		517	31193	13.4	40.1	0.86	25.7	28.5	58.7	8.0	1.0
博白县		369	18074	31.6	23.3	1.18	43.1	33.5	64.0	5.7	0.7
兴业县		401	27762	22.6	25.2	0.76	22.3	24.5	61.5	6.8	0.9
北流市		491	27064	14.6	37.3	0.80	33.9	33.0	61.4	7.2	0.9

注:森林覆盖率、开发强度、道路覆盖率为 2013/2015 年全国普查数据,其余非指定指标均为 2017 年数据。

资料来源:根据《广西统计年鉴》及第一次全国地理国情普查等资料计算整理。

按照《玉林市第三次全国经济普查主要数据公报（第二号）》的行业分类，对39个产业进行就业人数的区位商分析，将LQ≥1的行业提取出来，并结合企业门槛标准，所得结果如表8-26所示：玉林市有7个产业集聚，分别是食品制造业，纺织服装、服饰业，皮革、毛皮、羽毛及其制品和制鞋业，印刷业和记录媒介的复制，非金属矿物制品业，通用设备制造业及文教、工美、体育和娱乐用品制造业。其中，规模最大的是非金属矿物制品业产业集聚，集聚的企业高达590家，是玉林市的主导产业。纺织服装、服饰业产业集聚次之，区位商为2.64，集聚的企业数量为312家，也是玉林市的重点产业之一。此外，文教、工美、体育和娱乐用品制造业产业集聚专业化水平最高，区位商达到了4.22，集聚的企业数量也有242家，发展潜力较大。

表8-26　2013年玉林市优势产业集聚情况

行业名称	区位商（LQ）	企业数（家）
食品制造业	1.52	106
纺织服装、服饰业	2.64	312
皮革、毛皮、羽毛及其制品和制鞋业	3.85	126
印刷业和记录媒介的复制	1.73	98
文教、工美、体育和娱乐用品制造业	4.22	242
非金属矿物制品业	1.89	590
通用设备制造业	2.31	105

资料来源：根据《玉林市第三次全国经济普查主要数据公报（第二号）》、2016年《广西统计年鉴》资料整理。

（三）贵港市

贵港市位于广西东南部，北回归线穿境而过。始建于唐朝武德四年（公元621年），1995年撤县设市。现辖3区1县：港北、港南、覃塘区及平南县，代管桂平市，面积1.06万平方千米，占广西总面积的4.5%，居广西14市第12位。

至2017年底，建成区面积从1996年设市之初的36平方千米增至79平方千米，居广西各市第5位。全市户籍人口从1996年的430万人增至556万人，其中市区从156万人增至202万人；常住人口438万人，其中市区160万人；地区生产总值从 1996 年的 100 亿元增至 1082 亿元，其中市区从 40 亿元增至 460 亿元，分别列广西 14 个设区市的第 3、第 2、第 4、第 3、第 9 和第 9 位。人口与 GDP 约占广西的 9% 和 5%。全市平均人口密度（413 人/平方千米）是广西全区均值的 2 倍。人均 GDP（24857 元）不到全国均值的一半，列广西各市第 13（倒数第 2）位。图 8－22 显示，2005 年以来贵港市区的商品房均价或市区地租的近似值提高了 2.7 倍，涨幅居广西 14 市第 3 位，2017 年均价居广西 14 市第 5 位；多项主要指标在全国 290 个地级以上城市中的排位在中下水平。以上表明，人口大市贵港市在住房需求及经济集聚力之间不同步。

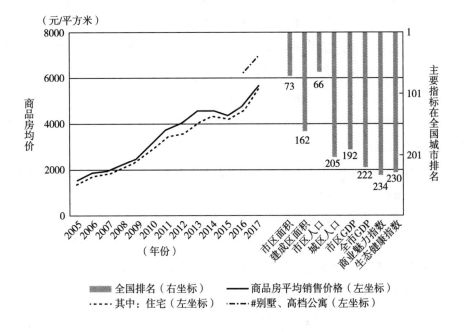

图 8－22　贵港市区商品房均价走势及主要经济指标在全国 290 个地级以上城市的排名

注：①全国排名数据中，除 GDP 及生态指标为 2015 年数据之外，其余均为 2017 年数据。②商品房平均销售价格 = 商品房销售额/商品房销售面积；#别墅、高档公寓数据不完整。

资料来源：根据历年《广西统计年鉴》、《中国城市统计年鉴》、2017 年《中国城市建设统计年鉴》及本书之前章节引用的数据整理绘制。

按可比城区口径与 1978 年对比，2017 年贵港市区人口占广西全区的比重从 3.2% 提高到 3.6%（户籍人口，按常住人口则是收缩到 2.3%）；GDP 占全区的比重从 2.9% 收缩到 2.3%。两者均略有收缩。

西江黄金水道贯穿全境，2000 吨级船运一年四季可通航邕、穗、港、澳等地，使贵港成为广西重要的水陆联运交通枢纽、华南重要的内河港口城市、国家一类水运口岸、全国 28 个主要内河港口之一、国家承接产业转移示范区。市内水能总蕴藏量巨大，投资达 330 亿元的大藤峡水利枢纽工程正在加快建设。贵港因城里多种植荷花而别称"荷城"，荷花被尊为贵港市花。目前，贵港培育有 800 多个荷花品种，其中东湖红莲为贵港独有的品种。

贵港大力实施"工业兴市、工业强市"战略，初步构建成广西第二汽车生产基地、中国—东盟新能源电动车生产基地、电子信息制造基地的框架。同时大力发展特色产业，并打造中南西南林产品交易中心和广西重要的商品粮、蔗糖、林果、禽畜和水产品生产基地。贵港还创建了"荷美覃塘""四季花田"等现代特色农业示范区，荣获"中国生态富硒港"称号。不过，与较高的工业化率和第一产业比重相比，贵港市的第三产业比重较低。市辖区虽然集中了全市 2/3 的人口和四成多的生产总值，国土开发强度也高出广西均值近 2 倍，但 2017 年全市的外贸依存度只有 2.2%，相当于广西均值的 1/10，与外贸易额（24 亿元）列广西 14 市的第 11 位；同年接待境外旅客 10 万（其中外国人 1 万）人次，在广西 14 市中列第 11 位。

从市内层面看（见表 8-27），各区县的人口密度与国土开发强度均高于广西均值；人均 GDP 均低于广西均值；除覃塘区外，市区工业化较低，但第三产业及市场较为活跃；除港北区外，其余区县市户籍人口城镇化率均不足 25%；2017 年各区县市均为人口净流出（共 118 万人）；市区人口与 GDP 占全市的比重分别为 37% 和 43%，集聚有待增强。

按照《贵港市第三次全国经济普查主要数据公报（第二号）》的行业分类，对 39 个产业进行就业人数的区位商分析，将 LQ≥1 的行业提取出来，并结合企业门槛标准，所得结果如表 8-28 所示：贵港市有 7 个产业集聚，分别是非金属矿采选业，农副食品加工业，纺织服装、服饰业，皮革、毛皮、羽毛及其制品和制鞋业，木材加工及木、竹、藤、棕、草制品业，化学原料及化学制品制造业及非金属矿物制品业。其中，木材加工及木、竹、藤、棕、草制品业产业集聚在整个广西规模最大，区位商是 4.46，集聚的企业数量高达 1003 家，是广西木材加工及木、竹、藤、棕、草制品业的核心，集聚水平非常高，产业集聚处于发展成熟阶段，不断对外输送产品和服务，集聚的企业也在不断增多。非金属矿物制品业产业集聚次之，也有 260 家，是贵港市的重点产业之一。

表 8 – 27　贵港市主要经济地理指标对比

区域	指标	人口密度（人/平方千米）	人均GDP（元）	第一产业比重（%）	工业化率（%）	第三产业与第二产业比值	内（外）贸依存度（%）	户籍（常住）人口城镇化率（%）	森林覆盖率（%）	国土开发强度（%）	#道路覆盖率（%）
贵港市	2005	392	4800	29.1	28.4	1.10	40.3（0.6）	11.0（27.3）	42.4	—	—
	2017	413	24857	17.9	35.0	0.91	44.4（2.2）	22.0（49.0）	46.4	6.9	1.0
港北区		566	35575	9.7	16.1	1.92	85.0	46.3	42.7	9.5	1.4
港南区		496	18496	22.7	29.0	0.99	46.6	18.6	34.2	8.9	1.1
覃塘区		321	32448	18.8	43.5	0.61	32.7	13.5	33.9	7.4	1.1
平南县		399	22608	21.0	37.8	0.90	26.9	21.9	59.6	5.7	0.6
桂平市		389	22663	18.7	42.6	0.64	36.2	17.3	47.8	6.2	1.0

注：森林覆盖率、开发强度、道路覆盖率为 2013/2015 年全国普查数据，其余非指定指标均为 2017 年数据。

资料来源：根据《广西统计年鉴》及第一次全国地理国情普查等资料计算整理。

表 8 – 28　2013 年贵港市优势产业集聚情况

行业名称	区位商（LQ）	企业数（家）
非金属矿采选业	1.37	82
农副食品加工业	1.97	116
纺织服装、服饰业	4.82	104
皮革、毛皮、羽毛及其制品和制鞋业	4.42	98
木材加工及木、竹、藤、棕、草制品业	4.46	1003
化学原料及化学制品制造业	1.43	81
非金属矿物制品业	2.14	260

资料来源：根据《贵港市第三次全国经济普查主要数据公报（第二号）》、2016 年《广西统计年鉴》资料整理。

五、桂西沿边城市

桂西沿边城市主要以百色和崇左等内陆沿边及左右江沿江城镇为主的城镇体系。2015 年，百色、崇左 2 市面积共 5.4 万平方千米，其中市区建成区面积72.7 平方千米；常住人口 565.1 万人，其中市镇人口 197.2 万人；地区生产总值 1663.5 亿元，其中工业增加值 660.0 亿元，第三产业 552.5 亿元，分别相当于广西全区的 22.6%、5.7%、11.8%、8.7%、9.9%、10.4% 和 8.5%；城镇化率 34.9%，远高于同期广西的均值（47.1%）。

反映在从业人口方面，与 2005 年相比，目前桂西沿边 2 市辖区从业人数占广西市辖区总数的 4% 且比重略有减少。如图 8 - 23 所示，①在 2 市辖区层面，公共管理和社会组织、教育、制造业、采矿业、建筑业、交通运输与仓储和邮政业等领域从业人员占本地比重较大，分别为 15%、12%、12%、9%、8% 和8%。②在广西全区市辖区层面，2 市采矿业所占比重高达 75%，公共管理和社会组织，交通运输、仓储和邮政业等，占全区 7%~8%；区位商（LQ）达到1.1 的有：采矿业（17.1），公共管理和社会组织（1.8），交通运输、仓储和邮政业（1.6），金融业，信息传输和计算机服务、软件业（均为 1.5），第一产业（农、林、牧、渔业），水利、环境和公共设施管理业（均为 1.3），批发和零售业，卫生、社会保障和社会福利业，教育（均为 1.2）等。不过，2 市目前集聚力均偏弱，尽管百色市区从业人员比崇左市区高出近 70%。

按可比城区口径与 1978 年对比，2017 年桂西沿边 2 市市区人口占广西全区的比重从 1.5% 收缩到 1.3%（户籍人口，按常住人口则为 1.5%，持平）；GDP占全区的比重从 1.8% 提高到 2.4%。显示沿边地区经济集聚有所增强，但人口集聚不明显。

（一）百色市

百色市位于广西西部，地处滇黔桂三省（区）交界，南与越南接壤，是壮族发祥地和革命老区。"百色"或由壮语"博涩寨"演变而来，得名于雍正七年（1729 年）。1983 年设为县级市，2002 年设为地级市。现辖 1 区 10 县：右江区、田阳、田东、凌云、乐业、德保、平果、那坡、西林和田林县以及隆林隆林各族自治县；代管靖西市。全市面积 3.63 万平方千米，占广西总面积的 15.2%，居广西 14 个设区市之首。

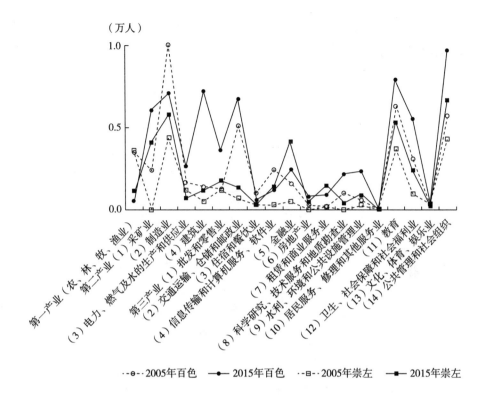

··○·· 2005年百色　—●— 2015年百色　··□·· 2005年崇左　—■— 2015年崇左

图 8 - 23　2005 年、2015 年百色、崇左 2 市市辖区各类产业从业人员分布变动

资料来源：根据 2006 年和 2016 年《中国城市统计年鉴》数据整理绘制。

至 2017 年底，建成区面积从 1949 年的 1.2 平方千米，1990 年的 13 平方千米，2002 年设立地级市之初的 29 平方千米，增至 51 平方千米，居广西 14 市第 9 位。全市户籍人口由 1978 年的 289 万人，2002 年的 367 万人，增至 418 万人，其中市区人口由 1949 年（县城）的 2 万人，2002 年的 33 万人，增至 36 万人；常住人口 365 万人，其中市区 40 万人；地区生产总值由 1978 年的 6 亿元，2002 年的 144 亿元，增至 1362 亿元，其中市区从 2002 年的 30 亿元增至 287 亿元，分别列广西 14 个设区市的第 6、第 14、第 6、第 13、第 5 和第 12 位。人口与 GDP 约占广西的 7%。全市平均人口密度（101 人/平方千米）只有广西全区均值的一半，全国均值的 70% 左右。人均 GDP（37479 元）略低于广西均值。图 8 - 24 显示，2005 年以来百色市区的商品房均价或市区地租的近似值提高了 2.7 倍，涨幅居广西 14 市第 4 位，2017 年均价居广西 14 市第 6 位；多项主要指标在全国290个地级以上城市中的排位偏后。以上表明,百色市经济纵比提升快但横比仍较弱。

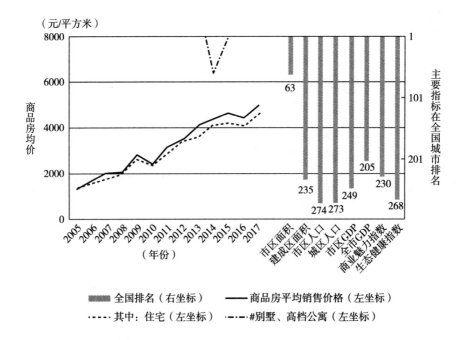

图 8 – 24　百色市区商品房均价走势及主要经济

指标在全国 290 个地级以上城市的排名

注:①全国排名数据中,除 GDP 及生态指标为 2015 年数据之外,其余均为 2017 年数据。②商品房平均销售价格 = 商品房销售额/商品房销售面积;#别墅、高档公寓数据不完整。

资料来源:根据历年《广西统计年鉴》、《中国城市统计年鉴》、2017 年《中国城市建设统计年鉴》及本书之前章节引用的数据整理绘制。

按可比城区口径与 1978 年对比,2017 年百色市区人口占广西全区的比重从 0.7% 收缩到 0.6%(户籍人口,按常住人口则是 0.8%);GDP 占全区的比重从 1.2% 提高到 1.4%。两者变化不大。

百色是广西资源富集区,全市森林覆盖率 67.4%,森林面积居全区首位,是国家园林城市和国家森林城市,素有"土特产仓库"和"天然中药库"之称,是国家重要商品粮生产基地、全国"南菜北运"基地、全国香料基地,被誉为"中国芒果之乡""茶叶之乡""八渡笋之乡""黑衣壮之乡"和"世界天坑之都"。矿产资源丰富，是我国十大有色金属矿区之一，尤其是铝土矿资源，已探明可开采储量达 7.5 亿吨，远景储量在 10 亿吨以上，是国家生态型铝产业示范基地和"中国南方铝都"。

　　得益于局部区域（铝矿等）高强度的资源开发，全市的工业化程度比较高，但各区县市工业化率差异很大（见表 8 – 29）；1/4 县区市的国土开发强度达到广西及全国的均值，但大部分县市在 1% ~ 2%；工业化与城镇化以及第二与第三产业之间的发展不协调，全市城镇化水平与全国均值相差近 20 个百分点。2017 年，除市区为人口净流入（共 4 万人）之外，其余县市均为人口净流出（共 57 万人）。市辖区的人口与 GDP 占全市的比重均不足 1/4，分别为 11% 和21%，集聚水平偏低。

表 8 – 29　百色市主要经济地理指标对比

区域	指标	人口密度（人/平方千米）	人均GDP（元）	第一产业比重（%）	工业化率（%）	第三产业与第二产业比值	内（外）贸依存度（%）	户籍（常住）人口城镇化率（%）	森林覆盖率（%）	国土开发强度（%）	#道路覆盖率（%）
百色市	(1978)	80	215	63.7	15.1	1.05	38.4	7.5	—	—	—
	(2005)	97	6415	26.7	36.8	0.66	20.4 (1.1)	12.6 (25.1)	55.0	—	—
	(2017)	101	37479	13.9	50.7	0.49	20.4 (13.8)	25.4 (36.3)	68.5	2.1	0.7
右江区		108	72054	10.2	41.8	0.79	30.1	37.7	64.3	2.3	0.7
田阳县		138	53621	16.5	57.1	0.31	16.2	30.8	69.5	2.4	0.6
田东县		134	42699	18.3	49.4	0.38	15.3	23.5	41.0	3.8	0.9
平果县		187	43840	8.1	65.5	0.29	16.4	32.6	58.1	3.8	0.9
德保县		120	32394	10.8	56.6	0.32	13.6	23.3	54.0	2.4	0.7
那坡县		73	16696	27.1	18.5	1.88	26.3	19.9	73.7	3.3	0.7
凌云县		95	17642	24.9	30.0	0.81	22.5	22.2	78.2	1.6	0.7
乐业县		59	16203	28.3	7.7	2.22	48.2	18.8	74.1	1.8	0.6
田林县		42	24275	25.6	34.9	0.82	12.3	22.3	69.6	1.2	0.5
西林县		49	17361	40.0	9.9	2.03	67.9	12.1	64.4	1.2	0.6

续表

区域＼指标	人口密度（人/平方千米）	人均GDP（元）	第一产业比重（％）	工业化率（％）	第三产业与第二产业比值	内（外）贸依存度（％）	户籍（常住）人口城镇化率（％）	森林覆盖率（％）	国土开发强度（％）	#道路覆盖率（％）
隆林各族自治县	102	15110	20.9	32.2	1.06	58.4	21.2	76.6	2.1	0.7
靖西市	157	41363	7.4	71.7	0.23	4.3	24.7	65.5	1.0	0.4

注：森林覆盖率、开发强度、道路覆盖率为 2013/2015 年全国普查数据，其余非指定指标均为 2017 年数据。

资料来源：根据《广西统计年鉴》及第一次全国地理国情普查等资料计算整理。

当地旅游资源特别是历史文化资源、红色旅游资源、山水生态资源、休闲养生度假资源、田园风光资源、民族民俗文化资源丰富，拥有 13 个国家 4A 级景区，12 个国家 3A 级景区，是中国优秀旅游城市、全国重要的红色旅游目的地、全国爱国主义教育基地和全国廉政教育基地，同时也是一个集革命老区、少数民族地区、边境地区、大石山区、贫困地区、水库移民区"六位一体"的特殊区域。

百色拥有龙邦、平孟 2 个国家一类（公路）口岸，但与偏低的内贸依存度相似，外贸依存度目前还不高，2017 年为 13.8%，与外贸易额（188 亿元）居广西 14 市第 6 位。年接待入境游客在 8 万人次左右，其中外国人约 4 万人次，列广西 14 市第 12 位。

按照《百色市第三次全国经济普查主要数据公报（第二号）》的行业分类，对 39 个产业进行就业人数的区位商分析，将 LQ≥1 的行业提取出来，并结合企业门槛标准，所得结果如表 8－30 所示：百色市有 4 个产业集聚，分别是非金属矿采选业、农副食品加工业、非金属矿物制品业及电力、热力的生产和供应业。其中，规模最大的是非金属矿物制品业产业集聚，与梧州市相似，区位商为 1.20，集聚的企业数达到了 313 家。非金属矿采选业次之，两者的关联性较强，均为百色市的主导产业之一。

（二）崇左市

崇左市位于广西西南部，北回归线以南，与越南接壤，是全国重要的蔗糖生产基地，蔗糖产量占广西的 1/3 及全国的 1/5，连续 14 个榨季稳居全国地级市首位，有"中国糖都"之美称。得名于 1952 年崇善县和左县合并置崇左县，后属崇左专区、邕宁专区、南宁地区等，2002 年 12 月撤销南宁地区和崇左县设立地级崇左市，原崇左县改称江州区。现辖 1 区 5 县：江州区，扶绥、大新、天等、宁明和龙州县；代管凭祥市。全市面积 1.73 万平方千米，占广西总面积的 7.3%，居广西 14 个设区市第 6 位。

表 8 - 30　2013 年百色市优势产业集聚情况

行业名称	区位商（LQ）	企业数（家）
非金属矿采选业	1.01	169
农副食品加工业	1.42	129
非金属矿物制品业	1.20	313
电力、热力的生产和供应业	1.81	142

资料来源：根据《百色市第三次全国经济普查主要数据公报（第二号）》、2016 年《广西统计年鉴》资料整理。

至 2017 年底，建成区面积从 2002 年设市之初的 8 平方千米，增至 32 平方千米，居广西各市末位（第 14 位）。全市户籍人口从 2002 年的 227 万人增至 250 万人，其中市区人口从 34 万人增至 37 万人；常住人口 209 万人，其中市区 34 万人；地区生产总值从 2002 年的 102 亿元增至 908 亿元，其中市区从 20 亿元增至 194 亿元，分别列广西 14 个设区市的第 11、第 13、第 11、第 14、第 10 和第 14 位。人口与 GDP 约占广西的 4%。全市平均人口密度（120 人/平方千米）不到广西全区均值的 60%。人均 GDP（43678 元）高于广西均值但低于全国均值。图 8 - 25 显示，2005 年以来崇左市区的商品房均价或市区地租的近似值提高了 4.6 倍，涨幅居广西 14 市之首，2017 年均价居广西 14 市第 9 位；多项主要指标在全国 290 个地级以上城市中的排名靠后。以上表明，崇左市经济纵比提升快但横比仍较弱。

按可比城区口径与 1978 年对比，2017 年崇左市区人口占广西全区的比重从 0.8% 缩减到 0.7%（户籍人口，按常住人口则相同）；GDP 占全区的比重从 0.6% 提高到 1.0%。经济集聚略快于人口集聚。

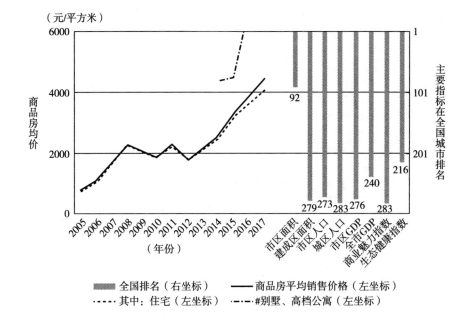

图 8－25 崇左市区商品房均价走势及主要经济

指标在全国 290 个地级以上城市的排名

注：①全国排名数据中，除 GDP 及生态指标为 2015 年数据之外，其余均为 2017 年数据。②商品房平均销售价格＝商品房销售额/商品房销售面积；#别墅、高档公寓数据不完整。

资料来源：根据历年《广西统计年鉴》、《中国城市统计年鉴》、2017 年《中国城市建设统计年鉴》及本书之前章节引用的数据整理绘制。

崇左市具有"沿边近海连东盟"的得天独厚的区位优势和地缘优势，拥有友谊关、水口、爱店等公路口岸和凭祥铁路口岸等国家一类口岸及 10 多个边民互市贸易点，是中国口岸最多的边境城市、中国边贸第一大市，素有"祖国南大门"之称，设有凭祥综合保税区。同时，有国家级 4A 和 3A 旅游景区分别 5 处、9 处。2017 年，外贸总额（1339 亿元）占广西全区的近 1/3，占中越两国贸易额的近 1/5；外贸依存度高达 147.5%，与外贸易额居广西各市之首；接待入境旅客 40 万人次，其中外国人 26 万人次，居广西各市第 3 位。

崇左市是"中国锰都"，锰矿储藏量 1.65 亿吨，居全国首位；膨润土矿储量近 7 亿吨，居世界第一位。崇左还是"红木之都"，是全国最大的红木市场。当地森林资源丰富，自然生态山清水秀，森林覆盖率达 54.92%，是"国家森林城市""国家珍贵树种培育示范市""中国白头叶猴之乡"和"中国木棉之乡"。

概括而言，市内沿边县份的对外开放程度高但工业化程度不高，非边境县份的工业化程度高但第三产业发展滞后，因而整体上崇左市的城镇化水平比广西均值低11个百分点，比全国均值低20个百分点。2017年，7个区县市均为人口净流出（共41万人）；市辖区的人口与GDP占全市的比重均不足1/4，分别为16%和21%，集聚水平偏低。

表8-31 崇左市主要经济地理指标对比

区域	指标	人口密度（人/平方千米）	人均GDP（元）	第一产业比重（%）	工业化率（%）	第三产业与第二产业比值	内（外）贸依存度（%）	户籍（常住）人口城镇化率（%）	森林覆盖率（%）	国土开发强度（%）	#道路覆盖率（%）
崇左市	（1978）	103	169	59.1	13.1	1.30	59.4	7.7	—	—	—
	（2005）	122	6566	36.6	24.0	1.20	17.9（4.4）	16.7（25.6）	46.0	—	—
	（2017）	120	43678	20.0	36.9	0.82	16.1（147.5）	22.0（38.3）	54.9	2.5	0.6
江州区		118	56747	14.8	41.7	0.78	15.7	29.6	44.9	2.8	0.6
扶绥县		141	45906	25.7	42.9	0.55	13.5	25.9	43.7	3.6	0.8
宁明县		96	39180	24.9	38.7	0.67	12.3	17.9	65.7	1.7	0.4
龙州县		98	53702	22.3	34.8	0.82	17.2	18.8	58.9	1.9	0.4
大新县		112	42027	19.2	42.0	0.69	11.9	20.6	65.1	2.2	0.4
天等县		154	18581	22.2	22.8	1.32	19.2	15.7	64.7	2.6	0.4
凭祥市		185	64147	7.3	15.4	2.20	33.9	35.3	56.3	4.1	0.9

注：森林覆盖率、开发强度、道路覆盖率为2013/2015年全国普查数据，其余非指定指标均为2017年数据。

资料来源：根据《广西统计年鉴》及第一次全国地理国情普查等资料计算整理。

按照《崇左市第三次全国经济普查主要数据公报（第二号）》的行业分类，对39个产业进行就业人数的区位商分析，将LQ≥1的行业提取出来，并结合企业门槛标准，所得结果如表8-32所示：崇左市并未形成产业集聚，尽管黑色金属矿采选业、农副食品加工业、食品制造业、黑色金属冶炼及压延加工业及水的生产和供应业的专业化水平较高，但是企业集聚的数量均未大于80家的水平, 其中农副食品加工业的区位商为 2.68, 集聚的企业数量为 60 家, 已形成产业集聚的端倪。崇左市主要工业支柱为锰加工等有色金属加工产业、建材产业等。

表 8 – 32　2013 年崇左市优势产业集聚情况

行业名称	区位商（LQ）	企业数
黑色金属矿采选业	1.91	34
农副食品加工业	2.68	60
食品制造业	1.11	26
黑色金属冶炼及压延加工业	1.88	41
水的生产和供应业	1.57	52

资料来源: 根据《崇左市第三次全国经济普查主要数据公报（第二号）》、2016 年《广西统计年鉴》资料整理。

第九章　空间布局

在前几章讨论广西产业链状和城市点状分布的基础之上，本章主要讨论块状、网状、带状的广西经济地理空间格局特别是规划布局的演进，包括全区经济发展与空间布局的简要历程、主体功能区划、"两区一带"区划、"四群四带"城镇群等主要的总体及专项规划与区域协调发展策略进程。

第一节　空间布局演进

一、20 世纪下半叶空间布局的演进

（一）"六五"时期之前布局问题

从 1950 年到 20 世纪 80 年代中期，广西初步建立了具有自身特色的工农业布局，地区生产力特别是城市生产力布局有了重大调整。南宁、柳州、桂林、梧州初步被布局建成有一定特色和经济辐射能力的中心城市。但国家重点项目罕见，大中型企业少，布局分散且效益差，对本区在全国具有资源优势的蔗糖、水电、有色金属、建材等工业重视不够，工业主要分布在南宁、柳州、桂林、梧州等地。① 更为严重的是，广西的经济发展水平与全国和兄弟省区的差距在扩大，有学者认为，存在如下方面的违背经济发展规律的布局：②

一是盲目投资、布局紊乱。没有系统规划，而是按条条块块投资，"三五"

---

① 刘燕萍，季言凤. 广西生产力布局的回顾与初步设想［J］. 广西民族学院学报（哲学社会科学版），1986（3）：60-68.

② 潘义勇. 论广西生产力布局的现状及调整趋向［J］. 改革与战略，1986（5）：11-17.

"四五"期间搞支农工业体系，县县办氮肥厂、磷肥厂、农药厂，重复建设造成人财物极大浪费；按贫困程度决定投资重点。大中型企业主要布局在桂西河池、百色和桂中南宁、柳州等地。处在桂西的企业因交通不便、原料缺乏、信息不灵、技术和管理水平低，企业效益差，成了长期亏损户，相当多的企业靠补贴来生产，造成很大的财政负担。

二是生产力布局过早西移。"一五"期间，广西的建设投资没有重点，按条块平分，资金分散使用。"二五"至"六五"期间投资的重点放在桂中和桂西，特别是"三五""四五"期间搞"山散洞"，许多大中型企业都布局在桂西。桂西固定资产增长很快，但经济效益很差。河池地区人均拥有固定资产224元，比桂东南的玉林地区人均74元高出2倍多，可是每年企业亏损上亿元，需财政补贴维持，而玉林地区则每年上缴财政近亿元。

三是城市布局欠合理，辐射能力差。城市基本上在桂中，即南宁、柳州、桂林3市一直处于桂中部铁路沿线，在发达与不发达区域的交界面，农业基础远没有桂东的基础好。3市之间产业结构又没有相应的分工，出现争原料局面，生产产品多重复，除供应本区外，能进入全国市场的不多，能出口的更少。桂东农业虽发达，经济效益好，管理水平也比较高，但城市少。中华人民共和国成立初期，梧州工业产值居全省第一，但1958年以后工业投资很少。1950~1983年布局在南宁、柳州、桂林3市的投资分别占全区的9.9%、10.0%和5.8%，而同期梧州虽只占1.6%，但上缴自治区的财政却占这期间的市财政收入总额的75.6%。投资少、收缴重，致使梧州市新企业开拓少，工业发展缓慢，优势转成劣势。沿海的北海市本具有对外贸易和发展工业的独特自然条件，但因非投资重点地区而长期没有得到开发。直到1984年国家决定开放北海一年多后，为了要引进外资而顾及基础设施，才引起重视。

不合理的生产力布局造成显而易见的问题：桂西固定资产投资效益差；桂东南错过了经济发展的机会。一方面，工业重点布局但交通及价格等不利的桂西缺乏原料而生产不足；另一方面，桂东南大量农产品源源不断地流向外地。

（二）"七五"时期的布局探索：中心城市+东西板块及山水

鉴于对"具有良好的地理经济条件的广西为何经济发展与全国和兄弟省区差距甚远？"以及区域布局存在的种种问题的思考，20世纪80年代初，广西方面有 3 种布局意见：一是中心开花带动两翼——也叫"一翅两翼"，即把投资重点坚持放在桂中南宁、柳州、桂林三市；二是以桂西山区的开发带动全区的发展；三是认为应以桂东南的开发带动和促进桂西的发展。有学者提出按生产力发展规律调整生产力布局，打破行政区域局限，遵循比较成本收益、专业化协作、工农与城乡结合以及生态平衡原则，进行区域布局。① 在此背景下，广西政研部门围绕"七五"计划编制，有如下几种布局思路：②

一是认为广西客观上存在着桂东北、桂西北、桂东南三个资源结构、经济基础、生产水平和发展方向有明显差异的区域，其战略布局也应不同。其中：①桂东北区域，以桂林市为依托，以旅游为导向，使产业结构的调整朝着服务和服从于旅游业的方向进行，使整个经济走上轻型、快速发展的道路。②桂西北区域，包括当时的柳州、河池、百色地区及南宁地区的部分县，应建成广西能源、锡、铝等有色金属，锰矿、用材林、畜牧业、土特产资源等基地。③桂东南区域，包括除去上述两个区域以外的其他地区，主要发展智力型第三产业群，以热带、南亚热带经济作物为特色的大农业及以热带、亚热带农产品为原料的食品、轻加工工业。

二是认为广西实际上已形成中心城市、沿海和桂东南以及桂东北、桂西和桂西北三种不同层次的经济类型，而且在发展上呈现着依次推进和反馈的趋势。因此，应充分发挥南宁、柳州、桂林、梧州、北海五个中心城市的主导作用，加速发展桂东南以及桂东北，积极开发桂西和桂西北，使城乡互为依托、互相支持，实施共同协调发展的战略布局。

三是认为可以根据广西各地的自然、经济、社会、科技、文化、教育等条件的差异，划分为四大经济区（带）：①南宁—柳州—桂林三点一线连成的经济带；②梧州—贵县—南宁西江沿岸经济带；③桂东南地区和北部湾沿海地区组成的经济区；④桂西北包括百色、河池地区以及南宁、柳州、桂林地区部分县组成的经济区。应以南宁—柳州—桂林经济带作为向桂东南和桂西北推进的出发点，并以桂东南的发展带动桂西北的开发建设。

四是认为应把经济发展的重点放在南宁、柳州、桂林、梧州和北海五个中

---

① 潘义勇. 论广西生产力布局的现状及调整趋向［J］. 改革与战略，1986（5）：11 – 17.
② 广西年鉴编辑部. 广西年鉴（1986）［M］. 南宁：广西年鉴社，1987.

心城市和桂东南地区，通过加快五市和桂东南地区经济的发展，带动桂西北以至整个广西经济的发展。

五是认为广西最大的特点是"八山一水一分田"，山区的发展是广西尽快翻身的关键所在。因此应以开发山区资源，加快山区的发展为重点展开。

六是认为农业布局，可以分为四个经济区：南部（包括桂东南和右江河谷）南亚热带地区、中部和东北部地区、西北部山区、城市郊区和主要交通干道沿线地区。工业布局，水电、能源、有色金属及锰矿基地，主要在西北部，以农产品为原料的消费品工业、加工业以及技术密集型、大中型企业，主要集中在东半部及湘桂铁路沿线一带城市。体现在《广西国民经济和社会发展第七个五年计划纲要》（1986～1990年）中，提出改善经济布局，加速发展桂东南，积极开发桂西北，发挥中心城市的作用。从广西实际出发，发挥亚热带农业资源、有色金属矿产资源、水电资源、建筑材料及非金属矿产资源、宜林宜牧的大面积山地、旅游资源、海洋资源以及地理位置等广西的八大优势，加快建设亚热带农业及食品、造纸、纺织工业基地，以水电为重点的原材料基地，以有色金属、锰、非金属矿和建材为重点的原材料基地，以北海市、防城港、梧州市为窗口的出口商品基地，以桂林为主的旅游区、林业基地，以及海洋水产养殖基地；建成云、贵与华南的交通枢纽和西南的重要出海口。搞好城市经济以及平衡广西东西部经济布局，加强老少边山穷地区的经济建设。加速开发和建设钦州湾和桂东南，进一步发挥沿海地区特别是开放城市北海、防城和口岸城市梧州的窗口作用以及向内、向外辐射作用。

（三）"八五"及"九五"时期的布局："5＋1"区块

进一步地，在广西国民经济和社会发展"八五"计划（1991～1995年）和"九五"计划（1995～2000年）纲要中，用"地区经济发展的布局和政策"专章，提出要根据地区经济发展和生产力布局的总体要求，发挥各地优势，互相促进，共同发展。加快沿海地区经济的对外开放步伐，带动全区对外经济发展；充分发挥中心城市工业基础和科技力量比较雄厚的优势，加快工业和第三产业的发展，增强城市的辐射功能；积极扶持贫困地区和边境地区经济的基础设施建设与资源开发，加强横向经济联合与协作，逐步实现共同富裕。特别要扶持贫困地区经济的发展，支持沿海地区发展外向型经济。[1] 特别地，要围绕西南地区出海通道建设，重点发展[2]（见表9-1）。

表9-1 世纪之交广西五大经济区划及产业布局

区划	主要区域范围	产业布局
北部湾经济区（桂南）	以南宁、北海、钦州、防城港为核心的区域	港口经济、海洋产业、现代农业和高新技术产业，形成中国西南部国际贸易和运输中心以及商业和信息中心
桂中	以柳州、来宾为核心的区域	微型汽车、钢品、蔗糖、日化、有色金属及建材产品的生产基地，成为重要的工业技术信息和工贸中心
桂北	以桂林市为核心的区域	旅游业、现代农林业和高新技术产业，成为一流的中国和世界旅游名城
桂东	以梧州、玉林、贵港和贺州为核心的区域	接受粤港澳经济辐射和产业转移，成为广西现代农业示范区、乡镇工业和外向型加工贸易基地
桂西	以百色、河池为核心的区域	山地种养、农副产品加工业、矿业、制糖、建材、水电业和相对发达的第三产业为支撑，成为新兴经济区域

资料来源：根据《新世纪的广西区域经济发展战略》内容整理。

（1）南宁、北海、钦州、防城港沿海地区。利用区位优势，发挥出海主通道和对外开放窗口的作用，带动沿海、沿边、沿江、沿交通干线的对外开放，进而推动全区的对外开放。

（2）桂东、桂东南地区。利用西江出海通道和临近港澳、毗邻广东及海南的优势，努力建设"西江经济走廊"，主动接受发达地区的经济辐射和产业转移；改造传统工业，大力发展乡镇企业。

（3）桂中、桂东北地区。利用水利、交通条件好，工业有一定基础，旅游资源丰富，山区面积大的优势，大力发展汽车、机械、纺织、轻工等工业支柱产业和高科技产业，发展林、果、蔗等开发型农业和旅游业。

（4）桂西、桂北地区。利用山地多，林业、矿产资源丰富，水电资源储量大的南昆、黔桂、枝柳铁路的优势，抓好以山林水、矿产、水电为主的综合开

---

[1] 广西国民经济和社会发展第八个五年计划纲要［EB/OL］. 广西壮族自治区发展与改革委员会，http：//www. gxdrc. gov. cn/fzggggz/fzgh/gzjl_ 39778/201208/t20120807_ 445271. html，2012-08-07.

[2] 广西国民经济和社会发展第九个五年计划纲要［EB/OL］. 广西壮族自治区发展与改革委员会，http：//www. gxdrc. gov. cn/fzggggz/fzgh/gzjl_ 39778/201208/t20120807_ 445272. html，2012-08-07.

发，发展林果蔗、养殖业和农副产品加工业，加快铝、锡等矿产的开发和深加工。

（5）沿边地区。在自力更生和国家扶助相结合的基础上，加快边境地区经济的恢复和发展。发挥出境通道的作用，大力发展多种形式的边境贸易、经济技术合作、对外工程承包和劳务输出，做到通贸兴边、繁荣经济。

（6）中心城市。努力建成先进产业基地、交通枢纽以及商贸、物资和信息、科技中心。加快优化城市产业结构步伐，大力发展第三产业。

1992 年 4 月，西南和华南部分省区区域规划会议在广西召开，会议明确提出要根据各地区资源条件、经济技术基础和相互经济联系，按不同区域特点，从跨区域角度来考虑地区经济布局，并据此划分出 7 个大的经济区域范围，其中西南地区作为一个经济区域。1993 年广西区政府邀请国家计委牵头组织有关单位编制《广西出海通道综合交通规划与实施方案》，对铁路、公路、内河航道与民航构成的综合交通网络骨架进行设计，积极构建以南昆、黔桂、南防、钦北等铁路干线及桂海高速公路等构成的西南出海大通道。

1992 年 6 月，广西调整"八五"计划，开启"三三二"发展战略：以北海、钦州、防城为对外开放重点，充分发挥首府南宁对外开放城市的作用，促进沿海、沿边、沿江进一步开放；办好柳州市城市综合改革试验区、玉林地区城乡综合改革试验区和桂林旅游开发试验区；建设右江河谷扶贫经济开发带、红水河以水电为主的扶贫综合开发带。1997 年 10 月，广西部署实施区域经济、开放带动和重点突破三大发展战略，把全区分成桂南、桂北、桂西、桂东和桂中 5 个各具特色的经济区域。

2000 年 6 月，广西享受西部大开发战略政策，开展"兴边富民"行动，加快对沿边地区的生产力布局。至此，广西区域经济空间布局的思路基本成型。2001 年的《广西统计年鉴》开始设立"区域经济"板块以体现经济区的发展（见表 9 - 2），包括①桂东经济区，含梧州、贵港、玉林及贺州等地市县；②桂南沿海经济区，含南宁、北海、钦州、防城港等市县；③桂北经济区，含桂林市及桂林地区各县市；④桂中经济区，含柳州市及柳州地区各县市；⑤沿边经济区，含南宁地区、百色地区及河池地区等县市；⑥桂西经济区，含防城港市区及东兴、凭祥、大新、宁明、龙州、靖西等市县，2001 年开始又加入那坡县。

表9-2 2000年广西"5+1"区域经济

一、五大经济区域	土地面积	占全区比重	年末总人口	占全区比重	地区生产总值/GDP	占全区比重	第一产业占比	工业化率	第三产业占比	社会消费品零售总额占GDP
	平方千米	%	万人	%	亿元	%	%	%	%	%
桂东经济区	47887	20.2	1537.48	32.4	529.15	25.8	38.7	25.2	33.0	40.1
梧州市	12588	5.3	289.61	6.1	127.08	6.2	32.9	26.2	36.8	45.3
贵港市	10606	4.5	460.9	9.7	108.61	5.3	41.6	20.1	35.5	32.3
玉林市	12838	5.4	581	12.2	198.93	9.7	39.4	27.9	30.1	46.6
贺州地区	11855	5.0	205.97	4.3	94.53	4.6	41.9	24.0	31.4	28.6
桂南沿海经济区	30390	12.8	839.75	17.7	597.85	29.2	28.9	21.1	44.2	43.2
南宁市	10029	4.2	293.34	6.2	294.3	14.4	16.5	22.8	53.2	50.8
北海市	3337	1.4	141.71	3.0	113.68	5.5	31.2	23.7	40.8	29.9
防城港市	6181	2.6	77.84	1.6	57.51	2.8	34.7	20.9	38.2	36.4
钦州市	10843	4.6	326.86	6.9	132.36	6.5	51.8	14.9	29.7	40.7
桂西经济区	99278	41.9	1306.13	27.5	434.64	21.2	38.0	22.1	34.7	35.9
南宁地区	29569	12.5	561.89	11.8	168.32	8.2	43.8	15.5	36.7	42.3
百色地区	36201	15.3	364.52	7.7	120.02	5.9	39.9	23.2	31.1	28.3
河池地区	33508	14.2	379.72	8.0	146.3	7.1	29.7	28.8	34.9	34.8
桂北经济区	27809	11.7	482.01	10.1	300.16	14.6	32.9	25.2	36.3	37.8
桂林市	27809	11.7	482.01	10.1	300.16	14.6	32.9	25.2	36.3	37.8
桂中经济区	32095	13.6	584.74	12.3	328.68	16.0	22.6	37.7	35.2	30.4
柳州市	5284	2.2	183.77	3.9	191.04	9.3	10.4	47.4	38.7	36.1
柳州地区	26811	11.3	400.97	8.4	137.64	6.7	39.6	24.4	30.3	22.4
二、沿边经济区	18354	7.8	244.53	5.1	108.58	5.3	35.9	14.9	44.0	38.7
防城港市辖区	2822	1.2	46.69	1.0	37.32	1.8	32.0	19.3	41.4	40.3
东兴市	549	0.2	10.15	0.2	12.06	0.6	26.5	11.4	57.3	30.6
凭祥市	650	0.3	10.16	0.2	9.39	0.5	9.7	3.4	83.5	88.0
大新县	2755	1.2	35.36	0.7	9.52	0.5	45.5	25.6	24.2	20.8
宁明县	3698	1.6	38.81	0.8	14.77	0.7	34.9	11.6	50.1	36.2
龙州县	2318	1.0	26.9	0.6	10.38	0.5	46.6	14.8	33.3	42.8
靖西县	3331	1.4	57.37	1.2	12.2	0.6	57.1	11.0	27.5	18.0
那坡县	2231	0.9	19.09	0.4	2.94	0.1	53.4	8.2	34.4	35.4

资料来源:根据2001年《广西统计年鉴》整理计算。

二、21 世纪以来空间布局的演进

进入 21 世纪，中国与东盟、西部大开发、"泛珠三角""一带一路"等区域经济合作进程加速，广西经济的空间格局也逐步调整。

（一）"十一五"期末的五大经济区划探索

1. "新"五大经济区

20 世纪广西经济区的划分基本上是基于行政区划因素，即桂南经济区主要为南宁市、北海市、钦州市、防城港市，桂中经济区为柳州市、来宾市，桂北经济区以桂林市为主，桂东经济区包括梧州市、玉林市、贵港市、贺州市，桂西经济区主要是百色市、河池市、崇左市。李少游等（2009）认为，经济区的划分不仅要看行政区域，更要看经济联系与经济特征，以及地理条件、民族文化等。因此，建议将广西五大经济区的划分稍作调整：①

（1）北部湾（桂南）经济区。以南宁市、北海市、钦州市、防城港市为主（不含马山、隆安、上林 3 县），区位和地缘优势突出，建港条件优越，海洋资源和南亚热带资源丰富，是广西经济最发达的区域，在未来广西经济发展中将起着龙头和窗口作用。

（2）桂中经济区为柳州市、来宾市（不含三江、融安、融水 3 县），以工业为重点的产业优势突出，工业门类齐全，综合配套能力较强，工业经济技术在华南和西南地区占有重要地位，是华南、西南地区重要的综合性工业基地。

（3）桂北经济区以桂林市为主（加柳州市的三江、融水、融安），旅游资源和农林资源优势突出，生态环境良好，发展旅游业和农林业得天独厚。

（4）桂东经济区以梧州市、玉林市、贵港市和贺州市为主，水土资源丰富，轻工业发达，市场活跃，交通发达，具有很好的高效农业和外向型经济发展优势。

（5）桂西经济区以百色市、河池市和崇左市为主（加南宁市的隆安、马山、上林 3 县）。自然资源丰富，铝、锡、锰等储量和产量居全国前列，水电资源富集，生物资源多样，山地农业资源优势明显。

---

① 李少游，袁泽. 广西区域经济发展研究［M］. 北京：中国林业出版社，2009：55 – 56.

2. "一轴两极五区"

胡宝清等（2011）认为，广西区域经济发展分布在空间上存在着较明显的差别，发达地区、较发达地区、一般发达地区主要集中在桂南沿海经济区、桂东经济区和桂北经济区，欠发达地区和落后地区主要是桂西经济区和桂中经济区。整体上看，广西区域经济发展呈现"一轴两极"的分布：①

"一轴"指由北海、防城港、钦州、南宁、柳州至桂林一线的经济带，包括了广西多数发达地区和较发达地区，是广西政治、经济、工业、商业、物流、文化的中心地带。经济带拥有湘桂国家铁路干线以及南宁至防城港、钦州至北海的地方铁路贯穿其中，而且高速公路网络比较发达。发达便利的交通体系扩大了中心城市的辐射范围，并有力地增强了"一轴"经济带中各县（市）之间的经济联系，保证了其社会经济快速、稳定地发展。

"两极"指的是"一轴"东西两侧的地区，东部一极包含了玉林、贵港、梧州、贺州地区，西部一极包括了河池、崇左、百色地区。"两极"地区的经济发展差异较为明显，东部一极由于东与广东省接壤、北与湖南省相连，区位优势明显、交通比较便利、人口密度较高，其社会经济发展水平也相对较高。而西部一极位于云贵高原东南边缘，区位条件差，土壤贫瘠，地区的经济总体发展水平较为落后。广西绝大多数的落后地区都位于西部一极。

因此，2010 年前后广西经济空间仍分为五大区块：

（1）以南宁、北海、钦州、防城港四市为核心的桂南沿海经济区，以港口经济、海洋产业、现代农业和高新技术产业为重点，突出发展海洋渔业、南亚热带水果、仓储和花卉出口等。

（2）以柳州市和来宾市为核心的桂中经济区，以工业为重点，着重发展汽车制造业，稳定发展有色金属和水泥工业，运用高新技术改造机械制造、制糖、日化三大传统产业，大力培育以铟制品为重点的高新技术产业。

（3）以桂林市为核心的桂北经济区，以旅游、农林和高新技术为重点，目标是建成旅游经济高度发达的现代化经济区，桂林市成为一流的中国和世界旅游名城。

（4）以梧州市、玉林市、贵港市和贺州为核心的桂东经济区，以现代农业、

---

① 胡宝清，毕燕. 广西地理［M］. 北京：北京师范大学出版社，2011：97－202.

乡镇企业和外向型经济为重点,将建成发挥"承东启西"作用,接受粤、港、澳经济辐射和产业转移的前沿。

(5)以百色、河池和崇左为核心的桂西经济区,以种养业和矿业为重点,有着发展铝、锡、铟、锰等为重点的有色金属工业和水电能源以及南亚热带"绿色食品"和糖业等。

(二)"十一五"及"十二五"时期的"两区一带"3区块布局

1. 北部湾经济区规划列入国家发展战略

20世纪八九十年代之交,周中坚提出"北部湾经济圈"① "北部湾开发区"等概念。在上述桂南沿海经济区等规划实践及开放合作的基础上,2000年10月,由广东湛江、广西北海、海南海口3市发起"北部湾经济合作组织";2003年5月发布的《全国海洋经济发展规划纲要》,在"海洋经济区域布局"部分提出开发北部湾海洋经济区。随着2003年中国—东盟博览会年落户广西南宁,2004年中越两国合作建设"昆明—老街—河内—海防—广宁"、"南宁—谅山—河内—海防—广宁"经济走廊和"环北部湾经济圈"即"两廊一圈",以及广西参与大湄公河次区域合作,从2006年开始,围绕"共建中国—东盟新增长极",广西推动泛北部湾区域合作,并将北部湾经济区列入规划布局。

2008年1月,国务院批准实施《广西北部湾经济区发展规划》。规划区由南宁、北海、钦州、防城港4市所辖行政区域组成(包括玉林、崇左2市的交通和物流),陆地国土面积4.25万平方千米,2006年末总人口1255万人。经济区功能定位是:立足北部湾、服务"三南"(西南、华南和中南)、沟通东中西、面向东南亚,充分发挥连接多区域的重要通道、交流桥梁和合作平台作用,以开放合作促开发建设,努力建成中国—东盟开放合作的物流基地、商贸基地、加工制造基地和信息交流中心(即"三基地一中心"),成为带动、支撑西部大开发的战略高地和开放度高、辐射力强、经济繁荣、社会和谐、生态良好的重要国际区域经济合作区。

2008年的《广西统计年鉴》中"区域经济"板块,在保留桂东、桂南沿海、桂西、桂北、桂中等经济区的同时,取消"沿边经济区",增列"北部湾经

① 周中坚. 从历史走向未来:北部湾经济圈构想及其依据〔C〕//黄枝连,姚锡棠. 亚太经济增长与中国沿海发展战略. 上海:上海社会科学院出版社,1990:195-221.

济区",包括南宁、北海、钦州、防城港以及玉林和崇左等"4+2"市,如表9-3所示。

表9-3 2007年广西"1+5"区域经济

	土地面积(km²)	占广西%	总人口(万人)	占广西%	GDP(亿元)	占广西%	一产占GDP%	工业化率%	三产占GDP%	社会消费品零售占GDP%
一、北部湾经济区:4市	43221	17.9	1279.1	25.6	1778.8	29.9	19.2	30.5	43.6	39.7
4+2市	73377	30.7	2141.1	42.8	2516.7	42.3	21.9	30.8	41.3	36.6
南宁市	22112	9.3	683.5	13.7	1069.0	17.9	14.8	26.6	50.4	48.2
北海市	3337	1.4	156.3	3.1	246.6	4.1	23.2	35.7	36.8	26.1
钦州市	10843	4.6	356.0	7.1	303.9	5.1	32.1	33.3	30.5	31.4
防城港市	6181	2.6	83.3	1.7	159.3	2.7	18.0	43.0	33.7	19.4
玉林市	12838	5.4	625.0	12.5	506.0	8.5	26.4	32.5	36.6	35.1
崇左市	17351	7.3	236.9	4.7	231.9	3.9	32.9	29.3	33.4	15.8
二、五大经济区域										
桂东经济区	47887	20.2	1645.1	32.9	1402.8	23.6	24.6	37.5	32.6	33.1
梧州市	12588	5.3	310.1	6.2	319.6	5.4	18.7	45.6	29.7	36.2
贵港市	10606	4.5	491.6	9.8	338.0	5.7	25.8	34.0	35.4	36.6
玉林市	12838	5.4	625.0	12.5	506.0	8.5	26.4	32.5	36.6	35.1
贺州市	11855	5.0	218.4	4.4	239.2	4.0	27.0	42.1	23.7	19.7
桂南沿海经济区	42473	17.9	1279.1	25.6	1778.8	29.9	19.2	30.5	43.6	39.7
南宁市	22112	9.3	683.5	13.7	1069.0	17.9	14.8	26.6	50.4	48.2
北海市	3337	1.4	156.3	3.1	246.6	4.1	23.2	35.7	36.8	26.1
防城港市	6181	2.6	83.3	1.7	159.3	2.7	18.0	43.0	33.7	19.4
钦州市	10843	4.6	356.0	7.1	303.9	5.1	32.1	33.3	30.5	31.4
桂西经济区	87060	36.8	1019.8	20.4	901.5	15.1	25.3	37.7	30.5	20.4
崇左市	17351	7.3	236.9	4.7	231.9	3.9	32.9	29.3	33.4	15.8
百色市	36201	15.3	385.9	7.7	350.4	5.9	22.1	43.2	27.5	18.9
河池市	33508	14.2	397.0	7.9	319.3	5.4	23.1	37.6	31.6	25.2

续表

	土地面积（km²）	占广西%	总人口（万人）	占广西%	GDP（亿元）	占广西%	一产占GDP%	工业化率%	三产占GDP%	社会消费品零售占GDP%
桂北经济区	27809	11.7	504.6	10.1	744.3	12.5	21.2	37.2	36.2	30.2
桂林市	27809	11.7	504.6	10.1	744.3	12.5	21.2	37.2	36.2	30.2
桂中经济区	32028	13.5	612.7	12.2	1000.5	16.8	16.0	49.6	30.5	31.9
柳州市	18617	7.9	362.5	7.2	755.1	12.7	10.2	54.0	31.8	36.3
来宾市	13411	5.7	250.2	5.0	245.3	4.1	33.8	36.1	26.6	18.5

资料来源：根据2008年《广西统计年鉴》整理计算。

2017年1月，国务院批准实施《北部湾城市群发展规划》，北部湾经济区作为核心区域再次纳入国家战略。

2. "两区一带"及"双核驱动"的区域发展战略布局探索

2009年12月7日的《国务院关于进一步促进广西经济社会发展的若干意见》，要求广西推进沿海沿江率先发展，完善区域发展总体布局分为三部分：充分发挥北部湾经济区引领带动作用；积极打造西江经济带产业集聚优势；增强资源富集的桂西地区自我发展能力。这成为新时期广西三大区域发展定位与布局的依据。同年12月召开的全区经济工作会议，提出加快构建北部湾经济区、桂西资源富集区和西江经济带，即"两区一带"优势互补、良性互动、协调发展格局的思路，如表9-4所示。2014年，广西区政府提出以打造北部湾经济区、西江经济带这两大核心增长极的"双核驱动"为引擎，促进"两区一带"三区统筹与区域协调发展。

表9-4　2009年开始的广西"两区一带"区划及产业布局方向

经济区	主要市域	产业布局方向
北部湾经济区	南宁、北海、钦州、防城港4市	南宁加强商贸业与物流基地建设，沿海地区加强港口建设，以钢铁、石油化工、修造船、电子信息、粮油加工、林浆纸、新能源等产业为主要发展方向，培育壮大临港产业集群，加快形成临海先进制造业基地和现代物流基地

经济区	主要市域	产业布局方向
西江经济带	桂林、柳州、梧州、贵港、贺州、玉林、来宾7市	柳州以汽车、机械、冶金、化工等产业为主要发展方向，产业升级成为现代制造业集群。桂林以机械、汽配、橡胶、医药、特色农林产品为主要发展方向，同时建设国家旅游综合改革试验区。来宾主要发展糖蔗业、铝、锰深加工，推进产业链的延伸，提高产品附加值。梧州、玉林、贵港、贺州等地改善投资环境，加快与珠江三角洲地区的市场对接，主动承接东部产业转移，壮大产业规模
桂西资源富集区	崇左、百色、河池3市	百色以铝工业基地、红色旅游为主要发展方向，加快发展煤炭、电力、农产品加工等产业的发展。河池重点打造有色金属、水电和生态旅游基地，加快发展特色食品、桑蚕等产业。崇左重点发展糖业和锰深加工，加快发展旅游、水泥、剑麻深加工等产业。崇左、百色应利用沿边优势，加快发展边贸物流和出口加工业

资料来源：根据2009年12月《国务院关于进一步促进广西经济社会发展的若干意见》整理。

3. 桂林国际旅游胜地建设规划获批

2009年的《国务院关于进一步促进广西经济社会发展的若干意见》，在"积极打造西江经济带产业集聚优势"及"发展服务业"等部分，提出桂林要充分发挥旅游资源优势，打造国际旅游胜地，建设桂林国家旅游综合改革试验区。

2012年11月，经国务院同意，国家发改委批准实施《桂林国际旅游胜地建设发展规划纲要》（规划年限为2012～2020年），提出将桂林建设成为世界一流的旅游目的地、全国生态文明示范区、全国旅游创新发展先行区、区域性文化旅游中心城市和国际交流的重要平台。规划区桂林市总面积27809平方千米，辖5区12县，2011年末户籍总人口521.8万人，城市化率40.2%。

4. 珠江—西江经济带发展规划获批

在20世纪八九十年代的"梧州—贵县—南宁西江沿岸经济带""西江经济走廊"等基础上，2012年8月，广西批复实施《广西西江经济带发展总体规划（2010—2030年）》，提出要把西江经济带建成贯穿我国发达地区和欠发达地区的一条重要的国土空间开发轴带。

2014年7月，《珠江—西江经济带发展规划》获国务院批准实施，重点建设珠江—西江生态廊道，加快产业聚集发展，推进城市群和沿江城镇带建设，深化东西合作，江海联动，促进沿江沿海沿边经济发展，努力把珠江—西江经济带打造成为我国西南、中南地区开放发展的战略支撑带和海上丝绸之路的桥头堡。规划范围包括广东省的广州、佛山、肇庆、云浮 4 市和广西的南宁、柳州、梧州、贵港、百色、来宾、崇左 7 市，区域面积 16.5 万平方千米，2013 年末常住人口 5228 万人。同时，根据流域特点，将广西桂林、玉林、贺州、河池等市以及西江上游贵州的黔东南、黔南、黔西南、安顺，云南文山、曲靖的沿江部分地区作为规划延伸区，即形成"一轴，两核，四组团，延伸区"的空间布局。

一轴——以珠江—西江主干流区域为轴带，包括广州、佛山、肇庆、云浮、梧州、贵港、南宁 7 市，加快通道基础设施建设，加强流域环境保护，形成特色鲜明、分工有序、互动发展的多层次增长中心。

两核——强化广州和南宁作为经济带的双核作用，依托现有综合优势，发挥连接港澳、面向东盟、服务周边的作用，成为引领经济带开放发展和辐射带动西南、中南腹地的战略高地。

四组团——以区域内中心城市为核心，按照流域特点和区域联系，重点建设广州—佛山、肇庆—云浮—梧州—贵港、柳州—来宾、南宁—崇左—百色等四组团，引导产业和人口集聚，形成各有特色、优势互补、分工协作的区域发展板块。

延伸区——统筹考虑珠江—西江上下游关系，推进西江上游沿江地区在重点领域加快发展，形成流域协调联动发展新格局。

5. 左右江革命老区振兴规划获批

2015 年 2 月，《左右江革命老区振兴规划（2015—2025 年）》获国务院批准实施，着力加强基础设施建设和发展特色产业，建设面向东南亚和南亚全方位开放前沿地带、重要资源精深加工基地、著名红色文化及休闲旅游目的地、生态文明示范区即跨省互联互通先行区。规划以百色为代表的左右江革命老区为核心，统筹考虑区域经济社会协调发展。规划范围包括：广西百色市、河池市、崇左市全境以及南宁市部分地区（隆安和马山县）；贵州省黔西南布依族苗族自治州全境，黔南布依族苗族自治州、黔东南苗族侗族自治州部分地区；云南省文山壮族苗族自治州全境。规划总面积 17 万平方千米，2013 年末总人口 2261 万人，地区生产总值 3646 亿元。

6. "3+1" 区块格局

随着《广西北部湾经济区发展规划》《珠江—西江经济带发展规划》《左右

江革命老区振兴规划》以及《桂林国际旅游胜地建设规划（2015～2025 年)》先后在"十一五"及"十二五"期间获国务院批复实施，广西实现国家战略规划全覆盖，形成"3 + 1"区域发展战略布局。

这期间，《广西统计年鉴》从 2011 年开始将"区域经济"部分调整为：①北部湾经济区；②桂西资源富集区（含百色、河池及崇左 3 市）；③西江经济带（含柳州、桂林、梧州、贵港、玉林、贺州及来宾 7 市)。2015 年开始，西江经济带中的桂林、玉林换成南宁、百色，从而进一步调整为：①北部湾经济区；②桂西资源富集区；③珠江—西江经济带（含南宁、柳州、梧州、贵港、百色、来宾及崇左 7 市)。如表 9 - 5 所示，桂林与贺州不在广西"两区一带"统计之中。

表 9 - 5　广西"两区一带"区域经济近况

指标	2015 年				2017 年			
	北部湾经济区（4 市)	北部湾经济区（6 市)	桂西资源富集区	珠江—西江经济带广西 7 市	北部湾经济区（4 市)	北部湾经济区（6 市)	桂西资源富集区	珠江—西江经济带广西 7 市
土地面积（平方千米)	43221	73377	87009	130785	43223	73379	87009	130785
占广西比重（%)	18.2	30.9	36.6	55.0	18.2	30.9	36.6	55.0
年末常住人口（万人)	1274.0	2050.1	912.8	2603.5	1303.7	2093.4	925.7	2651.8
占广西比重（%)	26.6	42.7	19.0	54.3	26.7	42.9	18.9	54.3
城镇化率（%)	52.9	49.4	35.0	49.7	55.0	51.4	37.0	51.9
地区生产总值（亿元)	5867.2	7995.9	2281.3	9873.7	7400.1	10007.3	3004.0	10133.2
占广西比重（%)	34.8	47.4	13.5	58.5	36.0	48.7	14.6	59.5
第一产业	810.3	1224.5	465.3	1295.9	918.9	1377.1	529.4	1454.0
占广西比重（%)	31.6	47.7	18.1	50.5	31.7	47.4	18.2	50.1
第二产业	2530.0	3440.5	986.3	4622.1	3314.4	4446.7	1419.0	4725.7
占广西比重（%)	32.6	44.3	12.7	59.5	35.0	47.0	15.0	61.1
#工业	1990.3	2726.3	807.1	3852.4	2658.5	3557.9	1193.2	3943.9
占广西比重（%)	31.1	42.5	12.6	60.1	34.1	45.6	15.3	62.2
工业化率（%)	33.9	34.1	35.4	39.0	35.9	35.6	39.7	38.9
第三产业	2526.8	3330.9	829.7	3955.8	3166.8	4183.4	1055.5	3953.4

指标	2015 年				2017 年			
	北部湾经济区（4市）	北部湾经济区（6市）	桂西资源富集区	珠江—西江经济带广西7市	北部湾经济区（4市）	北部湾经济区（6市）	桂西资源富集区	珠江—西江经济带广西7市
占广西比重（%）	38.6	50.9	12.7	60.5	38.7	51.2	12.9	61.1
固定资产投资（亿元）	5623.5	7647.2	2109.3	9315.3	7169.3	9829.1	2650.1	11948.2
占广西比重（%）	35.9	48.8	13.5	59.5	36.0	49.4	13.3	60.0
公共财政预算收入（亿元）	447.1	594.3	154.5	732.1	496.9	636.5	152.8	791.1
占广西比重（%）	29.5	39.2	10.2	48.3	30.8	39.4	9.5	49.0
公共财政预算支出（亿元）	990.4	1461.3	755.2	1874.0	1132.0	1705.2	927.1	2274.5
占广西比重（%）	24.4	35.9	18.6	46.1	23.0	34.7	18.9	46.3
社会消费品零售总额（亿元）	2424.2	3143.9	584.0	3970.5	2990.1	3865.0	724.6	4890.1
占广西比重（%）	38.2	49.5	9.2	62.5	38.3	49.5	9.3	62.6
进出口（亿美元）	240.9	446.7	221.7	311.7	1946.9	3319.4	1546.8	2398.4
占广西比重（%）	47.0	87.1	43.2	60.8	50.4	85.9	40.0	62.0
外贸依存度（%）	25.6	34.8	60.5	19.7	26.3	33.2	51.5	23.7
#出口	99.4	245.0	154.0	201.0	623.3	1540.5	1045.4	1417.8
占广西比重（%）	35.5	87.4	55.0	71.7	33.6	83.0	56.3	76.4

注：①北部湾经济区（4市）指南宁、北海、防城港、钦州4市合计；北部湾经济区（6市）指南宁、北海、防城港、钦州、玉林、崇左6市合计；桂西资源富集区指百色、河池、崇左3市合计，珠江—西江经济带广西7市指南宁、柳州、梧州、贵港、百色、来宾、崇左7市合计。②2016年起，外贸进出口数据以人民币计价。

资料来源：根据2018年《广西统计年鉴》整理。

从各市县的实际开发强度看（见图9-1），至2015年，广西的点轴空间发展格局基本形成，与"两区一带"的布局相一致，但带状格局尚不明显。

（三）"十三五"规划布局：双核驱动沿海沿江沿边三区统筹

根据《广西壮族自治区国民经济和社会发展第十三个五年规划纲要》，"十三五"期间，广西沿海地区以北部湾经济区为重点，沿江地区以珠江—西江经济带和桂林国际旅游胜地为重点，沿边地区以左右江革命老区和沿边经济带为重点，统筹推进江海边特色发展、差异化发展、协调发展，形成"双核驱动，三区统筹"格局。

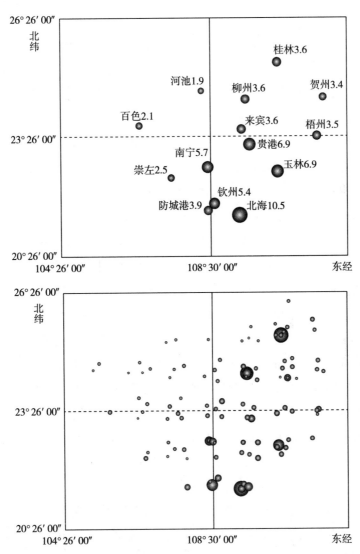

图 9 – 1　2015 年广西市域（上）与县域（下）国土平均开发强度差异

资料来源：根据广西第一次全国地理国情普查资料绘制。

1. 北部湾经济区升级

在国家"一带一路"合作框架中，以建设"一带一路"有机衔接重要门户的核心区为目标，发挥面向东盟和沿海沿边优势，在更高层次、更宽领域参与国际合作与竞争，实现升级发展。强化综合交通枢纽建设，完善集疏运体系，打造北部湾现代化港口群，提升北部湾连接西南中南、直通东盟的陆海空运输能力。加快发展临港产业集群，布局完善石化、冶金、汽车、能源、新材料、电子信息、装备制造等先进制造业，大力发展战略性新兴产业和现代服务业，推动优势产业集群化、智能化、高端化发展，打造石化、能源、修造船等国家级产业基地，构建具有国际竞争力的现代产业体系。推动北部湾同城化纵深发展，建设智慧北部湾，打造北部湾国家级沿海城市群。推进自由贸易试验区、边境和跨境经济合作区、海洋合作综合试验区建设，探索开放合作新模式，打造服务"一带一路"发展的国际区域合作新高地。2020年经济区四市经济规模占全区比重突破40%，城镇化率达到60%。

根据2016年9月公布的《广西北部湾经济区"十三五"规划》，广西北部湾经济区（南宁、北海、防城港、钦州4市）地区生产总值、财政收入、工业、投资、进出口等主要经济指标增速均高于全区平均水平（见表9-6），以占全区不到1/5的土地、1/4的人口，创造出1/3多的经济总量、2/5的财政收入。该区域"十三五"时期的发展目标是：加快建设"一带一路"有机衔接的重要门户核心区、中国—东盟自由贸易区升级版的先行示范区、西南中南地区开放发展新的战略支点的核心引擎、广西升级发展的引领示范区和先行先试区。重点推动优势产业向集群化、智能化、高端化方向转型，以现代服务业集聚区和新兴产业集聚区建设推动产业向价值链高端延伸，构建现代产业体系。打造石油化工、装备制造、冶金精深加工、电子信息、轻工食品五大"千亿级"优势产业集群，推进制糖、造纸、建材建筑及轻纺等产业集群化发展。推动新一代信息技术、高端装备制造、生物产业、新材料、新能源、节能环保、新能源汽车等新兴产业发展，打造全区战略性新兴产业集聚发展示范区。优先发展现代物流、金融服务、商务会展、科技服务等生产性服务业，加快康养、教育培训、商贸流通等生活性服务业，培育文化创意、电子商务、服务外包等新兴服务业，壮大海洋经济和海洋产业及特色旅游业。构建"南宁＋沿海"以及沿海经济带、沿边经济带、高铁经济带、南崇经济带、玉铁经济带等"双极引领五带联动"的空间格局。

表 9 - 6　广西北部湾经济区发展与规划

指标	2010 年（4 市）	2015 年（4 市）	2015 年（6 市）	2020 年（4 市）	2020 年（6 市）
地区生产总值（亿元）	3022	5867	7996	10000	13300
地区生产总值年均增速（%）	16.3	11	8.3	10.6	10.2
人均地区生产总值（元）	—	46286	39125	71400	63300
经济总量占广西的比重（%）	31.8	34.9	47.6	≥40	≥55
财政收入（亿元）	441	948	1163	1530	1880
固定资产投资（亿元）	2797	5624	7647	10600	14400
居民人均可支配收入（元）	—	19652	18905	≥35600	≥33800
其中：城镇居民（元）	—	28547	28347	≥47100	≥46700
农村居民（元）	—	9643	9668	≥16500	≥16500
三次产业结构	17：39：44	14：43：43	15：43：42	9：42：49	11：42：47
规模以上工业总产值（亿元）	—	7710	9793	13600	15800
高新技术产业占工业总产值（%）	—	—	—	30	30
社会消费品零售总额（亿元）	—	2424	3144	3645	4727
外贸进出口总额（亿美元）	—	241	447	430	800
广西北部湾港吞吐能力（亿吨）	1.2	2.1		4.5	
集装箱吞吐能力（万标准箱）	56.4	141.5		1000	
R&D 经费支出占 GDP 比重（%）	—	0.89	0.81	2.2	2.1
每万人口发明专利拥有量（件）	—	3.11	2.17	6	5

续表

指标	2010 年 （4 市）	2015 年 （4 市）	2015 年 （6 市）	2020 年 （4 市）	2020 年 （6 市）
常住人口城镇化率（%）	46	53	49.5	60	56
户籍人口城镇化率（%）	—	34.7	30.1	42	38
森林覆盖率（%）	45.1	49.7	52.9	51	60
设区城市环境空气质量优良天数比例（%）	—	88.5	88.5	91.5	91.5
设区城市细颗粒物（PM2.5）年均浓度下降（%）	—	—	—	2.2	2.3
近岸海域水质优良（一、二类）比例（%）	—	90.9		91	

资料来源：根据《广西北部湾经济区"十三五"规划》整理。

2. 珠江—西江经济带构建

在国家流域开发和粤港澳大湾区建设的战略框架中，以建设西南中南地区开放发展的战略支撑带为目标，发挥承东启西和通往粤港澳优势，培育形成新的经济增长带。实施西江经济带基础设施建设大会战，优化畅通西江航道，强化铁水、公水多式联运，创新船闸建设营运机制，提升西江黄金水道通行和港口吞吐能力，构建综合立体交通走廊。建设桂东国家承接产业转移示范区，重点发展汽车、食品、装备制造、电子信息、建材等产业集群和战略性新兴产业，建设现代服务业集聚区，打造优势互补、协作配套的沿江产业带。发挥粤桂合作特别试验区先行示范作用，促进桂东地区融入珠三角经济圈及跨省区产业合作。构建以桂中、桂东南城镇群为主的沿江城镇体系。统筹西江流域上下游发展，强化生态环境联保联防联控，构建千里绿色走廊。规划建设西江水系沿岸生态农业产业带。

根据《广西西江经济带工业和信息化发展"十三五"规划》等文件，将形成以西江为轴，以南宁、柳州为核心，南宁、百色、崇左为对外开放门户区，柳州、来宾为产业转型发展区，梧州、贺州、贵港、玉林为东部产业承接区，桂林、河池为延伸协调发展区的"一轴双核四区"空间布局，如表9-7所示。

表9-7 广西西江经济带"十三五"主要工业布局

产业	城市	南宁	柳州	梧州	贵港	百色	来宾	崇左	桂林	玉林	贺州	河池
优势特色工业	食品工业	●		●	●		●	●	●			
	石化工业	●	●	●		●			●			●
	有色金属工业		●	●			●	●		●		
	冶金工业		●			●	●			●		
	建材工业	●		●			●			●	●	
	电力工业	●					●		●	●	●	
	造纸与木材加工业			●	●							
	纺织服装与皮革加工业				●				●	●		●
	汽车工业		●									
	机械工业		●				●		●	●		
	电子信息	●	●	●					●			
	医药制造	●	●			●	●			●		
战略新兴产业	新材料		●				●	●			●	●
	节能环保	●	●					●				
	生物医药	●		●					●	●		
	高端装备制造		●				●					
	新一代信息技术	●	●						●	●		
	新能源	●	●							●		

资料来源：根据《广西西江经济带工业和信息化发展"十三五"规划》整理。

3. 左右江革命老区振兴

在国家深入实施西部大开发和脱贫攻坚战略框架中，以深入实施左右江革命老区振兴规划为契机，发挥资源和沿边区位优势，大力发展生态经济，打赢脱贫攻坚战，增强自我发展能力。完善交通骨干网，加强农村道路建设，提升老区通达率。积极发展清洁能源、有色金属、农林产品加工、养生健康、旅游休闲等特色优势产业,提高资源就地转化率,建设一批重大产业基地,构建以生态经济为特色的现代产业体系。发挥崇左、百色沿边区位优势,大力发展边境贸易、加工贸易和口岸经济,促进跨境经济合作。大力实施精准扶贫、精准脱贫,消除区域性整体贫困,建成山清水秀、安居乐业的幸福老区。

4. 桂林国际旅游胜地提升

发挥桂林品牌优势,打造大旅游圈,增强对全区旅游业发展的龙头带动作用。加强桂林连通国内外的航空、高速铁路、高速公路和旅游基础设施建设,强化区域性综合交通枢纽地位,建成设施完备、功能完善的旅游服务体系。发展新型旅游业态,拓展旅游功能,加快由山水观光旅游向休闲度假等复合型旅游转型。建设八大旅游精品工程:漓江风景名胜区、两江四湖景区、阳朔山水休闲景区、龙胜龙脊梯田景区、资源八角寨丹霞景区、兴安灵渠景区、猫儿山养生度假区、动感天湖景区。促进旅游业与相关产业融合发展,积极发展电子信息、生物制药、装备制造、新能源、节能环保等优势产业和新兴产业,形成以旅游业和新型工业、现代农业为主的产业集群,促进桂林贺州旅游一体化。加强漓江山水生态保护,实现可持续发展。

5. 沿边地区开发开放

以东兴、防城、宁明、凭祥、龙州、大新、靖西、那坡等沿边县市区为重点,大力推进重点开发开放试验区、沿边口岸、边境城市、边境和跨境经济合作区建设,构建沿边经济带。建设能源矿产、农林产品进口加工基地和承接产业转移示范区。促进加工贸易向边境口岸和城镇集聚,发展边民互市贸易。推进沿边新型城镇示范带和边民集居点建设,增强边境城镇综合承载力。推进兴边富民行动,加强边境基础设施建设,改善边民生产生活。

第二节　功能区与产业空间布局

一、主体功能区布局

国土空间是人类赖以生存与发展的宝贵资源,科学开发国土空间,对于优化国土空间布局、促进区域协调发展具有重大意义。

（一）城市、生态及农业三大空间

2012 年 11 月发布实施的《广西主体功能区规划》，提出要构建广西国土空间开发的"三大战略格局"：以"四群四带"为主体的城市化战略格局，以"两屏四区一走廊"为主体的生态安全战略格局及以"五区十五带"为主体的农业发展战略格局。即：

（1）以城市群为主体形态，依托中心城市集中布局，通过现代交通网络，构建北部湾城市群和桂中、桂北、桂东南城镇群，培育右江河谷走廊、黔桂走廊、南友走廊和桂东北城镇带，集中 60% 左右的人口和 70% 左右的经济总量。

（2）构建以桂西及北部湾沿海两个生态屏障，桂东北、桂西南、桂中、十万大山四个生态保护区，以及西江千里绿色走廊等为主骨架，以其他重点生态功能区为重要支撑，以点状分布的禁止开发区域为重要组成的生态安全空间格局。

（3）构建以桂北地区、桂东南地区、桂中地区、桂西地区和沿海地区等农产品主产区为主体，以基本农田为基础，以其他农产品主产区为重要组成的农业发展战略格局。重点建设：桂北、桂中、桂东南和沿海地区等优质水稻产业带；桂西南、桂中、桂东南和沿海地区等糖料蔗优势产业带；以桂北、桂东北、桂中地区为主的柑橘优势产业带；以沿海地区为主的香蕉优势产业带；以桂东南、桂西南和沿海地区为主的荔枝、龙眼优势产业带；桂西北、桂中和桂南等桑蚕优势产业带；以桂东南、桂西南、桂中和沿海地区为主的木薯产业带；以南宁、玉林、贵港、梧州和桂林等市为主的生猪优势产业带；玉林、梧州、桂林和南宁等市为主的优质肉鸡优势产业带；百色、桂林、河池、柳州和来宾等市为主的肉牛优势产业带；百色、河池、南宁、柳州和桂林等市为主的肉羊优势产业带；南宁、柳州、桂林等中心城市城郊奶牛产业带；北海、防城港和钦州市为主的海洋水产品产业带；桂南、桂东为主的速生丰产用材林产业带；以桂西、桂东北为主的油茶产业带。

（二）重点、限制及禁止三类四种区域

规划按照开发方式，广西主体功能区划分为重点开发、限制开发（含重点生态功能区和农产品主产区）以及禁止开发三类四种区域（见表 9-8），并进行相应的功能定位。"十三五"时期总体上是开发强度和生态功能保护力度双双提升（见表9-9）。

表9-8 广西主体功能区划方案

主体功能区类型	行政区数（个，占比）	行政区名称	总面积（占比）
重点开发区域	国家层面（17个，15.6%）	兴宁区、青秀区、江南区、西乡塘区、良庆区、邕宁区、横县、海城区、银海区、铁山港区、合浦县、港口区、防城区、东兴市、钦南区、钦北区、灵山县	6.83万平方千米（28.8%）
	自治区层面（30个，27.5%）	城中区、鱼峰区、柳南区、柳北区、柳江县、鹿寨县、秀峰区、叠彩区、象山区、七星区、雁山区、临桂县、万秀区、蝶山区、长洲区、岑溪市、港北区、港南区、覃塘区、玉州区、北流市、右江区、田阳县、平果县、八步区、金城江区、兴宾区、合山市、江州区、凭祥市	
重点生态功能区	国家层面（16个，14.7%）	上林县、马山县、三江县、融水县、龙胜县、资源县、凌云县、乐业县、天峨县、凤山县、东兰县、巴马县、都安县、大化县、忻城县、天等县	7.29万平方千米（30.7%）
	自治区层面（13个，11.9%）	阳朔县、灌阳县、恭城县、蒙山县、上思县、德保县、靖西县、那坡县、西林县、富川县、罗城县、环江县、金秀县	
农产品主产区	33个，30.3%	武鸣区、宾阳县、隆安县、柳城县、融安县、灵川县、全州县、兴安县、永福县、平乐县、荔浦市、苍梧县、藤县、浦北县、平南县、桂平市、容县、陆川县、博白县、兴业县、田东县、田林县、隆林县、昭平县、钟山县、宜州区、南丹县、象州县、武宣县、扶绥县、大新县、宁明县、龙州县	9.61万平方千米（40.5%）
禁止开发区域	自然保护地（174处）	—	2.69万平方千米（11.4%）
	基本农田保护区	—	3.60万平方千米（15.2%）

注：自然保护地和基本农田保护区分散布局在上述三类主体功能区中。

资料来源：根据2012年《广西壮族自治区主体功能区规划》整理。

表9-9 广西国土空间开发的规划指标

指标	2010 年	2020 年	2020 年比 2010 年增长（%）
开发强度（%）	4.58	5 以内	0.42
城市空间（平方千米）	2135	3210	50.4
农村居民点（平方千米）	5514	4444	-19.4
耕地保有量（平方千米）	44076	42080	-4.5
其中：基本农田（平方千米）	36743	36027	-2
林地面积（平方千米）	132278	142020	7.4
森林覆盖率（%）	55.67	60	4.33
粮食播种面积（万公顷）	306	310	1.3
甘蔗种植面积（万公顷）	107	110	3.8

资料来源：根据2012年《广西壮族自治区主体功能区规划》整理。

（1）重点开发区域分为国家层面和自治区层面，共47个县级行政区，其中国家层面17个，自治区层面30个。土地面积占全区总面积的28.8%。2010年，区域总人口2090万人，占全区的40.5%；地区生产总值5862亿元，占全区的61.3%。政策同时涵盖限制开发区域（农产品主产区、重点生态功能区）中的县城和基础条件较好、人口和产业承载力较强的重点镇。功能定位为：全区乃至全国重要的人口和经济密集区，提升经济综合实力和产业竞争力的核心区，引领科技创新和推动发展方式转变的示范区，支撑全区乃至全国经济发展的重要增长极。到2020年，重点开发区域集聚的经济规模占全区的70%左右，人口占全区的55%左右，城镇化率超过60%。

国家层面的重点开发区是北部湾经济区，土地面积占全区的10.8%。2010年，总人口1050万人，占全区的20.4%；地区生产总值1901亿元，占全区的19.9%。发展方向主要是统筹规划国土空间，完善提升城镇功能，形成现代产业体系，促进人口集聚，提高发展质量，完善提升基础设施，把握开发时序等。

（2）限制开发区域中的重点生态功能区共29个县级行政区，其中，国家层面16个，面积占全区的17.3%；自治区层面13个，面积占13.4%。2010年，区域总人口占全区的18.6%；地区生产总值占全区的9.6%。功能定位为：提供生态产品、保护环境的重要区域，保障国家和地方生态安全的重要屏障，人与自然和谐相处的示范区。

（3）限制开发区域中的农产品主产区包括33个县级行政区，占全区总面积的40.5%，2010年，总人口占全区的40.9%；地区生产总值占全区的29.1%。功能定位为：全区重要的商品粮生产基地，保障农产品供给安全的重要区域，现代农业发展和社会主义新农村建设的示范区。

（4）广西禁止开发区域主要包括县级以上的自然保护区、风景名胜区、森林公园、地质公园和重要水源地等。禁止开发区域不以县级行政区为单元进行划分，点状分布于重点开发区域和限制开发区域中，自然保护地共174处，面积2.69万平方千米，占全区总面积的11.4%，其中国家层面禁止开发区域面积占5.1%，自治区层面禁止开发区域面积占6.3%。今后新设立的自然保护区、风景名胜区、森林公园、地质公园、世界文化自然遗产等，自动进入禁止开发区域名录。功能定位为：保护自然文化资源的重要区域、珍稀动植物基因资源保护地、区域生态环境的核心区域。

二、县域空间功能区划

空间结构包括不同类型空间的构成及其在国土空间中的分布，如城市空间、农业空间、生态空间的比例，以及城市空间中城市建设与工矿建设的空间比例等。如表9－10所示，2015年，广西对111个县级行政区进行生产、生活、生态空间划分，每个市县区都划定城镇空间、农业空间、生态空间三类，形成一个市县一张空间功能区划图，并把"十三五"的产业发展、城镇建设、交通设施、公共服务、生态环保、重大工程项目等建设，落实到城镇、农业、生态三类空间，以落实主体功能区战略，进一步明确市县生产力布局；把市县规划变成空间发展规划，明确"干什么""怎么干""在哪里干"的问题；理顺各类规划在空间上的关系，促进各类规划在市县空间上的协调统一，务实推动"多规合一"，实现"一本规划、一张蓝图"。

此外，根据《广西县域经济发展"十三五"规划》，针对111个县域经济总体不平衡、产业结构层次与群体优势低、特色产业不明显、创新驱动力不足等问题，"十三五"期间，广西将以推进县域新型工业化、城镇化、信息化、农业现代化同步发展为重点，在县域工业、一二三产业融合、现代服务业和新兴产业、优势特色品牌、基础设施和城镇化、项目建设和招商引资、精准脱贫、生

表 9 – 10　广西市县空间功能区划

地域	城市空间比例（%）	农业空间比例（%）	生态空间比例（%）	空间功能区类型
广西全区	16.7	36.0	47.3	—
南宁市	21.6	38.0	40.4	—
兴宁区	43.7	0.0	56.3	重点开发区
青秀区	31.3	24.6	44.1	重点开发区
江南区	49.7	18.1	32.2	重点开发区
西乡塘区	28.9	41.1	30.0	重点开发区
良庆区	28.8	38.3	32.9	重点开发区
邕宁区	24.7	62.8	12.5	重点开发区
武鸣区	22.4	35.4	42.2	农产品主产区
隆安县	10.4	49.3	40.3	农产品主产区
马山县	8.3	30.2	61.5	重点生态功能区
上林县	9.7	34.1	56.2	重点生态功能区
宾阳县	18.6	58.6	22.8	农产品主产区
横县	23.0	34.9	42.1	重点开发区
柳州市	17.5	37.5	45.0	—
城中区	38.3	0.0	61.7	重点开发区
鱼峰区	74.5	0.0	25.5	重点开发区
柳南区	79.0	0.0	21.0	重点开发区
柳北区	76.0	0.0	24.0	重点开发区
柳江县	21.1	35.0	43.9	重点开发区
柳城县	20.4	57.8	21.8	重点生态功能区
鹿寨县	20.1	46.9	33.0	重点开发区
融安县	9.8	52.9	37.3	农产品主产区
融水县	9.8	29.1	61.1	重点生态功能区
三江县	8.5	23.4	68.1	重点生态功能区
桂林市	13.1	33.6	53.3	—
秀峰区	71.3	0.0	28.7	重点开发区
叠彩区	77.0	0.0	23.0	重点开发区
象山区	86.1	0.0	13.9	重点开发区
七星区	77.1	0.0	22.9	重点开发区
雁山区	50.3	13.2	36.5	重点开发区

地域	城市空间比例（%）	农业空间比例（%）	生态空间比例（%）	空间功能区类型
临桂区	21.6	38.1	40.3	重点开发区
阳朔县	3.2	15.7	81.1	重点生态功能区
灵川县	15.0	40.7	44.3	重点生态功能区
全州县	13.4	50.9	35.7	农产品主产区
兴安县	12.3	36.2	51.5	农产品主产区
永福县	14.0	42.1	43.9	农产品主产区
灌阳县	7.9	14.9	77.2	重点生态功能区
龙胜县	5.1	20.7	74.2	重点生态功能区
资源县	6.0	7.7	86.3	重点生态功能区
平乐县	16.4	47.0	36.6	农产品主产区
荔浦市	13.7	51.2	35.1	农产品主产区
恭城县	7.3	24.4	68.3	重点生态功能区
梧州市	21.1	41.0	37.9	—
万秀区	65.8	0.0	34.2	重点开发区
长洲区	43.5	56.5	0.0	重点开发区
龙圩区	51.5	0.0	48.5	重点开发区
苍梧县	9.4	48.5	42.1	农产品主产区
藤县	19.2	45.3	35.5	农产品主产区
蒙山县	7.6	6.3	86.1	重点生态功能区
岑溪市	21.0	45.5	33.5	重点开发区
北海市	26.6	53.1	20.3	—
海城区	79.4	0.0	20.6	重点开发区
银海区	31.9	62.8	5.3	重点开发区
铁山港区	52.8	47.2	0.0	重点开发区
合浦县	19.7	56.1	24.2	重点开发区
防城港市	17.5	21.1	61.4	—
港口区	87.8	0.0	12.2	重点开发区
防城区	19.6	14.1	66.3	重点开发区
上思县	7.1	32.7	60.2	重点生态功能区
东兴市	29.1	0.0	70.9	重点开发区
钦州市	19.4	44.4	36.2	—

续表

地域	城市空间比例 （%）	农业空间比例 （%）	生态空间比例 （%）	空间功能区类型
钦南区	38.1	17.2	44.7	重点开发区
钦北区	12.1	38.5	49.4	重点开发区
灵山县	18.5	62.2	19.3	重点开发区
浦北县	8.8	51.1	40.1	农产品主产区
贵港市	19.7	42.4	37.9	—
港北区	24.2	26.0	49.8	重点开发区
港南区	33.0	32.3	34.7	重点开发区
覃塘区	32.7	41.8	25.5	重点开发区
平南县	11.2	49.5	39.3	农产品主产区
桂平市	14.1	47.4	38.5	农产品主产区
玉林市	20.0	52.3	27.7	—
玉州区	82.5	0.0	17.5	重点开发区
福绵区	25.1	42.5	32.4	重点开发区
容县	20.9	50.7	28.4	农产品主产区
陆川县	22.7	55.1	22.2	农产品主产区
博白县	13.1	60.9	26.0	农产品主产区
兴业县	14.3	59.7	26.0	农产品主产区
北流市	21.1	46.8	32.1	重点开发区
百色市	13.2	33.0	53.8	—
右江区	24.6	25.1	50.3	重点开发区
田阳县	17.7	31.0	51.3	重点开发区
田东县	19.3	51.7	29.0	农产品主产区
平果县	27.7	27.8	44.5	重点开发区
德保县	10.0	20.5	69.5	重点生态功能区
那坡县	8.1	24.7	67.2	重点生态功能区
凌云县	7.6	16.3	76.1	重点生态功能区
乐业县	10.0	26.9	63.1	重点生态功能区
田林县	9.2	46.2	44.6	农产品主产区
西林县	4.4	25.8	69.8	重点生态功能区
隆林县	9.0	54.7	36.3	农产品主产区
靖西市	11.6	23.5	64.9	重点生态功能区

地域	城市空间比例（%）	农业空间比例（%）	生态空间比例（%）	空间功能区类型
贺州市	16.8	28.6	54.6	—
八步区	19.3	24.0	56.7	重点开发区
平桂区	26.3	15.6	58.1	重点开发区
昭平县	10.1	29.4	60.5	农产品主产区
钟山县	18.0	53.3	28.7	农产品主产区
富川县	9.8	32.3	57.9	重点生态功能区
河池市	13.8	23.5	62.7	—
金城江区	23.6	47.3	29.1	重点开发区
宜州区	27.4	35.9	36.7	重点开发区
南丹县	14.2	53.4	32.4	农产品主产区
天峨县	6.5	12.7	80.8	重点生态功能区
凤山县	4.6	21.1	74.3	重点生态功能区
东兰县	4.1	31.7	64.2	重点生态功能区
罗城县	10.9	16.0	73.1	重点生态功能区
环江县	9.8	13.0	77.2	重点生态功能区
巴马县	9.9	19.0	71.1	重点生态功能区
都安县	7.7	23.1	69.2	重点生态功能区
大化县	8.8	21.7	69.5	重点生态功能区
来宾市	17.4	42.9	39.7	—
兴宾区	27.9	56.3	15.8	重点开发区
忻城县	6.6	12.1	81.3	重点生态功能区
象州县	17.9	67.3	14.8	农产品主产区
武宣县	14.4	70.5	15.1	农产品主产区
金秀县	9.9	13.0	77.1	重点生态功能区
合山市	29.6	42.6	27.8	重点开发区
崇左市	12.3	39.7	48.0	—
江州区	16.8	54.8	28.4	重点开发区
扶绥县	19.7	49.3	31.0	农产品主产区
宁明县	7.8	27.0	65.2	农产品主产区
龙州县	9.0	44.9	46.1	农产品主产区
大新县	9.5	46.8	43.7	农产品主产区

续表

地域	城市空间比例 （％）	农业空间比例 （％）	生态空间比例 （％）	空间功能区类型
天等县	9.7	23.9	66.4	重点生态功能区
凭祥市	18.5	4.2	77.3	重点开发区

资料来源：根据 2015 年 9 月《广西市县功能区划成果图》整理。

态文明建设 8 个重点领域取得突破。形成广西北部湾经济区县域发展区、珠江
—西江经济带县域发展区、左右江革命老区县域发展区，以及环首府都市生态
农业产业带、钦北防沿海临港经济产业带、沿边口岸贸易和特色旅游产业带、
右江河谷生态铝业和现代农业产业带、桂西国际长寿养生产业带、南来柳贵先
进制造业产业带、桂东制造业和现代农业产业带、桂东北生态经济和旅游产业
带等特色产业带构成的广西县域经济"3 区 8 带"格局，如表 9 – 11 所示。

表 9 – 11　广西"十三五"县域产业带规划

8 大县域产业带	涵盖县市区范围
环首府都市生态农业产业带	南宁市邕宁区、良庆区、武鸣区、隆安县、马山县、上林县、宾阳县、横县，崇左市扶绥县
钦北防沿海临港经济产业带	北海市合浦县，钦州市钦北区、钦南区、灵山县、浦北县，防城港市防城区、上思县、东兴市
沿边口岸贸易和特色旅游产业带	防城港市防城区、东兴市，崇左市江州区、凭祥市、宁明县、龙州县、大新县、天等县、扶绥县，百色市德保县、那坡县、靖西市
右江河谷生态铝业和现代农业产业带	百色市平果县、田东县、田阳县、右江区、德保县、靖西市
桂西国际长寿养生产业带	河池市巴马瑶族自治县、凤山县、东兰县、天峨县、大化瑶族自治县、都安瑶族自治县，百色市乐业县、凌云县、右江区、田阳县
南来柳贵先进制造业产业带	南宁市武鸣区、宾阳县，柳州市柳江区、柳城县、鹿寨县，来宾市兴宾区、合山市、象州县、武宣县，贵港市桂平市
桂东制造业和现代农业产业带	玉林市玉州区、福绵区、容县、兴业县、陆川县、博白县、北流市，贵港市港北区、港南区、覃塘区、平南县、桂平市，梧州市苍梧县、藤县、蒙山县、岑溪市
桂东北生态经济和旅游产业带	桂林市临桂区、灵川县、阳朔县、兴安县、永福县、龙胜各族自治县、资源县、全州县、灌阳县、恭城瑶族自治县、平乐县、荔浦市，贺州市八步区、平桂区、钟山县、富川瑶族自治县、昭平县，柳州市三江侗族自治县、融安县、融水苗族自治县，梧州市蒙山县，来宾市金秀县瑶族自治县

资料来源：根据《广西县域经济发展"十三五"规划》整理。

三、海洋主体功能区规划

2018年4月公布的《广西壮族自治区海洋主体功能区规划》，如表9-12所示，规划海域总面积7000平方千米。其中：①优化开发区域海域面积2824.2平方千米，占40.3%，包括防城港市防城区、钦州市钦南区、北海市海城区的管理海域，面积分别为1285.3平方千米、1307平方千米和231.8平方千米。该区域作为全区海洋经济活动主要承载区域，是沿海地区工业化与城镇化发展区域，主要用于用海存量削减、调整产业结构和用海结构。②重点开发区域海域面积1236.5平方千米，占17.7%，包括城镇建设用海区、港口和临港产业用海区、海洋工程和资源开发区，具体为防城港市港口区、钦州市钦州港经济技术开发区、北海市铁山港区管理海域，面积分别为616.1平方千米、224.3平方千米和396.1平方千米。③限制开发区域海域面积2451.2平方千米，占35%，包括海洋渔业保障区、海洋特别保护区和海岛及其周边区域，具体为防城港市东兴市、北海市合浦县、北海市银海区、涠洲岛—斜阳岛海域，类型和面积分别为生物多样性保护型限制开发区176.5平方千米、海洋水产品保障区379.1平方千米、人文与景观资源保护型限制开发区1708.8平方千米和重要地理生境保护型限制开发区186.8平方千米。④禁止开发区域海域面积488.1平方千米，占7%，包括各级各类自然保护区等，具体为国家级和自治区级海洋自然保护区、海洋公园重点保护区和重要河口区域，以及规划期内新设立的国家级和自治区级海洋自然保护区（见表9-13）。

表9-12 广西海洋主体功能区名录

海洋主体功能区		县（市、区）	面积比重（%）
优化开发区域		防城港市防城区、钦州市钦南区、北海市海城区	40.3
重点开发区域		防城港市港口区、钦州市钦州港经济技术开发区、北海市铁山港区	17.7
限制开发区域	海洋水产品保障区	北海市合浦县	5.4
	重点海洋生态功能区 生物多样性保护型	防城港市东兴市	2.5
	重要地理生境保护型	涠洲岛—斜阳岛	2.7
	人文与景观资源保护型	北海市银海区	24.4

注：面积比重指各类海洋主体功能区面积占本地区依法管理海域面积的比重。

资料来源：根据《广西壮族自治区海洋主体功能区规划》整理。

表 9 – 13　广西海洋主体功能区规划指标　　　　　　　单位:%

指标名称及单位	2015 年	2020 年目标值
海洋开发强度	1.2	≤1.6
优化开发区域海洋开发强度	0.2	≤0.5
重点开发区域海洋开发强度	4.6	≤6.4
限制开发区域海洋开发强度	0.06	≤0.07
大陆自然岸线保有率	21.4	≥35
禁止开发区域占管理海域面积比重	7.3	8
禁止开发区域内海岛数	64	64
一类、二类水质面积占比	86	≥91%

注："一类、二类水质面积占比"是指国控站位的检测结果。
资料来源:根据《广西壮族自治区海洋主体功能区规划》整理。

四、城镇群及产业带布局

1978 年改革开放特别是"十二五"规划实施以来,在以人为核心的新型城镇化过程中,广西协调发展大中小城市与特色城镇,构建"四群四带",即北部湾城镇群、桂中城镇群、桂北城镇群、桂东南城镇群,以及右江河谷走廊、黔桂走廊、桂西南和桂东北城镇带等协调发展的城镇空间格局(见图 9 – 2)。目前,"四群四带"城镇空间格局进入优化发展阶段。

根据 2014 年发布的《广西壮族自治区新型城镇化规划(2014—2020 年)》及 2017 年发布的《广西人口发展规划(2016—2030 年)》,到 2020 年,广西常住人口城镇化率和户籍城镇化人口率分别达到 54% 和 34.5%,两者的差距逐步缩小。新增城镇人口 700 万,600 万农业转移人口和其他常住人口落户城镇。主要城市(镇)群人口承载力和吸引力增强,北部湾城市群和桂中、桂北、桂东南城镇群承载全区近 80% 的城镇人口。

同时,推进产业布局与城镇化布局有机衔接,推动重大产业向北部湾经济区、西江经济带和城镇集聚,强化中心城市产业分工协作(发展区域性产业集群),增强中小城市(承接产业转移配套发展特色优势产业及劳动密集型产业)和小城镇产业承接能力(发展现代农业及农副产品加工),形成布局合理、错位互补、各具特色、协调发展的城镇产业格局(见表 9 – 14)。

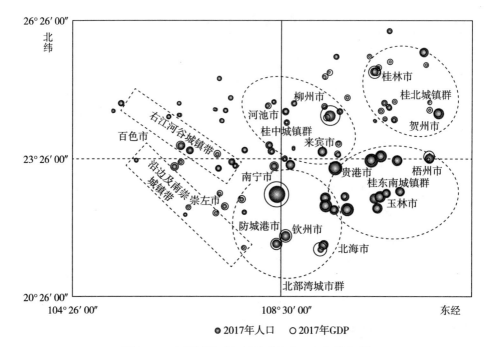

图 9-2 广西城镇群与城镇带的人口与经济规模

表 9-14 广西城镇群 (带) 及相关城市的 "十三五" 规划要点

群/带	发展方向	城市	"十三五"战略建设重点及 2020 年城区集聚人口目标
北部湾城市群	以南宁为核心,促进北海、钦州、防城港、玉林、崇左同城化,打造面向东盟开放合作的重要门户、服务西南中南开放发展新的战略支点核心引擎	南宁	面向东盟开放合作的门户枢纽城市、区域性国际城市、内陆开放型经济战略高地,区域性现代商贸物流基地、先进制造业基地和金融中心、内陆开放型经济战略高地和广西首善之区;新一代信息技术、智能装备制造、大健康、新材料、新能源汽车产业。300 万人以上
		北海	高新技术与海洋经济合作示范区、生态宜居滨海城市、海上丝绸之路旅游文化名城,现代产业集聚地和北部湾国际旅游度假区核心城市;新一代信息技术、新材料、大健康产业。60 万人
		防城港	面向东盟的国际枢纽港、国家重点开发开放试验区、生态宜居海湾城市,北部湾现代化主要港口城市;智能装备制造、新材料、新一代信息技术产业。35 万人
		钦州	"一带一路"有机衔接重要门户港、区域性产业合作新高地、现代化生态滨海城市,北部湾临海核心工业城市;智能装备制造、大健康、新一代信息技术产业。50 万人

续表

群/带	发展方向	城市	"十三五"战略建设重点及2020年城区集聚人口目标
桂中城镇群	以柳州为核心，辐射带动来宾、河池（宜州）一体化发展，打造西南地区先进制造业中心和现代服务业基地	柳州	区域性先进制造业中心、现代服务业基地和珠江—西江经济带核心城市，综合交通枢纽城市；新能源汽车、智能装备制造、新材料、大健康、新一代信息技术产业。250万人
		来宾	区域性新兴工业基地、国家新型城镇化综合试点城市、双核驱动战略重要节点城市，现代化新兴工业城市；新材料、大健康、新一代信息技术产业。50万人
		河池	国家生态文明先行示范区、养生健康国际旅游区、精准脱贫示范区；大健康、新材料、节能环保产业。35万人
桂东南城镇群	以梧州为核心，促进玉林、贵港一体化发展，打造全国承接产业转移示范区和桂粤合作发展先行区	梧州	国家级桂东南承接产业转移示范区和珠江—西江经济带中心城市、国家循环经济示范城市；节能环保、智能装备制造、大健康、新一代信息技术产业。100万人以上
		贵港	西江流域及经济带核心港口城市、新兴工业基地、区域性商贸物流中心；新一代信息技术、大健康、新材料产业。60万人
		玉林	区域性先进制造业基地、国家现代农业示范区、非公经济发展示范城市，现代中小企业名城；智能装备制造、大健康、新一代信息技术产业。100万人
桂北城镇群	以桂林为核心整合桂林、贺州资源打造世界一流旅游目的地、全国旅游创新发展先行区	桂林	国际旅游胜地和生态山水历史文化名城、国际文化旅游交流合作基地、全国生态文明先行区；智能装备制造、大健康、新一代信息技术、新能源汽车产业。130万人以上
		贺州	向东开放的门户枢纽城市、新型材料基地、生态养生长寿胜地、循环经济发展示范城市；大健康、新材料、新一代信息技术产业。40万人
右江河谷和沿边城镇带	统筹城乡、生态产业、民族文化及开放开发，跨境产业合作的示范区	百色	国家生态铝产业示范基地、区域性现代农业示范中心、红色旅游创新区；大健康、新材料、节能环保产业。40万人
		崇左	面向东盟开放合作新高地与区域性新兴城市、沿边开发开放桥头堡、边关风情旅游带核心区；大健康、新材料、节能环保产业。30万人

资料来源：根据相继于2014年8月、2016年4月、2016年9月及2017年5月发布的《广西壮族自治区新型城镇化规划（2014—2020年）》《广西壮族自治区国民经济和社会发展第十三个五年规划纲要》《广西战略性新兴产业发展"十三五"规划》和《广西人口发展规划（2016—2030年）》等资料综合整理。

（一）北部湾城市群及产业布局

2010 年 12 月发布的《全国主体功能区规划》中提出，推进北部湾等地区的重点开发，形成我国若干新的大城市群和区域性的城市群。自 2008 年北部湾经济区发展规划实施以来，南宁、北海、钦州、防城港、玉林、崇左 6 市组成的城市群建设在广西城镇化战略格局中处于优先地位。早在 2013 年 5 月，在区内高铁开通前夕，广西北部湾经济区已正式启动同城化，对南宁、北海、钦州、防城港 4 市实施通信、金融服务、户籍、交通、旅游、口岸通关、城镇体系、产业、人力资源社会保障、教育十大领域的同城化建设。根据 2016 年的《广西北部湾经济区"十三五"规划》，到 2020 年，广西北部湾城市群城镇人口规模达到 1000 万，成为我国城镇人口千万级的城市群。

2017 年 1 月 20 日，国务院批复同意《北部湾城市群发展规划》，建设国家级的北部湾城市群，如表 9－15 所示。规划覆盖范围包括广西南宁市、北海市、钦州市、防城港市、玉林市、崇左市，广东湛江市、茂名市、阳江市和海南海口市、儋州市、东方市、澄迈县、临高县、昌江县。城市群规划陆域面积 11.66 万平方千米，海岸线 4234 千米，还包括相应海域。2015 年末常住人口 4141 万人，地区生产总值 16295 亿元，分别占全国的 3.01% 和 2.25%。

作为新兴的蓝色海湾及地缘城市群，[①] 北部湾城市群在长期规划方面还比较松散。2015 年前后的卫星夜间灯光数据显示：①北部湾城市群尚未形成中心—外围结构。从灯光分布的颜色亮暗来看，南宁市的市中心颜色最深，其次是玉林市、海口市、湛江市、茂名市、阳江市等区域，最后是崇左市、东方市等区域。在空间分布上呈现出零散分布，各中心城市相距很远，尚未形成中心—外围结构。②已初步形成多中心共同发展的结构。在南宁市、玉林市、海口市、湛江市、茂名市、阳江市等地周围，都有呈区域集中分布的高亮度灯光点，在空间分布上整体呈现大区域分散、小区域集中的特征。

根据规划，北部湾城市群的总体定位是：发挥地缘优势，挖掘区域特质，建设面向东盟、服务"三南"（西南、中南、华南）、宜居宜业的蓝色海湾城市群。包含"一湾双轴"——蓝色宜居海湾及南北钦防和湛茂阳发展轴，以及"一核两极"——特大城市南宁与海口、湛江两极。形成海陆双向开放合作新格

---

① 李红. 北部湾城市群：次湾区合作发展的探索 [J]. 区域经济评论，2017（5）：20－21.

局，发挥对"一带一路"有机衔接的重要门户作用和沿海沿边开放互动、东中西部地区协调发展的独特支撑作用。

表9-15 北部湾城市群产业集群重点布局指向

	高端装备制造产业集群	冶金石化产业集群	电子信息产业集群	旅游产业集群
南宁	轨道交通、通用航空等	—	计算机整机生产与零配件产业基地、光电显示研发基地和电子信息产业园，南宁—钦州—北海电子信息核心产业带	—
北海	—	有色金属冶炼、原油加工、油气开发和精细化工、化工新材料等		邮轮游、滨海游、养生游
钦州	轨道交通、通用航空、港作机械、轻型飞机等			滨海游
防城港	港作机械、轻型飞机、游艇制造		—	滨海游、边关风情旅游发展带
崇左	—	—	—	
玉林	工程机械	—	—	—
湛江	轨道交通、通用航空、冶金设备制造等	钢铁基地	—	滨海游、养生游
茂名	冶金设备制造	原油加工、油气开发和精细化工等	—	滨海游
阳江	—	高端不锈钢产业基地	—	滨海游
海口	轨道交通、通用航空、汽车制造	—	—	邮轮游、滨海游、养生游

资料来源：根据2017年2月发布的《北部湾城市群发展规划》资料整理。

在产业布局规划方面，北部湾城市群要建成全国重要绿色产业基地，以提供绿色农海产品、高附加值制成品、生态旅游产品为重点，加快建设一批特色农业基地、循环产业示范区、现代服务业集聚区，实现临港工业绿色智能发展，发展高端装备制造、冶金石化、电子信息、旅游等特色优势产集群，构建适应湾区环境要求的产业体系。

（二）桂中城镇群及产业带

桂中城镇群包括柳州、来宾两市和河池市的部分市县，以柳州为核心，辐射带动来宾、河池（宜州）一体化发展。旨在严格保护生态环境的前提下，加快推进结构调整和转型升级，打造工业升级版，形成工业发展新优势；健全城镇体系，完善城镇功能，推动城镇转型发展，建设成为西南地区先进制造业中心和现代服务业基地，打造珠江—西江经济带上游重要的新型城镇群。

（三）桂北城镇群与产业带

桂北城镇群包括桂林、贺州两市。旨在以建设桂林国际旅游胜地为目标，提升参与国际旅游合作与竞争的层次和水平，整合桂林、贺州旅游资源，完善旅游基础设施网络，推动两市交通基础设施互联互通、旅游资源共建共享、产业互补融合发展，建设成为世界一流旅游目的地、全国旅游创新发展先行区和国际交流重要平台，打造特色鲜明、富有影响的旅游城镇群。

（四）桂东南城镇群与产业带

桂东南城镇群包括梧州、玉林、贵港三市。旨在以珠江—西江经济带上升为国家战略为契机，加大对外开放合作力度，主动向粤港澳等先进生产力地区靠拢，积极承接产业转移，依托西江黄金水道发展特色优势产业，培育优势互补、协作配套的产业集聚带，健全布局合理、分工协作的城镇体系。以梧州为核心促进玉林、贵港一体化发展，建设成为全国承接产业转移的示范区和广东广西合作发展的先行区，打造珠江—西江经济带重要的城镇群。

（五）桂西及沿边沿江城镇群与产业带

桂西左右江地区的百色、崇左两市和河池市局部，集革命老区、边疆地区、民族地区、贫困地区、大石山区和水库库区于一体，在实施主体功能区战略中承担重要的生态功能，故以发展中小城市和特色小城镇为主。依托矿产、能源、旅游等富集资源，有序稳步推进贫困地区和重点生态功能区新型城镇化进程。主要包括右江河谷城镇带（平果、田东、田阳、右江区）、巴马—乐业世界长寿之乡城镇带（巴马、凤山、东兰、乐业、凌云）、中越边境城镇带（凭祥—龙州—大新—靖西—那坡—德保）、东兴—防城边海城镇带等。

（六）特色小镇群

特色小镇是指相对独立于城市中心区，具有明确产业定位、文化内涵、旅游特征和一定社区功能的发展空间。《广西新型城镇化规划（2014—2020 年）》中将广西小城镇分成大城市周边的小城镇、边境口岸小城镇、特色资源和区位优势突出的小城镇以及远离中心城市的小城镇和农林场场部四类。根据2017 年 7 月自治区政府《关于培育广西特色小镇的实施意见》，广西特色小镇将突出产业发展能力，主要以建制镇（乡）、产业园区、现代农业核心示范区、特色旅游集聚区等为载体进行培育。计划到 2020 年，构建起国家、自治区、市三级特色小镇培育体系：培育 30 个左右国家级特色小镇，成为 21 世纪海上丝绸之路和北部湾城市群的新亮点；建设 100 个左右自治区级特色小镇，成为县域经济跨越发展的新支撑；建设 200 个左右市级特色小镇，成为统筹城乡发展的新平台。

《广西县域经济发展"十三五"规划》等文件提出重点发展新兴业态型、现代农业型、文化旅游型以及工业贸易型等方面的特色小镇，构建中心城市周边特色小镇"珍珠链"。期望通过提升县域工业园区发展水平，使县域工业园区成为产城互动的示范区、特色小镇的发展区、对外开放的先行区、与自然和谐共存循环发展的引领区、现代产业的集聚区。2018 年，自治区政府公布第一批广西特色小镇培育名单，同时，自治区科技厅、体育局等也相继推出若干批次的专题特色小镇培育名单，如表 9 - 16 所示。不过，整体布局距离特色小镇集群式发展仍有较长的路要走。

表 9 - 16 　 2018 年广西特色小镇建设名单

所属	培育的特色小镇	所属	培育的特色小镇
南宁市	茉莉小镇：横县校椅镇[G2]	贵港市	电动车小镇：贵港市港北区
	林科小镇：南宁高新技术产业开发区		温暖小镇：贵港市港南区桥圩镇[G2]
	马山县古零镇攀岩特色体育小镇*		运动服智造小镇：桂平市木乐镇[G2]
	美丽南方骑行小镇*		节庆装饰品小镇：平南县大安镇
柳州市	螺蛳粉小镇：柳州市柳南区太阳村镇		港南区桥圩羽绒科创小镇*
	莲花小镇：柳州市柳江区百朋镇		桂平西山泉体育特色小镇*
	喀斯特山水古韵小镇：鹿寨县中渡镇[G1]	玉林市	中医药文化小镇：玉林市玉州区仁厚镇
	柚香小镇：三江侗族自治县丹洲镇		南药小镇：玉林市玉东新区茂林镇
	鹿寨县中渡十里洛江体育特色小镇*		陶瓷小镇：北流市民安镇
桂林市	漓水文化小镇：灵川县大圩镇		沙田柚小镇：容县自良镇
	漓江三花小镇：兴安县溶江镇[G2]	百色市	壮乡芒果风情小镇：田阳县百育镇
	罗汉果小镇：永福县		商贸物流小镇：田东县祥周镇
	衣架小镇：荔浦		工业小镇：平果县新安镇
	月柿小镇：恭城瑶族自治县莲花镇[G1]		平果新安镇铝产业创新小镇*
	桂林罗汉果产业创新小镇（经开区）*	贺州市	宗祠文脉小镇：贺州市八步区贺街镇[G1]
	资源县车田乡体育特色小镇*		旅游文化小镇：昭平县黄姚镇[G2]

所属	培育的特色小镇	所属	培育的特色小镇
梧州市	六堡茶小镇：苍梧县六堡镇[G2]	河池市	天丝小镇：河池市宜州区刘三姐镇[G2]
	丝艺小镇：蒙山县		养生养老小镇：巴马瑶族自治县甲篆镇
	桂东特色产业创新小镇（梧州高新区）*		丹泉小镇：南丹县
北海市	浪漫岛小镇：北海市海城区涠洲镇		铜鼓小镇：东兰县
	海洋小镇：北海市银海区侨港镇[G2]		南丹县歌娅思谷运动休闲特色小镇*
	滨海宜居小镇：北海市铁山港区南康镇[G1]		德胜拉浪生态休闲体育特色小镇*
	月饼小镇：合浦县	来宾市	轻工业小镇：象州县石龙镇
	北海银河电子信息创新小镇*		银白龙石材小镇：忻城县思练镇
防城港市	金花茶小镇：防城港市防城区华石镇		瑶医瑶药创新小镇（金秀县桐木镇）*
	京族海洋小镇：东兴市江平镇	崇左市	甜蜜小镇：崇左市江州区新和镇[G2]
	防城港体育小镇*		木艺小镇：扶绥县山圩镇
钦州市	飞翔小镇：钦州市钦北区大寺镇		边贸小镇：龙州县水口镇
	机电产业小镇：灵山县陆屋镇[G2]	区农垦局	芳香小镇：广西农垦国有良圻农场
	红椎菌小镇：浦北县龙门镇		

注：①标"G1"者表示已入选 2016 年中国第一批特色小镇；②标"G2"者表示已入选 2017 年中国第二批特色小镇；③标"＊"为创新或体育等专题特色建设小镇。

资料来源：根据《广西壮族自治区人民政府办公厅关于公布第一批广西特色小镇培育名单的通知》"中国特色小镇"名单以及广西科技厅与体育局等相关信息综合整理。

（七）高铁沿线及沿江等跨区域城镇群与城市经济带

在与广东、海南共建跨区域的北部湾城市群的同时，广西依托珠江—西江黄金水道推进与粤港澳共建珠江—西江（沿江）城镇带，依托南广、贵广、云桂、湘桂、贵南高速铁路，与粤桂黔共建高铁（沿线城市）特色产业带、特色城镇带及特色旅游带。2017 年，广东、广西、贵州（粤桂黔）三省区联合印发《贵广高铁经济带发展规划（2016—2025 年）》，粤桂两省印发《南广高铁经济带发展规划（2016—2025 年）》。其中，《贵广高铁经济带发展规划（2016—2025 年）》涵盖贵广高铁沿线站场及所属 9 个城市的县区，旨在推进区城合作，实现交通互联互通、产业互补协作、生态联防联建、旅游连线扩片发展，促进高铁沿线区域协调联动发展，为全国高铁经济发展和跨区域合作探索新路径、积累新经验和提供新示范。广西的柳州市、桂林市及贺州市在贵广高铁经济带布局之中。《南广高铁经济带发展规划（2016—2025 年）》主要涵盖沿线的广西南宁、贵港、梧州和广东云浮、肇庆、佛山、广州 7 个城市，旨在把南广高铁经济带打造成为衔接"一带一路"的重要纽带、泛珠三角区域合作升级的战略隆起带、珠江—西江经济带加快发展的关键支撑带。

同期公布的《广西高铁经济带发展"十三五"规划》提出，依托贵广、南广、湘桂、云桂和广西沿海等高速铁路，加快贵阳—南宁客运专线建设，深化沿线城市交流合作，到 2020 年，实现市市通高铁，形成以南宁为中心的"12310"（即 1 小时通达南宁周边城市、2 小时通达广西境内其他设区市、3 小时通达周边省会城市、10 小时左右通达国内主要中心城市）高铁经济圈，以及"一轴一圈两带多组团"（即通过湘桂高铁沟通珠江—西江经济带与长江经济带联系的衔接"一带一路"发展主轴，北部湾高铁经济圈，贵广高铁、南广—云桂两大高铁经济发展带，多组团的高铁县域先行区）的高铁经济带空间格局，对广西经济社会发展的战略支撑和辐射带动效应全面显现。

第十章 开放、创新与集聚发展

开放是区域经济地理发展演化的政策动力,创新是发展的技术源泉,集聚是开放合作与创新发展的结果。广西拥有优越的地理条件并享有一定的政策优势,在我国的发展战略中拥有特殊的地位。但是自改革开放以来,广西经济社会发展的开放与集聚水平却一度出现双低局面,未能发挥出应有的潜力。本章试图从我国区域经济发展的历史背景出发,对广西开放历程进行梳理和回顾,并探究广西经济集聚的演化格局,由此挖掘和分析广西开放和发展中面临的问题,并分析广西经济的发展路向。

第一节 开放历程与集聚演化

中华人民共和国成立以来,广西发展战略的制定和实施与国家战略的调整及国内外形势的变化密切相关,特别是改革开放前后的发展战略差异较大。改革开放前,受国家均衡发展战略的影响,广西为缩小城乡和区域发展差距而加强对桂西、桂西北地区的建设,因此生产力布局较为分散。同时,由于生产条件落后和国际环境恶劣等因素的限制,广西经济社会总体发展水平不高,对外经济在这一阶段的增速也较为缓慢。改革开放后,广西根据地理区位、生产条件和自然资源等因素,合理规划生产力布局,逐步形成了层层递进的三种不同经济地带。随着中国与东盟关系的缓和,广西口岸城市的作用日趋明显,广西在国家总体战略布局中的地位越发突出,多项国家战略的覆盖助力广西推进经济社会发展,提高对外开放水平和经济集聚。

一、内外开放历程与现状

（一）改革开放前广西的开放历程

广西沿海又沿江，拥有珠江水系的重要干流，海外交通和对外贸易历史悠久。北海（含合浦县）和梧州，在历史上就是广西对外交通的重要门户。合浦港是古代中国南方重要的对外贸易港口，海上丝绸之路的始发港之一。随着灵渠的通航，地处西江、桂江和浔江汇合处的梧州，成为沟通中原地区与岭南以及海外的重要内河港。自中原地区，可沿灵渠、桂江通道下梧州；顺西江东下，可至珠江口，出海外；过北流江，越桂门关，经南流江，可至合浦港，出海外。这些通道和港口在广西对外交通和贸易中起着重要作用。①

近代，广西的对外开放具有主动和被动双重属性，其中，因受西方殖民而被迫选择对外开放是这一时期的鲜明特征。从历史的时间维度回溯，1846年，北海商人开辟了北海至澳门的定期帆船运输航线，广西与外界的主动联系得到增强。1876年9月13日，在清政府被迫签订的中英《烟台条约》中，北海被辟为通商口岸。1877年2月19日，英国在北海设立海关，并于3月18日设领事府，同年4月1日，北海正式开埠。1897年2月4日，清政府与英国签订中英《续议缅甸条约附款》，梧州被辟为通商口岸，由此，外轮取得了在广西内河的航行权，6月4日，梧州设立海关，一个月后的7月4日，梧州正式开埠。1901年，广西巡抚黄槐森向清朝政府提出奏议，请求准许南宁自行开关通商。6年后的1907年1月1日，南宁正式开关，并颁布海关试办章程20款，这是南宁与外国通商之始。虽然由西方殖民引致的被动开放使广西丧失和让渡了部分主权，但这也打破了广西对外经济较为封闭的局面，在一定程度上有利于经济的发展。

除了沿海沿江的港口开放，广西的沿边开放也具有悠久的历史。近千年前，广西就是中国内地与东南亚地区在岭南开展边境互市、民间贸易的重要前沿。博易场曾是当时双方经贸交往的一种重要形式。宋人周去非所撰的《岭外代答·卷五》对其中主要的3个博易场，即邕州横山寨博易场、永平寨博易场和钦州博易场等做了较详细记录。博易场在很长一段时期内充当了广西与东南亚

---

① 黄铮.广西对外开放港口：历史、现状、前景［M］.南宁：广西人民出版社，1989.

国家经贸交流的载体，助推着广西边贸经济的兴起与发展。进入近代后，1889年，龙州被辟为对外陆路通商口岸，是广西最早对外开放的沿边通商口岸。中法战争结束后，作为被殖民一方的中国被迫同法国签订《边界会巡章程》，在中越边界互设对汛，即双方在边境地带互相以兵力维持治安的驻防机关（见表10-1）。双方居民可向对汛署申领通行证，经对汛口到对方领土交易。这一时期，中法双方在中越边界相继开设了包括中方东兴—越方芒街、中方南关—越方谅山、中方水口—越方高平等在内的边防督办大员办事处，这也成为后来边境口岸的雏形。

表 10 - 1　1896 年中法双方开设的中越对汛（口岸）桂越段名单

序号	中国对汛名	越南对汛名
1	九特（广东，后改设广西那梨）	本麻
2	爱店（原名峙马）	峙马
3	南关	同登
4	平而	平而
5	水口	驮隆（沱隆）
6	硕龙（石龙）	平歌
7	岳圩	坡标
8	本哥	贲河
9	龙邦（陇邦）	茶岭
10	平孟	朔江
11	高上隘（后改称百南、百怀）	隘槛（郎吉）
12	那摩（或那波）	谷榜（谷旁）

资料来源：范宏贵，刘志强.中越边境贸易研究［M］.北京：民族出版社，2006.

中华人民共和国成立后，广西的内河与沿海港口以及沿边口岸继续成为重要的人文与经贸交流口岸。其中，1968 年，由于援越抗美的需要，建设了防城港。广西除了作为中国对越关系的前沿与南向门户之外，在外贸市场上多年向东发展与香港和澳门的经贸合作。自中华人民共和国成立至 1978 年改革开放

前，香港和澳门一直是广西最重要的出口市场，其份额占广西对外出口总额的
40% ~60%。这一时期，随着中国外交局面的逐渐打开，广西的对外贸易网络
也不断拓展，由1954年的4个主要贸易对象国（或地区）增加至1978年的95
个。贸易网络的拓展进一步改善了广西的出口市场结构，使广西的出口市场由
单一的以港澳地区为主逐渐转向多元化。

（二）改革开放后广西的对外开放历程

改革开放后的1984年春，国务院批准将广西的北海市（含防城港）列为我
国对外进一步开放的14个沿海城市之一。北海港和防城港成为广西及大西南对
外贸易的重要通道和口岸。1988年春，党中央实施沿海地区经济发展战略，经
国务院批准，广西的梧州市、苍梧县、玉林市、合浦县、钦州市、防城县被列
为沿海经济开放区，初步形成包括桂东与桂南的沿江及沿海经济开放带，从而
使梧州港、北海港、防城港这些对外贸易口岸焕发生机。同时，南宁港与港澳
地区的直达货运航线也于1987年10月正式开通，南宁港因此也担负起对外贸易
口岸的重任。事实上，除了国家层面赋予广西的开放政策外，广西也积极主动
采取政策推动自身的开放发展，如1988年，广西政府出台《关于我区贯彻实施
沿海地区经济发展的战略决定》，将浦北县的小江镇、灵山县的灵城镇、贵县的
贵城镇、桂平县的桂平镇、平南县的平南镇、北流县的陵城镇、贺县的八步镇
列为沿海地区开放点。① 由此，广西对外开放进入新的时期，并呈现出由沿海、
沿江逐步向内地扩展的开放态势。

20世纪80年代末90年代初，广西加快开放开发，尤其是强化与东盟国
家的南向通道建设成为这一时期的重点。1988年和1992年，经过中央批准，
广西分别成立了桂林、南宁两个国家级高新技术产业开发区，形成以"三沿
开放"为突破口，联合促开放，开放促开发的局面。1992年，中央提出"要
发挥广西作为西南地区出海通道的作用"，按照战略决策，广西进行了大规模
的铁路、公路、港口等建设，至1995年，广西对外开放地区面积已经达到
2.11万平方千米，开放地区人口达650.7万人，分别占广西总面积、总人口
的8.9%和14.3%。初步形成了沿海开放城市、沿海（江）经济开发区、边
境市镇相结合，沿交通干线向全区辐射的全方位、宽领域、多层次、有重点

---

① 邓群. 广西改革开放30年的历史回顾和经验［J］. 传承，2009（1）：4-7.

的开放格局。

"九五"时期，广西提出要主动对接广东，与广东优势互补，促进与广东合作并加强与西南地区的联系，加快建设西南出海大通道的战略。其中，三大战略中的开放带动战略，要求充分发挥广西沿海、沿江、沿边的区位优势和侨乡优势，扩大和提升对外开放的范围与层次，积极地发展开放型经济，引进外资、技术、人才和管理经验，加快与国际经济的接轨。进入 21 世纪，广西在中国与东盟愈加深化的合作关系中扮演重要角色。2003 年，中国—东盟博览会永久落户南宁，南宁也由此成为中国与东盟合作的支点城市，并发挥重要的渠道作用。2004 年，中越两国合作建设"昆明—老街—河内—海防—广宁""南宁—谅山—河内—海防—广宁"经济走廊和"环北部湾经济圈"；2006 年，广西在中国—东盟自由贸易区的基本框架下提出了推动泛北部湾经济合作，构建中国—东盟"一轴两翼"合作战略，即南宁—新加坡走廊中轴和泛北部湾经济合作区及大湄公河次区域经济合作。① 同时，广西抓住西部大开发战略、中国加入世贸组织等机遇，加快沿海、沿边的开放开发，明确"东靠西联，南向发展"的合作构想，积极参加泛珠三角区域合作、西南经济合作、桂港合作、桂澳合作和桂台合作以及与国内其他省区市的"1 + 1"或"1 + X"合作等国内区域合作，为促进经济平稳较快发展注入了新活力。② 2008 年 1 月，国务院批准实施《广西北部湾经济区发展规划》，北部湾经济区开放开发纳入国家发展战略，进入快速发展轨道。

进入 2010 年后，广西继续强化对外开放战略。2012 年，国务院批准实施《桂林国际旅游胜地建设发展规划纲要》，标示着桂林国际旅游胜地建设上升为国家战略。2014 年，国务院批准实施《珠江—西江经济带发展规划》，以珠江—西江流域为依托的区域发展正式上升为国家战略。同年，广西部署实施"双核驱动"（北部湾经济区与珠江—西江经济带）战略，至此，广西北部湾经济区与西江经济带齐头并进，成为肩负广西发展的两大核心增长极。③ 2015 年 3

---

① 黄志勇．第三次开放大浪潮广西实施以开放为主导的跨越式发展研究战略 [M]．南宁：广西人民出版社，2016.

② 广西壮族自治区发展和改革委员会．广西壮族自治区区域经济合作与发展报告 [M]．南宁：广西人民出版社，2010.

③ 广西壮族自治区国民经济和社会发展第十三个五年规划纲要 [N]．广西日报，2016 – 06 – 05 (2)．

月，习近平总书记明确提出广西发展"三大定位"，即"构建面向东盟的国际大通道，打造西南中南地区开放发展新的战略支点，形成 21 世纪海上丝绸之路与丝绸之路经济带有机衔接的重要门户"。同年，国务院批准实施《左右江革命老区振兴规划》。由此，"双核驱动"与"三区统筹"的内外开放战略格局形成。2016 年，广西又进一步出台《关于实施开放带动战略全面提升开放发展水平的决定》，并首次提出构建"四维支撑、四沿联动"的区内区外开放"两个布局"，形成了新时期广西开放新格局。① 2017 年 6 月，《贵广高铁经济带发展规划（2016—2025 年）》和《南广高铁经济带发展规划（2016—2025 年）》出台，其中，《南广高铁经济带发展规划（2016—2025 年）》主要涵盖广西的南宁市、贵港市、梧州市和广东的云浮市、肇庆市、佛山市、广州市等高铁沿线 7 个城市，该规划提出努力把南广高铁经济带打造成为衔接"一带一路"的重要纽带、泛珠三角区域合作升级的战略隆起带、珠江—西江经济带加快发展的关键支撑带的战略目标。同年，又提出了建设粤桂黔高铁经济带合作试验区（广西园）的规划纲要。

至此，广西总体上形成了围绕"三大定位"——面向东盟的国际大通道、西南中南地区开放发展新的战略支点、21 世纪海上丝绸之路与丝绸之路经济带有机衔接的重要门户，通过实施"创新驱动、开放带动、双核驱动、绿色发展"四大战略，以实现与全国同步全面建成小康社会，基本建成"国际通道、战略支点、重要门户"的总体目标，打造北部湾经济区开放发展升级版，形成珠江—西江经济带开放发展新优势，构筑边疆民族地区开放发展新高地，释放高速铁路、高速公路沿线开放发展新活力，布局"（向南、向东、向西向北和向发达国家开放的）四维支撑、（沿海、沿江、沿边和沿线开放的）四沿联动"开放合作的全方位、宽领域、多层次的开放发展新格局。②

其中，①向南开放，即深化同以东盟为重点的"一带一路"沿线国家合作。东盟始终是广西对外开放合作的首要方向和战略依托，其他"一带一路"沿线国家，尤其是新兴经济体是广西开放合作的重要延伸和新增长点。抓住国际产能合作和重大合作平台建设两个重点，陆海双线联动并进，全面加强与沿线国

① 陈菁. 广西开放发展路线图［J］. 当代广西，2016（17）：22–23.

② 广西壮族自治区发展与改革委员会. 广西及各市县国民经济和社会发展"十三五"规划纲要和重点专项规划汇编［G］. 桂林：广西师范大学出版社，2017.

家互联互通、经贸投资、人文交流等领域合作。②向东开放，即提升对粤港澳台开放合作水平。粤港澳台是广西招商引资最重要的来源地，要抓住承接产业转移和服务业开放合作两个重点，增强开放型经济整体实力；推动 CEPA 先行先试政策，吸引粤港澳台产业和项目落地广西。③向西向北开放，即增强服务西南、中南地区开放发展功能。西南中南地区是广西发展的重要腹地，须充分发挥广西战略支点作用，积极为西南、中南省市搭建平台、提供通道。④向发达国家开放，即对接欧美日韩等经济体先进生产力。西方发达国家是先进技术和资本的主要来源地，须大力吸收欧美日韩等国家资金、技术、人才和先进管理理念。

2018 年，广西推进"南向、北联、东融、西合"的全方位开放发展格局。其中，"南向"重在加快互联互通，用好中国—东盟博览会等平台，深化与东盟的合作；"北联"为强化与渝、黔、川、甘等省市的合作，连通"渝新欧"，贯通"一带"与"一路"；东融，即主动融入珠三角、粤港澳大湾区，借力长三角、京津冀等沿海发达地区，承接产业转移，着力招商引资；西合，即联合云南等省，改善软硬环境，深度参与澜沧江、湄公河区域合作，开拓新兴市场。2018 年底，经国务院同意，中国人民银行等 13 部委联合印发《广西壮族自治区建设面向东盟的金融开放门户总体方案》，广西建设面向东盟的金融开放门户上升为国家战略。

2019 年，广西着重推进西部陆海新通道建设和"东融"战略。年初，自治区政府通过《关于全面对接粤港澳大湾区加快珠江—西江经济带（广西）发展的若干意见》及 10 个配套文件，提出要联合广东开展交通基础设施互联互通、产业协同融合、重大合作平台建设等 7 个方面、28 项重大工作。之后通过的推进西部陆海新通道建设工作要点、新通道港航基础设施重点项目建设实施方案、广西北部湾港优服降费工作方案（2019 ~ 2021 年）等举措，[①] 提出要务实推进西部陆海新通道建设，以建设连接中国与东盟时间最短、服务最好、价格最优的陆海通道为目标，加快重大基础设施项目建设，在交通、信息、港口、园区、内陆无水港等方面与沿线国家和地区加强合作，构建多式联运体系，提高通关效率，提升北部湾港陆海联运和国际中转能力；深化以东盟为重点的开放合作，

---

① 龚文颖，董文锋. 广西借力融入国家开放大格局［N］. 广西日报，2019 – 03 – 28（1）.

发挥与东盟国家陆海相邻的独特优势，加快中国—东盟博览会和商务与投资峰
会升级发展，建设面向东盟的金融开放门户等专业合作平台，建好中马"两国
双园"等跨境经济合作园区，推动汽车、工程机械、钢铁等优势产业"走出
去"。① 8 月 15 日，国务院批复西部陆海新通道总体规划，广西与内蒙古、海
南、重庆、四川、贵州、云南、西藏、陕西、甘肃、青海、宁夏、新疆等省区
市及相关国家部委等，共建北接丝绸之路经济带，南连 21 世纪海上丝绸之路，
协同衔接长江经济带的西部陆海新通道。8 月 26 日，国务院批复同意新设山东、
江苏、广西、河北、云南、黑龙江 6 个自由贸易试验区。

（三）广西的双向开放现状

1. 对内开放

改革开放之后，计划经济体制逐步向市场经济体制转变，商品市场发展迅
速，市场规模不断扩大，市场作用不断加强，多种经营方式和流通渠道并存的
现代化流通格局基本形成。特别是 2003 年我国加入 WTO 后，广西流通产业所
有制结构、企业组织结构、企业经营机制等发生了巨大变化，超市、便民店、
连锁店、专卖店、仓储式商场等新型流通业迅速发展。②

"十二五"期间（2011～2015 年），广西内贸流通拉动经济增长、促进消费
的功能进一步强化。2015 年，广西社会消费品零售总额达到 6348.1 亿元，比
1978 年增加 188 倍，年均增长率为 15%；批发零售住宿餐饮业增加值 1597.77
亿元，占地区生产总值的 9.5%，比 2010 年提高 0.1 个百分点。"广西特产行销
全国"行动收效显著，广西农产品南北流通大动脉建设工程快速推进，"南菜北
运"配套设施逐步完善，全区农产品现代流通体系初步建立，"服务业百项重点
工程"顺利实施，基本形成以南宁市为枢纽，以桂林、柳州、钦州、防城港等
城市为支撑，以大型专业市场和物流园区等为平台的大流通格局。商贸品牌建
设和市场监管进一步加强，商贸环境不断完善。"电商广西、电商东盟"工程成
效显著，一批知名电商企业落户广西，各电商平台交易额大幅增长，"十二五"
末全区电子商务交易额达 4420 亿元。2015 年，南宁跨境电子商务试点平台正式
上线运行。中国—东盟跨境贸易电子商务平台初步形成，巴马、靖西等 8 县获

① 推进西部陆海新通道建设［N］. 人民日报，2019 – 03 – 08（13）.
② 广西壮族自治区统计局. 八桂辉煌：广西 60 年经济社会发展成就［G］. 北京：中国统计出版
社，2009.

批国家电子商务进农村综合示范县，桂林电商谷、北海高新技术产业园获批国家级电子商务示范基地。

虽然广西的内贸流通得到加强，但从1952年至2017年，广西的内贸依存度基本维持在40%左右，并呈现出略有波动下滑的发展趋势，与全国内贸依存度表现出较为一致的波动态势（见图10-1）。需要指出的是，尽管广西内贸依存度表现平稳，但14个设区市经济的内贸依存度普遍不高，且地区间的内贸失衡现象较为严重（见图10-2）。其中，南宁、柳州、桂林等市的内贸依存度在40%~50%徘徊，而防城港、百色和崇左等市则在20%左右波动，地区间的内贸发展差异明显。就各市的内贸依存度增长情况而言，北海、钦州、防城港、崇左、百色等沿海沿边城市的内贸依存度普遍较低，且具有明显的进一步下滑趋势，而内陆城市的内贸依存度则增长趋势明显，说明沿海沿边城市主要以外贸型经济为主，内贸发展动力不足。同时，从广西与其他省份内贸的比较来看（见图10-3），广西的内贸总额（社会消费品零售总额）偏低，在全国中的排名靠后，内贸依存度低于全国平均水平，在全国各省份处于中游水平，说明与全国相比，广西的内贸发展仍然较为滞后。

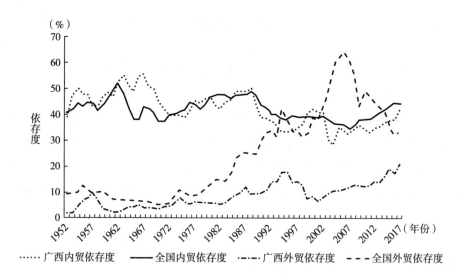

图10-1 全国与广西贸易依存度比较

资料来源：根据历年《广西统计年鉴》数据整理绘制。

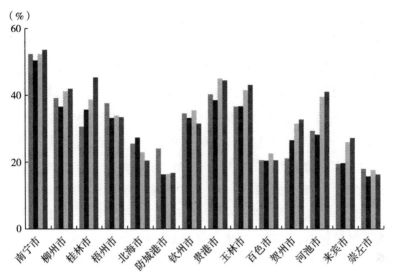

图 10 - 2　主要年份广西设区市内贸依存度

资料来源：根据历年《广西统计年鉴》数据整理绘制。

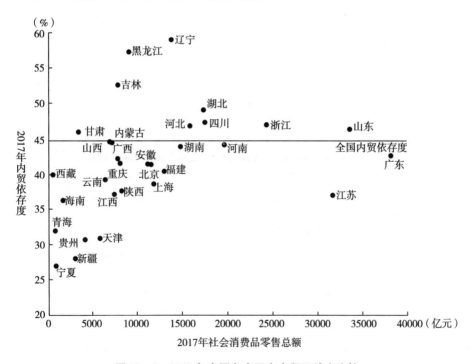

图 10 - 3　2017 年全国各省区市内贸开放度比较

资料来源：根据 2018 年《中国统计年鉴》数据整理绘制。

2. 对外开放

（1）对外贸易。自治区成立初期，广西的对外贸易总量较小。但随着国家对外贸易进出口体制和外汇管理体制的改革，以及广西对外开放战略的深入开展，广西的对外贸易获得了较快的发展。1978 年广西外贸进出口总额只有 4.6 亿美元，1991 年突破 10 亿美元，2000 年之后特别是 2004 年中国—东盟博览会落户南宁之后广西外贸增长迅猛，2008 年突破 100 亿美元，2017 年更是达到 3866.3 亿元（572.1 亿美元）的峰值，在全国位列第 13 位，西部省区第 3 位，外贸进出口总额是 1978 年的 124.4 倍，其中边境小额贸易与加工贸易是出口的重要推动力，边境小额贸易总额 836.36 亿元，稳居全国首位，加工贸易实现倍增，前者易受政策影响，波动较频繁（见图 10-4）。

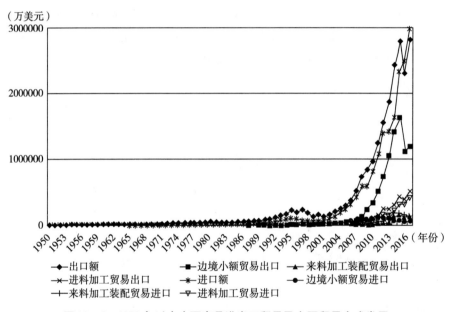

图 10-4　1950 年以来广西商品进出口贸易及主要贸易方式发展

资料来源：根据历年《广西统计年鉴》数据整理绘制。

从贸易对象国（地区）来看（见图 10-5 和表 10-2），从 2000 年开始，东盟已经连续近 20 年成为广西第一大贸易伙伴，2017 年双方贸易额达 280.77 亿美元，占进出口总额的 49.1%。与东盟的贸易额占广西进出口商品总值的 49.0%，比 2000 年时的 21.6% 和 2010 年时的 36.9% 都有显著提高。其中，越南是广西的第一大贸易国，对越贸易占广西进出口总额的比重从 2000 年的 14.3% 增至 2017 年的 42.1%，其余的主要东盟伙伴依次为印度尼西亚、新加坡 和马来西亚，分别占广西外贸总额的 1.7%、1.3% 和 1.2%，外贸市场结构分布 较为不均。另外，香港地区仍然是广西重要的贸易伙伴，尽管其贸易地位有所 下降，但仍是广西的第二大出口市场。

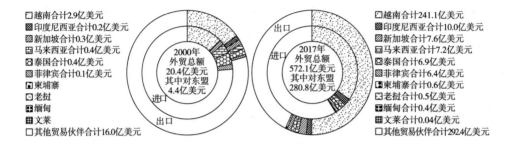

图 10 - 5　2000 年、2017 年广西主要东盟贸易伙伴在外贸中的地位

表 10 - 2　广西与部分主要贸易伙伴的进出口商品总值　　单位：万元

年份	出口				进口			
	1990	2000	2010	2018	1990	2000	2010	2018
日本	5533	12855	37620	254226	461	3857	34115	244857
韩国	—	3276	15819	211798	—	4283	10806	269616
印度	375	1217	21551	233402	—	503	58242	45996
越南	—	22214	407880	11421329	—	6948	104935	6072344
马来西亚	—	1812	12027	259062	—	1822	13705	442885
新加坡	1169	2018	9784	342707	132	963	14135	97156
印度尼西亚	—	1800	8422	239123	—	—	41387	434873
泰国	—	2272	11735	184504	—	2211	17257	729188
菲律宾	—	—	5904	81776	—	1930	174831	
东盟	1500	31011	458835	12597999	200	12939	193724	8313932
法国	1156	2157	5202	58921	18	645	1697	45741
英国	1347	3585	9715	187965	78	1224	1958	40704

续表

年份	出口				进口			
	1990	2000	2010	2018	1990	2000	2010	2018
德国	3765	4626	14402	175641	111	1612	17714	122872
欧盟	—	34669	81010	1053690	—	9764	38289	439512
加拿大	123	867	6287	117766	—	486	1704	786145
美国	6120	23339	80728	1826522	878	3627	71809	654898
澳大利亚	214	2097	20201	247894	16	1301	107089	1018917

注："—"表示无数据可用。

资料来源：根据历年《广西统计年鉴》数据整理。

从外贸依存度来看，虽然广西的对外贸易网络不断拓展，外贸总量增速较快，但是对外经济对于经济发展的贡献度和推动力却明显不足。从图 10-6 显示的以进出口总额占 GDP 的比重计算的广西外易依存度来看，广西的外贸依存度总体上虽然表现出波动上升的发展态势，但数值较低，与全国平均水平相比差距巨大。2017 年，广西的外贸依存度虽突破 20%，但仍远低于全国平均水平。从历史维度的纵向比较来看，广西的外贸依存度与全国外贸依存度的差距呈现出先扩大后缩小的趋势，1978 年，广西的外贸依存度仅落后于全国平均水平 3 个百分点，但到了 2006 年，这一差距扩大到 50 个百分点左右，之后，广西的外贸依存度与全国平均水平的差距逐步缩小。另外，广西外贸占全国外贸总额的比重一直比较低，基本上在 0%~2.5%，并呈现出先降后升的波动增长态势，即 1950 年至 2006 年间，广西外贸占全国比重为波动下降，而 2006 年后则表现为较为强势的增长态势，说明广西作为中国与东盟的交流前沿，逐渐发挥了窗口作用，国家多项政策与战略的叠加也对广西提高对外开放水平有积极的影响。

从图 10-7 可知，我国外贸依存度总体呈现出自东向西依次梯度递减的空间特征，东部沿海城市的外贸依存度基本高于全国平均水平，而中西部省份的贸易依存度则低于全国平均水平。就广西而言，则呈现出进出口贸易额和外贸依存度双低的局面，两项指标在全国均处于中下游位置，说明广西的外贸开放程度整体上依然不高，外贸对经济发展的贡献率仍然不足。

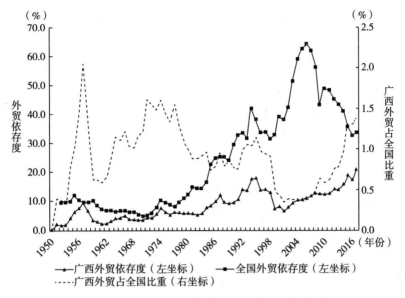

图 10 - 6 广西外贸在全国的比重及外贸依存度对比

资料来源：根据历年《中国统计年鉴》及《广西统计年鉴》数据整理绘制。

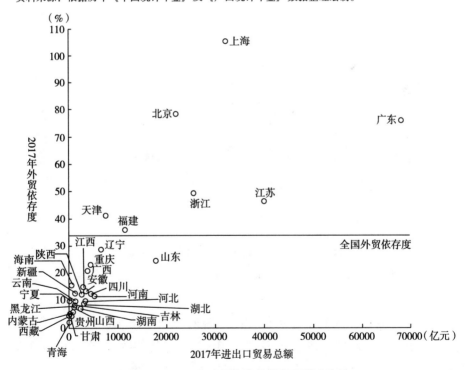

图 10 - 7 2017 年全国各省份外贸开放度比较

资料来源：根据 2018 年《中国统计年鉴》数据整理绘制。

从各设区市的外贸依存度来看（见图10-8），外贸依存度与地理区位具有显著依赖性和高度关联性，即沿海、沿边和沿江城市是外贸依存度的高值区，而内陆城市则是外贸依存度的低值区。具体而言，边境城市崇左市，沿海城市北海市、钦州市、防城港市以及沿江城市梧州市的外贸依存度在广西排名前列，沿海港口与沿边口岸经济作用显现。特别是崇左市在2008年设立凭祥综合保税区以来，综合利用国内国外"两个市场，两种资源"，对外贸易总额增长显著，口岸经济取得较大发展。截至2017年，崇左共有4个国家一类口岸，约占广西国家一类口岸总数的1/4（见表10-3）。同时广西的国家一类口岸在全国也有较高比重（见表10-4），为进一步发展口岸经济提供有力的支撑。

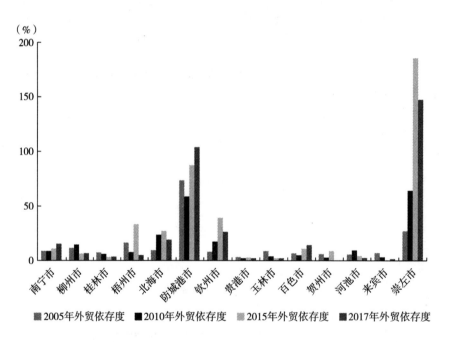

图10-8 主要年份广西设区市外贸依存度

资料来源：根据历年《广西统计年鉴》数据整理绘制。

（2）投资合作。改革开放以来，中国各地方政府通过税收优惠、基础设施配套和公共服务等举措，进行全面的招商引资。广西利用外资始于1979年第一个利用外资补偿贸易的项目——柳州水泥厂扩建项目。进入20世纪90年代后，广西在继续扩大第一、二产业对外开放的基础上，加快了第三产业对外开放的步伐，外商投资的领域扩大到航空运输、旅游、交通等，投资规模也不断扩大。广西来宾电厂 B 厂是我国第一个国家批准采用 BOT 方式建设的项目，总投资为6.6 亿美元。2001 年 8 月开始，自治区在全区范围内开展全方位、多渠道引进区外有实力的民营企业和企业联合体前来投资合作的"百企入桂"招商活动，成效显著。

表 10-3 至 2017 年广西拥有的国家一类口岸

口岸名称	国务院批准开放时间	开放状态	口岸类别	载体城市	国外对应口岸
南宁空运口岸	1991	国际常年	空运	南宁市	—
桂林空运口岸	1981	国际常年	空运	桂林市	—
北海空运口岸	1993	国际常年	空运	北海市	—
防城港水运口岸	1983	国际常年	水运（海港）	防城港市	—
北海水运口岸	1950	国际常年	水运（海港）	北海市	—
钦州水运口岸	1994.6	国际常年	水运（海港）	钦州市	—
石头埠水运口岸	1995.6	双边常年	水运（海港）	北海市	—
企沙水运口岸	1994.10	双边常年	水运（海港）	防城港市	—
江山水运口岸	1994.10	双边常年	水运（海港）	防城港市	—
梧州水运口岸	1982	国际常年	水运（河港）	梧州市	—
柳州水运口岸	1988	国际常年	水运（河港）	柳州市	—
贵港水运口岸	1992.3	国际常年	水运（河港）	贵港市	—
友谊关公路口岸	1992.10	国际常年	陆路（公路）	崇左市	越南友谊
东兴公路口岸	1992.10	国际常年	陆路（公路）	防城港市	越南芒街
水口公路口岸	1992.10	双边常年	陆路（公路）	崇左市	越南驮隆
龙邦公路口岸	2003.1	双边常年	陆路（公路）	百色市	越南茶岭
平孟公路口岸	2011.10	双边常年	陆路（公路）	百色市	越南朔江
爱店公路口岸	2015.1	双边常年	陆路（公路）	崇左市	越南峙马
峒中公路口岸	2017.6	双边常年	陆路（公路）	防城港市	越南横模
凭祥铁路口岸	1992	国际常年	陆路（铁路）	崇左市	越南同登

资料来源：根据 2017 年《中国口岸年鉴》数据更新。

表 10 - 4 2016 年底广西与周边省份的国家一类口岸数量对比

省份/项目	陆路（公路）口岸	陆路（铁路）口岸	水运（海港）口岸	水运（河港）口岸	空运口岸	合计
广西	6	1	5	3	3	18
占全国同类%	8.5	5.0	6.2	5.5	4.1	6.0
广东	9	5	27	12	5	58
占全国同类%	12.7	25.0	33.3	21.8	6.8	19.3
云南	11	1	—	2	4	18
占全国同类%	15.5	5.0	—	3.6	5.5	6.0
海南	—	—	5	—	2	7
占全国同类%	—	—	6.2	—	2.7	2.3

资料来源：根据 2017 年《中国口岸年鉴》数据整理。

近年来，广西开展"美丽广西港澳行""跨国公司暨世界 500 强八桂行"等精准招商活动，支持承接东部产业转移，强化项目落地，强化项目服务，提升了利用外资的规模和水平。2017 年，外商直接投资 8.2 亿美元，新签项目合同外资 51.9 亿美元，港澳是广西利用外资的主要来源地。广西的外商直接投资来源变得愈加多元化，1990 年广西 86.7% 的外商直接投资来源于香港，2017 年，全球有日本和新加坡等 26 个地区和国家（自由岛）到广西投资，东盟、欧盟与广西的经贸合作关系进一步巩固，是广西利用外资的主要来源地，分别占广西实际利用外资的 18.38%、8.14%。但是，广西外商直接投资总量较小，近年来只占全国 1% 左右（见图 10 - 9）。

广西对外经济技术合作业务诞生和发展于改革开放时期，已走过了近四十年的发展历程。初期，主要从事国际工程承包、劳务合作等。近年来，随着党中央和国务院提出利用国内外两种资源和两个市场，实施"走出去"发展战略，经济技术合作事业发展良好。1990 ~ 2017 年，全区累计签订对外承包工程项目 965 个，项目合同额 74.80 亿美元，实际完成营业额 61.92 亿美元，[①] 其中 2017 年签订对外投资工程 47 个，合同金额 9.4 亿美元，当年完成营业额 6.9 亿美元。

---

① 广西壮族自治区统计局. 对外经济成果显著区域合作不断扩大——改革开放 40 周年和自治区成立 60 周年经济社会发展成就系列报告之十二［EB/OL］. http://www.gxtj.gov.cn/ztlm/60zn/201812/t20181205_ 150198. html，2018 - 12 - 05.

但是对外承包工程营业额多年排在全国二十名开外，与大部分省份有较大差距。

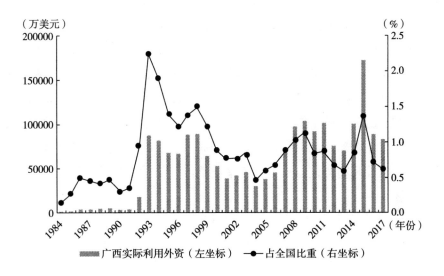

图 10 - 9 广西利用外资数额及占全国的比重

资料来源：根据历年《中国统计年鉴》及《广西统计年鉴》数据整理绘制。

二、经济集聚演化

（一）核心与边缘的结构博弈：区域的集聚与分散

从国家层面的区域经济集聚横向比较来看，我国区域经济发展呈现出"东聚西散"的格局，东部城市群的集聚辐射作用逐年增强，人力资源等生产要素向着长三角、珠三角等城市群流动，而西部城市群与之相比集聚水平较低，经济增速迟缓。2015 年中国东部三大城市群的面积仅占全国面积的 5% 左右，但是贡献了接近 40% 的国内生产总值；西部所有地市面积占据全国面积的 23%，而生产总值只占国内生产总值的 19%，由此看出东西部地区发展差异明显。沿边地区在改革开放后，原有工业体系解构，部分地区工业化发展缓慢。以广西为例，1978 年后广西的工业比重较全国平均水平一直有较大的差距，直至最近五年这一境况才逐渐好转，年平均差距为 9 个百分点，而且沿边地区的第三产业正逐渐占据主导地位，对于 GDP 的贡献将近 50%，呈现产业空心化趋势，未能形成专业化的产业集群，因此实体经济在开放中发展缓慢。

经济集聚过程中必然伴随着产业的集聚。本书选择 CRn 指数以测定行业在地理空间上的集中程度，采用工业 GDP 表示工业规模，计算 1997 ~ 2017 年工业 GDP 前 5 大省份的份额之和（CR5）（见图 10 - 10）。结果显示，中国工业地区集中程度从 1997 年的 39.3% 上升到 2006 年的 52.9%，再下降到 2017 年的 48.5%，呈先快速上升后逐渐下降的趋势，即从分散到集聚，再到向外围转移的倒"U"形发展路径。同期，工业 GDP 份额最高的五个省份基本没有变化，广东、江苏、山东、浙江等省份的工业 GDP 一直稳居全国前列，反映我国工业集聚主要发生在东部沿海，与经济集聚趋同。反观广西，虽然工业增加值占全国比重呈先降后升趋势，但是工业集聚度整体较低，在全国范围内仍处于边缘地区。

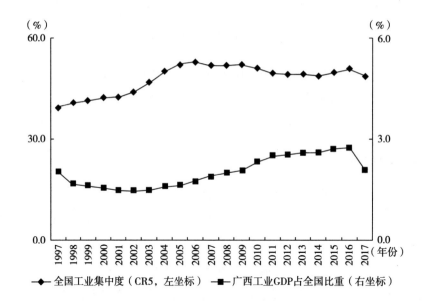

图 10 - 10 全国工业集中度及广西工业占全国的比重

资料来源：根据 1998 ~ 2018 年《中国统计年鉴》计算绘制。

而从广西内部的经济集聚程度来看，同样具有显著的核心—边缘结构特征，经济集聚高值区位于桂林—柳州—南宁，在"东北—西南"的纵向中轴线上，呈斜"I"形分布，并由中轴线向外围圈层递减，其中尤以南宁和柳州两市的经济集聚程度最高。而就区内各区域的经济集聚而言，桂东部和桂南部的经济集聚水平高于桂西部，并且经济集聚的重心整体向桂东南部迁移，这与广西的南向和东向发展战略存在很大的关系。

（二）集聚中心有待增强：县域的集聚与分异

通过对广西1997年到2015年的县域人均GDP研究发现，各年Moran's I均为正值（见图10-11），且正态统计量都通过显著性检验，表明广西内部的县域经济呈现比较显著的正全局空间自相关性。从图中可以看出，1997~2004年，Moran's I呈下降趋势，表明经济发展较快的县域与经济发展较慢的县域集聚水平提高；2005~2015年，Moran's I呈上升趋势，表明经济发展水平相近的县域集聚性增强。虽然广西县域经济整体上集聚水平在不断提高，但是Moran's I值仍然较低，说明集聚水平不高。[①]

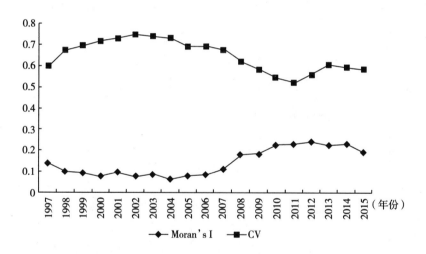

图10-11 1997~2015年广西人均GDP的Moran's I

资料来源：根据1998~2016年《广西统计年鉴》计算绘制。

从局部空间自相关来看（见图10-12），大部分县域都落在了Moran散点图的第一和第三象限，且呈现逐年增多的趋势，说明越来越多的县域都表现出与周边地区同步发展的特征；由于广西整体经济水平落后，因此1997年低—低类型县域明显，而没有出现高—高类型县域，低—低县域主要出现在桂西地区。

---

① 李红，丁嵩，刘光柱. 边缘省区县域经济差异的空间格局演化分析——以广西为例［J］. 经济地理，2012（7）：30-36.

随着广西经济的发展，低—低类型县域不断减少，并且出现了高—高类型县域，但是数量较少。截至 2015 年，高—高类型县域只有北部湾沿岸城市及周边地区和柳州的部分地区出现，低—低类型县域主要分布在桂西的百色、河池和来宾、贺州的部分地区。通过 2000 年、2017 年的县域人口密度与人均 GDP 的散点图也可以看出（见图 10 – 13），广西人口集聚与经济集聚并未表现出较强的线性相关性，经济力量较为发散，这也是广西经济集聚程度较低的侧面反映。

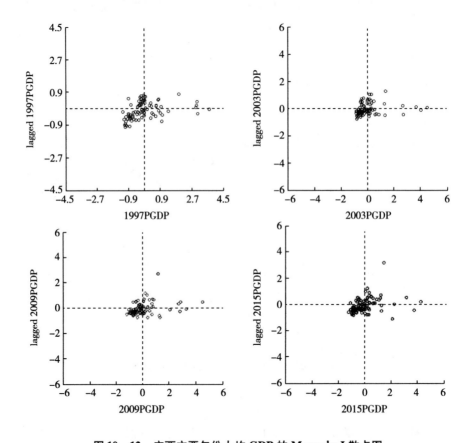

图 10 – 12　广西主要年份人均 GDP 的 Moran's I 散点图

（三）产业结构的调整：优化与落后的苦恼

广西作为我国的后发展、欠发达地区，在改革开放政策全面实施以来，提出并实施了外向型带动战略，在经济社会发展上取得了巨大成就。地区生产总值从 1978 年的 75.9 亿元，增长到 2018 年的 20352.5 亿元，年均名义增速

15.0%；人均 GDP 从 1978 年的 225 元，增长至 2018 年的 41489 元，年均名义增速 13.9%。经济结构也从改革开放初期的"一二三"转变为现在的"二三一"，工业成为推动广西经济增长的主要力量。从时间维度来看，广西的产业结构得到了一定的优化调整，但从全国的横向比较来看，广西的产业结构仍然较为滞后。

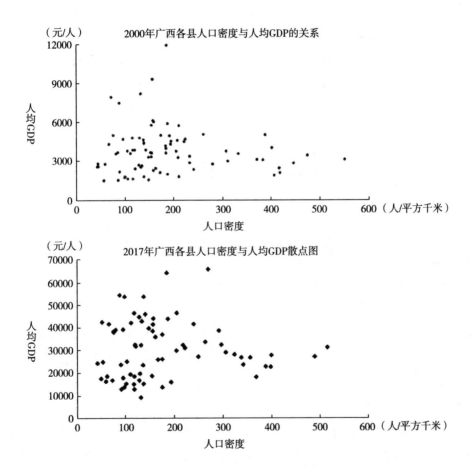

图 10 – 13 2000 年和 2017 年广西各县人口密度与人均 GDP 散点图

资料来源：根据 2001 年和 2018 年《广西统计年鉴》数据绘制。

从各省份产业发展情况来看，2017 年广西第一产业的产值较大，位列全国第 10，第一产业占 GDP 的比重远高于全国平均水平，在全国所有省份中位列第 3 位，反映了广西仍然是一个农业大省，第一产业所占的比重仍然过高。从第二产业看，广西第二产业的发展具有明显的产值和占比双低特征，其中，广西工业增加值增速位列全国中下游水平，约为 7.8%，远低于东部和中部大多数省份，另外，工业增加值占第二产业的比重偏低，第二产业的集聚程度不高。这也说明了广西工业与大多数省份相比不仅发展滞后，而且增长缓慢。从第三产业来看，广西第三产业的发展同样具有显著的产值和占比双低特征，表明了广西第三产业发展较为缓慢、集聚程度较低。因此，虽然 21 世纪以来广西的产业结构得到了一定的优化调整，但与全国其他省份相比，产业结构依然不合理，第一产业占比过高，而第二、三产业占比偏低，第二、三产业发展相对落后且集聚程度低。广西的产业发展仍然面临着结构性的调整、优化与升级的多重压力。

第二节　问题与策略

一、问题：开放战略中的广西为何通而不聚

1998 年的《广西地理大发现》一书，将广西区位优势描述为"全球海陆空交通格局中的区位优势，未来中国的中门，天下的中枢，都在广西。'米'字形国际铁路网络、陆域国际大通道、南中国出海的中门……中国西部向南出海，中国东部从陆路走向东南亚，都借道广西。未来的'米'字形国际铁路网从四面八方辐辏于广西"。[1] 但是，广西经济通道或通道经济[2]的建设并没有如理想状态那样发挥重要作用。进入 21 世纪，关于广西优越的地理区位条件与滞后的开放发展反差的反思不断：为何沿海沿边却开放不足？为何开放而不集聚，成为"酒肉穿肠过"式的通道经济？等等。总而言之，区位优势对于经济发展所起的推动作用有待进一步提升。

（一）交通网络弱连接

1992 年以来，广西一直紧紧围绕"建设西南出海大通道"这个主题，2002

①　罗昭祥. 广西地理大发现［M］. 北京：中国审计出版社，1998.

②　杨鹏. 通道经济：区域经济发展的新兴模式［M］. 北京：中国经济出版社，2012.

年底交通网络的构建已经初具规模，但是，在动态发展、博弈演化的交通网络格局中，薄弱连接陆海运输网络的广西通道优势作用并不如预期，大量的西南（包括广西本地）出口货物仍然从广东湛江或者珠三角出海。事实上，广西的区位优势也面临着来自云南和广东等地的挑战。昆泰高速等通道的开通使云南等西南地区可与东盟直接联系，根据我国的《中长期铁路网规划》，2020 年前后云南将有 3 条连接中国与东南亚的高铁线路相连，直达印度洋出海口。广东的行动更加迅速，利用自身的地理优势打造与东盟合作交流的平台，沿海高速公路的建成更是将深圳港、珠海港和湛江港紧密联系起来，如今珠三角港口一体化发展正处于不断加速中，广西沿海三市港口的发展则相形见绌。2008 年，东盟首次超过日本，成为广东第四大贸易伙伴。2013 年，东盟已经成为广东第三大贸易伙伴、第四大出口市场和第二大进口来源地。而广西 2015 年对东盟进出口贸易额为 290.13 亿美元，仅占全国对东盟进出口贸易额的 6%，贸易规模很小。随着洛湛铁路 2011 年建成通车，中国中西部省份与湛江港实现了无缝衔接，中西部省份可以直接从湛江港进入东盟。因此，当前广西不仅面临着来自云南和广东在地理区位优势层面的挑战，而且还面临着其他中西部省份逐渐减少借道广西的问题，广西的区位优势似乎正在被进一步弱化。

（二）产业结构不合理

地区经济发展程度与第二产业有着密不可分的关系，广西的地区生产总值贡献主要来自工业，但当前广西面临着工业发展落后，制造业集聚水平低的严峻问题。从广西各产业的集聚程度来看（见表 10-5～表 10-7），2005～2015 年广西的产业集聚度排名进入全国前十的行业较少，说明整体集聚程度较低，并且广西地方集聚程度较高的行业近十年变化不大，多为农副食品加工业、黑色金属冶炼和压延工业以及非金属矿物制品业等产业，在广西工业总产值中占了相当一部分的比重。其中，2015 年一些区位商较高的行业如木材加工和木、竹、藤、棕和草制品业，废弃资源综合利用业和其他采矿业的集聚程度虽然在全国排名位居三甲，但是这三个行业的总产值加总在广西工业总产值的占比仅为 6%，难以带动广西工业的发展。而计算机与通信和其他电子设备制造业虽然在全国集聚度排名第 9，但是区位商为 0.701，没有形成地方化的比较优势。由此可知，广西的三大传统行业——农副食品加工业、黑色金属冶炼和压延工业以及交通运输设备制造业（汽车制造业）大约占据了广西工业总产值的 1/3，工业依然由传统行业支撑，优势产业较少且基本没有新的优势产业出现，产业整体集聚度低，集聚程度较高的产业对于技术水平要求不高，附加值较低，对自然资源的依赖性较强，结构不合理，缺少高新技术产业，难以有效带动经济的发展。而在以高新技术产业为核心竞争力的今天，产业结构的不合理性和集聚水平整体偏低抑制了广西区域经济的发展，成为广西通而不聚的一个关键原因。因此，广西亟须培养一批有核心竞争力的产业来提高集聚经济的效益，促进广西经济的发展。

表 10 - 5　2005 年广西区位商全国排名前十行业

行业	区位商	排名	占比（%）	排名
有色金属矿采选业	2.270	10	7.05	6
农副食品加工业	3.227	1	13.61	1
烟草制品业	1.916	6	2.17	10
造纸及纸制品业	1.244	8	2.06	12
化学原料和化学制品制造业	1.115	10	7.25	5
医药制造业	1.719	7	2.90	9
非金属矿物制品业	1.401	7	5.12	7
黑色金属冶炼和压延加工业	1.372	8	11.71	4
有色金属冶炼和压延加工业	2.236	8	7.05	6
专用设备制造业	1.491	3	3.60	8
交通运输设备制造业	2.115	5	13.21	2
电力热力的生产和供应	1.695	8	11.98	3

资料来源：根据 2006 年《中国工业经济统计年鉴》数据计算。

表 10 - 6　2010 年广西区位商全国排名前十行业

行业	区位商	排名	占比（%）	排名
有色金属矿采选业	2.529	8	1.38	16
非金属矿采选业	1.862	7	0.82	22
农副食品加工业	2.333	3	11.67	2
饮料制造业	1.572	6	2.06	12
烟草制品业	1.470	7	1.23	19

续表

行业	区位商	排名	占比（%）	排名
造纸及纸制品业	1.181	9	1.76	14
非金属矿物制品业	1.372	6	6.29	6
黑色金属冶炼及压延加工业	1.488	8	11.04	3
有色金属冶炼及压延加工业	1.726	9	6.95	5
专用设备制造业	1.134	9	3.50	8
交通运输设备制造业	1.752	6	13.9	1
电力热力的生产和供应	1.573	10	9.13	4

资料来源：根据 2011 年《中国工业经济统计年鉴》数据计算。

表 10 - 7 2015 年广西区位商全国排名前十行业

行业	区位商	排名	占比（%）	排名
农副食品加工业	1.677	4	10	3
酒饮料和精制茶制造业	1.411	9	2.25	13
烟草制品业	1.202	9	1.05	24
木材加工和木、竹、藤、棕和草制品业	3.624	1	4.64	9
造纸和纸制品业	1.322	7	1.70	16
非金属矿物制品业	1.41	5	7.66	4
黑色金属冶炼和压延加工业	2.018	4	11.20	1
汽车制造业	1.759	6	11.19	2
计算机通信和其他电子设备制造业	0.701	9	5.80	5
废弃资源综合利用业	3.672	1	1.30	21
有色金属矿采选业	2.460	7	1.41	20
非金属矿采选业	2.163	4	1.09	23
其他采矿业	5.112	2	0.01	39

资料来源：根据 2016 年《中国工业统计年鉴》数据计算。

（三）产品比较优势不明显

比较优势的存在是贸易产生的基础和前提。当前，随着国际分工趋势的日益加强，各个国家和地区在不同的领域都存在着自身的比较优势。目前广西已经迈入了工业化中期阶段，在全球范围内的经贸合作网络也不断拓展。因此，如何培养和发挥自身的工业产品比较优势，增强在国际合作中的竞争力，进而拉动经济的发展对于广西而言尤为重要。

净出口比率（NRX）测度一国或一个地区某种产品的贸易竞争力的常用方法，其值越接近于 1，表示该商品出口竞争力越强；其值越接近于 0，则说明该商品出口能力与进口能力相当；其值越接近于 - 1 时，表示该商品出口竞争力越弱。为测度广西工业产品的比较优势和贸易竞争力，本书选取广西外贸总额中占比较大的四种工业产品进行测度。从表 10 - 8 的测算结果来看，广西的汽车制造业具有明显的比较优势，且这一优势近年来非常稳定。机电产品的比较优势整体较弱，但是近十年来得到了稳步提升，且提升的幅度较大。自动数据处理设备的 NRX 值呈现出先升后降的趋势，出口竞争力变化幅度较大，无法形成持续显著的比较优势。高新技术产品的净出口比率逐渐由负数转化为正数，但是绝对值较低，说明进出口能力基本相当，未形成明显的比较优势。由此可以看出，目前广西的主要工业产品的出口竞争力不容乐观，特别是高新技术产品的出口竞争力较弱，比较优势不明显。

表 10 - 8　广西主要外贸工业产品的净出口比率测算

产品 \ 年份	2005	2006	2007	2008	2009	2010	2011	2012	2013	2014	2015
高新技术产品	- 0.352	- 0.381	0.059	- 0.006	0.198	0.290	0.246	0.177	0.231	0.237	- 0.038
机电产品	0.118	0.160	0.321	0.374	0.564	0.563	0.500	0.457	0.577	0.536	0.351
汽车	0.500	0.571	0.987	0.964	0.962	0.998	0.998	0.995	0.998	0.947	0.952
自动数据处理设备	- 0.003	0.285	0.183	0.651	0.788	0.965	0.835	0.536	0.736	0.420	- 0.304

资料来源：根据 2006～2016 年《广西统计年鉴》数据计算。

（四）民营经济欠活力

民营经济是我国经济结构中的重要经济类型，也是推动地方经济增长的重要力量。2017 年，广西非公有制经济增加值达 10523.4 亿元，首次突破万亿元大关，其占 GDP 的比重高达 56.8%，对全区经济增长的贡献率为 72.2%。虽然广西非公经济一直向好发展，但是从全国范围看，广西实有私营企业 59.8 万户，就业人员 404 万人，分别占全国比重为 2.2% 和 2.0%，在全国位列第 17 和 16 位（见表 10－9）。个体工商业 168.9 万户，就业人员 383.4 万人，分别占全国比重 2.6% 和 2.7%，在全国均列第 16 位。在全社会固定资产投资方面，广西私营企业 7205.8 亿元，占全国比重为 3.5%，处于全国中等水平。全国工商联 2017 年发布的中国民营企业 500 强中，浙江、江苏和广东分列榜单前三位，而广西仅有一家企业上榜。因此，广西民营经济发展无论是在规模总量、发展水平还是在发展质量上，与发达省份相比仍然存在巨大差距。这与广西民营经济思想解放与观念更新不够，发展经营环境欠佳，社会化服务体系不健全，金融服务不足与融资困难，企业整体素质不高，科技创新、产业层次与外向度低，结构性矛盾突出，数量少、规模小，市场竞争力弱等问题存在很大的关系。①

表 10－9　2017 年广西私营企业和个体工商业与江苏、浙江和广东对比

企业类型	省份	户数（万户）	就业人数（万人）	户数排名（位次）	就业人数排名（位次）
私营企业	江苏	258.6	2460.7	2	2
	浙江	180.1	1859.9	4	3
	广东	381.6	2753.5	1	1
	广西	59.8	404.0	17	16
个体工商	江苏	510.4	933.4	2	3
	浙江	389.6	835.9	4	4
	广东	601.0	1426.1	1	1
	广西	168.9	383.4	16	16

资料来源：根据 2018 年《中国统计年鉴》计算。

（五）内在创新动力不足

如果说过去广西与广东的差距主要来自外向开放水平的差异，那么，进入 21 世纪两者的差距则主要源于巨大的技术创新能力差异。从表 10－10 呈现的两

---

① 蒋升湧等. 广西民营经济发展蓝皮书（2008）［M］. 成都：电子科技大学出版社，2008.

广各市创新指数对比来看，广东总体创新水平远高于广西，具体到各市而言，珠三角地区广州、深圳、佛山、珠海、东莞等城市的创新指数均远高于广西各市，且创新能力的差距有不断扩大的趋势。另外，2017 年广东省的技术合同成交额是广西的 20 倍左右，而造成广西创新水平低下的原因与创新的低投入存在很大的关系。图 10 - 14 显示，多年来广西对创新的投入低，与广东的差距越来越大。以 2016 年为例，该年广西 R&D 全时当量占全国的比重仅为 1% 左右，而广东则高达 12.7%。科技要素的投入不足严重制约了广西的自主创新能力，导致了经济发展缺乏动力，最终造成经济发展水平远远落后于东、中部地区的局面。

表 10 - 10　2010 ~ 2016 年广东与广西各市创新指数对比

年份	2010	2011	2012	2013	2014	2015	2016
广州市	36.63	51.51	72.08	92.42	114.20	142.40	179.66
深圳市	159.68	230.75	313.42	392.78	473.50	579.63	694.05
珠海市	4.06	5.87	8.63	11.40	14.79	21.37	30.00
佛山市	11.33	16.49	22.10	26.48	31.79	41.28	56.19
中山市	1.90	4.02	6.36	8.86	11.29	15.83	21.29
东莞市	4.49	8.99	15.66	23.19	31.03	43.43	60.41
肇庆市	0.63	0.93	1.50	2.10	2.90	3.50	4.45
江门市	2.21	3.40	5.15	6.46	7.99	10.32	12.82
惠州市	1.36	2.11	3.45	5.92	8.72	12.65	18.73
南宁市	2.66	3.69	5.22	7.59	11.20	17.12	23.96
柳州市	1.03	1.50	2.03	2.97	4.41	7.77	13.22
桂林市	2.49	3.30	4.45	5.90	7.93	12.13	17.01
梧州市	0.37	0.50	0.56	0.74	1.12	1.82	2.80
北海市	0.37	0.45	0.61	0.81	1.07	1.59	2.14
防城港市	0.02	0.04	0.08	0.09	0.31	0.49	0.73
钦州市	0.13	0.15	0.20	0.42	0.70	1.33	1.92
贵港市	0.22	0.23	0.26	0.30	0.44	0.73	1.00
玉林市	0.23	0.47	0.63	0.84	1.19	2.45	4.00

续表

年份	2010	2011	2012	2013	2014	2015	2016
百色市	0.22	0.27	0.27	0.43	0.58	0.80	1.08
贺州市	0.13	0.20	0.29	0.51	0.75	1.32	1.73
河池市	0.09	0.12	0.19	0.25	0.44	0.81	1.19
来宾市	0.05	0.09	0.11	0.15	0.29	0.59	0.90
崇左市	0.02	0.02	0.02	0.06	0.16	0.40	0.88

资料来源：寇宗来，刘学悦. 中国城市和产业创新力报告（2017）［R］. 复旦大学产业发展研究中心，2017.

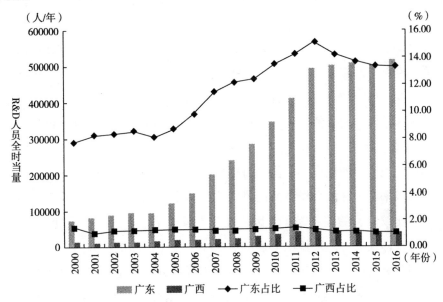

图 10 - 14   2000 ~ 2016 年广东和广西 R&D 全时当量及占全国比重

资料来源：根据 2001 ~ 2017 年《中国科技统计年鉴》绘制。

（六）其他因素的影响

（1）思想观念制约。广西社会服务意识不浓，缺乏担当与创新精神；口号多，操作措施少；行政干预多，创新办法少。这些制约了广西的内外开放和经济发展。①

---

① 鹿心社. 解放思想改革创新扩大开放担当实干奋力开启建设壮美广西共圆复兴梦想新征程［N］. 广西日报，2019 - 04 - 01（1）.

（2）基础设施滞后。如本书第三章所述，基础设施是经济运行所必需的、决定一地生产能力的各项服务和设施。仅以区内公路为例，至 1999 年底，广西四级以下的等级公路仍占公路总里程的 87%，二级以上公路只占公路总里程的 8%，不足全国平均水平的一半；当年公路货运量 23720 万吨，不足广东省的 50%。到 2015 年底，广西的等级公路已占自治区内公路里程的 90%，但历史发展的差距一时仍难弥补。

（3）市场竞争力弱。虽然广西在与东盟国家的联系方面有着天然的区位优势，但是从区域经济竞争合作视角看，东盟大部分国家的第一产业在国内生产总值的占比较高，与广西相近；广西工业化水平虽在提高，但是产业集聚多为农副食品加工等技术水平不高的行业，广西与东盟一定程度上也存在同质性竞争关系，互补空间较小。在市场化进程方面，根据《中国分省份市场化指数报告（2018）》，2016 年广西市场化指数为 6.43，低于全国均值（6.72），与东部沿海地区 9.0 以上的分值差距大，在各省区市中列第 19 位，[①] 且十余年来名次在 14～19 名波动。

因此，把广西的地理区位优势简单理解为经济区位优势的充分条件是不严谨的。一般来说，区域合作中的区位优势只是众多动因中的一个而且是一个动态调整、比较而言的关系因子。区位优势不只受第一性即自然地理因素影响，还受第二性即人文地理环境因素影响。当今学界还把第三性的因素如基础设施和互联网之类的后天性优势或地方品质纳入区位分析。这些综合的区位因子有待广西依循区域发展的机理即规律：开放→要素流动和技术溢出→成本新差异→产业集聚→区位重塑，不断优化。

二、策略：扩大双向开放，推动经济集聚

（一）外向：聚合三大战略定位，实现广西战略功能

（1）积极融入"一带一路"建设。首先，构建衔接"一带一路"的交通枢纽。广西应该完善内部交通网络构建，提高海陆空三大运输方式的运输能力，缩短货物在广西的周转时间并为广西的通达能力提供良好支撑。其次，建设

---

① 王小鲁，樊纲，胡李鹏. 中国分省份市场化指数报告（2018）［M］. 北京：社会科学文献出版社，2019.

"一带一路"产业合作基地。北部湾经济区和西江经济带作为广西两大核心增长极应该利用固有优势，分别发展海洋、新能源等临海产业集群和建设汽车、机械等先进制造业基地，促进产业集聚，打造互利共赢的国际产业合作基地。再次，建设"一带一路"重要服务平台。构建多层次合作平台机制，打造中国—东盟博览会、中国—东盟商务与投资峰会升级版，将其建成服务"一带一路"的重要平台和窗口；发挥南宁渠道作用，以南宁—新加坡经济走廊为轴心，推动中国—中南半岛国际经济走廊建设；争取更多的国际交流合作机制和平台落户广西；充分发挥沿边金融综合改革试验区作用，大力发展沿边金融、跨境金融，构建"一带一路"区域金融中心。最后，广西作为唯一参与"一带"和"一路"建设的省级行政区，既要加强与海上丝绸之路国家的合作，也要重视与丝绸之路经济带国家的交流，培养与各沿线国家的友好关系，为建设"一带一路"巩固民意基础，充分发挥衔接"一带一路"建设的门户作用。

（2）构建与东盟合作交流新高地。作为我国唯一一个海陆交通通达东盟的省级行政区，虽然广西在我国过去十多年与东盟的合作中搭建了良好的平台，积累了许多国际合作的经验，区域合作机制趋于成熟，"两国双园"模式初见成效，但是广西同东盟的区域合作仍然有拓展提升空间。首先，广西应该从多重方向打造通道实现与东盟国家的互联互通，尽量减少贸易运输的时间成本和地理因素造成的不利影响。其次，广西应该通过"一带一路"机遇打造中国—东盟自由贸易区的升级版，拓展与东盟合作领域，优化投资环境，建立与东盟更加紧密的经贸合作关系。最后，广西应该利用和东盟国家的地缘与人文优势，加强与东盟国家在文化教育、医疗科技等方面的交流合作，以人文交流巩固经济合作基础，发挥与东盟人文交流的纽带作用。

（3）深化与中南、西南地区的合作联系。广西作为中西部地区唯一有沿海大港的省份，应该立足西部陆海新通道建设，加强与中南、西南地区的合作，建立联动中南、西南地区的新支点。首先，提升与西南、中南各省之间的交通水平，加快北部湾城市群的基础设施建设，增强服务西南、中南地区开放发展的能力，形成连通西南、中南各省和泛珠三角地区以及东盟国家的经济纽带。其次，依托南广、贵广、云贵等高速铁路，建设高铁经济带，密切高铁沿线地区的联系，打造高铁特色产业带、特色旅游带，深化西部产业合作。最后，健全广西与中南、西南各省区的合作机制，促进与中西部城市群的市场一体化发展，将中西部地区的进出口贸易最大限度地聚集到广西方向。

（4）主动对接粤港澳大湾区。粤港澳大湾区作为我国的重大发展战略区域，现在和未来所显现出来的湾区经济效应将会带给广西更多的发展机遇，主动对接粤港澳大湾区是广西势在必行的发展策略。首先，发挥广西"一带一路"的政策优势及同东盟国家的区位优势，积极寻求与粤港澳发展的政策合作。其次，通过流域一体、两湾协同、高铁布网、空网定核、信息网全覆盖"五位一体"，强化广西与粤港澳、北部湾与粤港澳大湾区的基础设施连通。最后，主动融入区域产业分工，基于广西已有的产业基础发挥比较优势，承接粤港澳产业转移，吸引粤港澳地区知名产业入驻。

（5）全面提升开放型经济水平。转变对外经济发展方式，大力发展一般贸易和服务贸易，加快加工贸易发展，推进边境贸易转型升级，促进新型贸易方式发展，推动开放型经济扩量提质。一是壮大对外贸易。实施以质取胜战略，推动外贸向优质优价、优进优出转变，优化产品出口贸易结构和质量，巩固提高广西产品在东盟市场的占有率，提升市场份额，积极开拓拉美、非洲、中东等新兴出口市场，积极发展与"一带一路"沿线国家的贸易，逐步提高外贸占比。搭建对外贸易综合服务平台，创建一批跨境电子商务企业、平台和园区，大力发展跨境电子商务，促进边境贸易的转型升级。二是深化加工贸易。实施加工贸易倍增计划，积极发展以高新技术为重点的加工贸易产业，培育加工贸易产业集群，提高加工贸易附加值和增值率；发挥已有保税区、加工区、贸易园区等的平台作用，鼓励加工贸易企业在这些地区的集聚发展，打造边境加工贸易产业带。三是提升利用外资水平。扩大开放领域，放宽准入限制，大力引进境外资金和先进技术。四是加快"走出去"。积极推进优势产业"走出去"参与境外基础设施建设和产业合作，带动装备、技术、标准和服务出口；支持企业扩大对外投资，拓展境外投资新领域，创建国际化营销网络并培育一批跨国公司和品牌；积极推进对外投资合作便利化，维护企业海外投资权益；建立健全对外劳务合作工作协调机制，完善外派劳务服务平台。五是打造开放型经济发展高地。实施口岸提升工程，推进边境口岸开放升格，提升海港口岸开放水平，促进内河与航空口岸开放；推进边民互市点向边贸互市区升级，强化大通关协作机制，促进口岸国际合作，提高通关便利化水平，打造高水平的口岸经济；大力发展保税物流和保税加工，构建保税加工贸易产业链，打造保税经济；

推动设立中国（北部湾）自由贸易试验区，积极推进贸易投资便利化、跨境金融合作等制度创新，探索融入全球产业链和价值链的新模式，构建开放合作新高地。①

作为提升开放经济的一个试点，2019 年 8 月《国务院关于同意新设 6 个自由贸易试验区的批复》，同意设立中国（广西）自由贸易试验区。当月底，广西自由贸易试验区正式运行，成为全国第四批自贸区。以制度创新为中心，广西自贸区旨在发挥广西与东盟国家陆海相邻的独特优势，突出打造国际陆海贸易新通道、边境合作新模式和对东盟合作先行先试示范区。广西自贸试验区实施范围 119.99 平方千米，分 3 个片区建设：南宁片区 46.80 平方千米，重点发展现代金融、数字经济、医疗、物流产业；钦州片区 58.19 平方千米，重点发展港航物流、国际贸易、绿色化工、新能源汽车关键零部件、电子信息、生物医药等产业；崇左片区 15.00 平方千米，重点发展跨境旅游、跨境贸易、跨境物流、跨境金融和跨境劳务合作。未来，在广西外向型经济发展过程中，广西自贸区任重道远。

（二）内向：促进产业结构优化升级，提高开放型经济水平

（1）改善营商环境。广西的商品市场规模在全国一直处于下游水平，投资环境也相对较差，而制度的陈旧落后在很大程度上限制了广西的经济开放程度，所以广西亟须深化改革，构建发展新体制。首先，政府应该简政放权，坚持宽进与严管的相结合，充分发挥市场"看不见的手"的作用，促进资源的有效配置，激发民营企业的活力。其次，进行适当的制度创新，放宽人口流动政策，消除区域间贸易壁垒，在市场准入、融资环境等方面给予政策上的激励，营造良好的投资环境。最后，在供给侧结构性改革的背景下，政府层面的制度创新，需要紧扣转型升级的主线，重点解决发展中存在的结构性、体制性和素质性的矛盾和问题。

（2）提升人力资本。广西近年人才外流严重，开放型人才缺口大，外资单位从业人员较少，第一产业从业人员占比过重，第二、三产业从业人员相对较少，改善人才队伍现状是广西面临的主要问题之一。首先，大力实施人才强区

---

① 广西壮族自治区发展和改革委员会.广西及各市县国民经济和社会发展"十三五"规划纲要和重点专项规划汇编［G］.南宁：广西师范大学出版社，2017.

战略，以重点产业为主体，注重外向型人才培养，引进创新型人才，加强技术交流，提高广西的技术水平和创新能力，吸引外资投入。其次，不断创新人才引进和使用机制，通过人才制度的创新，吸引一大批精通国际语言、国际商务和事务管理的复合型人才，做到自主培养人才和区外人才引进并重。最后，通过推动广西各高校与东盟国家名校的人才联合培养，加强和东盟各国的人才交流，积极开拓东盟人才市场，大力开发广西国际化高精尖人才。

（3）增强科技创新能力。广西可借助与广东山水相连、文化相融的优势，积极寻求与大湾区的科技创新合作，推动自身科技水平的提高。首先，围绕科技创新合作战略布局，与粤港澳签署合作协议，建立合作机制，积极开展两地间科技交流活动，促进科技实务合作，学习广东省创新驱动发展经验。其次，把握广西产业发展的重大需求，围绕广西现代化农业、信息互联网等产业需求，实施重大科技项目，与粤港澳共同开展重大关键技术攻关与重点新产品研发。最后，优化科技创新资源配置，避免重复浪费，提高科研设施与仪器利用效率，提升技术转移与成果转化速度，以科技创新能力提升促进产业融合发展，推动产业转型升级。

（4）促进先进产业集聚。目前，广西工业基础薄弱，制造业集聚程度低，缺乏高新技术产业问题较为明显。因此，促进先进产业集聚是重中之重。首先，应优先发展优势特色产业，对优势产业进行改造升级，实施"互联网＋工业"，促进传统制造业与现代互联网技术的融合。其次，目前广西的优势制造业多为技术水平不高行业，要发展先进制造业，加强工业基础，优化产业布局，提高集聚经济效益。最后，掌握、创新核心技术，加快发展如新材料、新能源汽车等高新产业，形成高新产业集群。以产业的集聚带动要素的空间集聚，促进区域经济一体化并逐渐融入全球化生产网络，促进价值区段的集聚，重塑产城融合，提高城镇化水平，是当下广西提升综合竞争力的必由之路。

参考文献

［1］［加］威廉·P. 安德森. 经济地理学［M］. 安虎森，等译. 北京：中国人民大学出版社，2017.

［2］［宋］范成大. 桂海虞衡志校注［M］. 南宁：广西人民出版社，1986.

［3］［宋］周去非. 岭外代答［M］. 上海远东出版社，1996.

［4］［明］徐弘祖. 徐霞客游记［M］. 上海古籍出版社，1987.

［5］广西地方志编纂办公室（雍正）广西通志［M］. 南宁：广西人民出版社，2009.

［6］［清］谢启昆.（嘉庆）广西通志［M］. 南宁：广西人民出版社，1988.

［7］《孤独星球》编辑部. 广西［M］. 北京：中国地图出版社，2019.

［8］《走遍中国》编辑部. 广西（第三版）［M］. 北京：中国旅游出版社，2017.

［9］安虎森，孙久文，吴殿廷. 区域经济学［M］. 北京：高等教育出版社，2018.

［10］陈立生. 广西壮族自治区 60 年［M］. 南宁：广西人民出版社，2018.

［11］陈文玲，曾少军. 循环经济发展研究：以广西为例［M］. 北京：中国经济出版社，2013.

［12］成伟光. 国际区域经济合作新高地探索［M］. 北京：社会科学文献出版社，2013.

［13］程鹏飞. 中国地理国情蓝皮书（2017 版）［M］. 北京：测绘出版社，2018.

［14］崔忠仁．广西县域经济发展战略［M］．南宁：广西人民出版社，2008.

［15］邓敏杰．广西历史地理通考［M］．南宁：广西民族出版社，1994.

［16］樊杰．西江经济带（广西段）可持续发展研究——功能过程与格局［M］．北京：科学出版社，2011.

［17］范宏贵，刘志强．中越边境贸易研究［M］．北京：民族出版社，2006.

［18］甘霖，唐文琳．财富制造广西民营经济发展研究［M］．南宁：广西人民出版社，2003.

［19］甘霖．广西新型工业化道路发展研究［M］．南宁：广西人民出版社，2008.

［20］高歌．CAFTA 框架下转变广西边境贸易增长方式的研究［M］．北京：民族出版社，2010.

［21］古小松．中国—东盟博览会可持续发展报告［M］．北京：社会科学文献出版社，2009.

［22］广西社会科学院工业经济研究所．实现广西工业经济又好又快发展研究［M］．南宁：广西人民出版社，2007.

［23］广西统计局．八桂辉煌：广西六十年经济社会发展成就［R］．北京：中国统计出版社，2009.

［24］广西壮族自治区测绘地理信息局．庆祝改革开放 40 周年暨广西壮族自治区成立 60 周年成就地图集［M］．北京：中国地图出版社，2018.

［25］广西壮族自治区地方志编纂委员会．广西通志·人口志［M］．南宁：广西人民出版社，1993.

［26］广西壮族自治区地方志编纂委员会．广西通志·自然地理志［M］．南宁：广西人民出版社，1994.

［27］广西壮族自治区地方志编纂委员会．广西通志·农业志［M］．南宁：广西人民出版社，1995.

［28］广西壮族自治区地方志编纂委员会．广西通志·汉语方言志［M］．南宁：广西人民出版社，1998.

［29］广西壮族自治区地方志编纂委员会．广西通志·经济总志［M］．南

宁：广西人民出版社，1998.

[30] 广西壮族自治区地方志编纂委员会．广西通志·文化志［M］．南宁：广西人民出版社，1999.

[31] 广西壮族自治区地方志编纂委员会．广西通志·少数民族语言志［M］．南宁：广西人民出版社，2000.

[32] 广西壮族自治区地方志编纂委员会．广西通志·行政区划志［M］．南宁：广西人民出版社，2001.

[33] 广西壮族自治区地方志编纂委员会．广西通志·林业志［M］．南宁：广西人民出版社，2001.

[34] 广西壮族自治区地方志编纂委员会．广西通志·民族志［M］．南宁：广西人民出版社，2009.

[35] 广西壮族自治区地方志编纂委员会办公室，等．广西之最［M］．南宁：广西美术出版社，2010.

[36] 广西壮族自治区发展计划委员会．新世纪的广西区域经济发展战略［M］．南宁：广西人民出版社，2001.

[37] 广西壮族自治区发展与改革委员会．广西及各市县国民经济和社会发展"十三五"规划纲要和重点专项规划汇编［M］．桂林：广西师范大学出版社，2017.

[38] 广西壮族自治区改革和发展委员会．广西壮族自治区区域经济合作与发展报告［R］．南宁：广西人民出版社，2010.

[39] 广西壮族自治区人口普查办公室．世纪之交的中国人口（广西卷）［Z］．北京：中国统计出版社，2004.

[40] 广西壮族自治区统计局，等．百年广西工业［M］．南宁：广西人民出版社，2004.

[41] 洪普洲．广西经济与社会发展战略研究［M］，南宁：广西人民出版社，1995.

[42] 洪普洲．跨世纪的蓝图：西南和华南部分省区区域规划（1991－2005）广西区域经济发展专题研究汇编［M］．南宁：广西人民出版社，1993.

[43] 胡宝清，毕燕．广西地理［M］．北京：北京师范大学出版社，2011.

[44] 黄家生．广西口岸典故［M］．南宁：广西人民出版社，2017.

［45］黄体荣．广西历史地理［M］．南宁：广西人民出版社，1985.

［46］黄选高．广西循环经济发展研究［M］．南宁：广西人民出版社，2005.

［47］黄铮．广西对外开放港口：历史、现状、前景［M］．南宁：广西人民出版社，1989.

［48］黄志勇．第三次开放大浪潮广西实施以开放为主导的跨越式发展研究战略［M］．南宁：广西人民出版社，2016.

［49］蒋升湧．广西热带农业发展研究［M］．北京：中国物价出版社，2003.

［50］蒋瑜，覃彩连，翟禄新，农凤龙．等你来的广西：地理风貌篇［M］．北京：气象出版社，2019.

［51］金一飞，等．广西工业结构与发展战略研究［M］．南宁：广西人民出版社，1990.

［52］黎鹏，等．边境区位价值及其开发利用研究——以中国—东盟边境地带为例［M］．北京：经济科学出版社，2017.

［53］黎鹏．提升沿边开放与加强跨国区域合作研究——以 CAFTA 背景下中国西南边境跨国区域为例［M］．北京：经济科学出版社，2012.

［54］李炳东．广西当代经济史［M］．南宁：广西人民出版社，1991.

［55］李甫春，王光荣，龚本海，等．中国广西与周边国家民族文化之旅［M］．北京：民族出版社，2012.

［56］李甫春．中国少数民族地区商品经济研究［M］．北京：民族出版社，1986.

［57］李红．边境经济——中国与东盟区域合作的切入点［M］．澳门学者同盟，2008.

［58］李少游，袁泽．广西区域经济发展研究［M］．北京：中国林业出版社，2009.

［59］李欣广，古惠冬，叶莉．广西生态经济发展的理论与战略思路［M］．南宁：广西人民出版社，2017.

［60］梁双陆．边疆经济学：国际区域经济一体化与中国边疆经济发展［M］．北京：人民出版社，2010.

［61］廖东声．广西外向型经济发展与产业结构调整机理研究［M］．北京：中国商务出版社，2008.

［62］廖文新，赵思林．广西自然地理知识［M］．南宁：广西人民出版社，1978.

［63］廖正城．广西壮族自治区地理［M］．南宁：广西人民出版社，1988.

［64］刘道良．发展广西经济计策精选［M］．南宁：广西人民出版社，1993.

［65］刘永洁．民族地区经济发展方式转变研究［M］．北京：中国社会科学出版社，2012.

［66］龙远蔚．中国少数民族经济研究导论［M］．北京：民族出版社，2004.

［67］罗昭祥．广西地理大发现［M］．北京：中国审计出版社，1998.

［68］莫小莎．绿色转型：广西民族地区经济发展模式转型方向和路径［M］．成都：电子科技大学出版社，2008.

［69］海关总署统计分析司．改革开放40年广西对外贸易发展报告［R］．北京：中国海关出版社，2018.

［70］彭凶．微观广西（汉英版）［M］．北京：商务印书馆，2019.

［71］邵雷鹏．广西与全国同步建成小康社会评价指标研究［M］．北京：经济管理出版社，2017.

［72］世界银行．2009年世界发展报告——重塑世界经济地理［M］．北京：清华大学出版社，2009.

［73］宋佰谦，杨真祝．广西经济与社会可持续发展研究［M］．南宁：广西人民出版社，1999.

［74］孙敬之，梁仁彩，黄勉，申维丞．华南地区经济地理［M］．北京：科学出版社，1959.

［75］孙尚志．中国环北部湾地区总体开发与协调发展研究［M］．北京：气象出版社，1997.

［76］覃丽丹，覃彩銮．广西边疆开发史［M］．北京：社会科学文献出版社，2015.

［77］覃立勋．发展广西经济纵横谈［M］．南宁：广西人民出版社，1990.

［78］覃圣敏．壮泰民族传统文化比较研究［M］．南宁：广西人民出版社，2003.

［79］覃英学，黄语东．新常态下广西非公有制经济发展研究［M］．南宁：广西人民出版社，2015.

［80］滕纪丰，朱坚真．广西区域经济政策与地区发展方略［M］．南宁：广西人民出版社，1994.

［81］涂裕春，韩佩玉．跨越的 70 年——广西壮族自治区经济发展 70 年研究［M］．北京：中国经济出版社，2019.

［82］王燕祥，张丽君．西部边境城市发展模式研究［M］．沈阳：东北财经大学出版社，2002.

［83］温斯新．艰辛历程丰硕成果：广西对外开放历史回顾：1979 – 1992［M］．南宁：广西人民出版社，2015.

［84］吴寿平．广西工业化与城镇化融合发展研究［M］．北京：经济科学出版社，2017.

［85］向民，刘荣汉，梁有海．广西经济地理［M］．南宁：广西教育出版社，1989.

［86］谢之雄，杨道喜．广西壮族自治区经济发展五十年大事记（1949 – 1999）［M］．南宁：广西壮族自治区发展计划委员会，2000.

［87］谢之雄，杨中华，莫大同．广西壮族自治区经济地理［M］．北京：新华出版社，1989.

［88］禤沛钧．广西经济社会发展研究［M］．南宁：广西人民出版社，2008.

［89］阳芳．广西少数民族地区经济发展与人力资本贡献研究［M］．桂林：广西师范大学出版社，2019.

［90］杨道喜．转轨时期的广西经济发展［M］．北京：中国经济出版社，2002.

［91］杨鹏．通道经济：区域经济发展的新兴模式［M］．北京：中国经济出版社，2012.

［92］于国政．中国边境贸易地理［M］．北京：中国对外经济贸易出版社，1997.

［93］于国政. 中国边境贸易地理［M］. 北京：中国商务出版社，2005.

［94］袁少芬. 民族文化与经济互动［M］. 北京：民族出版社，2004.

［95］曾鹏，阙菲菲，韦正委. 广西城市经济地理——结构演进与空间布局［M］. 南昌：江西人民出版社，2009.

［96］曾鹏，钟学思，李洪涛，等. 珠江—西江经济带城市发展研究（2010～2015）：区域经济卷［M］. 北京：经济科学出版社，2017.

［97］张丽君，时保国，等."一带一路"背景下的中国陆路边境口岸［M］. 北京：中国经济出版社，2017.

［98］张丽君，王玉芬. 民族地区和谐社会建设与边境贸易发展研究［M］. 北京：中国经济出版社，2008.

［99］张丽君，马博. 边境地区对外贸易与区域经济一体化［M］. 北京：中国经济出版社，2002.

［100］张丽君. 毗邻中外边境城市功能互动研究［M］. 北京：中国经济出版社，2006.

［101］张声震. 广西壮语地名选集［M］. 南宁：广西民族出版社，1988.

［102］张先辰. 广西经济地理［M］. 桂林：文化供应社，1941.

［103］张协奎. 城市群资源整合与协调发展研究——以广西北部湾城市群为例［M］. 北京：中国社会科学出版社，2012.

［104］张云. 广西北部湾经济区资源环境与社会经济发展研究［M］. 北京：经济科学出版社，2019.

［105］赵其国，黄国勤. 广西农业［M］. 宁夏：阳光出版社，2012.

［106］郑长德. 中国少数民族人口经济研究［M］. 北京：中国经济出版社，2015.

［107］中国地理学会，张妙弟. 美丽广西［M］. 北京：蓝天出版社，2015.

［108］钟文典. 广西近代圩镇研究［M］. 桂林：广西师范大学出版社，1998.

［109］Anderson W. P. Economic Geography［M］. Oxon：Routledge，2012.

［110］Fujita M.，Krugman P.，Venables J. The Spatial Economic：Cities, Regional and International Trade［M］. Cambridge：Massachusetts Institute of Technology, 1999.

[111] Guo R., Guo L. Guangxi [M]. Yarmouth: Intercultural Press, 2015.

[112] Harper D., Ho T., Quinn E., et al. China's Southwest [M]. Australia: Lonely Planet Publications, 2007.

[113] He C, Zhu S. Evolutionary Economic Geography in China [M]. Singapore: Springer, 2019.

[114] Lonely Planet. Guangxi (12th Edition) [M]. Australia: Lonely Planet Publications Pty Ltd, 2012.

[115] Raj Nallari, Griffith B, Yusuf S. Geography of Growth: Spatial Economics and Competitiveness [M]. Washington D C: The World Bank, 2012.

[116] Veeck G, Pannell C W, Smith C J, Huang Y. China's Geography: Globalization and the Dynamics of Political, Economic, and Social Change (Second Edition) [M]. Maryland: Rowman & Littlefield Publishers, 2011.

[117] Wójcik D., Clark G. L., Feldman M. P., et al. The New Oxford Handbook of Economic Geography [M]. Oxford: Oxford University Press, 2018.

后 记

从 2014 年受全国经济地理研究会之托写作书稿，历经 5 年的思考、学习、研究与写作——其间，2018 年 1 月完成第一稿，2018 年秋冬和 2019 年春夏及冬季进行三次全面的数据图文更新及统稿，敬请大家批评指正。

为体现大数据时代初期经济地理研究的特色，本书结合空间经济学（新经济地理学）、边疆经济及地缘经济等学科与视角：一是尝试大量增加全国层面指标的比重及省域层面指标的对比；二是在地市层面发展演化格局分析的基础上进一步细化到县域层面，尝试增加县市经纬度坐标示意图以反映要素的空间格局与演进；三是对不同方面的数据进行跨时空的整合分析，如在对广西区情及经济地理演化分析过程中，尝试突出北回归线南北两侧与湘桂铁路东西两侧广西区域的分异，以探索其中的山水交融以及近年来相关区域发展规划的黏合作用等。

本书试图将广西放到区域经济一体化进程中，从纵向与横向时空演化的视角来审视广西经济地理变迁，主要是改革开放以来特别是 21 世纪城市经济与服务业经济等产业高级化进程中，广西经济地理发展演化的趋势及与全国或周边的纵横向对比，以及要素的空间分布（地市县等区块）演进等数量性描述分析。

为此，除了在中国知网、统计年鉴数据库、中经网与万得等数据库之间建立百余个常规数据跨库分析之外，本书还吸收了近年最新的研究成果，如第一次全国地理国情普查方面的数据与分析、广西"十三五"规划系列文件以及自治区成立 60 年以来的主要成果报告（集）等，并增加了以市县行政中心坐标表示的地理空间分布示意图，以增加资料的可读性。每个数据图表从资料的收集、整理到试算及最后的规范化生成和数据更新，往往需要几天甚至几个月的多人通力合作。

全书由李红统筹写作框架，协调写作进度。初稿及更新工作的完成人分别是：序言，李红；第一章，李红；第二章，韦永贵、李红；第三章，张婷、李红；第四章，韦永贵、李红；第五章，龙雨、方冬莉、李红；第六章，欧晓静、李红；第七章，农宇、李红；第八章，李红、许露元；第九章，李红；第十章，梁炳礼、韦永贵、李红。龙雨和梁炳礼自 2017 年 8 月以来对全书的数据整理提供了很多协助工作。此外，李红制作了全书中近 200 个图表。刘光柱、黄轲、赵当如、杨海燕、李秦诚、于帅、黄旻洁、郑瑶、胡萌等曾协助整理不少数据、文献及图文。

感谢全国经济地理研究会的领导及同人的厚爱与关怀；感谢广西大学商学院的领导、同事以及全国经济地理研究会同人所给予的大力支持；感谢胡宝清教授、黎鹏教授、张协奎教授、张林教授、阎世平教授、曾艳华教授等前辈的指点、支持及启迪。黎鹏教授一直关心书稿的写作，希望能整合学界精锐研究力量向全国提交高质量的广西经济地理书稿。

感谢专家的修改建议，感谢经济管理出版社的支持与辛劳付出，让书稿增色并得以出版。

感谢家人对我们的宽容与厚爱，即便在严寒、病痛和急难中，你们都让我们活得像过年一样丰盛、喜乐和温暖。

怀揣着对广西及学术稚嫩之爱，但愿这个阶段性学步之作能在收获到各位批评与指正的同时，留下几个简陋的探索足印。

李红

2020 年元旦